国家社科基金重大项目“构建全民共建共享的社会矛盾纠纷多元化解机制研究”（15ZDC029）阶段性成果

新时代调解研究文丛（理论系列）

总主编　廖永安

中国调解的理念创新与机制重塑

廖永安　等◎著

中国人民大学出版社
·北京·

新时代调解研究文丛（理论系列）

编 委 会

总　序

美国法理学者富勒曾言："法治的目的之一在于以和平而非暴力的方式来解决争端。"在所有第三方纠纷解决机制中，调解无疑是合意最多、强制最少的和平方式。从古代儒家的"无讼"理念，到抗日民主政权时期的"马锡五"审判模式，再到新时代的"枫桥经验"，调解凝聚为中华民族独特的法律文化意识，不仅是外显于中华社会的治理模式，而且是内嵌于淳朴人心的处事习惯与生活方式；不仅是人们定分止争的理想选择、思维习惯，而且是为人称颂的息事宁人、和睦相处的传统美德。更为弥足珍贵的是，源自东方的调解文化，在发展和传播的过程中，其理念和价值早已为域外文明所接受，成为西方话语主导下的现代司法体系中一个难得的东方元素和中国印记。

然而，在我国现代化转型的过程中，调解制度仍主要遵循由政府主导的自上而下式发展进路，要么在法治现代化改革中被边缘化，要么在维护社会稳定大局中被急功近利地运动化推进，导致各种调解制度处于不确定、不规范的运作状态。与之相伴随的是，法律人对调解的研究也大多埋首于优势、意义等"形而上"的宏大叙事问题，对调解现代化面临的困境与对策则缺乏深入分析。调解研究就像一只"无脚的鸟"，始终没有落到可以栖息、生长的实地，呈现浮躁、幼稚的状态。在现实的调解实战中，调解队伍庞大但调解员素质参差不齐、调解基准多样但缺乏法律支撑、调解程序灵活但少有必要规范、调解方法多元但囿于直接经验等，这些都成为制约调解实践进一步发展的瓶颈。由此观之，我国调解在现代化转型中仍滞留在经验层面，缺乏理论化、系统化、规模化、现代化的升华，以致有些人视其为"与现代法治精神相悖"的历史遗留，对中华民族自身的调解传统、制度和实践缺乏足够的道路自信、理论自信、制度自信和文化自信。

放眼域外，西方法治发达国家为克服对抗式诉讼代价昂贵等固有弊端，自 20 世纪 70 年代末以来，提倡推行以调解为核心的非诉纠纷解决机制，形成了接近正义运动的“第三次浪潮”。目前，在不少西方发达国家，调解的学科化或科学化发展趋势十分明显。社会学、心理学、经济学等研究成果在调解领域的广泛应用，不仅大大提升了调解的科学化水平，还使调解成为一门新兴的综合学科。体系化、标准化的调解课程不仅是调解员培训必修的课程，而且成为法学院的常规课程。调解学科的兴起，还催生了一个行业。在一些国家，调解已经成为人们可以终身从事的一种职业。

因此，在调解的现代化转型上，不得不承认在不少方面我们已经落后了。这引起了我们的忧思。我们的文化传统在异域他乡能呈现科学化、体系化、职业化与商业化的欣欣向荣景象，实用主义的引导与作用，或许可以成为答案之一，但从技术层面而言，精细化的研究始终是一个不可逾越的基础。如果我们再不警醒，再不转变调解的研究方式，再不提升调解的精细化研究水平，长此以往，调解话语权的失去将成为必然。因此，调解的实践者和研究者需要有持之以恒的毅力去推动中国调解制度的发展。基于这样的使命感，我们策划出版了“新时代调解研究文丛”，力图在以下方面有所裨益。

其一，促进调解制度改革，提升社会治理水平。党的十九大报告提出，要打造全民共建共治共享的社会治理格局，强调加强预防和化解社会矛盾机制建设，正确处理人民内部矛盾。毋庸置疑，调解在我国社会矛盾化解中起着举足轻重的作用。而政策性因素对调解的长久发展而言，更像是一个“药引子”，真正让调解养成“健康体魄”的还是制度性因素。我国现行的调解制度主要包括人民调解、法院调解、行政调解、仲裁调解、商事调解、行业调解等。文丛将充分回应如何夯实人民调解制度、规范行政调解制度、改革法院调解制度、发展商事调解等新型调解制度等关键问题，并注重各种制度之间的对接、协调与平衡，探寻科学的制度创新与改革路径，以此建立起一套科学高效的社会矛盾化解机制，提升我国的社会治理水平。

其二，创新调解研究范式，构建调解的“中国话语体系”。调解研究范式不论是彻头彻尾的洋腔洋调，还是墨守成规的自说自话，抑或是一孔之见的片面窥探，都无法铿锵有力并落地生根。我们只有立足本土资源，把握国际调解新动向，并展开跨学科研究，才有可能使调解的中国话语掷地有声。文丛就实证性而言，它客观、可信，考证严密；就国际性而言，它深刻、独到，视野宽阔；就跨学科性而言，它多元、缜密，交叉融合，希冀为构建调解的“中国话语体系”指明基本方向。

其三，建立调解教材体系，增强调解人才培养能力。开发一套科学、系统、规范、实用的调解教材，为调解人才培养提供强有力的理论指导和体系化的培训支撑，具有重要的现实意义。文丛力图填补国内系统化调解教材的空白，改进当前少量既有教材存在的理论性不彰、实践性不强、操作性不便等不足，希望抓住调解员这一核心要素，从调解经验总结、调解经典案例评析、社会心理学在调解中的应用、中国调解文化解读、调解策略梳理等多维度构筑我国调解教材体系，进而提升我国培养调解人才的能力。

文丛的开发得到了最高人民法院和司法部的鼎力支持，并分为两个子系列：一个是理论系列，由最高人民法院李少平副院长担任顾问，其编写主要依托最高人民法院与湘潭大学共建的多元化纠纷解决机制研究基地；另一个是实务系列，由司法部刘振宇副部长担任顾问，其编写主要依托司法部与湘潭大学共建的调解理论研究与人才培训基地。此外，文丛的编写与出版还获得了中国民事诉讼法学研究会 ADR 理论研究专业委员会、中国仲裁法学研究会调解与谈判专业委员会、调解研究领域的知名学者、调解实务界权威专家以及中国人民大学出版社的大力支持。我们期望并相信，文丛的面世将为构筑我国科学的调解人才培养培训体系提供理论指导，为全面发挥调解在促进社会矛盾化解、社会治理创新中的作用提供智力支持，为构建适应我国现代化进程和独具中国特色的调解话语体系作出贡献。

是为序。

谢 勇 廖永安

2019 年 2 月

序

“正义，作为法之目的，是个人活动与拥挤世界里所有人的活动之间的理想化妥协”（罗斯科·庞德语）。调解，作为自力救济和诉讼的替代性措施，为这种“理想化妥协”提供了契机。围绕调解这一研究主题，学术界似乎已经言说太多，但仔细咀嚼，总令人感到意犹未尽。

尽管调解在我国有深厚的历史传统，但这种传统在20世纪八九十年代审判方式改革过程中，却变为沉重的历史包袱，受到法学界的批评和排斥，调解因此被逐渐边缘化。然而，以对抗制为中心的现代审判方式改革在高歌猛进中陷入悖论：一方面，诉讼中心主义的司法制度日益专业化、正式化、程序化；另一方面，案结事不了、涉诉信访、执行难等问题愈演愈烈。面对这种悖论，以2002年为转折点，调解在跌入低谷后再次受到官方政策的重视，在话语层面被置于优先于判决的地位，“大调解”运动的兴起甚至一度催生了所谓的“零判决”竞赛。物极必反，过犹不及。“调解中心主义”的回归带来了强迫调解、侵蚀权利、“和稀泥”等弊端，导致司法实践中又出现了新悖论：调解案件大量进入强制执行程序，高调解率与高申请执行率并存，削弱了调解本应具有的“案结事了”的功能和相对诉讼的比较优势。于是，调解再次遭到学术界的猛烈批评。随着“能动司法”的政策热潮褪去，“调解热”终于冷静下来，调解还原为“自愿、合法”的本来面目。

回顾20世纪以来调解在我国所经历的“忽冷忽热”的过程，学术界对调解的研究也呈现功利化的“两极”现象，要么迎合官方政策为调解高唱赞歌，要么将调解贬损得一文不值。当“调解热”不再时，学术界对“调解”的研究也就冷寂下来，时至今日，学界对调解制度基础理论问题的研究仍然十分薄弱。其主要原因在于：一方面，调解在过去曾受到官方政策的扭曲，违背了法治规律，故法律人本能地对调解实践抱有一种焦虑不安的心态；另一方面，调解与西方传统法治理念存在根本差异，与我国当下所盛行的形式法治理论相抵牾，故学界尤其是民事诉讼法学界对其持一种冷眼旁观的态度。

理论是灰色的，而实践之树常青。理论界的冷眼旁观并不意味着调解实践的停滞。随着新时代社会主要矛盾的变化，纠纷多发、频发，法院“案多人少”的矛盾日益突出，而人民群众的纠纷解决需求日益多元化，深化多元化纠纷解决机制改革成为全面依法治国的重要内容。在这一背景下，调解不再被片面单独地强调，而是作为多元化纠纷解决方式的一种重要方式发挥作用。反观西方，20世纪80年代以来，西方法治发达国家经历了所谓的“诉讼爆炸”或“法律污染”，受困于法律形式主义带来的诉讼成本高昂、诉讼迟延等弊端，对抗制竞技主义司法不再被视为完美无缺的纠纷解决方式，这些国家掀起了以调解为主要方式的ADR运动，并迅速形成“接近正义”的第三波全球浪潮。这说明，调解作为一种公众参与司法体系的形式，不再仅仅是一枝独秀的“东方经验”，而是正扩散为跨越种族、国别、意识形态的纠纷解决方式，活跃于全球。如何认识好、把握好、利用好这种调解实践，是法学研究应有的现实关怀，也是当代法律学人应当承担的历史使命和社会责任。

因此，在这个著作多如牛毛的时代，在调解不受学界主流观点待见的环境下，我们之所以仍要推出一本关注调解的专著，正是为了剥去附着于调解之上的意识形态话语，澄清关于调解的话语偏见，挖掘调解的实践价值，重塑调解的新理念和新思维，还原调解作为一种纠纷解决方式的应有面貌。本书采用总分总的结构安排，共分为16章，前五章着眼于对调解理念、调解体系、调解模式、调解职业化等调解共性基础理论的探讨，第六章至第十三章聚焦于我国现行调解体系中各具体调解制度的问题剖析，既有对人民调解、法院调解、行政调解、仲裁调解等传统调解方式的反思，也有对行业调解、商事调解、律师调解、互联网＋调解等新型调解方式的观察，第十四章和第十五章分别提出了关于我国建立完善调解前置程序和制定统一的“调解法”的设想，第十六章提出了构建调解的“中国话语体系"的理论抱负和理论自觉。为了更加全面、客观、理性和辩证地认识调解，我们试图从古今、中西、理论与实践三个维度出发，"立足本土，超越本土；看重传统，超越传统；汲取西方，超越西方；把握时代潮流，坚持与时俱进"（郑杭生先生语），对中国调解体系作通盘审视。只有立足于这三个维度，我们才能有足够的文化自信、制度自信、理论自信和道路自信，去构建调解的"中国话语体系"，掌握调解的"话语权"。只有立足于这三个维度，我们才能避免陷入把调解"妖魔化"为法治的对立物或"神化"为包治百病的灵丹妙药的极端。也只有立足于这三个维度，我们才能不忘调解制度是为了让当事人和社会公众更好地"接近正义"而设，而不是为法律人的理论建构而设。正如范愉教授一针见血所指出的："法律人应特别意识到自身的利益、价值观和传统思维往往会过于自我，而忽略当事人与社会的真正利益所在，因此，法律人的认知转变是调解健康发展的重要因素。"

本书是国家社科基金重大项目"构建全民共建共享的社会矛盾纠纷多元化解机制研究"（15ZDC029）的阶段性研究成果，本书的写作凝聚了最高人民法院与湘潭大学共建的多元化纠纷解决机制研究基地、司法部与湘潭大学共建的调解理论研究与人才培训基地研究团队的共同心血，本书的部分内容已经零星发表，但收入本书时又重新进行了系统化的调整修改。湘潭大学博士研究生赵毅宇、段明、肖文、王聪，北京师范大学博士研究生陈海涛，湖南文理学院侯元贞博士、湘潭大学张庆霖博士、南华大学吕宗澄博士参与了本课题的调研与写作，其中王聪还协助我对本书做了大量的整理与修改工作。他们都是我曾经指导过的博士研究生或硕士研究生，这些年随我一起共同致力于多元化纠纷解决机制的研究，没有他们的参与，本书不可能这么快与读者见面。

哲人维特根斯坦言，"洞见或透识隐藏于深处的棘手问题是艰难的，因为如果只是把握这一棘手问题的表层，它就会维持原状，仍然得不到解决。因此，必须把它'连根拔起'，使它彻底地暴露出来；这就要求我们开始以一种新的方式来思考"。当前，摆在我们面前的任务是，思索"中国调解向何处去"。在回答这一问题之前，我们需要把旧的问题"连根拔起"。就此而言，本书在写作中还存在诸多不足或疏漏之处，尤其是对调解问题的暴露还不够全面，对调解新思维和新理念的提炼还有待完善，对调解话语体系和话语权的把握还有待提升，凡此种种缺憾，都有待后续研究弥补，望读者批评指正。但愿本书能够为未来我国的调解实践及理论研究提供某种助益，由此翻开调解研究的新篇章。

是为序。

廖永安
2019 年 1 月 8 日于湘潭

目　录

第一章　传统调解理念的现代转型与重塑

凡是有人的地方就有江湖，凡在江湖就有纠纷。而纠纷的解决方式分为三种：私力救济、公力救济、社会型救济。私力救济以和解或自决为主要形式，强调当事人自行解决，无中立第三者介入；公力救济以司法和行政解决为主要形式，由国家公权力机关介入；社会型救济以调解和仲裁为主要形式，由居间的社会力量介入。自国家诞生以来，国家原则上禁止私力救济，开放公力救济，鼓励社会型救济。①

从比较法视角来看，西方社会自罗马法以来逐渐形成了以竞技诉讼为中心的纠纷解决制度，而中国则形成了以调解为中心的纠纷解决制度。日本著名法史学家滋贺秀三在考察中国法文化时，延续了美国法学家昂格尔的思路，把中国与欧洲的法律文化处于两个对立极端的位置，认为中国并不存在类似欧洲"竞技型诉讼"的"法的支配"。帝制中国时期，儒家意识形态宣扬"听讼，吾犹人也。必也使无讼乎。"国家将纠纷分为"重罪案件"和"州县自理"案件，后者主要是被视为"细事"的土地、债务、婚姻、继承纠纷。对于这些纠纷而言，一般都由民间调解解决，而不是诉诸官府，即便是诉诸官府，县官们在处理这类案件时，主要也是采取调解而非判决的方式结案。因此，滋贺秀三认为，帝制中国的民事审判与其说是"依法判决"，不如说是"教谕式调停"②。毋需赘言，调解成为中国法律文

---

① 参见徐昕：《论私力救济》，北京，中国政法大学出版社 2005 年版，第 321～322 页。

② ［日］滋贺秀三、寺田浩明、岸本美绪、夫马进：《明清时期的民事审判与民间契约》，北京，法律出版社 1998 年版，第 1～17 页。黄宗智教授提出了不同见解，认为清代民事审判在表达上鼓吹调解，在实践中坚持依法判决。参见［美］黄宗智：《清代的法律、社会与文化：民法的表达与实践》，北京，法律出版社 2014 年版。

化传统中生命力最顽强的因子，历经“千年未有之变局”，激荡至今。

然而，传统调解制度所赖以生存的社会土壤以自给自足的小农经济、以宗法家族制度、熟人社会为基础①，是在“皇权不下县”中央集权统治模式下的产物，契合了中国社会的“超稳定结构”。时移世易，今日之中国，已然步入现代社会，小农经济被市场经济取代，宗法家族制度已然解体，熟人社会被陌生人社会取代。在这样一个大转型时期，调解要经历怎样的创造性转化才能在今天仍然生机盎然？在法治时代，传统调解与现代调解的理念有何不同？在全球化时代，中国调解与西方调解制度之间存在何种联系？在一个为权利而斗争的法治话语时代，调解在整个纠纷解决体系中所处的位置如何？这些问题的追问直接关系到调解的现代性问题，乃至中国法治的现代性问题。本章尝试对这些问题进行初步回答。

承载着“和合”文化与伦理价值的调解在我国可谓源远流长。从纵向的文化史来看，调解作为传统中国解决民间纠纷的一种方式，历来颇受重视。调解的历史最早可追溯至西周时期，西周设“调人”，“掌司万民之难而谐合之”②，即专门负责调解民间纠纷。及至明代，县以下的乡里特设申明教化的“申明庭”，由“里老”受理调解民间纠纷，并且明代法令明确规定，民间细事禁止直接诉至官府，而必须先经乡里调解，“越诉”将被追究刑事责任。③

同时，调解作为一种纠纷解决方式和国家治理方式，在国际上也享有“东方经验”之美誉。然而，在我国法治现代化的过程中，调解一度被视为“与现代法治精神相悖”的历史遗留，在实践中也一度遭到冷落。21 世纪伊始，纠纷的多发化和多样化使调解的价值重新得以彰显，并在实践领域形成了“大调解”格局。然而，此调解已非彼调解，随着历史的变迁和社会的转型，从调解理念到调解制度乃至调解方法也必将发生历史嬗变。本章以传统调解理念的现代转型作为论题，一方面是因为调解理念不但对调解制度和调解方法具有支配性和指导性的作用，也有利于调解文化的培育；另一方面也因为我国“关于调解理念迄今仍然缺乏系统的、深入的、有针

---

① 参见刘敏：《论传统调解制度及其创造性转化》，载《社会科学研究》，1999 (1)。

② 《周礼·地官·调人》。

③ 参见黄源盛：《中国法史导论》，桂林，广西师范大学出版社 2014 年版，第 302 页。

对性的探讨”[①]。就研究视角而言，基于调解是一门实践艺术，本章将调解理念的“相位”置于调解方法的层面进行论述，以期避免陷入空洞化从而更具针对性。就具体思路而言，本章将从对我国传统调解特质的分析着手，分析传统调解之现代困境，并在此基础上，论述树立现代理性调解理念的必要性及其主要内容。

一、我国传统调解的特质

纠纷及纠纷的调解伴随着人类社会的产生而出现，任何一种纠纷解决机制都与特定社会的经济、政治以及文化息息相关。在中国，“早在西周的铜器铭文中，已有调处的记载。秦汉以降，司法官多奉行调处息讼的原则。至两宋，随着民事纠纷的增多，调处呈现出制度化的趋势。明清时期，调处已臻于完备阶段”[②]。在中国，调解之所以会受到如此青睐并绵延数千年是由中国传统社会的文化形态和社会结构所决定的，并呈现出其独有的特质。在我国这样一个有着悠久历史的国度中，自从汉儒董仲舒提出“罢黜百家，独尊儒术”以来，儒家思想一直作为国家的主流文化而存在。虽然在我国的现代化过程中，儒家思想作为国家的核心价值体系已丧失其正统性与合法性，但“在强大的法制现代化话语的支配下，现代与传统往往承载的是一种价值选择和价值取向”[③]。因此，在法制层面，国家的现代转型也只是体现国家意志的规范、价值与文化即“大传统”[④] 的转型，儒家文化作为一种“小传统”和民间规范仍存在于自生自发的秩序中，潜移默化地影响着人们的价值观念与行为逻辑。在调解的视域中，国家法与民间法、“大传统”与“小传统”相互影响、彼此形塑，并在它们的合力作用下，调解功能、调解基准、调解人员的构成、调解方式等要素也随着历史的发展而变迁继替。断裂和更替的只是国家的意识形态和价值取向，人们的思想观念和行为方式却具有一定的保守性与稳定性，在历史大潮中只是缓慢地

① 常怡：《中国调解的理念变迁》，载《法治研究》，2013（2）。

② 张晋藩：《中国法律的传统与近代转型》，北京，法律出版社1997年版，第283页。

③ 郭星华：《社会转型中的纠纷解决》，北京，中国人民大学出版社2012年版，第51页。

④ “大传统”与“小传统”这一对范畴是由美国芝加哥大学人类学教授雷德菲尔德1956年在其《乡民社会与文化》一书中首先提出来的，用以说明在比较复杂的文明中文化传统的两个层面，即社会精英所掌握的有文字记载的文化传统和大量口传的、非正式记载的民间传统。

演化着。因此，本文所称的传统调解并不仅指我国传统社会的调解，从调解方式而言，所有内生于我国传统乡土社会、体现传统文化、承载传统价值的调解都可称为传统调解；从时间跨度而言，既包括传统社会的调解，也包括现代社会中的传统调解方式。

（一）文化渊源：人与自然以及人际间的“和合”观

“天人合一”是中国古代的一种政治哲学思想，最早起源于春秋战国时期，经过董仲舒等学者的阐述，由宋明理学总结并明确提出。其基本思想是人类的政治、伦理等社会现象是自然的直接反映。“天人合一”有两层意思：一是天人一致。宇宙自然是大天地，人则是一个小天地。二是天人相应，或天人相通。即人和自然在本质上是相通的，故一切人事均应顺乎自然规律，达到人与自然和谐。《老子》二十五章云：“人法地，地法天，天法道，道法自然。”即表明人与自然的一致与相通。汉宋儒家哲学中的天人合一观念“都认为宇宙本根乃道德之最高准则；人之道德即是宇宙本根之发现。本根之理，即人伦日用之理；在人为性，在物为理，在事为义，都是宇宙本根之表现”①。

天道和谐，因而人际间的关系也应和谐。“小国寡民。使有什伯之器而不用，使民重死而不远徙。虽有舟舆，无所乘之；虽有甲兵，无所陈之。使民复结绳而用之。甘其食，美其服，安其居，乐其俗。邻国相望，鸡犬之声相闻，民至老死，不相往来。”② 老子心目中的理想社会是“邻国相望，鸡犬相闻，民至老死不相往来”，而孔子所崇尚的则是一种天下为公的大同世界。“大道之行也，天下为公，选贤兴能，讲信修睦。故人不独亲其亲，不独子其子，使老有所终，壮有所用，幼有所长，矜、寡、孤、独、废、疾者，皆有所养，男有分，女有归。货恶其弃于地也，不必藏予己；力恶其不出于身也，不必为己。是故谋闭而不兴，盗窃乱贼而不作，故外户而不闭。是谓大同。”③

“古代中国人在整个自然世界寻求秩序和谐，并将此视为一切人类关系的理想。”④ 为达致人与自然以及人际间的“和合”，不同思想流派的国家治

---

① 张岱年：《中国哲学史大纲》，北京，中国社会科学出版社 1997 年版，第 177 页。

② 饶尚宽译注：《老子》，北京，中华书局 2007 年版，第 190 页。

③ （清）孙希旦撰：《礼记集解》，沈啸寰，王星贤点校，北京，中华书局 1989 年版，第 582 页。

④ ［美］李约瑟：《李约瑟文集》，沈阳，辽宁科学出版社 1986 年版，第 338 页。

理理念和路径选择均有所不同。“不尚闲，使民不争；不贵难得之货，使民不为盗；不见可欲，使民心不乱。是以圣人之治，虚其心，实其腹，弱其志，强其骨，常使民无知无欲，使夫智者不敢为也。为无为，则无不治。”[①] 如果说老子主张绝圣弃智、使民无知无欲、重新归于自然而达到“万物与我为一”之境界的话，儒家则倡行礼乐以应天配地，从而达致人与自然的和谐。“天高地下，万物散殊，而礼制行矣。流而不息，合同而化，而乐兴焉。春作夏长，仁也。秋敛冬藏，义也。仁近于乐，义近于礼。”[②] 在古代中国人看来，所有的纠纷与冲突都是对现有秩序的破坏以及礼崩乐坏的表现，因此，对纠纷进行调处的主要目的便是恢复礼制、安定秩序，重新达致人与自然秩序的和谐。

（二）权威来源：长老权威、道德权威和国家权威

我国古代的法律可谓“诸法合体，民刑不分”，其中有关民事法律制度的规定尤为简单粗疏，对所有案件都采用刑事手段进行处罚，只是程度不同而已。因此，当对户婚田土钱债之类的纠纷进行调解时，调解结果的正当性与权威性在很大程度上则依赖于调解者的个人权威。调解作为一种纠纷解决方式最早出现于初民社会，后随着国家的出现而成为统治者进行国家治理的一种方式和手段，西周时即已出现专司调解的官员“调人”，此后各个时期官府调解和民间调解并存，不同时期的乡里调解者也有着不同的称谓，如秦汉时期的“乡啬夫”，南北朝时期北魏的“里正”“里长”，元朝的“社长”，清代的“里老”“甲长”“保正”等。美国历史学家黄宗智教授通过对华北农村 1949 年前的档案资料的研究发现，民间纠纷的调解权威主要包括以下两类：一类是正式借贷、土地租赁、土地买卖中的“中间人”。“中间人”作为促成交易的介绍人，在纠纷发生时又成为“说和人”；一类是社区和宗族有威望的人士，在婚姻家庭纠纷、邻里纠纷中，没有“中间人”可以求助时，社区和宗族调解人成为有权威的纠纷解决第三方，通常由社区和宗亲中年老有德、在村民中享有信用者、基层行政组织的一些负责人如保甲长、村长等充当调解人。

无一例外，主持官府调解的官员都以国家强制力作后盾，其权威性自

---

① 饶尚宽译注：《老子》，北京，中华书局 2007 年版，第 8 页。

② （清）孙希旦撰：《礼记集解》，沈啸寰，王星贤点校，北京，中华书局 1989 年版，第 992 页。

不待言。主持民间调解的“里长”“里老”等都是家族的族长或德高望重之辈，其权威性则来源于他们的高“辈分”或“道德”，而这又是由我国古代家国一体的社会格局及其赖以存续的礼治秩序所决定的。在中国，“家”字具有极大的伸缩性，它可以指由父母和未成年孩子组成的家庭，也可以指“天下”。正如费孝通先生所言：“我们的社会结构本身和西洋的格局是不相同的，我们的格局不是一捆一捆扎清楚的柴，而是好像把一块石头丢在水面上所发生的一圈圈推出去的波纹。每个人都是他社会影响所推出去的圈子的中心。被圈子的波纹所推及的就发生联系。……我们社会中最重要的亲属关系就是这种丢石头形成同心圆波纹的性质。亲属关系是根据生育和婚姻事实所发生的社会关系。从生育和婚姻所结成的网络，可以一直推出去包括无穷的人，过去的、现在的和未来的人物。……在我们乡土社会里，不但亲属关系如此，地缘关系也是如此。……每一家以自己的地位做中心，周围划出一个圈子，这个圈子就是‘街坊’。”[①] 在这种以血缘和地缘关系相结合组成的社会格局中，辈分高、年龄大者为尊。这是因为在以小农经济为主的社会中，人们日出而作，日落而息，安土重迁，无须太多人际间的交往，也没有太大的人际关系的波动。人们根据前人一代一代积累出来的经验足以满足当前生活的需求，社会的发展也就湮没在一代一代的人类继替和文化传承中。因此，在这样的社会中，“传统”便获得了极其重要的地位，而通晓“传统”的长辈和长者便具有了无可挑战的权威。

传统中国的社会格局是以“己”为中心散发出去的关系网络，这种关系网络就像水的波纹一样，一圈圈推出去，愈推愈远，愈推愈薄，于是“伦”“推”就成了传统社会结构的基本特性。《释名》于“伦”字下说：“伦也，水文相次有伦理也。”伦重在分别，伦是有差等的次序。在儒家思想的浸淫下，社会的伦理道德也就融合在“别贵贱，序尊卑”的“礼”中，“亲亲尊尊、长幼有序、父慈子孝、兄友弟恭、夫义妇听、长惠幼顺”就成了人与人之关系网络的纲纪。“推”字乃“推己及人”的“推”。在传统中国，社会范围是从“己”“推”出去的，而这个“推”的过程即为将不同的伦理纲常运用于不同的关系网络。另外，在这种由“己”“推”出去的差序

① 费孝通：《乡土中国》，北京，人民出版社2008年版，第28～29页。

格局里，家国天下，公与私相对而言，其界限模糊不清，人们可以着手的，具体的只有“己”，于是“克己”就成了社会最重要的德行。因此，在儒家思想中，这种差序格局的维系重在个人的自律与修身，“克己复礼为仁”“本立而道生”，“德高”者自“望重”。

在“皇权不下县”的我国传统社会，地方共同体（以村庄为主要形态）的维系主要依赖于儒家观念及其代言人，即长老与乡绅，因此，纠纷调解的权威主要来源于长老权威和道德权威。在我国当代社会，由于国家权力的下沉和法律政策的渗透，维系乡村共同体的民间规范的约束力软化，礼治秩序业已遭到破坏，社会秩序的维系和纠纷的调解更多地依赖于国家权威。这主要体现在：首先，从调解主体而言，司法调解和行政调解的调解主体为公权力机关，司法调解和行政调解即为公权力的一种行使方式；我国当前的人民调解（民间调解的主要形式）为政府推动型调解，调解组织中调解人员的构成也主要为“体制内”人员①，虽然这些人员在进行调解时不是“正式”行使国家权力，但其国家公职人员的身份或与公权力的紧密联系无疑会有利于调解的推进与调解协议的达成。其次，从调解的基准而言，调解的合法性原则意味着国家的法律、法规和政策在调解中的重要地位。最后，从调解的效果而言，在调解过程中，公权力机关的合作有利于整合资源，确保调解协议的达成与履行。

（三）基本模式：调解员主导型调解

调解员主导型调解，是指在调解程序的启动和推进、纠纷事实的调查、协议方案的提出等各个环节中，调解员起主导作用的调解模式。在我国传统社会，调解员主导型调解源于“和合观”下对“无讼”的追求和“息讼”的努力。在儒家思想的和合观中，其所向往的理想社会为君主礼贤下士，民众淳朴率真，人人服膺于“别贵贱、序尊卑”的伦理秩序。为了达致“无讼”的理想，统治者强调以德化人、以礼明人，使人们“厌讼”“耻

---

① 在实践中，我国现阶段的人民调解组织主要分为三级或四级：村（社区）人民调解委员会；乡镇（街道）人民调解委员会；县、市级人民调解委员会或人民调解联合会。除村（社区）一级的人民调解员一般为村（居）安全成员外，乡镇（街道）、县、市级的人民调解委员会成员主要为以司法行政人员为主体的国家公职人员。虽然村（居）委会成员并非体制内成员，但其作为国家权力的“代理人”却与“体制”有着紧密的联系。

讼”；在司法领域，通过酷刑和对“教唆词讼”罪的打击，使人们“惧讼”。与“息讼”努力相对应的就是国家鼓励纠纷当事人进行调解。如元代《通制条格》规定：“诸论诉婚姻、家财、田宅、债负，若不系违法重事，并听社长以理谕解，免使妨废农务，烦扰官司。”明代法律规定：“各州设申明亭。凡民间有词讼，许耆老里长准受理于本亭剖理。”洪武三十一年颁布的“教民榜文”规定，户婚、田土、钱债，均分水利、私宰耕牛、擅食田园瓜果等民事案件，系民间小事，禁止径行诉官，必须先由本里老人、里甲断决。“是令出后，官吏敢有紊乱者，处以极刑。民人敢有紊乱者，家迁化外。前已条例昭示，尔户部再行申明。”在我国当代社会，国家对调解的重视并积极介入纠纷解决的动因除了对“和谐”社会的追求以外，还基于对以下因素的考虑：由于当代的社会矛盾尖锐、纠纷数量激增和纠纷类型增多，一方面，调解有助于缓解诉讼的压力，并提高案件的履行率；另一方面，调解作为国家的一种治理方式，能更好地发挥纠纷预防的功能，有助于实现“小事不出村，大事不出镇”的治理目标。

调解员主导型调解最主要的特点即为调解员在调解过程中的主动性和积极性，也即调解员不是协助当事人自己解决纠纷，而是指导和主持当事人解决纠纷。调解员的主动性主要表现为：其一，调解员主动介入纠纷解决。“普天之下，莫非王土；率土之滨，莫非王臣。”① 在中国古代家国一体的社会格局中，“国家关系、君臣关系只是家族关系、父子关系的延伸”②，这就决定了“家长”或“父母官”主动介入“子民”或“臣民”之间的纠纷解决具有天然的合理性。由于历史和现实的原因，在我国现代社会，当有纠纷发生时，相当一部分老百姓都指望“政府”或“上面的人”来解决，老百姓的认同则构成了调解员主动介入纠纷解决的合法性基础。而传统的熟人社会以及现行的分布到村组一级的人民调解组织网络都保证了调解员主动介入纠纷的可行性。其二，在许多纠纷的解决中，调解员积极主动地对纠纷事实予以调查。除了在“面对面”和“背靠背”调解中获得的信息以外，我国的调解员往往还自己主动收集证据，以全面了解纠纷事实以及与纠纷有关的事实，譬如，纠纷发生的原因和历史背景，当事人的性格特点和当

① 王秀梅译注：《诗经》，北京，中华书局 2006 年版，第 299 页。
② 武树臣：《中国传统法律文化》，北京，北京大学出版社 1994 年版，第 728 页。

事人之间的关系等事实。其三，无论是否基于已经查清的纠纷事实，我国的调解员都习惯于根据情理或法律主动提出解决方案。在我国传统社会和社会主义计划经济时期，往往由调解员直接给出方案，这不免使调解带有一定的强制性。在现行的调解实践中，由于强调调解的自愿性，在调解员对纠纷事实作出判断并形成调解方案后，则通常由调解员主持召开协商会议，这是一个调动各方资源和力量集中“说服”当事人接受调解方案的过程。

从调解主体之间的相互关系而言，调解员主导型调解中存在两类关系，即调解员与当事人之间的关系以及各方当事人之间的关系，前者的作用远远大于后者，甚至当事人之间往往都无法进行有效沟通从而使当事人之间的关系趋于虚化（见下图）。调解员与当事人之间的相互关系主要表现为自上而下的说教与说服，即以调解员对当事人的关系为主，而当事人对调解员的关系也趋于虚化（见下图）。其中，调解员对当事人说教的主要依据则随着时代的变迁而不同：在传统社会，说教的主要依据为伦理道德；在中华人民共和国成立后至改革开放前，主要依据为国家政策和共产主义道德；改革开放以来，则主要依据法规、政策和情理进行劝服。我国调解员主导型调解的调解关系模式是我国“官本位”思想和“重实体，轻程序”观念在调解中的体现，其直接后果就是调解员服务意识与程序保障意识的缺乏。调解员热衷于基于自己的判断进行说理和劝服，协助当事人之间进行有效沟通的意识淡薄，更遑论有意识地保障当事人的程序性权利，给予当事人充分陈述的机会，耐心倾听并挖掘当事人诉求背后的动机与利益。简单言之，当事人在调解中的地位被客体化，调解员与当事人之间的关系为主体—客体关系。

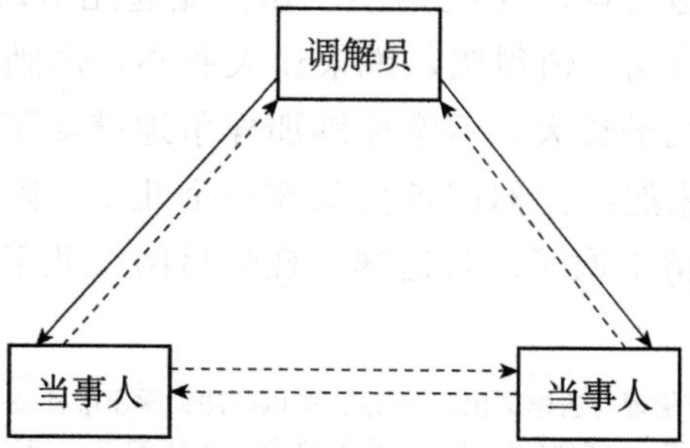

调解员主导型调解中的调解关系

（四）调解方法：情理先于法理

就调解方法而言，民间调解的目标是维持熟人社区内人际关系的和睦，调解的主要方法是妥协互让。著名社会学家林端将传统社会中国人实际的法律行为连续体概括为从民间非正式调解到官府衙门正式判决的连续体，其法律运作的过程是逐渐形式化、正式化、繁复化的，纠纷解决更多依赖调解，而调解的法律意识是“情—理—法”的优先顺序。[①] 黄宗智教授则认为，按照清代官方的儒家表达，民间调解应当比官方审判更强调人情和天理（情理），国法在民间调解中作用甚微，但在实际操作中，国法、常识意义上的是非对错、和解妥协是指导民间调解运作的三原则，妥协最为重要，但国法始终是民间调解中的一个重要因素，它为和解妥协提供了基本框架，而且在民间调解中的情理和儒家表达中的天理、人情不同，在调解实际运作中，“情”是指维持和谐人际关系妥协互让而非儒家理论中的道德同情，“理”是指常识意义上一般人的是非对错意识而非儒家理论中的抽象天理，妥协、是非观念、国法在调解过程中共同运作维护社区和谐。[②]

这些调解方法在纠纷解决中的运用更能够揭示出传统调解的思维理念。以下，我们先来看一起官府调解。清代著名循例在其所著的官箴书《鹿州公案》中记载了一起“兄弟争田”的调解过程：

陈智的儿子阿明和阿定在父亲死后为争七亩田反目告上衙门，阿明称这七亩田是父亲留给他的，并向知县蓝鼎元递上父亲的亲笔手书，上面白纸黑字“百年之后田产归长孙”。阿定说父亲临终前有口头遗嘱将该田留给他，还有旁人作证。见双方各执一词，蓝鼎元说：“你们说的都不差，但是这意味着责任在你们的父亲，谁叫他不来个一清二楚，我只好开棺问他。”兄弟面面相觑，无地自容。蓝鼎元说：“田产比起兄弟亲情，实在是区区小事，为这等小事打官司，值得吗，说来让人寒心，你俩都是各有俩儿子的人，将来你们各自儿子长大，不像你俩那样争地就怪了。所以，为日后安宁，我只好防患于未然，让你们各自只养一个儿子。阿明是长兄，留下长子，阿定是弟弟，留下次子。就这样，现将另两个儿子押到收容所，卖给

---

① 参见林端：《儒家伦理与法律文化》，北京，中国政法大学出版社 2002 年版，第 387～390 页。

② 参见［美］黄宗智：《清代的法律、社会与文化：民法的表达与实践》，北京，法律出版社 2014 年版，第 44～57 页。

乞丐做儿子。结案。”阿明一听便说：“小民知罪了，愿将田产全部给弟弟，永不计较。”弟弟也是痛改前非。蓝鼎元问是否是他们妻子的意见，第二天四人及族人头领到官府，要求和解田产作为祭奠父亲的资产，轮流收租，子子孙孙不得起争端。①

蓝鼎元在总结该案的经验时认为，这案件按照一般审判方法，应该各打三十大板，将田地分成两份，三两句话即可，现在费了周折，苦口婆心，毕竟效果显著，“此时兄弟妯娌友恭亲爱，岂三代以下风俗哉。必如是，吏治乃成循良”。

从这起官府调解中，我们看到法官并不追求权利名分的厘清，而是充满教育的色彩，力图使当事人口服心服。官府调解如此，民间调解又如何呢？著名社会学家费孝通讲述了其在20世纪初期在乡下参加调解的感受：

> 在乡村里所谓调解，其实是一种教育过程。……调解是个新名词，旧名词是评理。差不多每次都由一位很会说话的乡绅开口。他的公式总是把那被调解的双方都骂一顿。“这简直是丢我们村子里脸的事！你们还不认了错，回家去。”接着教训了一番。有时竟拍起桌子来发一阵脾气。他依着他认为“应当”的告诉他们。这一阵却极有效，双方时常就“和解”了，有时还得罚他们请一次客。②

费孝通先生还特意举了一个有趣的案例来说明民间调解的性质：“某甲已上了年纪，抽大烟。长子为了全家的经济，很反对他父亲有这嗜好，但也不便干涉。次子不务正业，偷偷抽大烟，时常怂恿老父亲抽大烟，他可以分润一些。有一次给长子看见了，就痛打他的弟弟，这弟弟赖在老父身上。长子一时火起，骂了父亲。家里大闹起来，被人拉到乡公所来评理。那位乡绅，先照例认为这是件全村的丑事。接着动用了整个伦理原则，小儿子是败类，看上去就不是好东西，最不好，应当赶出村子。大儿子骂了父亲，该罚。老父亲不知道管教儿子，还要抽大烟，受了一顿教训。这样，大家认了罚回家。”③

---

① 关于该案的翻译，参见刘星：《中国法学初步》，广州，广东人民出版社1999年版，第1～4页。

②③ 费孝通：《乡土中国》，北京，人民出版社2015年版，第69页。

从这些论述和具体案例中，我们可以归纳出传统调解思维方式的基本特点。

第一，维护和谐是调解的最高价值目标。这意味着调解并不是伸张权利，不是分清是非黑白，不是寻求个案的公平正义，而是致力于维护社区共同体的和睦秩序。对此，清代名幕汪辉祖的一段名言表现得再清楚不过，他说道："勤于听断，善已。然有不必过分皂白，可归和睦者，则莫如亲友之调处。盖听断以法而调处以情。法则泾渭不可不分，情则是非不妨稍借。理直者既通亲友之情，义曲者可免公庭法。调人之所以设于周官也。"[①]

第二，传统调解具有教谕式的强制色彩。由于社会和谐具有至上的价值，儒家知识分子出身的官员将诉讼视为不良社会现象，扰乱社会道德秩序。故调解人在调解时往往不仅仅是为了解决纠纷本身，更在于其教育功能。纠纷的调解处理为全村人提供了学习机会，并促使人们重新肯定其共有的道德价值。也就是说调解在某种程度上发挥着"案例法"的榜样作用，告诉人们应该如何处理人际关系。[②] 蓝鼎元处理"兄弟争田"的调解方法，表面上动之以情，实际上是一种隐性的强制调解。

第三，传统调解坚持情理优先。纠纷调解首先考虑"情"，其次是"理"，最后是"法"[③]。情、理、法在调解中的作用是递减的，这也导致纠纷解决可能是和稀泥，因此，传统调解所塑造的秩序是一种儒家的礼治秩序，而不是讲权利的法治秩序。纠纷发生时，调解人要求当事人梳理的正确态度是"自省、自我批评、谦让或向他人让步、迁就或妥协，而不应当坚持自身利益，主张自身权利"[④]。在蓝鼎元所举的官府调解案例和费孝通所举的民间调解案例中，都可以看到这种道德伦理本位的调解法律意识。

二、社会转型期传统调解之困境

社会转型是指社会结构和社会运行机制从一个形态到另一个形态的变

---

① （清）汪辉祖：《学治臆说》。

② 参见陈心想：《走出乡土：对话费孝通〈乡土中国〉》，北京，三联书店 2017 年版，第 216 页。

③ 顾培东：《社会冲突与诉讼机制》，北京，法律出版社 2004 年版，第 38 页。

④ 陈弘毅：《法理学的世界（第二版）》，北京，中国政法大学出版社 2013 年版，第 193 页。

迁。从1840年的鸦片战争到1949年前，伴随着西方列强的武力入侵及西学东渐，中国社会一直在进行着缓慢的变迁。自1978年我国推行改革开放以来，我国社会就处于转型加速期。在我国工业化、城市化和产业化的过程中，伴随着经济的高速发展，社会主体对社会资源的占有出现不平等；人们的思想观念和行为模式也发生着深刻的变化；利益主体的多元化、利益诉求的多样化也导致矛盾冲突的尖锐化及纠纷类型的多样化。植根于传统社会的调解，在见证时代巨变的同时也不可避免地遭遇到了时代的挑战。

（一）传统调解的功能式微——以社会阶层的分化为切入点

制度变革、产业结构升级和城市化必定会引起社会结构的变动。“社会结构”在社会学领域是一个歧义颇多的概念，但一般而言，指的是依据不同的参数，社会主体在社会中所处的位置及其相互关系。依据占有社会资源的多少，从纵向结构上可以将社会主体划分为不同的阶层。卡尔·马克思依据人们是否占有生产资料将社会主体分为“有产者”和“无产者”，以马克斯·韦伯为代表的西方学者则普遍认为区分社会阶层有三大标准：权力、财富和声望。

自从原始社会解体以后，人类就分化为不同的利益群体、不同的阶层。在我国漫长的封建社会中，虽然有“士、农、工、商”的职业划分和“地主、官僚、农民”的阶层划分，但当时的中国社会总体而言属于小农社会，农民占了总人口的绝大多数，并且各阶层之间的人员流动也很少。1949年至1978年以前的中国，私人不占有生产资料，因此改革以前的中国社会基本上是一种身份社会。1978年以后，中国进行了一次更为深刻的制度变革，这就是从计划经济体制逐步向市场经济体制转变，其后一系列的制度变迁深刻地影响着中国社会的阶层分化与重组。由市场配置资源、效率优先兼顾公平的分配原则，不但促进了社会阶层的分化与重组，也加剧了不同阶层之间的贫富差距。依据个人所拥有的财富、权力和声望，如果将我国社会阶层分为上等、中上、中等、中下、下等五个阶层的话，属于上等阶层的约占全国经济活动人口①总数的1.5%；处于中下阶层的占全国经济活动人口总数的68%；处于下等阶层的占全国经济活动人口的14%；其余的则

① 根据我国统计制度，经济活动人口是指所有年龄在16岁及以上，在一定时期内为各种经济生产和服务活动提供劳动力供给的人口。这些人被视为实际参加或要求参加社会经济活动的人口，也称为现实的人力资源。其处于就业或失业的状态，是就业人口和失业人口之和。

属于中上阶层和中等阶层，分别占全国经济活动人口的3.2%和13.3%。[①]从以上数据可以看出中国当前社会分层的特点：在全国经济活动人口总数中，上等阶层比重最小，约占1.5%；中间阶层比重次之，约占16.5%；社会中下层和社会下层约占82%，社会阶层呈金字塔结构。金字塔结构的建筑物是稳定的，因为其重心低；但金字塔状的社会结构是不稳定的，因为处于社会中下层的人比例大，则意味着想改变现状的人数多，如果他们往社会上层流动的渠道受阻，就会积聚不满、引发矛盾冲突。

有社会分层就有社会不公，这不仅仅是因为人与人的先天禀赋和后天努力有差异，更是因为绝对平等的社会不可能存在也无法想象。在绝对平等的社会中，由于缺乏竞争机制和激励机制，这种社会最后会因缺乏活力而导致普遍的贫穷。于是，人们将对公平的关注转向机会的平等，而机会平等则是由社会制度予以保障的。在我国从计划经济向市场经济的转变过程中，在市场的形成与财富的流动和分配中，行政权力起着举足轻重的作用。于是，人们在谋求财富和社会地位的过程中，很可能会遭遇市场准入的不公、教育的不公以及法律政策的不公，这些都属于制度性的不公正。

21世纪以来，我国面临的首要问题不是经济发展的问题，而是社会问题。社会阶层的分化，使不同利益群体在维护既得利益和预期利益的过程中不可避免地会产生各种矛盾。解决这些矛盾引发的纠纷，则是我国传统调解所无力应对的挑战。首先，从纠纷主体及其相互关系而言，由于我国传统社会结构单一，人际交往不多，因而大多数纠纷为农民之间的纠纷，并且纠纷主体之间的实力差距一般也不大。在现代，随着社会阶层的分化，纠纷主体也呈多元化趋势；同时，在很多纠纷中，当事人在社会地位、经济实力和文化素质等方面相差悬殊。其次，从纠纷类型而言，我国传统调解主要解决的是“户婚田土钱债”纠纷以及轻微的刑事案件。随着经济的发展与时代的变迁，现代社会除了传统纠纷以外，还衍生出许多新型的纠纷，譬如土地流转、征地拆迁、环境污染、交通事故、劳资纠纷等。很多新型纠纷涉及的人数众多、地域范围跨度很广，解决此类纠纷需要综合性的知识，传统的地方性知识根本无法应对。再次，从纠纷的性质而言，发

① 参见杨继绳：《中国当代社会阶层分析》，南昌，江西高校出版社2011年版，第346～356页。

生于熟人社会的传统纠纷掺杂的感情因素比较多，很多情况下都是为了“争口气”或“面子问题”。而市场经济下的现代人则是功利化和经济理性化的，因此，现代纠纷往往具有很强的利益指向性。传统调解主要是通过道德教化而解纷止争的，在面向这种利益指向性较强的纠纷时必然功能受限。最后，从纠纷的发展而言，在传统社会中，大多数传统纠纷性质单一，且熟人社会中的当事人也更倾向于选择妥协和忍让以解决纠纷，因此传统社会的纠纷扩散性较弱，也往往不易激化。在现代，随着现代传媒和通信技术的发展，某些纠纷很快会成为社会和舆论关注的焦点问题，某些矛盾纠纷甚至会激化为群体性事件。对于这类纠纷的解决，无论是从程序还是实体而言，在某种程度上更依赖于具有一定普遍性的标准。

（二）传统调解的权威“祛魅”——以人们思想观念的变化为视角

如上文所述，传统调解的正当性和可接受性往往来自调解者的个人权威或其所依附的国家权威。在现代社会，与市场经济、民主政治和多元文化相伴随的就是权威的被“祛魅”，处于社会转型期的我国政府之权威也不能幸免，政府的公信力正在遭受着严峻的考验。造成这种局面的原因是多方面的。第一，改革开放过程中的某些制度性不公使民众积累了不满。市场经济必然使利益主体多元化，各不同利益群体之间的矛盾也随着改革的深入而日渐突出和尖锐。第二，根深蒂固的“官本位”思想淡化了政府的服务意识，政府工作的透明度不高，或者危机处理的方式不妥当，在无形中损害了政府的公信力。第三，某些政府官员的贪污腐败和胡作非为极大地破坏了政府在老百姓心目中的形象。第四，由于现代传媒技术的发达以及普法工作的开展，“民主”“权利”的观念深入人心，民众对公权与私权的各自领域有了一个大致的了解，在有些场合也会拒绝公权力的介入。[①]

在“信息爆炸”的当代，熟悉传统的长老与后辈在信息的拥有量、信息获取的途径、思维方式甚至生活习惯等方面都大异其趣，经济的飞速发展、社会面貌的日新月异使“传统”在许多场合成了“落后”与“保守”

---

① 我们在对某乡镇司法所的所长进行访谈时，该所长就讲述了这样一个案例：某村的两位村民因为相邻权的问题发生了纠纷，司法所所长接到村里信息联络员的报案后，立即带着两位民警赶到该村进行调处。发生纠纷的村民看到“政府的人”来了之后，并没有向他们陈述事实，而是说：“等我们打伤了人以后你们再来管。”

的代名词。在乡村，除了类似于祭祀、求神等传统的仪式和活动还能给长老的权威保留一席之地之外，在以利益为指向的纠纷解决中，长老则失去了其作为一族之长的话语权，即使有发表意见的机会，也仅仅是“意见”而已。长老权威弱化的另一表现是风俗习惯、乡规民约等民间规范制约力的软化，随着国家法律和政策的层层渗透以及罪刑决定权的收归国家所有，与长老“意见”一样，这些规范也只起着行为指引和舆论监督的作用。

与长老权威一起衰落的还有道德的失范，这与我国社会性质的嬗变以及民众信仰的缺失有着紧密的联系。我国传统社会是以血缘和地缘关系相结合而组成的熟人社会。在这样的社会中，人们安土重迁。他们生于斯，长于斯；他们彼此守望帮扶；他们分享着大致一体的价值观，遵循着相似的行为准则：三纲五常和伦理道德。改革开放以来，家庭联产承包责任制把农民从土地上解放出来，城市化过程使农村的剩余劳动力涌向城市，根据国家统计局 2018 年发布的数据，我国的城镇人口已经超过全国总人口的 59.58%[①]，因此，现代中国社会是一个以城乡“二元”结构为基础的陌生人和半陌生人社会。纵使是如今的乡村，在市场经济浪潮的冲击下，礼治秩序被破坏，由伦理纲常维持的乡村共同体已基本解体，村民们也变成了精于计算的经济人，昔日人与人之间的伦常关系已逐渐演化为利益关系。

“中华民族的信仰体系建立在以儒家道统为核心的传统文化基础之上的，这个道统自尧、舜、禹、汤、文、武、周公、孔子、孟子，到董仲舒、文中子、朱熹、王阳明，一脉相承。”[②] 但是，近一百年前的新文化运动一面倡导着“救亡图存”的历史主题，一面将儒家思想中的传统价值当作封建主义的糟粕全盘否定与抛弃。战乱，尤其是 1949 年后的历次政治运动，最终将儒家道统解构并使其失去了话语权。文化传统中断、信仰体系瓦解，也就使国人的道德失去了伦理资源。

改革开放使中国走上了发展市场经济的道路。市场经济是理性经济，其核心就是以最小的成本获取利益的最大化；市场经济也是一种世俗经济，在道义与实利之间，它选择了后者；市场经济更是一种现世经济，它不相信未来，一切都为现世的利益。市场经济是一台性能良好的发动机，一旦

---

① 数据来源于国家统计局《2018 年国民经济和社会发展统计公报》。

② 罗浩波：《中国社会核心价值体系百年缺失的哲学反思》，载《探索》，2011（5）。

启动便会高速运转，为社会创造大量的物质财富，可这台发动机自身是不配有限速系统和制动系统的，它需要其他的系统来对其予以限制，其中就包括了人们的文化价值信仰和道德伦理。当仅以利益为指向的纠纷进行调解时，如果调解者依旧举着伦理道德的大棒，由于缺乏价值认同，不但使合意难以达成，甚至会使合意演变成“恣意”。

三、调解理念的现代性重塑——理性调解

在当代的人文社会科学中，“现代性”是一个具有普遍解释力的概念，也正因为其具有极强的扩张力和话语力量，其外延便凸显而又模糊。即便如此，“现代性”还是具有几个基本的元素：市场经济、民主政治和科学理性。在此，“市场经济隐含的是强烈的价值目的论（效率观念）和普遍理性主义（经济理性观念）；民主政治所表达的是所谓政治合理性或合法性以及由此推出的社会政治制度的合理安排或社会普遍秩序；科学理性所代表的是技术理性基础上的普遍理性或普遍真理观”①。其中，科学理性是对古希腊罗马和中世纪时期的“诸神崇拜”和“英雄崇拜”的反叛，其所确立的知识权威主义取代了对一切超越人类理性的对象或力量的价值信仰。这种科学理性真理观认为只有能够被人类证明的知识才是科学的，像道德、宗教、美学等无法用科学逻辑证明或用普遍的经验事实实证的知识，被视为不具有知识合法性和逻辑合理性的“非科学的知识”，“知识就是力量”就是这种真理观的表达。然而，人类在把“相信”的对象由外在的超越转向人类自身所发现、创造和发明的知识时，也不知不觉地陷入了一种价值单向度的“人类自我中心主义”泥潭，于是，信仰缺失被视为现代社会的危机。“上帝已死”（尼采语），政治需要民主来保证其正当性和合法性，那么在调解的场域里，当传统调解所依赖的权威已被“祛魅”，现代调解或许只能寻求理性化的资源使当事人认同和接受，即通过理性调解促成当事人合意的形成，从而使调解回归“自愿性”本源。

对“理性”的理解，不同时期的不同学者有不同的观点，这本身就是人类理性的自我表现。从总体上看，古代理性追求的是整个世界合理有序

① 万俊人：《信仰危机的“现代性”根源及其文化解释》，载《清华大学学报》（哲学社会科学版），2001（1）。

的秩序，因而是一种整体理性。自近代以来，人以自我为中心来认识世界，由此推动了主体独立性的发展，笛卡尔的"我思故我在"就是明证；康德也把理性视为人的一种先天认识能力，"理性是提供出先天知识的诸原则的能力"[①]，并根据所针对对象的不同分为知识理性和实践理性；黑格尔则认为世界是一个整体，即"绝对精神"或"绝对理念"，于是理性最终成为"绝对"。现代理性基本上是一种重建理性，韩震先生把19世纪以来理性重建的观点概括为以下几种。第一种是以韦伯和法兰克福学派为代表的"从理性到合理性"的理性观。第二种是以罗素、早期维特根斯坦和卡尔纳普为代表的现代实用主义者所提出的"从理想理性到工具理性的理性观"。第三种是以波普尔为代表的"从独断理性到批判理性"的理性观。第四种是以泰勒和麦金泰尔等为代表的"从先验理性到实践理性"的理性观。[②]

无论是在我国绵延数千年的传统调解，还是在西方国家近代蓬勃兴起的被学者称为"第三次浪潮"的ADR运动，都是遵循实践理性而发展的。在现代社会，由于传统权威的衰落，趋向理性的人们所认同和接受的也只是人类理性的结果，因而我们需要通过调解的理性化以回应人们现代理性主义的需求。在这里，权威来自于理性，而不是相反。我们认为，可以将调解理性理解为人们关于调解的抽象思维能力以及体现这种思维能力、并为人们所认可和接受的一系列调解规则和方式，其内涵包括调解过程和调解结果的合理性。另外，如果仅从调解主体的角度来界定调解理性，则可能由于价值单向度而导致为达目的不择手段，为了克服从目的理性滑向"工具理性铁笼"的局面，则需要在调解的场域中注入伦理道德因素。因此，调解理性至少要体现程序理性、经济理性和道德理性的内在要求。

（一）程序理性

程序理性即程序的合理性，不同的学者对程序理性的特征标准有不同、交叉、相似或相同的概括。对于各国各时期的调解而言，具有普遍性的特点是中立的第三人根据纠纷当事人的利益与需求，协助或者主持当事人就纠纷进行自愿协商从而解决纠纷的活动。调解过程在本质上是调解员与当事人之间、各方当事人之间的一种为了消除分歧、消弭冲突从而达成共识

① ［德］康德：《纯粹理性批判》，邓晓芒译，北京，人民出版社2004年版，第18页。

② 参见韩震：《重建理性主义信念》，北京，北京出版社1998年版，第32～36页。

的交涉活动，因此，哈贝马斯的交往理性理论也许可以为调解程序理性的构建提供一些启示。哈贝马斯的交往理性，本质上是对话性的，体现在交往行为中。这种理性观的特征可以简要概括如下。第一，交往理性是语言性的，交往本身是以语言为媒介的。哈贝马斯认为，语言是主体进行有效沟通、并达成共识的条件。第二，交往理性也是主体间性的，它用主体—主体关系取代了传统的主体—客体关系。在交往过程中，虽然参与交往的各个主体都追求自己的目的，但都遵守这样的前提，即他们在共同确定的语境中对他们的行为计划加以协调。第三，交往理性是程序性的，交往参与者通过语言，通过讨论达到相互理解。第四，交往理性也是通向民主、和平的一条途径。哈贝马斯主张交往行为者在交往实践中，应通过理想化的语言交往，来达成共识，消除分歧，化解冲突，从而实现生活世界的合理化，以达到自由与解放的目标。[①] 哈贝马斯批判传统理性，但他并不从根本上否定和摧毁理性，而是把近代的工具理性统摄和包含在交往理性之中，因而，交往理性是一种开放性的、具有包容性的理论。根据哈贝马斯的交往理性理论，调解的程序理性要求在合意的达成过程中限制专横与恣意，这样就化解了程序工具主义与程序本位主义之间的张力，并实现了形式理性与实质理性之统一。具体而言，调解的程序理性至少应包括以下内容。

1. 保障基本的程序公正。这是当事人认可调解程序、愿意进行协商从而接受调解结果的前提条件。基本的程序公正包括：首先，调解员的中立性，也即调解员与纠纷没有利害关系。同时，调解员也要表现得让当事人相信其是中立的。这就要求调解员在调解过程中要保持客观理性和不偏不倚，不要偏袒或决定任何一方是对还是错，耐心倾听双方的意见。[②] 其次，充分告知当事人有关调解程序的事项，使各方主体就调解程序本身达成基本的共识。这些事项通常包括：调解的基本原则；调解员所扮演的角色和所起的作用；调解的主要程序；当事人在调解中所享有的权利。最后，平等地保障当事人的程序性权利。譬如，规定双方当事人轮流发言，使其得以充分地陈述并被耐心地倾听；任何一方都有关于调解程序和调解协议内

① 参见田润锋：《哈贝马斯理性研究》，陕西师范大学2010年博士学位论文，第78～79页。

② 参见陈立军、陈立民：《司法公信力生成基础》，载《湖南科技大学学报》（社会科学版），2011 (4)。

容的平等的决定权。

2. 保障当事人的程序主体性。当事人在调解程序中的主体性主要表现为当事人的自愿原则，即是否进行调解、是否中止调解程序、是否达成调解协议以及调解协议的具体内容都由当事人自行决定。在我国当前的调解实践中，有很多调解员在查清事实后直接给出自己的调解方案，并以各种暗示或潜在的威慑力使当事人接受调解方案。但是，在现代社会中，一方面由于社会主体的个人主义、理性主义以及权利意识的增强，当事人可能比较难以心甘情愿接受对他们而言缺乏正当性和合理性的方案。因此，如果当事人拒绝达成协议，那么调解员的这种对事实进行判断并直接给出调解方案的做法，不但没有案结事了，反而会贬损调解程序和调解员的公信力和权威性。另一方面，即使当事人当时接受了调解方案，由于并非其完全自愿，也极有可能会反悔，不履行调解协议并转向其他纠纷解决途径，诉讼抑或上访等，这就会导致国家资源和社会资源的极大浪费。因此，调解员在提出解决方案时，需取得当事人的授权或依当事人的申请而提出，这是调解方案正当性的保证。

3. 调解程序的合规律性与合目的性的统一。较诉讼程序而言，调解程序具有灵活性和便宜性的特点，调解程序的合规律性与合目的性的统一则是指调解员可以根据纠纷的类型特点、当事人的性格特点以及当事人之间的关系等，选择不同的调解模式，以回应当事人的利益和需求，从而妥当且择优地解决纠纷。棚濑孝雄在谈到调解模式时，根据两个功能上的分化轴对调解进行了功能方面的划分。“一个轴反映对于调解者来说，解决纠纷的成本和解决内容的性质作为其功能上的性质何者更重要，另一个分化轴则表示调解的基本目标是发现法律上正确的解决还是当事者选择自己所喜好的解决。”① 根据这两个轴构成的一个坐标，可以将调解从功能上分为判断型、教化型、交涉型和治疗型不同的类型。判断型调解是一种以发现法律上的正确判决为目标，在发现这个目标的过程中充分发挥调解降低成本优势的一种调解类型；教化型调解是一种不谋求审判的再现，而是以发现调解自身特有的正义或所谓另一种正确的解决作为自己的任务，来恢复依

① ［日］棚濑孝雄：《纠纷的解决与审判制度》，王亚新译，北京，中国政法大学出版社 2004 年版，第 53 页。

法解决所失去的衡平，恢复社会的连带的过程；交涉型调解是指以当事人估计的审判可能得到的解决和所需的成本为下限，在这样的基础上与对方进行讨价还价，从而达成纠纷解决的调解类型；治疗型调解在棚濑孝雄看来是一种最不容易实行的调解功能类型，这种模式把纠纷视为人际关系的一种病理现象，对于这种病变，需要通过心理治疗的恢复来获取纠纷的解决。棚濑孝雄认为，每一种模式在合意达成的正当性或有效性方面都有其特有的优势与劣势，任何单一的模式都可能导致“合意的贫困化”[①]。调解是一门艺术，也是一种实践理性，因此，笔者认为调解员可以根据具体案件选择不同的模式，并可依据情势的变化而综合运用不同的模式，从而保证合意的正当性与恰当性。

（二）经济理性

经济理性即指经济活动的任何参与者追求物质利益最大化的动机。对于消费者，就是追求效用（utility）最大化，对于生产者，就是追求利润最大化。调解的经济理性指的是调解并不满足于在当事人间分配既有的利益，而是要扩大和创造利益。如果诉讼是一种“零和游戏”（zero-sum game）的话，调解的经济理性则要求调解是实现“双赢”（win-win）的机制。因此，调解员在协助当事人沟通和谈判的过程中需要转变观念，注重满足当事人的经济理性要求。

要实现利益的扩大化，首先得区分立场和利益。在谈判中，立场是指一方当事人期望通过谈判所达到的目标；利益则是指隐藏在立场后面的原因。譬如，在谈判中，一方要求年薪 100 000 元，这是立场问题。但是谈判者为什么有这样的要求，是为了显示自己的实际价值？还是他的朋友同学的收入一般都是这个水平？是公司的一般年薪都是这个数？还是谈判者为了维持自己的家庭开销必须要这个数？这些都是谈判者的根本利益所在，也是谈判者最为关注的东西。在调解中，调解员要避免当事人在立场问题上争执不休。因为只就立场问题进行讨价还价的话，谈判者往往会采取极端立场，或者坚持顽固态度，或者不愿透露己方的真实意图，或者是为了使谈判的继续进行而采取小小的让步，希望达到有利于自己的结果。这样

① ［日］棚濑孝雄：《纠纷的解决与审判制度》，王亚新译，北京，中国政法大学出版社 2004 年版，第 52～73 页。

不仅会使谈判成为一场拉锯战，降低谈判的效率，也容易使谈判陷入僵局甚至谈判破裂。因此，调解员和谈判者的明智选择就是要绕过当事人在立场上的冲突，重点关注当事人的利益需要，从而有效而友好地促成协议的达成。

例如，在一起离婚纠纷中，夫妻双方想达成离婚调解协议。他们现在还住在一起，但即将分开。他们有两个孩子，丈夫同意孩子跟妈妈住在一起，但坚持孩子住的地方一定要距离他的住所少于 30 分钟的车程，而妻子不同意。妻子是否一定要住在离丈夫家 30 分钟车程以内的地方，这是一个立场问题。同样，调解中如果只以他们的立场为谈判基点，谈判必定会陷入僵局，但若是着手协调他们的利益，则会打破僵局并达致双方满意的效果。他们立场背后的利益分别为：丈夫希望常常探望孩子，因为父亲与儿女的关系是非常重要的，他不想让儿女与自己变得陌生；而妻子就是不想受丈夫的控制，她想自由地选择一个既方便工作，又方便孩子上学的地方居住。通过谈判，最后达成的调解协议为：丈夫不再坚持自己的主张，离婚后，妻子可以搬到远一点的地方居住，但是女方得答应常常让丈夫见见孩子，而且他想看孩子的时候能把孩子送到离他近点的地方见面。这样女方就可以跟母亲住在一起，她母亲可以在她上班的时候帮忙照顾孩子。①

当事人谈判的立场往往是具体而明确的，但隐藏在立场后面的利益通常是不具体、不明确的，有时甚至可能是相互不一致的，这就要求调解员要善于发现当事人的利益所在。在面对面的调解中，调解员要认真倾听；在背靠背的调解中，调解员可以通过提一些开放性的问题让当事人陈述，并从中发掘尽可能多的信息，探寻当事人的真实意图和利益所在。在进行利益协调的时候，要考虑当事人的一些基本需求，譬如，有些表面看来是钱的问题，实际上是一方当事人希望得到尊重或者公平对待。另外，在调解中要富有创造性地构思各种能满足双方当事人利益的方案，以避免围绕某一项内容进行协调而使当事人做非此即彼的选择。要提出创造性的选择方案，首先要构思尽可能多的方案，以便逐一筛选；努力寻求共同利益，并尽量使不同利益变为互补利益。

---

① 参见廖永安：《如何当好调解员——中美调解培训启示录》，湘潭，湘潭大学出版社 2012 年版，第 16～17 页。

除了区分立场和利益，在一些商业纠纷中，还需帮助当事人着眼于未来。诉讼关注的是过去发生的事实，并用法律将事实分解为各种法律关系以及相关的法律要件，再依法确定当事人的权利义务关系及其责任的分担。在“国家中心主义”和“法律一元论”思想的影响下，我国现行实践中的调解也在调解功能上追求与审判类似的效果，在调解模式方面也大量运用判断型调解。但这种判断型的纠纷解决方式，不会创造利益，只是对现有利益的重新分配。因此在调解中，要把关注的重点从“过去发生了什么”转向“当事人到底想要什么”，也就是要引导当事人着眼于未来，给当事人创造合作机会从而创造更大的利益。例如，在合同纠纷中，根据当事人的利益和需要，可以不必拘泥于探究到底是何方违约、违约方应承担多大的违约责任，而是创造性地提出双方未来合作的可能性，这样，不但解决了目前的纠纷，也为双方创造了可预期的利益。

（三）道德理性

人是精神与肉体的统一，人的需要除了物质和生理的需要以外，更需要情感的愉悦和精神的寄托。在人与人的交往中，人们需要安全、需要信任和稳定的预期。人类作为自然界的一个物种，“天人相应”，因而需要“天人合一”。然而，在个人主义、利益至上、价值多元的现代社会，人们的理想和追求也变得功利化和物质化，道德理想的崇高和神圣遭到了冷落、抛弃甚至嘲弄，道德规范也失去了其应有的约束力。科学技术的发展使人类认识自然和宇宙的能力迅速扩张，但理性知识在揭开大自然神秘面纱的同时，也使人类失去了对自然和未知世界的敬畏。信仰缺失、人际关系冷漠、环境污染、能源枯竭，人类在追求自由的过程中不自觉地使自己失去了自由。因此，呵护心灵、弘扬道德理性、尊重大自然，在现代社会显得尤为重要。调解，作为一种重要的社会活动和程序，也必须要满足道德理性的要求。

“道德理性是指道德主体分析道德情境，进行道德推理，确立自己的行为准则的理性能力。道德理性能力的成果最终积淀为道德规范和道德原则。”① 道德主体通过道德认知、道德推理和道德判断，形成道德规范和道

① 杨宗元：《论道德理性的基本内涵》，载《中国人民大学学报》，2007（1）。

德原则作为自己的行为准则，然后又根据业已形成的道德规范和原则去理性分析道德情境，从而形成新的道德规范。这是一个认识与规范实践相统一的过程，也是一个道德规范和准则实现否定之否定和自我扬弃的过程。“道德理性不等同于道德。道德理性是一种理性，是一种视角、视野，是一种思维、思考，是一种道德自觉意识。”① 道德理性既具有个体性，也具有集体性，它指向和诉求的是善，是一种心灵的秩序、生命的秩序和社会的秩序。因此，调解的正当性基础之一必然包括调解程序和调解结果对当事人以及社会共同体的道德理性的满足。

调解的合道德性首先要求调解要尊重当事人，也即要使当事人有在调解过程中得到尊重的感觉，强调当事人的自主性和主导性。这就要求：(1) 调解员要给当事人充分陈述的机会，允许当事人发泄不满，调解员要耐心倾听，在背靠背的调解中，还可以适当地表达自己的同理心，以拉近与当事人的心理距离。(2) 在调解过程中，调解员同样地也在内心用自己的道德理性对当事人的行为进行着道德推理和道德判断，但是调解员不宜直接对当事人行为的是非对错进行道德评判。调解员的道德评判不但不会使当事人反省自己的行为，反而会使当事人怀疑调解员的中立性，甚至会激化矛盾。(3) 调解员要保持客观理性，站在当事人的角度，在取得当事人授权的情况下，积极地构思有创意性的方案，以实现当事人利益的最大化。(4) 要对在调解过程中获取的信息进行保密。这既是对当事人的尊重，也会鼓励当事人没有后顾之忧地披露信息，这样才能使调解员获取尽可能多的信息，挖掘当事人的利益共同点，从而促进和解。

调解的合道德性也意味着调解作为一种解决纠纷的社会活动，也应承担着维护共同体规范和社会善良风俗的功能。这就要求：(1) 调解是“在法律阴影下的谈判”，在不违反法律禁止性规定的情形下，要充分尊重乡规民约、道德传统等地方性知识和民间规范，以实现情、理、法的有机结合，妥当且切合实际地解决纠纷。(2) 一般而言，调解员在调解过程中获取的信息要取得当事人授权才能予以披露，但是当这种信息涉及公共利益的时候，调解员就应当要将此信息予以披露。(3) 调解不但要解决纠纷，而且

① 徐贵权：《价值世界的哲学追问与沉思》，北京，中国社会科学出版社 2012 年版，第 72 页。

要“明礼让以厚风俗”。在现代社会，调解员不宜直接对当事人进行道德教化，最好采用提问或者在调解场所张贴一些为人处世之道的古训或名言，以触动当事人的心灵并使之进行反思。这就要求注重调解文化的培育，“润物细无声”式的间接教化更具有可接受性。

总之，调解的程序理性、经济理性和道德理性是从调解理性的不同层面和维度而言的，三者各有侧重：程序理性侧重于调解的工具性价值；经济理性侧重于经济价值；道德理性侧重于伦理价值。同时，三者之间也具有相互交叉与重叠的关系，且相互支撑和相互影响。譬如，调解的程序理性和经济理性本身就蕴含着道德理性的要求，程序的合道德性与结果的合道德性具有彼此强化的作用。另外，三者之间也存在张力。如调解程序的工具性价值与伦理价值之间、调解结果的经济价值与伦理价值之间在某些情况下可能就会相互冲突。这就要求调解员根据案件的不同类型，在三种理性的选择上各有侧重。譬如，调解婚姻家庭纠纷需要更多地符合道德理性的要求，而对经济利益指向性较强的纠纷，其调解则需更多地符合经济理性的要求。

四、结语

我国的传统调解内生于我国传统的熟人社会，并与当时的社会结构和文化形态保持着高度的契合性。其特点主要表现为：以“和合”为主旨；依赖调解者的个人权威或其所依附的国家权威；调解的基本模式为调解员主导型。改革开放以来，市场经济体制的改革使我国的经济得到了极大的发展，但社会阶层分化、新的利益群体的出现，使各利益群体之间在维护自己的既得利益和预期利益的过程中不免产生矛盾和冲突；另外，分配不公、贫富不均等问题也加剧了社会的矛盾。社会矛盾的尖锐化和纠纷的多发化、多样化终使传统调解模式无力应对。此外，人们思想观念的现代化也使传统调解的权威被“祛魅”，传统调解的可接受性和正当性遭受到了严峻的考验。因此，在我国调解制度的现代转型中，首先要从理念上寻求调解的正当性与权威性来源。在奉行经济理性主义和人类理性真理观、信仰虚无的现代社会，我国调解的正当性也应建立在理性认同的基础上，因此，笔者认为可以从程序理性、经济理性和道德理性三个方面进行现代调解理念的重塑。但理念的重塑仅仅是从指导思想方面进行转型，我国调解制度功能的发挥不仅有赖于调解机制和调解制度的完善、调解文化的培育、调解人才的培养，还需与国家的经济、政治、社会文化等方面相契合。唯此，我国调解的功能才能实现现代转型，即由国家治理转向共同体自治，由对审判的补充转向具有独立价值的纠纷解决方式。

第二章　现代调解的新理念与新思维

调解之所以能够成为我国自古至今数千年来经久不衰的常规纠纷解决方式，固然与传统儒家文化密切相关。传统调解以无讼理念为基础，以维护社会和谐为价值目标，契合了小农经济条件下的熟人社会环境。然而，自中华人民共和国成立以来，中国社会在现代化过程中发生了巨大变化：在经济方面，自给自足的小农经济先后被计划经济和市场经济所取代；在社会结构方面，熟人社会向陌生人社会发生转变，“乡土中国”向“城市中国”转变。这种社会结构基础条件的变化使得传统调解制度遭遇巨大挑战：一方面，调解所应对的纠纷类型和作用范围也随之变化，传统调解机制功能式微；另一方面，以自由、平等、权利为核心的现代法治话语成为我国法治建设中的主流话语，传统调解制度被认为缺乏程序公正、压制个人诉权、损害公平正义而遭受批判。一些学者认为，调解构成了对公民权利的侵犯，构成对法治基本价值的损害，是对法治和公平的冲击。调解是人治社会的落后文化，必须选择以判决为中心的纠纷解决制度。[①] 不容否认，传统调解在现代社会遭遇了“合法性危机”。笔者上一章论及了我国传统调解向现代调解的转型，本章将进一步探讨，如何在新的市场经济和陌生人社会重塑调解的合法性，如何通过调解的理念创新、实践创新、制度创新，实现传统调解的“创造性转化”，使其融入现代法治的价值理念之中。

一、传统调解的三次转型

（一）第一次转型：集体化时期的调解

随着最后一个封建王朝清政府逐渐走向覆灭，自 19 世纪晚期到 20 世纪

---

① 参见周永坤：《论强制性调解对法治和公平的冲击》，载《法律科学》，2007（3）。

初以来，中国在内忧外患的局势下，开启了现代化转型的艰辛探索之路。尽管中间经历了短暂的中华民国时期的探索，民国政府曾试图效仿西方法律制度，改造传统纠纷解决制度，其虽然在文本上大量移植了西方现代法典，但实践中的纠纷解决一仍其旧。传统调解的真正转型来自共产党革命根据地时期，20 世纪 40 年代以来，在革命解放区，共产党的土地革命推翻了旧中国广大乡村的绅士、地主，粉碎了传统的绅权和族权，乡村精英再生产机制失效，在纠纷解决过程中共产党用自身的干部和积极分子取代了传统乡村精英的位置，尽管有学者很容易把共产党的调解解释为儒家传统文化下的延续，认为“新的共产党的地方警力精英、党员、共青团员、官僚、工会积极分子、调解委员会成员以及其他半官方的人物代替村庄、宗族和行会大多数纠纷的士绅和特权人物成为新的权威调解”[①]。但事实上，共产党革命根据地时期的调解既不能否认其与旧传统的承继性，也不能简单视为儒家文化传统的延续。美国学者陆思礼对共产党调解与传统调解的不同进行了深刻阐释，他着重强调了共产党革命根据地时期调解的“政治功能”[②]。换言之，传统调解以人情考虑为主，辅之以法律和道理，集体化时期的调解则是以政策和法律为主，人情和道理为辅。调解人员由过去的原生型权威变为新政权认可的社区人员，调解人员趋向于干部化和非正式化，调解的原则和方法涉及国家政策和法律时更加强制化。[③] 著名的“马锡五审判方式”和“枫桥经验”正是在这一时期形成的。

（二）第二次转型：改革开放初期的调解

集体化时期的调解理念自 20 世纪 40 年代一直延续到 80 年代的改革开放初期。直至市场经济改革的铺开，调解再次迎来第二次转型。随着市场经济改革引发的经济结构变化和纠纷类型、数量剧增，调解的政治功能逐渐弱化为社会治理功能，调解更多与诉讼压力联系起来。随着改革开放的深入，农村社会从“熟人社会”转向“半熟人社会”，法院的诉讼功能扩

---

① ［美］科恩：《中国现代化前夜的调解》，王笑红译，载强世功编：《调解、法制与现代性》，北京，中国法制出版社 2001 年版，第 116 页。

② ［美］陆思礼：《共产主义中国的政治和纠纷解决》，徐旭译，载强世功编：《调解、法制与现代性》，北京，中国法制出版社 2001 年版，第 120～121 页。

③ 参见［美］黄宗智：《过去和现在：中国民事法律实践的探索》，北京，法律出版社 2009 年版，第二章。

大，社区调解功能萎缩，随着国家权力从乡村的后撤，调解的干部化色彩开始减弱。这种变化主要体现在：首先，集体化时期的调解原则中的法律因素逐渐上升，政策和情理说教因素下降。有学者认为，毛泽东时代的调解精神是斗争哲学，邓小平时代的调解精神则是预防纠纷①，即在纠纷激化之前，强调运用民间调解，在纠纷激化之后，则鼓励上法院“讨个说法”。换言之，调解作为动员和斗争的政治功能被纠纷解决的社会功能取代。这种变化的更大背景是，社会治理从毛泽东时代的“个人魅力型统治”逐渐向“法理型统治”转型。其次，调解制度逐渐法律化和制度化。国家制定了一系列法律法规来保障调解，如《人民调解法》等法律法规相继出台。调解组织形式日趋多样化，除人民调解外，法院调解、行政调解、商业调解、行业调解、律师调解等调解组织不断分化，且传统人民调解的功能在陌生人社会环境下逐渐萎缩，新型社会调解的功能日益彰显。随着当事人权利意识的上扬，法院调解的原则从过去的“着重调解”变为“自愿合法”，强迫调解和“和稀泥”在批评声中被摒弃。调解从过去的“教谕式”走向“判断式”，从“状况型解决”走向“规范型解决”。再次，公益性调解的驱动力不足。在集体化时代，人民调解工作主要由村社干部进行，调解工作基本是无偿化的，“但作为干部或者积极分子带给他们的荣耀和优越感已足以使他们乐于进行调解工作”。改革开放后，熟人社会解体，国家行政权力后撤，乡村干部权力从“管理”走向“服务”，乡村干部的行政权威被削弱，在市场经济的逐利驱动下，缺乏基本的调解经费保障，人民调解员既没有往日的权威来调解，也没有动力去做“费力不讨好”的调解工作，无利可图的公益化调解很难调动起他们的积极性。② 这使得人民调解更多依赖官方搭建的调解平台，民间自发形成的调解机制日益式微。

（三）第三次转型：新时代的调解

自 1978 年至今经过 40 年，中国的改革及社会转型进入深水区后，各种深层社会矛盾纠纷凸显。中国共产党的十九大报告作出“经过长期努力，中国特色社会主义进入了新时代”的重要政治判断。在此之前，人民日益

---

① 参见强世功的序言，载强世功编：《调解、法制与现代性》，北京，中国法制出版社 2001 年版，第 7 页。

② 参见何永军：《乡村社会嬗变与人民调解制度变迁》，载《法制与社会发展》，2013（1）。

增长的物质文化需要同落后社会生产力之间的矛盾是社会主要矛盾。进入新时代，人民日益增长的美好生活需要和不平衡不充分的发展之间的矛盾成为社会主要矛盾。人民生活显著改善，对美好生活的向往更加强烈，不仅对物质文化生活提出了更高要求，而且在民主、法治、公平、正义、安全、环境等方面的要求日益增长。在社会法治化、现代化的过程中，纠纷的迅速膨胀已经造成国家司法机关的超载，在这种社会背景下，调解被置于多元化纠纷解决机制改革的格局之中，成为促进社会公平正义、维护社会和谐稳定的重要举措，更构成了国家治理体系和治理能力现代化的重要内容。新时代调解的显著变化是：首先，调解体系更加完善。在传统人民调解的基础上，行政调解、司法调解、行业调解、商业调解相互联动，律师调解、公证调解等新型调解形式不断涌现，形成了更为完整的调解体系。其次，调解的规范性增强，德高望重型的传统调解员减少，具备专业优势的知识权威型调解员成为主流；调解程序更加规范，更加注重保障当事人的合法权利；调解结果更加贴近既有法律的规定，相对更少关注法律外的人情世故。① 从整体上判断，传统调解正在或者已经被现代调解所取代。

二、现代调解的新理念与新思维：从实体维度出发

从文化价值系统视角出发，“现代”或“现代性”经常与“传统”或“前现代”相对应。主流观点认为，“现代性”的两个基本要素是工具理性的扩张和个人权利的兴起②，法律现代性的重要标志就是对工具理性/形式理性的推崇和对个人权利的保护。葛洪义教授将法律的现代性归纳为八点：公开性、自治性、普遍性、层次性或称道德性、确定性、可诉性、合理性、权威性。③ 在以自由、平等、权利、公正、民主、理性、程序为现代性法治话语的语境下，传统调解被贴上了“和稀泥”“二流司法”“法治对立物”等诸多负面标签，反对调解的声音至今仍然存在。在全面深化多元化纠纷解决机制改革的时代背景下以及“接近正义”世界性运动的第三波浪潮中，调解理念又该如何从传统走向现代，树立和实践新理念与新思维，从而契

① 参见兰荣杰：《人民调解：复苏还是转型》，载《清华法学》，2018（4）。

② 参见金观涛：《历史的巨镜》，北京，法律出版社 2015 年版，第 9 页。

③ 参见葛洪义：《法律与理性——法的现代性问题解读》，北京，法律出版社 2001 年版，第 5 页。

合法治的现代性，这是传统调解重获新生的关键所在。由于现代形式主义司法被认为是法治现代性的显著标志，故将调解理念与诉讼理念相互对比，更能挖掘调解的现代性。

（一）从利益对抗体到利益共同体

纠纷源自于当事人之间的利益失衡，诉讼意味着当事人之间的利益对抗，判决则意味着法官的利益平衡。近些年来，我国民事诉讼体制逐渐向当事人主义模式转变，其核心理念就是要充分利用双方当事人的对抗和竞技来发现案件真实。以民事诉讼制度的脊梁——证据制度为例，其举证、质证、认证等程序的进行都是建立在法官中立、当事人对立的基础之上。通过形成当事人之间的利益对抗体，并利用这一对抗体去充分挖掘过去的案件事实。而诉讼中的利益对抗往往会使当事人陷入“零和游戏”的困境，增加了诉讼成本，造成了诉讼迟延，不利于交易关系的维持和市场贸易的增长。与此不同，现代调解的理念是努力挖掘纠纷当事人之间的共同利益，积极打造矛盾纠纷当事人的利益共同体，而非对抗体。实践中，调解员在调解过程中的核心目标是如何在纠纷当事人对立立场的背后去挖掘他们的共同利益，进而打造双方共赢的空间，并以此实现双方合意解决纠纷之目的。而且，现代调解与民商事法律鼓励交易的精神内涵十分契合，是对未来可期待利益的再生产过程，能够有效促进市场交易的效率。因此，如果说诉讼的理念是形成纠纷当事人之间的“利益对抗体”，那么现代调解的理念则是形成纠纷当事人之间的“利益共同体”。下面以一个调解教程中的经典案例说明。

> 甲和乙是合租房屋的室友，共用一个冰箱，冰箱里左边的位置归甲用，而右边则归乙用，但是中间没有隔开。平时他们各自买的食物和水果都放在冰箱里自己的位置上。某天下午，冰箱里只剩一个橘子了。甲以为这个橘子是自己的，而乙觉得是他的，两人争执不下。在这种情况下，调解者首先询问他们需要这个橘子做什么。询问后发现，甲是因为下午去健身房之前要喝一杯橘子汁补充维生素C；而乙下午要赴一个很重要的约会，需要带蛋糕去，要把橘子皮削下来作为蛋糕的点缀。于是通过调解，二人握手言和。[①]

① 廖永安：《中国调解学教程》，湘潭，湘潭大学出版社2016年版，第157页。

（二）从静态利益观到动态利益观

民事诉讼以诉讼标的为基础展开，其所秉持的是一种单一静态利益观，而现代调解倡导的则是多元动态的利益观。根据民事诉讼的“处分原则”和“辩论原则”，诉讼关注和解决的是当事人诉争之内的利益，而这种利益是既定且单一的。如此单一静态的利益观，显然无法适应社会转型时期纠纷当事人利益诉求日趋多元化的需要。现代调解则以维护多元动态利益为理念，不仅着眼于物质利益，还着眼于非物质利益；既关注诉争内利益，又关注诉争外利益；既重视眼前利益，更重视未来利益。在如此多元利益诉求的交织下，诉讼因受诉讼法理和程序制度的限制，较难满足当事人在现实纠纷中的多元利益诉求。相比而言，现代调解的原则和方式较为灵活和开放，其在解决诉争内利益的同时，可以兼顾诉争外利益、间接利益、长远利益的维护。试举一个基层调解实践中的案例予以说明。

> 李某和张某本是和睦邻居。某日，李某在张某的院墙外挖排水沟，结果院墙倒塌，导致李某受伤，李某住院花费费用 3 500 元，而张某重修院墙，花了 1 000 元。事发后，李某家属找到张某要求其赔偿李某的医疗费，而张某则认为李某被砸伤完全是因为她挖倒院墙，纯属咎由自取，而且要求李某对损坏围墙赔偿 1 000 元损失。双方发生争执，邻里关系破裂，遂找到人民调解员调解。调解员在调解该案时，并没有简单地各打五十大板，要求双方在赔偿金额上各退一步。调解员并未局限于物质利益，而是促成当事人获取非金钱以外的利益，将邻里之间的感情、面子、关系等间接利益、长远利益考虑在内。①

（三）从切片式思维到综合性思维

现代调解与诉讼在解决纠纷中的重要差别在于两者的思维进路不同。诉讼因受诉讼标的理论的影响，在解决纠纷时运用的是切片式思维，将纠纷切成若干个事实碎片，以“法条主义”为指南，运用三段论规则对过往纠纷予以“非黑即白”的裁断。具体而言，是将当事人所争议的民事权利义务关系从纠纷所涉及的整体社会性事实及其所关涉的其他社会连带关系

① 刘道龙、廖永安：《人民调解员经典案例评析》，湘潭，湘潭大学出版社 2016 年版，第 73～101 页。

中抽离出来，在既定的规范视野之下寻求纠纷解决的结果。根据传统诉讼标的理论，诉讼标的指涉的是纠纷当事人争议的法律关系，一个争议的法律关系就构成一个诉，多个争议的法律关系则构成多个诉，一个独立的诉就可以构成一个独立的案件。民事诉讼以“切片式”思维为指引，法官只能就每一个独立的争议法律关系作出裁决，否则即构成诉讼突袭。而现代调解在“合意主义”的指引下，采用的是一种综合性思维，其将若干个相关联争议的法律关系合并起来加以思考。综合性思维在化解矛盾纠纷的过程中主要表现为：将纠纷解决置于经济、法律、道德、习惯、心理、社会等多维视野之中，综合考察纠纷性质、纠纷起因、矛盾程度等因素，注重思维视角的多维性、方案选择的多样性、手段运用的灵活性、利益调整的全面性等，以实现真正的案结事了。试举一例释之。

2011年清明节，颜某带着全家子孙前往祖坟扫墓，到墓地后发现祖坟的坟围有一大半被周某家占用，而且周某家还砌了一米多围墙把祖坟挡住，导致颜某家人进出扫墓很不方便。颜某遂到周某家欲理论，但当时周家无人。于是，颜某未征得周某同意就将围墙拆了一个口子，进去扫墓。周某回来发现后，遂找颜某理论，要求将围墙缺口复原。颜某本就对围墙不满，现周某找上门，双方发生激烈争吵。周某声称如果不修复围墙，就挖掉颜家祖坟，颜某不得不表态同意修复，但仍然指责了周某。周某一气之下，当天下午就将颜家祖坟挖掉。颜某大怒，纠集族人前来理论，两家人现场对峙，剑拔弩张，宗族纠纷一触即发。后邻居报警，后司法局调解员介入调解。颜家提出要100万元补偿。本案如果按照诉讼方式处理，简单以侵权之诉处理，赔偿精神损害，并不能实现案结事了。调解员了解到这起矛盾的起因，考虑到祖坟在当地的重要性，尤其是面子和社会评价，结合乡土社会的传统习俗和家族习惯，从双方族人的威望人物着手，综合运用人情伦理和法律规定，反复做工作，使得周某最终向颜某当面道歉，并考虑到周某家的家庭实际和赔偿能力，最终赔偿1.4万元。双方纠纷案结事了人和。①

① 刘道龙、廖永安：《人民调解员经典案例评析》，湘潭，湘潭大学出版社2016年版，第155～162页。

（四）从向后看思维到向前看思维

现代调解异于诉讼的另一特征在于，其秉持的是着眼于未来的向前看思维，而诉讼则是着眼于过去的向后看思维。还是以民事诉讼证据制度为例，法官通过证据去发现过去的案件事实，诉讼实际上就是历史事实回溯的过程，面向的是过去已发生的客观案件事实。不管是职权主义模式，还是当事人主义模式，其目的就是通过证据去发现法律真实，然后根据过去的案件事实作出法律权利义务的判断，具有明显的向后看思维。现代调解则不然。无论是传统的人民调解，还是行政调解、行业调解、商事调解等，都潜藏着着眼于未来的向前看思维。以熟人社会中的民间纠纷为例，俗语云："远亲不如近邻"，而"近邻"二字中蕴含着诸多未来利益。和睦的邻里关系更有利于各方的身心健康，有利于社会关系的和谐。因此在邻里纠纷的化解中，往往不能只拘泥于既定利益争端的化解，还应关注邻里之间未来关系的维护。商事调解更是如此，因其与商业活动密切相关，故而必须遵守商事规律。商事规律的本质在于追求利益，举凡商业交易皆旨在追求利益的最大化，而利益最大化又有赖于未来长远利益与可期待利益的最终实现。商事调解的向前看思维要求，纠纷化解不应止步于眼前纠纷的化解和当前利益的恢复，而应着眼于未来，采取"做大蛋糕"而非"切分蛋糕"的方式寻找纠纷双方新的利益增长点，促成新的合作方案，使纠纷消弭于互利共赢的长期合作之中。试举一例释之。

在一起餐厅租赁纠纷案中，房东甲有一处商业地产。该房产在上一个租约到期之后就没有租出去，因此甲降低了价格招租，在招租一年后，甲终于找到了一个租客乙。乙打算将甲的商铺用于一家著名的大红狗连锁餐厅的特许经营。出租协议上记载每月租金 1 000 元，加上 3%的总利润额，租期为 5 年。租约规定房东甲按照乙的要求对店面进行装修，装修的费用由甲负担，协议还约定乙向甲支付 2 000 元的定金。合同签订后乙立即支付了 2 000 元定金，甲开始装修店面。正当甲为装修花了 2 500 元，租客乙为店面添置了新的设备后，大红狗餐厅传出濒临破产的消息。乙希望终止租约，甲不同意。甲要求承租人乙要么继续履行租约，要么支付 8 万元的赔偿金。乙不同意甲的要求，因此甲将商铺的锁换掉。商铺内现在有乙为了开业购买的厨具设备等。调解员在调解该案时，不是向后看，将着眼点局限于谁赔偿谁损失、谁损失大谁损失小的既定事实，而是向前看，着眼于双方的未来，考虑如何通过合作方式将蛋糕做大。甲具有出租的愿望，乙已经为开餐厅进行了前期投入，且面临破产的状况。如果选择诉讼方式解决纠纷，甲即使胜诉也不可能获得8万元。因此，继续履行合同对双方都是有利的，对乙而言，原本打算加盟的大红狗餐厅破产了，但乙还可以开一家清真餐厅，乙有这个打算而且有这个能力，但乙的经济现状导致其无力支付更多租金，也需要一段时间开展业务。于是，在调解员的调解下，甲主动表示可以采用开始阶段低租金之后再慢慢提高的方式，经过对租金支付方式的具体协商，双方重新达成了协议，做大了蛋糕，整合了双方各自的利益，实现了双赢。[①]

总而言之，民事诉讼是以形成纠纷当事人之间的“利益对抗体”和以化解“单一静态利益”为理念指引，进行诉讼模式、诉讼结构和诉讼程序的构造。而现代调解则是以打造纠纷当事人之间的“利益共同体”和化解“多元动态利益”为指向，以实现纠纷解决效果的最优化。诉讼与调解之间，无优劣之分，二者皆有其各自的作用空间和功能优势，都是构建现代法治的重要方式。全面深化司法改革，在不断完善诉讼制度的同时，不应忽视现代调解的型塑与发展。而只有破除旧理念的束缚，调解的未来发展才有更为坚实的思想理论基础，调解的制度设计才能更加科学可行。

三、现代调解的新理念与新思维：从程序维度出发

从实体维度出发，现代调解具有诉讼所无可比拟的优越性。但现代法治不仅追求实体妥当性，更强调程序的现代性，程序公正被称为“法律的内在美德”。传统调解要洗脱“和稀泥”式、压迫式、封闭式的负面形象，还必须从程序维度进行规范化。

（一）当事人的程序主体性地位

当事人是纠纷的拥有者，也是纠纷的终结者，正所谓解铃还须系铃人。

① 廖永安、覃斌武、罗伯特．史密斯：《如何当好调解员：美国调解经典案例评析》，湘潭，湘潭大学出版社2013年版，第47页。

在现代调解理念中，调解的价值基础之一就是人的尊严受到尊重和重视。调解被认为是恰当地对待人之整体的纠纷解决办法。在诉讼程序中，法官具有更大的主动性，因为他从双方当事人那里接过了作出判断的责任。而在调解中，纠纷当事人自身就是要对其处境作出判断的"专家"，只有他自己才能提出最适合自己的解决办法。[①] 调解是当事人自负其责的最佳体现。当事人的这种程序主体性，表现之一就是，调解自愿。美国法学家富勒（Lon Fuller）将"调解的中心特征"界定为"令当事人重新认识彼此的能力，且该能力不是通过规范强迫他们这样做，而是帮助他们改变彼此间的态度和取向"[②]。当事人自己处理自己的事务，是当事人对自己权利义务的处分权的体现，处分权的行使就要求必须是当事人自己的真实意愿。调解员应当告知当事人调解不得强制。对当事人而言，是否调解、是否达成调解协议均遵从当事人自愿，调解员必须在各方当事人都同意的情况下才能展开调解，调解员不能以任何形式强迫当事人接受调解方案、签署调解协议。

（二）调解程序的公正性

程序公正是看得见的公正。一般认为，程序公正主要体现诉讼程序中，调解程序似乎与程序公正没有太大关系。事实上，"一碗水端平"的程序公正能够对纠纷当事人之间的相互理解产生积极影响，促使当事人双方更好地澄清事实、理性面对纠纷，并且更好地吸纳不满，从心理层面上解决纠纷。因此，程序公正也被认为是调解的程序价值之一。[③] 对于调解程序公正性的认识，有学者认为，"是否重视程序公正、是否将正当的法律程序理念贯穿于调解过程之中，是现代型调解与传统型调解的分水岭。奉行程序的本位主义和程序优先主义是现代调解制度的基本诉求"[④]。与对抗主义的诉讼程序不同的是，调解属于非讼程序，坚持的是非对抗性、非公开主义、职权探知主义。[⑤] 现代调解的基本程序原则主要包括，当事人地位平等，即

---

① 参见雷磊：《德国的调解观念及启示》，载《法商研究》，2014（2）。

② Lon L. Fuller, "Mediation: Its Forms and Functions", 44S. *Cal. L. Rev.* 325－326（1971）.

③ 参见雷磊：《德国的调解观念及启示》，载《法商研究》，2014（2）。

④ 汤唯建：《论中国调解制度的现代化转型》，载徐昕主编：《司法》，2010年卷。

⑤ 参见郝振江：《论我国法院调解与审判程序的分离》，载《暨南大学学报》（哲学社会科学版），2017（9）。

避免调解当事人双方的力量失衡与压迫，在当事人之间存在严重力量失衡时，并不适宜采取调解方式解决纷争；调解员中立性，即调解人处于当事人利益之外，处于结构性中立的位置；调解的保密性，即当事人双方以及当事人与调解人之间都应该对调解中披露的事实保密，保密是调解人和当事人相互信任的基石，也是促进自由而坦率交涉的关键。

（三）调解合意的诱导机制

日本著名法学家棚濑孝雄认为，决定法制化社会下的调解在现实中位置和形象的最根本环境因素是，许多纠纷不能由审判处理却又期待着审判式处理的社会心理。因此，调解所采取的基本方向有两种：一是进行审判式的处理，使调解尽量保持与审判方式相近似的纠纷解决方向，即同向的调解；二是尽量寻求与审判制度不同的，调解自身所固有的处理，即异向的调解。棚濑孝雄据此将调解分为四种类型：判断型调解、交涉型调解、教化型调解与治疗型调解。在这个过程中，可能出现“合意的贫困化”，表现在三个方面：一是在判断型和教化型调解中，可能出现“合意”向“同意”变质，调解者作出的判断在调解程序中占据中心位置，当事人的“合意”成为对该判断的“同意”；二是在教化型和治疗型调解中，可能出现“合意”向“好意”变质，在“合意”之上增加了“消除对立和恢复友好关系”的额外负担；三是在交涉型调解中，可能出现当事人不能理性控制合意内容，可能出现从“合意”向“恣意”的变质。[①] 这种“合意贫困化”说明，调解过程中的合意无法完全纯化，而是一个从合意到决定的统一连续体。克服“合意的贫困化”，重要路径之一就是，充分发挥司法判例的指导功能和预测功能，使得当事人根据相类似的案例能够对裁判结果有一个大致的评估。“高和解率或调解率依赖于高质量的判例积淀，反映了当事人对可能的诉讼结果存在基本的预期”[②]，这就是所谓“法律影响下的交涉”。

（四）调解主体的开放性

现代调解在西方社会被赋予了公民社会自治的价值诉求，在我国则置

① 参见［日］棚濑孝雄：《纠纷的解决与审判制度》，王亚新、刘荣军译，北京，中国政法大学出版社2004年版，第55～73页。

② 唐力：《诉讼合意诱导机制》，载《法商研究》，2016（4）。

于“全民共建共治共享”的社会治理语境下。要实现这种社会治理理念，必然需要整合各类社会资源，充分调动各类主体的积极性，进而实现国家、社会、个人的共同参与、共同协作、共同治理。“共建共治共享”的理念充分契合了新时期社会纠纷解决的现实需要，通过充分吸收法院以外的各种社会力量这样一个目标的实现，必然呼吁调解主体的多元化，个人调解、社会组织调解、法院调解、律师调解、公证调解以及联合“大调解”都要求调解过程向全社会开放，从而形成包括人民调解、行业调解、商事调解、行政调解、司法调解、律师调解等形式的开放性调解体系。

四、我国调解制度未来发展的新思路：迈向现代化的调解

随着中国特色社会主义进入新时代，我国社会主要矛盾发生新变化，人民群众对公平正义的要求日益增长。在经济增长的换挡期、结构调整的阵痛期、前期刺激性政策的消化期这样一个“三期叠加”的状态下，各个领域都呈现出纷繁复杂的新特点，这些无疑给纠纷的解决带来了新的挑战，传统调解制度亟须进行改革。高度抽象内化于制度中的指导理念对一项制度运行的好坏具有至关重要的影响。我国调解制度的改革首先是指导理念的更新与重塑。立足我国现实国情，只有不断更新调解理念，推动调解职业化，创新调解机制与模式，才能保证我国传统调解制度的现代化。

（一）更新与重塑调解理念

前文已经详细从实体和程序两个维度阐明了现代调解的新理念。对我国当下的调解现实而言，有两种调解理念尤为重要：首先，要凸显调解员的中立理念。即将调解员从调解制度运行的主导地位中解放出来，使当事人在调解中的主体地位得以真正回归。由于长期受传统儒家文化、长老权威等历史因素和部分公权力机关工作方式等现实因素的影响，我国调解员在调解过程中往往占据主导地位，当事人的主体性却遭到弱化。这样的调解格局已经越来越不适应转型中的中国社会纠纷解决的需要。在我国社会转型期里，人们生活节奏日渐加快，人口流动日趋频繁，我国从“熟人社会”一步步向“半熟人社会”“陌生人社会”转变，人们之间的关系正开始由简单道德伦理关系日趋转变为受经济利益驱动的复杂社会关系，纠纷的化解难度日趋加大。加之现代社会人们法律意识和信息获取能力的不断提

升，当事人的自主意识不断增强。这些因素都给目前这种“当事人意思自治薄弱，主体性特征欠缺”的调解模式画上了巨大的问号。若想使调解继续充分发挥作用、实现纠纷的有效解决，亟须将调解员从主导格局中解放出来，使其真正回到中立第三方的立场上。

其次，要突出调解着眼未来的理念。在经济活动日渐频繁的现代社会，任何经济活动的参与者都追求利益的最大化，而利益的最大化必将着眼于未来的长远利益和可期待利益的实现，而非止步于原有纠纷的化解和当前利益的恢复。所以在现代调解中对长远利益和着眼未来理念的强调尤为重要。这一点在美国商事调解过程中体现得尤为充分。当出现僵局时，调解员往往会透过当事人谈判的立场，通过发掘其立场背后的利益，从而引导当事人找到双方利益的契合点，为双方描绘长远发展的蓝图，使双方回归到纠纷化解中去。我国在运用调解解决纠纷的过程中，同样也不应简单地停留于当前纠纷的处理，简单地完成一次“零和博弈”来实现和谐的回归，而应该帮助当事人完成利益的叠加和增值，最终实现“双赢”。

（二）推动调解职业化

如今，在诸多西方国家中，调解的职业化进程正在快速推进，调解从培训到执业形成了一个完整的运行链条，由专业的法学院开设调解课程、培养专业学生。调解员能够像法官、律师一样具有独立的身份和地位。就我国调解制度的运行现状而言，要推动具有相当标准、规范和制度的职业化还需要进一步的努力。具体来说：

首先，形成专门的职业教学培养体系。从标准化、规范化、制度化的角度来看，目前社会业已形成的各种职业类型都具有其相应的人才培养体系。作为一种独特的纠纷解决机制——调解，在美国也已经形成了与其相应的系统化的教学体系，以培养合格准入的调解专业人才。而我国调解的传承和发展，很大程度上还停留在对传统调解方式方法口耳相传式的学习和运用，尚无统一标准。因此，推动我国调解的职业化发展，还需从专业人才培养的源头开始，开设相应的调解专业，设计相应的课程体系，以培养和培训大量高素质的专业人才进入调解队伍。

其次，形成完整规范的职业标准。要实现调解职业化，不仅需要具有相关专业知识的专门人才，更需要形成一个体系化的、完整的职业标准。

所谓完整规范化的职业标准具体包括以下几个方面：一是确立统一的职业准入机制。具体可以根据处理纠纷的类型对从业者进行遴选考录、层级选拔等，从而保证调解员的素质和专业性。二是设置相应的职业准则和道德规范。通过对调解人员设置相应的职业准则和道德规范，以促使其形成有效的行业自律，确保调解员恪守中立和保密原则，充分尊重当事人的主体地位，从而保证这一职业的受信任度和可接受性。三是形成一个完整系统的职业评价体系。即综合调解员道德素养、调解水平、调解质量等因素形成调解员的职级评定、奖惩体系，从而使从事调解工作的人员具有职业前景的预期，提高其工作积极性，从而保证整个调解员队伍的稳定性和长效发展。

（三）创新调解模式

从我国目前的调解类型来看，我国的调解主要分为法院调解、行政调解和人民调解，这三种类型的调解从不同的角度和侧面承担着化解纠纷、维护社会稳定的使命。但是伴随社会的发展变化以及制度本身固有的一些缺陷，这三种调解方式已经不能满足我国社会发展的需要，只有在夯实和完善已有调解类型的同时，为调解制度注入新鲜血液，才能助推我国调解制度继续有效运行和发展。结合当前社会转型期的纠纷特点和市场需要，应该重塑我国调解体系，大力发展现代社会调解。首先，要广泛依托商会、行业协会等社会力量加强商事调解组织和行业调解组织建设，突出中立性、自治性；其次，要加强投资、金融、证券期货、保险、房地产、电子商务、知识产权、国际贸易等重点领域的商事或行业调解服务，适应纠纷解决新需求；再次，要完善多元调解法律体系，明确商事调解和行业调解的法律地位，健全调解规则和对接程序，充分发挥社会调解专业化、职业化优势，提高社会调解公信力，实现多元化纠纷解决机制的资源整合和功能衔接。

同时，市场机制为创新输送了源源不断的动力。当社会主体越来越多的利益由市场进行平衡、操控后，在市场驱动引导下，社会主体也会自发地朝着自身利益方向行事，而这一过程中发生的纠纷以及纠纷的化解也同样受到市场的驱动和影响，纠纷主体在寻求利益回归时将尽可能寻找最低廉、最高效的解纷途径。为了发展现代新型调解模式，应该大力推进社会调解机制市场化。在我国现行社会调解体系中，人民调解属于无偿的公益性民间调解，由国家公共财政提供经费支持和保障，但如果将商事调解、行业调解、律师调解泛化为人民调解，都作为一种免费、无偿的纠纷解决服务提供，不建立调解人员的激励机制，将会严重制约我国社会调解的发展。为此，发展我国社会调解必须走差异化道路，在坚持人民调解公益性属性的同时，应当支持和鼓励商事调解、行业调解、律师调解的市场化运作。市场机制是培育社会调解走向成熟的最佳路径。现代商事纠纷所涉及的法律关系复杂、诉讼标的金额较大，只要调解组织能够提供高质量的调解服务，当事人也具有较高的付费能力和付费意愿。因此，在特定领域鼓励社会调解组织收费调解，符合“谁使用，谁付费”的市场规律，既可以吸引具有专业性知识的高端人才参与到纠纷解决服务业中，也可以通过市场竞争实现优胜劣汰，提高调解质量和调解效果，培育质优价低的调解服务产品，促进纠纷解决市场的供需平衡。当然，当前我国社会调解服务市场尚在起步阶段，地方政府应当根据当地情况，及时出台手续简化、税收减免等优惠扶持政策，通过积极向社会调解组织购买纠纷解决服务等方式鼓励社会力量参与纠纷解决，推动社会调解从政府主导型向社会自治型转变。

第三章 调解体系的重塑

虽然调解发端于我国，并持续受到国家大力推广和应用。然而，在全球“接近正义”运动的第三波浪潮中，我国调解制度的现代化却逐渐落后于后发型的西方法治发达国家。当我国的调解制度仍旧拄着公权力的拐杖蹒跚前行的时候，以美国为代表的法治发达国家则早已将市场引导型的调解发展得相当成熟。当然，导致中西方形成两种不同调解体系的原因是很多的，其中既有历史传统的继承，也有法治理念的差异，更有政治、经济、社会结构的现实需要等因素使然。受到“路径依赖”的制度惯性影响，我国当前的调解体系处于“混沌”状态，人民调解泛化、法院调解与审判混合、行政调解弱化，调解的公益性与市场化、兼职化与职业化之间定位模糊，这种“混沌”状态导致实践中涌现的各种新型调解组织类型都被戴上“人民调解”的帽子，掩盖了商事调解、行业调解、专业调解等多元社会调解方式的制度特色，造成了官方调解与非官方调解的法律定位不清，严重制约了多元调解形式的协调发展，不利于纠纷解决的国际交流与合作。

长期以来，无论是我国的人民调解、行政调解还是诉讼调解，都属于公权力推动下的政策主导型调解模式，这种模式在飞速运转的商业社会已经受到冲击与挑战。当我国自上而下推行的各种调解机制越发难以应对新时代纠纷解决需要，并出现诸多理论困局之际，美国则将调解这一东方经验成功改造成社会化、市场化、体系化的解纷机制，并呈现出一派欣欣向荣的景象，甚至频频将其探索出来的调解科学、技术和经验“出口”给调解的发源地——中国。如何在比较与借鉴中重塑我国的现代调解体系，是当前我国调解制度改革完善中的基础性、前提性问题，尤其是在我国调解法律乃至多元化解纠纷促进法的制定过程中，这一问题显得尤为迫切。

现代调解制度具有多样性，我们在上一章已经探讨了现代调解制度的新理念和新思维。本章将在此基础上，着眼于人民调解、商事调解、行业调解、律师调解、法院调解等各种调解制度在作用范围、运作方式、法律效果等方面的差异，探讨我们在构建现代调解体系时，如何将各种调解制度作为一个相互补充、有机衔接的整体，形成与诉讼、仲裁机制既良性互动、又相互竞争的状态，使当前以各种形式运作的调解机制发挥最大实效。

一、中国调解体系的现状——单一的政策主导型调解

目前，除当事人自行和解之外，我国已构筑起以诉讼、调解、仲裁为主的多元纠纷解决机制体系，在调解机制当中，主要包括人民调解、行政调解和司法调解三大类。在市场经济高速发展的今天，为了解决各类日益增多的矛盾纠纷，实践部门不断推陈出新，从“三位一体大调解”到“三调联动”，再到“诉调对接”等，无不体现着实务部门和决策部门的智慧和对调解优势的重视。尽管调解机制样式繁多，但从整体上来看却同属于一种调解，即公权力深度介入和广泛干预的政策主导型调解。所谓政策主导型调解，即公权力机关基于国家的需要而发布政策、法令，自上而下推行的调解工作模式。形成这种模式的调解有其历史原因和合理性，与西方占主要地位的市场引导型调解相比有着明显的区别，尽管它在调解制度化的初期能够起到不可替代的作用，但伴随着我国进入社会转型期，仅仅靠这种政策主导型调解已经无力满足新时代的需求。

（一）政策主导型调解的特点

1. 公权力机关是调解工作的推动者和执行者

在我国现阶段的调解体系中，包括党委、行政、司法在内的各公权力机关扮演着极其重要的角色。无论是人民调解、行政调解还是司法调解，其领导者、推动者、号召者均是各地方甚至中央的行政、司法机关，以及其他党政机关。这一点，从对调解或大调解的定义中即可窥见一斑。[①] 尤其是人民调解，原本应由群众自治组织中的人民调解委员会开展，但在实践中却衍生出各种实际上被公权力机关架空的“创新模式”。值得思考的是，

① 参见章武生：《论我国大调解机制的构建——兼析大调解与 ADR 的关系》，载《法商研究》，2007 (6)。

拥有几千年悠久历史的中国调解发展至今，是否只能在“党委、政府统一领导”“政法综合治理部门牵头协调”“司法行政部门业务指导”“调解中心具体运作”“各职能部门共同参与”下才能健康成长，发挥解纷作用？在法治建设不断深入的今天，既然调解作为一项与诉讼相异的解纷机制，且所针对的主要是体现当事人意思自治的民商事纠纷，那么公权力的强势介入是否符合调解的发展规律？

当然，由公权力机关推动和执行，有利于调解制度形成自上而下的完整的组织体系，并在基层得以迅速贯彻落实，还可以提供稳定的经费保障和各部门的通力支持，甚至可以借助国家强制力保证调解结果的执行。但是，公权力具有无限的扩张性，权力一旦得不到有效的监督制约，便极容易被滥用。在调解这一严重缺乏监督制约机制的领域，公权力的过多介入难免会出现调解人员“代替”当事人发声，甚至影响当事人行使诉权的现象。事实上，这在群体性事件、涉诉信访案件的调处当中已是屡见不鲜。

2. 调解带有浓厚的行政色彩

在诉讼中，当事人和裁判者的地位是不平等的；但在调解中，调解员与当事人之间的地位则应是平等的，否则自愿性将成为空谈。然而，政策主导型调解使调解员往往表现出“为官者”的强势，以一个“权威人士”的角色出现在各方当事人面前，甚至有时会出现来自不同部门的“干部”齐聚一堂对“平民”当事人“做工作”的场景。这种行政化的调解场面不可能出现在市场引导型的商业调解当中，而只可能在政策主导型调解下有生存的空间。政策主导型调解的行政色彩主要表现如下。

首先，调解工作是调解员的一项行政任务。在宏观上，调解从一开始就被赋予了艰巨的政治任务，且较之其纠纷解决作用而言，政治意义显然更为政策制定者所重视。从微观角度来看，调解员主持调解工作成为一项具体的行政性任务，在各项考核指标（如调解结案量和协议履行率）的压力下，调解员往往只注重工作的数量，而无形中忽略纠纷解决的质量，难以为维护当事人合法权益服务。

其次，政策法令是调解员开展调解工作的依据。政策制定者基于维护社会稳定、化解社会矛盾冲突的需要，及其对调解制度本身的认识，制定出一系列政策，下达一系列命令，便构成了实务部门开展各种调解探索的依据，也是基层调解工作者的操作指南。由于基层调解员大都兼任公职，在调解工作中必然要服从这些政策法令。然而，调解与诉讼不同，后者以法律为准绳，但调解常以伦理道德、风俗习惯、行业惯例为依据。兼任公职的调解员常年受到行政执法思维的影响，将法律的刚性因素过多运用在调解中。另外，现实案件的复杂、多样要求调解机制具有灵活的应变能力，而具有普遍适用性的政策法令所固有的僵化将导致政策主导型调解出现困境。

再次，变相强制调解成为常态。调解员队伍的官僚化及其行政管理思维使调解当事人处于被管理对象的地位，而调解员变成了“调解官”。在调解中，“调解官”对当事人所具有的威慑力以及双方所掌握的不对称的法律知识、案件信息，都为强制或变相强制调解提供了条件。正如棚濑孝雄所言：“在调解者相对于当事者来说处于社会的上层，或者当事者在经济上对调解者有所依靠的情况下，调解者提出的调解方案对于当事者具有不可忽略的分量。”① 这句话恰如其分地描述了政策主导型调解的关系构造。

3. 当事人被简化为纠纷客体而缺乏主体性

调解与诉讼不同，调解具有强烈的主体间性。当事人的自愿原则本应在调解过程中得到首要且充分的尊重，但在现阶段的调解政策下，调解机制的运作大多致力于劝服当事人接受调解以及调解结果，而不是引导当事人自发地选择或寻求双赢的解纷之道。正如上文所说，在宏大的联动式调解机制下，多个公权力部门联合针对当事人“做工作”的现象并不鲜见。

在政策主导型调解体系下，调解是政策制定者借以维护社会稳定、化解社会矛盾的利器，是法院等纠纷解决主体借以减轻受案压力的分流良策，既是“减压阀”，也是“灭火器”。然而，将自身的合法权益系于调解成败的当事人对制度的期待如何呢？似乎当事人以及潜在当事人的声音总是那么微弱，其程序主体性并未得到充分彰显，当事人的意思自治和自愿原则也常常得不到保障。在这种公权力色彩浓厚的调解模式下，当事人及作为潜在的纠纷当事人的社会大众便被无形地对象化和符号化了。这也为今后调解协议自动履行率不高、矛盾冲突复发埋下了隐患。

---

① ［日］棚濑孝雄：《纠纷的解决与审判制度》，王亚新、刘荣军译，北京，中国政法大学出版社 2004 年版，第 13 页。

4. 调解文化传承和职业化建设步履艰难

我国目前基层调解的成果反映形式大多是诸如案结事了的数量、比例等指标，至于调解文化建设则无非是有几间独立的办公室或调解庭，布置成审判庭或圆桌会议的布局，墙上张贴诸如“劝和谣”之类的谚语等，以供上级领导下基层调研视察和新闻报道宣传之用。然而，真正的调解文化建设，如对调解经验技巧的规范总结与传承、对调解优越性的宣传与推广、对调解科学规律和原理的专业研究与教学等均未见成效。这也恰恰反映出在政策主导型调解下，调解工作不过是日常琐碎的行政任务之一，在达到指标要求，完成工作任务之后，调解员缺少投身调解事业、深入探索研究调解文化的热情与动力。

另外，政策主导型调解要求建立自上而下完整的调解组织体系，工作面铺得太广，在国家投入经费有限的情况下，许多基层人民调解组织出现调解员和经费都严重短缺的尴尬局面；在法院调解中，法官本身的职业要求与调解员的职业标准之间存在不可调和的紧张关系，学界对法院调解已有诸多反对之声。因而，调解员的遴选、执业标准、培训、奖惩、监管等职业化建设就处于难以起步的状态。

（二）政策主导型调解的形成过程和原因

调解作为一项民间纠纷解决机制，并非一开始就带有浓厚的行政色彩。我国政策主导型调解体系的形成经历过一个纠纷解决机制“行政化”的过程。例如在彝族聚居地区，就经历了从彝族传统“习俗调解”到社会主义“人民调解”的转变。[①] 在改制为“为人民服务”的人民调解之前，当地居民自愿选择德高望重的“德古”根据习俗开展有偿调解，后因被认为“具有一定的缺陷”而被改造为“人民调解”——“德古调解”必须依法调解，遵循法律精神；不收取中间调解费，实行无偿调解，体现人民调解的服务性；改变以往“口头协议”的形式，调解成功后制作规范的调解文书，报乡调委会备案，依法进行案件回复。“德古调解”就是一个经典的民间纠纷调解行业“行政化”过程，由起初的粗放式私人有偿调解转变成了政策主导型调解。民间调解被“收编”，使得原始的、不规范的调解做法得以在形

① 参见杨军、杨建昆：《“德古”调解　峨边经验彝区推广》，载《四川法制报》，2011-11-10。

式上较为统一，剔除了适用野蛮落后习俗、容易对当事人法定权利造成侵害的做法，在普及国家法律法规的同时也可以为不同层次的社会成员提供网状的、廉价的、就近的纠纷解决方式。但是，这种“行政化”也使得经过历史沉淀而流传下来的民间传统调解规则、经验技巧、传承模式因服从于法律、政策的调整而逐渐消失。

究其原因，政策主导型调解体系的形成是由多方面因素促成的。

首先，政策主导型调解是国家对贯彻政令、强化社会控制和维持社会稳定的需要。我国是一个疆域辽阔的多民族大国，人口众多，且各地发展不平衡，普及、贯彻法律政策困难重重，因此，在我国加强党的领导是法治建设的最根本保证。党委发挥着总揽全局、协调各方的核心作用，中央主导的政治优势和各级党委的积极推动，正是我国基层自治调解尤其是人民调解发挥实效的关键。在“党政主导一盘棋”的政治体制下，国家制定的法律、法规、政策命令要想得到落实，其前提就是通过有效的渠道宣传、解释、执行这些政令，而分布广泛的村、居委会以及工矿企业恰恰处于政令贯彻的网状末梢，纠纷发生后，将国家制定的法律政策通过设立在这些网状末梢的调解组织加以宣传、解释，并适用于矛盾纠纷的解决，无疑是最佳途径。

同时，村、居委会和工矿企业是社会控制的最小单位，在这些基层社会生活中维持普遍的和谐与稳定，也是实现整个社会和谐稳定的基础。政策主导型调解体系可以帮助国家实现对基层的矛盾冲突进行及时控制、处理，能够在最大范围维持基层社会的稳定，使矛盾纠纷消化在社会管理的最末端。这一点在人民调解中体现得最为明显，尽管人民调解委员会是依法设立的调解民间纠纷的群众性组织，但由于其一般根据行政区划设立在村委会、居委会，其产生方式、组织结构、指导机构、经费来源等都受到明显的行政性影响，与行政层级具有高度一致性。

其次，政策主导型调解适应了乡村型社会结构对纠纷解决的需求。长期以来，我国的社会一直都是一个以农村人口为主的乡村型社会，其社会关系主要是由熟人关系构成的。在熟人社会下，调解较之其他纠纷解决机制具有明显的优势是因为伦理道德和本地习俗构成了解决矛盾纠纷的权威来源。同时，熟人社会下，调解员的个人威望和品格魅力能够对纠纷的解决产生重要作用。与城市化的陌生人社会不同，乡村型社会的矛盾纠纷类型和数量也较为稳定，这些条件对于资源有限的公权力介入型调解发挥作用都是十分有利的。然而，纠纷类型的相对固定和数量的稳定反过来又会导致调解员的工作不必追求精细化和专业化，在服务质量的提升上也将缺乏动力。

另外，以公权力为主导也是推动调解的制度化和规范化所要求的。无论是在美国后来居上的ADR还是我国的各类调解联动机制，为法院面临的“诉讼爆炸”减压、分流，均是调解的一项重要职能。然而，在调解制度化和规范化的初期，要想使习惯于将纠纷诉诸法院的当事人和社会大众走入调解程序而不是涌入法院，则只能由国家通过政策法令进行宏观调控、大力宣传和倡导来实现。其实即使是美国的ADR，如果单纯由社会力量推动而不是获得法院、联邦政府及大多数州政府支持的话，也很难形成今天蓬勃发展的势头。因此，政策主导型调解具有市场引导型调解所不具备的优势。

尽管政策主导型调解在相当长的时期内都会发挥卓有成效的功能，但随着我国法治建设、市场经济建设的不断推进，社会正在加速转型，公权力主导下的调解作为一只带有宏观调控性质的“看得见的手”，同样要迎接各方面的挑战。如果仍坚持以政策为主导，任由公权力过度介入的话，我国的调解制度势必难以适应新时期纠纷解决的需要，甚至可能在国际化的调解领域逐渐丧失话语权。

二、政策主导型调解所面临的挑战

通常认为，我国正处于社会转型期，但对于转型期的确切界定和特征则并无通说。对此，在我国社会学学者的著述中，概括起来主要有三方面的理解：一是指经济体制转型；二是指社会结构变动，包括结构转换、机制转轨、利益调整和观念转变；三是指社会形态变迁，即“从传统社会向现代社会、从农业社会向工业社会、从封闭性社会向开放性社会的社会变迁和发展”①。有的学者认为还包括一元社会向多元社会转变。②

---

① 李向明：《转型期大众文艺研究》，长沙，湖南人民出版社2009年版，第2页。

② 参见刘明君、汪志言：《转型期中国社会“泛功利化”倾向透视》，载《江汉论坛》，2002(8)。

我们认为，社会转型是一个较为笼统的概念，在不同的学科领域、不同的语境下具有不同的内涵。政治领域、经济领域、国际关系领域等都有其对社会转型的独特表述和研究的侧重点。而在纠纷解决领域，自然也会呈现出相对应的转型期特点。对社会转型期纠纷解决机制的探讨应包括：纠纷主体的转变、纠纷类型的转变、纠纷解决者的转变、纠纷解决理念的转变以及纠纷解决工作机制的转变等。可以说，上述各个方面都对目前我国单一的政策主导型调解体系提出了严峻的挑战。

（一）纠纷主体的转变

社会转型期对现有调解制度的挑战首先表现在纠纷主体上。根据国家统计局 2018 年发布的数据，2018 年年末我国常住人口城镇化率为 59.98%。城镇常住人口超过了农村常住人口。这表明我国已经结束了以乡村型社会为主体的时代，开始进入到以城市型社会为主体的新的城市时代。今日中国的农村已经不再是自给自足的小农经济了，今日中国农民的生活已经同城市连接在一起了，他们已经成为现代工商社会的一部分。很多农民已经进入城市，或成为民工，或成为城市居民。大部分农民已经不再像往日被束缚在土地上，他们也被卷入了中国市场经济的浪潮。因此，今日中国已经成为“市场中国”、“乡土社会”已经成为“半熟人社会”了，人际关系也已经更加理性化了，甚至在向着陌生人社会发展。“当代中国农村农民的生活命运更多与市场、与现代民族国家甚至间接地与全球化联系在一起了。”[①] 随之而来的是，纠纷主体的关系由“乡土社会”的熟人关系为主转变为“城市时代”的陌生人关系为主，维系人际关系的纽带也由以往的以亲属伦理关系为主转变为以经济利益关系为主。同时，强调对个体的尊重也带来了价值观念和需求的多元和冲突，进城农村人口的“市民化”过程不可避免地伴随着各类新型矛盾纠纷的激增，这些都给单一的政策主导型调解带来了挑战。

第一，纠纷主体对调解者的信任基础发生根本变化。在乡村型社会中，发生纠纷的当事人与调解者往往处在同一个关系圈，彼此较为熟悉，调解者通过长年累月的调解工作积累了为公众所熟知的个人威信。这种个人权

① 贺雪峰：《新乡土中国》，苏力序言，桂林，广西师范大学出版社 2003 年版，第 6 页。

威较容易赢得当事人的信任，并且这种信任基础往往在纠纷发生前即已存在。而在城市型社会中，由于人口流动性较大，以及城市本身特有的陌生人结构使得这种个人权威的作用空间逐渐减少。彼此陌生的纠纷当事人对调解员的信任感只能从调解工作展开后逐渐建立。这就对调解员的专业技能、心理学素养和综合素质提出了更高的要求。

第二，纠纷主体法律意识的增强和获取信息的能力使变相强制调解逐渐失去威力。毋庸讳言，政策主导型调解的“主战场”位于基层，尤其是农村社会，以往针对法律意识淡薄、案件信息掌握不均衡的当事人。由于全民教育水平的整体提高、人口流动带来的信息交换以及信息时代下获取法律知识渠道的拓宽，当事人在纠纷发生后对于依法维护自身合法权益有了较强的意识，各种形式的强制调解终将失去用武之地。

第三，纠纷主体类型的增加呼唤多元的调解体系。进入各种调解机制的案件主体不再限于自然人对自然人，自然人与法人之间、法人与法人之间的纠纷也开始寻求调解解决。另外，诸如唯冠、苹果之争①的外国（法）人与中国（法）人之间的纠纷也开始尝试通过调解解决。而日益增多的上级与下属之间的纠纷、学生与学校之间的纠纷、公务员与单位的纠纷、学术纠纷等也反映了纠纷主体类型的复杂化和多元化。针对不同主体类型，不应也不可能靠单一的行政性调解加以解决，而应相应地发展商事调解、专业调解、各种内部调解等来应对这些挑战。

（二）纠纷类型的转变

纠纷类型与纠纷主体类型所发生的转变基本上保持一致，但纠纷主体类型强调的是因纠纷当事人处于特殊的地位、彼此具有特殊的关系或具有独特的行业性质而对纠纷解决机制产生的影响；纠纷类型则强调的是争议事由、法律关系的内容。但二者并无绝对的分界线。

第一，群体性纠纷大量出现。群体性纠纷在社会转型期较容易发生也较难处理，其群体性不仅包括一方当事人为多人的情况，也包括双方当事人均为多人的情况。在我国当前的司法环境下，通过调解解决群体性事件比诉讼更为合理。但由于政策主导型调解的调解员大多来自公权力机关，

---

① 参见吴凡：《唯冠苹果 进入议价阶段》，载《深圳特区报》，2012-05-07。

调解工作的开展也往往由一个或多个公权力部门进行，一旦调解出现僵局或纰漏，作为当事人的公众很容易将矛头转向调解员所代表的政府或法院。同时，因缺少中立的社会性调解组织，而群体性纠纷的争议事项多与公共服务、公共利益、公共政策有关，大都涉及公权力部门，如果由同是公权力机关设置的调解组织和兼任国家公职的调解员来处理纠纷，即使二者并非同一级别或同属一个系统，也难免在中立性方面受到当事人和公众的质疑。

第二，行业纠纷需要专业调解。行业纠纷包括建筑工程纠纷、物业纠纷、医患纠纷、证券纠纷、知识产权纠纷等，社会转型过程中，这些涉及专业问题的案件无论在类型上和还是数量上均处于不断增长的态势，依靠现有的基层人民调解、行政调解和法院调解都已难以应对，即使是行业组织调解，也常常因其行政化色彩而受到中立性质疑。以医患纠纷为例，早在 2005 年北京就率先试行医疗纠纷调解，先后成立了北京卫生法学会医疗纠纷调解中心、北京医学教育协会医疗纠纷协调中心。但由于两个调解机构分别隶属于卫生系统和保险行业，其立场常常受到患者的质疑。[①]

第三，新型纠纷要求调解体系具有开放性。社会转型期纠纷类型的另一特点就是新型纠纷不断涌现，例如在我国电子商务领域，仅 2012 年上半年度就接到全国电子商务用户投诉 58 613 起，平均每天有 320 起电子商务争议发生。[②] 然而，这些电子商务纠纷由于面临"诉讼费用的高昂、地域相隔的遥远、语言和文化的巨大差异、法律适用的艰难、管辖权确定的复杂、判决的承认和执行等问题，使传统诉讼在面对如此纷繁复杂的网络空间纠纷时显得颇为捉襟见肘"[③]，而通过资源有限的政策主导型调解解决更是无法实现，如果这些纠纷得不到及时解决，则必将挫伤电子商务发展的积极性。这时，一种新型的"在线纠纷解决机制"（Online Dispute Resolution，简称"ODR"）便应运而生，并早已在欧美国家得以推广应用。

除了电子商务纠纷，近年来频频见诸报端的网络侵权纠纷、公众人物

① 参见汪丹：《医疗纠纷有了"中立"调解委员会》，载《北京日报》，2011-05-31。

② 参见中国电子商务研究中心于 2012 年 8 月 21 日发布的《2012 年中国电子商务市场数据监测报告（上）》，第 29 页。

③ 高卫萍：《ODR——解决中国电子商务纠纷的未来趋势》，华东政法大学 2008 年硕士学位论文。

纠纷也属于新型纠纷，对这些案件的调处都与传统案件类型具有较大的差异。这就要求我国调解体系打破一元的政策主导型调解格局，根据纠纷发展的现实需要建立多元而开放的调解体系。

(三) 纠纷解决理念的转变

在商品经济高速发展、纠纷解决机制日趋多样化的社会转型期，要想让调解从诉讼、仲裁中脱颖而出，成为当事人乐于首选的解纷机制，就必须转变调解工作的理念，这种转变主要体现在调解的目标和构造两个方面。

第一，由分好“蛋糕”到把“蛋糕”做大的转变。在政策主导型调解下，“案结事了”是纠纷得到妥善解决的象征，调解的工作任务也就此宣告完成。这种调解目标的追求从根本上来说与法院诉讼是相同的，都是试图恢复一种生活秩序，将出现裂痕的社会关系修复如初，这也同以熟人关系为主的乡村型社会结构有关。由于这种调解的目的在于定分止争、案结事了，其工作重心就会放在对过去发生事实的调查上，目光是向“过去”“以前”看，其前瞻性有限。拿经济纠纷举例，调解的结果无非是将现有可支配的利益进行居中分配，说到底是一个“切分蛋糕”的过程。在由计划经济向市场经济转轨的过程中，人们渐渐发现，依靠诉讼或传统的调解解决纠纷，不仅不能保证把处于争议当中的“蛋糕”分好，而且会因为纠纷解决机制本身的成本而使有限的“蛋糕”在切分之后所剩无几，亦即，纠纷解决的成本与收益不相称。

通过将调解理念从单纯的“切分蛋糕”转向通过调解试图“把蛋糕做大”，即适当地追求调解结果的前瞻性和双赢效果，而不是仅仅致力于解决眼前的纠纷，便可以实现“纠纷解决+利益增值→凸显调解比较优势→受到当事人青睐→调解职业繁荣→纠纷调解水平提高”的良性循环。由于诉讼只能针对争议的法律事实和法律关系依法裁判，不可能顾及全方位的利益和关系，而仲裁也有仲裁协议和可仲裁性的限制，因而最可行的就是通过新型调解来承载互利共赢的纠纷解决理念。这就再一次对调解的分工细化、调解员的专业化提出了新的要求。在这方面，美国调解的模式就是可以借鉴学习的对象，对此后文将会详述。

第二，由“管理型”调解向“服务型”调解转变，将当事人还原为调解的主体。如上文所言，现有的调解制度肩负着维护社会稳定和强化社会控制力的使命，调解被看作是社会管理手段之一。尽管宣传调解的口号是“为人民服务”，但在实践中，“管理”的观念贯穿于调解的整个过程，例如没有给当事人充分的程序处分权、当事人自愿性和保密原则难以保证、变相强制调解层出不穷等都属于“管理型调解”特有的现象。

我们认为，如果说典型的民事诉讼构造，即法院与当事人之间的诉讼地位和相互关系是一个等腰三角形（下图左）的话，那么调解构造，即调解员与当事人之间的地位和相互关系应当是一条贯穿三个点的直线（下图右）。

从本质上讲，调解是一种充分体现当事人意思自治的纠纷解决方式，调解员居中调处纠纷必须根据当事人的自愿原则进行，只要不违反法律的强制性规定，不侵犯公共利益和他人的合法权益，当事人有权根据自己的独立意志决定是否接受、是否中断、是否放弃调解，以及决定接受或不接受某种调解协议方案。将调解还原到纠纷解决机制本身来看，调解实际上是社会为当事人提供的一种区别于打官司的法律服务，调解与仲裁、公证、律师业同样都是可以选购的法律产品，可以是有偿的也可以是无偿的。即使是无偿的调解，也是国家为纳税人提供的公共法律服务。调解员的角色充其量是一个引导者、评估者、服务者，而不应该变成一个控制者、管理者甚至决定者，否则将永远无法根除变相强制调解等弊病。

因此，和诉讼中当事人与法官处于不平等地位相反，调解员与当事人应是完全平等的程序主体，而不能以“调解官”的身份自居。社会转型期对个体的尊重越发引起重视，相应地，当事人的主体性要求也越来越迫切。能够彰显当事人在调解中的主体地位的，应当是服务型调解，而非类似行政管理的政策主导型调解。

（四）纠纷解决者的困境

第一，纠纷解决者面临案多人少和经费短缺的窘境。从上文来看，纠纷主体、纠纷类型和纠纷解决理念的转变都指向对纠纷解决者要求的提高。其实，社会转型期纠纷的增多本身就已使得现有的调解体制不堪重负，在政策主导型调解下，由于行政编制限制，调解力量不足问题日趋严重，经费保障不到位也限制着调解功能的发挥。乡镇司法所人手短缺已经是全国司法行政系统普遍面临的问题，很多司法所常年只有一名司法助理负责整个乡镇的调解工作。我们实地调研的某县司法局领导坦言："调解员对付上访人员的人手尚且不够，哪里还有余暇去研究如何提高调解工作质量和自身素质呢"！

与公、检、法只能在矛盾激化后启动不同，调解本可以在解决矛盾的最佳时机介入，即在纠纷的萌芽期、发酵期和生长期主动启动，以发挥遏止纠纷升级的作用，但上述困境却使得基层调解分身乏术。我们访谈的某老司法所长对基层调解工作抱有满腔热忱，但在谈及工作条件时，他却连倒苦水，"每次接到案件，只能骑自家摩托车、自费加油下乡调解，并且事后难以报销；所里没有录音、摄像器材，最基本的取证工具都没有，一旦纠纷调解不成进入诉讼，证据便成了一个大问题"。这与同级别派出所、人民法庭的配置相比，的确相差太远，更与调解所发挥和本应发挥的社会管理作用格格不入，最终会挫伤基层调解组织的工作积极性。近年来，大批大学毕业生走进乡镇工作，他们面临巨大的生存压力，如果连基本的经费、条件都难以保障，就会陷入"经费短缺—人才流失—业绩下降—经费减少"的恶性循环。此外，由于条件艰苦，新人不愿留下，而老调解员由于编制或年龄问题常年得不到提拔，在未注入新鲜血液的情况下，基层调解组织的调解员普遍呈现出老龄化的状态。

第二，调解员普遍缺乏专业培训。正如上文所言，转型期发生的各种变化都要求调解员不仅在法律上具有判断能力，还要在案件所涉及的专业领域有所了解，并且必须掌握一定的社会心理学技巧，能够及时引导而不是命令当事人向着同一个方向思考，最终还要尽量实现双赢。笔者认为，符合现代调解理念的调解员应当至少接受以下培训，才能应对新时期解决矛盾纠纷的需要：掌握基础的法律专业知识，熟知调解原理与实务，理解诉讼外纠纷解决机制的规律与要旨，具备良好的人际关系和沟通能力，拥有较强的心理素质，对社会学、心理学、经济学等学科有一定了解，训练较强的实务操作能力和各类纠纷解决的技艺，对纠纷的发展趋势有一定把握能力。这不仅需要调解员自身不断加强学习，提升办案能力和质量，同时还要定期进行必要的培训。然而，现有的调解员队伍本身的完整性就是个大问题，更不要说抽出时间接受培训。至于由谁培训、培训什么内容、如何考核等问题更是尚未列入议事日程。

第三，调解员职业化起步缓慢。作为一个单独的职业，调解员理应有自己的职业化标准体系，例如调解员的职级划分、遴选机制、考录程序、监督机制、退出机制、协会组织等。但在政策主导型调解下，调解员要么来自群众，属于纯粹的编外人员，要么属于公职人员，由行政人事制度调整，其职业化进程起步艰难。公、检、法三机关均有职级划分，工作人员即使难以提升自己的行政级别，但通过努力工作，则可以在职级上不断提高，获得薪资待遇方面的改善，进而提升职业荣誉感和工作积极性。然而，对于绝大多数基层调解员而言，这是一种奢望，经过多年的奋斗，如果得不到行政级别的提拔，连工资待遇都只能在原地踏步，可见调解员的激励机制严重欠缺，职业化建设任重道远。

（五）立法者对纠纷解决机制的信心不足

调解所面临的最大困扰在于调解协议的效力问题，而调解协议效力不足根源于立法者对调解机制缺乏信心。现阶段我国主要有四种纠纷解决机制：诉讼、仲裁、调解、和解。经过诉讼获得的裁判文书和经过仲裁得到的仲裁裁决书均依法具有强制执行力，而调解达成的协议则仅仅具有合同性质，如果说司法对仲裁的干预性监督属于“双重监督”的话，那么司法对调解的干预则是“全面监督”。这主要体现在调解协议的司法确认制度上。

自 2009 年《最高人民法院关于建立健全诉讼与非诉讼相衔接的矛盾纠纷解决机制的若干意见》开始探索司法确认程序，到 2011 年 1 月 1 日正式实施的《人民调解法》明确规定当事人可以就调解达成的协议申请司法确认，再到 2012 年 8 月修订通过的《民事诉讼法》专节规定“确认调解协议案件”，明确规定当事人申请司法确认调解协议的程序和法律后果，均反映出这样一个事实，即在立法者看来，似乎用调解机制解决纠纷不太可靠，广大调解员尚不值得信任，最终要由司法机关审查确认才可以“放心地”使调解协议成为执行依据。那么究竟司法确认程序在基层实践中运行如何呢？根据我们的实地调研，可以用一句流行语表达："理想很丰满，现实很骨感"，司法确认机制在法院、调解组织两头都不受欢迎，实际上处于"休眠状态""冰封状态"①。

值得思考的是，调解员基于自愿、合法的原则做通各方当事人工作，达成的调解协议是否必须经过法院的司法确认才算"有效"？为何不直接赋予调解协议强制执行效力？我们认为，对仲裁裁决书赋予强制执行力，而对调解协议则必须进行司法确认，本身就反映了立法者对调解机制、调解员素质的不信任，似乎法官、仲裁员的素质都比调解员的要高很多，似乎调解协议内容总是不可靠的。如果进行了深入而广泛的调研，相信这种以偏概全的误解便很容易消除。调解不同于诉讼，后者以法律为准绳，以事实为依据，最终维护的是国家和社会的公共秩序；而调解的作用范围本身就排除了对国家和社会秩序造成冲击的案件类型，它解决的主要是私人之间的纠纷，核心是要通过双方当事人内心的和解来消弭冲突，与和解机制相比，充其量多了一个居中主持的调解员。既然调解与诉讼的价值目标和作用原理明显不同，调解是一种纠纷解决机制，调解协议本身就具有合同的性质，合同法已经规定了合同无效的情形，为何不能对不违反强行性法律规范、不侵犯公共利益和他人合法权益的调解协议赋予强制执行效力呢？立法者对调解信心不足，导致调解效力不足，最终使调解丧失对当事人的吸引力。从当事人的立场出发，调解如何能够与权威的诉讼、高效而专业的仲裁相竞争，成为当事人乐于主动选择的纠纷解决方式，换句话说，在追求效益至上的市场经济环境下，如何向发生纠纷的当事人以及潜在的当事人"推销"调解这一解纷方式，以便让调解的诸般好处深入人心，从而让当事人在纠纷发生后首选调解解决冲突，成为新时期改革调解制度的重要课题。

三、他山之石：美国调解制度的启示

在世界范围内，ADR 较为发达和成熟的国家不在少数，我们之所以选择美国调解体系作为参考，并非否认其他国家和地区的制度对我国的借鉴

① 侯敏娜等：《人民调解协议司法确认制度现实困境与出路——以 H 省 Z 市 9 个基层法院的调查为分析对象》，见湖南省炎陵县人民法院，http：//ylxfy. chinacourt. org/article/detail/2016/05/id/1850697. shtml，最后访问日期：2018 - 11 - 11。

价值，而是基于美国调解模式已经形成了一套完整的教学、理论和实践体系，且近年来多次向我国输入其先进的、体系完整的调解理念和技能，对象包括最高法院在内的决策部门、笔者所在单位在内的多家科研院所、基层人民调解员在内的许多调解工作者。作为调解发源地——中国的学者和实务界人士，往往起初对美国调解文化的输入抱着怀疑和不屑的心态，但随着各类培训、交流的深入，却越来越肯定大洋彼岸的同行们所带来的这套经验、理念及其对我国的借鉴价值。

（一）美国的多元调解体系

在美国，调解并非从一开始就得到认同，该制度之所以得到美国社会和司法的认可、支持乃至倡导，并不断发展繁荣，关键在于调解具备当事人自我解纷的机制，当事人能够在纠纷解决中发挥更积极的主体性作用。在美国，调解经历了如下标志性发展阶段：（1）20世纪初期为解决劳工运动造成的社会动荡，联邦政府设置了特别劳工调解员，至1947年成立联邦调解服务局（Federal Mediation and Conciliation Service）专门调处劳资纠纷，劳资调解便是现代美国调解制度的雏形；（2）20世纪60年代，借鉴前者的调解经验，调解成为解决监狱暴乱的替代方式；（3）80年代，商界和法律界开始运用早期ADR来解决商事纠纷，并成立了争端解决CPR国际协会（Center for Public Research），承诺涉及其会员的纠纷在诉前优先使用ADR，与此同时，调解成为被认可的职业；（4）到了90年代，联邦政府立法规定联邦机构要运用ADR解决与市民之间的纠纷，最常用的办法之一就是调解；（5）进入21世纪，各州法院都有某种形式的调解，当事人可以选择调解以替代诉讼，并且发展出很多不同的模式。而对于特定类型的纠纷，例如涉及离婚或监护权案件，调解已成为一种主要的纠纷解决方式。①

今天美国调解体系是多元的，各种政府的或民间的、无偿的或商业的、法院的或法院转接的调解项目生机勃勃，而同我国形式较为相似、理念和技巧却颇具参考意义的主要有三类。②

---

① 参见［美］詹姆斯·E. 麦桂尔、陈子豪、吴瑞卿：《和为贵：美国调解与替代诉讼纠纷解决方案（英汉对照）》，北京，法律出版社2011年版，第7～8页。

② 参见廖永安：《如何当好调解员：中美调解培训启示录》，湘潭，湘潭大学出版社2012年版，第22页。

第一类是社区调解。美国的社区调解类似于我国的人民调解，是为社区[①]内的市民提供的一种公共服务，其调解员大多是来自法学院、律师界、仲裁机构、退休法官等的志愿者，他们无偿地提供纠纷解决服务。美国全国各地都有很多这种非政府、非营利的民间社区调解机构。社区调解除了提供纠纷解决服务，还可以作为调解新手实习训练的重要平台，因此，调解工作经常由两名调解员联合进行。

在美国，不论是哪一类的调解，都会特别强调自愿原则并且贯穿始终，当事人可以根据自己的自由意志随时申请停止调解，可以随时对调解员的中立性提出质疑而决定更换调解员或放弃调解，不必担心不继续接受调解会面临不利判决。同时，保持中立和恪守保密原则也是对调解员最起码的职业道德要求，尽管社区调解机构会直接指派调解员，当事人对由谁担任调解员一般不具有选择权，但假如对于某调解员的中立性有怀疑的话，就可以申请更换。由于社区调解员既不是法官，也非政府公职人员，手中没有公权力，因而只要当事人认为调解员不够中立，或具有欺骗性，完全可以直接要求更换调解员或拒绝调解，至于理由则与调解的整个过程一样都属于保密事项，且这种更换调解员或放弃调解的行为并不会给当事人带来任何不利影响。另外，类似于我国人民调解中多方力量联合给当事人“做工作”的场面也不可能上演。

社区调解的结案方式一般不以合约的形式达成协议，而是称为“谅解备忘录”，即双方基于诚信和道义作出一个不受法律约束的承诺，若想使这种“谅解备忘录”具有法律效力，就必须到法院寻求民事司法确认。

第二类是法院附设调解。法院附设调解的调解员有的来自法院里的工作人员，有的则与得到法院认可的民间调解组织合作。但与我国法院调解不同的是，美国法院附设调解的调解员通常都不是审理同一案件的法官，这主要是基于法官中立性的考量。在法院附设调解当中，法院设有调解员

---

① 美国的社区是指那些由具有共同价值取向的同质人口组成的，是关系密切、出入为友、守望相助、疾病相抚、富于同情味的社会关系和社会团体。人们加入这一团体不是有目的的选择，而是自然形成的结果。把人们联系在一起的是共同利益和共同目标，以及亲戚、邻里、朋友等血缘或地缘的纽带。可以说，美国的社区就是一个熟人关系为主的社会圈。参见谢芳：《美国社区》，北京，中国社会出版社2004年版，第8页。

名册以供指派给当事人，并且必须确保指派给当事人的调解员符合中立性原则，同时对此设有相应的监督机制，确保调解员不会徇私舞弊、偏袒一方。例如，当事人在发现调解员有偏见、不中立，甚至显然未经过培训时可以向法院的投诉部门或专司调解监督的法官提出。如果某调解员被多次投诉，就会受到相应处理，例如从调解员名册中除名。

很多州法院还会与各种民间调解机构合作，将诉至法院但适于调解的案件交由社会上的调解组织进行调解，达成的调解协议就成为一个具有法律效力的合同，当事人只需按照所签署的协议条款履行即可，不必再回到法庭。但法院对于涉及公共利益，如未成年人抚养权的案件，即使达成协议也必须再到法院接受司法审查。如果当事人一方不履行调解协议或履行违约，对方当事人诉至法院后，法院只需审查该协议的形式是否合法，例如当事人是否遭受威胁，是否有精神障碍等。经审查合法的调解协议一般都会得到法院的支持，判决当事人履行协议。

第三类是营利的商业性私人调解机构，例如赫赫有名的JAMS公司①，这些调解公司的主要服务对象是有财政能力、能够负担调解费用的公司和个人。这种营利性质的调解机构将调解服务还原为一种商品参与市场竞争，由市场规律引导其发展，当事人作为调解服务的对象——顾客或消费者，享有高度的主体性和自愿性。由于美国正陷入诉讼爆炸的窘境，而诉讼迟延及高昂的诉讼成本越发使得商业调解具有“比较优势”，例如调解坚持自愿、保密、高效、低廉、双赢的原则，高度契合当事人，尤其是商业领域的当事人的需求。因此，商事调解在美国呈现出一派繁荣景象，很多调解员的收入甚至一度超过了同属有偿法律服务行业的律师。②

值得我们借鉴的是，将调解还原为一种法律商品或服务，将“顾客就是上帝”的信条渗透在为当事人提供优质的纠纷解决服务之中，其实并非商业调解所独有，这种市场引导型的调解理念可以说贯穿于包括社区调解

① JAMS是美国最大的一家替代性纠纷解决／诉讼外纠纷解决（ADR）的私营服务机构，成立于1979年，在全美有23个纠纷解决中心。该机构现在的负责人是詹姆斯·E. 麦桂尔（James E. McGuire）。参见李政：《ADR视野下私人调解的程序和效力——以美国JAMS公司为例》，载《法学杂志》，2009（11）。

② 例如前述JAMS公司的詹姆斯·E. 麦桂尔的调解收费高达每小时600美元。参见廖永安：《如何当好调解员：中美调解培训启示录》，湘潭，湘潭大学出版社2012年版，第105页。

和法院转接调解项目在内的整个美国调解体系，这可能源于美国高度发达的商品经济和契约文化。而在我国政策主导型调解体系中，最缺乏的恰恰是这种服务型调解精神和理念，如果将其与我国的服务型政府、社会管理创新等理念相融合，则调解现有的种种弊端将得以根除。

（二）美国调解的运行特点：市场引导型

1. 当事人的程序主体地位充分彰显，使调解更具吸引力

美国是一个强调尊重个体的社会，其调解制度也都把当事人的自愿性作为首要原则。尤其是在以营利为目的的商业调解中，当事人是调解服务的消费者，是“被视为上帝的顾客”，承认和尊重当事人在调解中的主体地位，无疑是赢得当事人信任的基础。因此，当事人及其律师可以选择是否接受调解，也可以选择具体由哪位调解员来调解。

尊重当事人的主体地位最重要的表现是，面对发生纠纷的各方当事人，调解员通常不会做劝说、说服、建议如何解决的工作，而是从不同的角度，运用包括法学、心理学、社会学等在内的各种技巧，甚至借助调解场地、玩笑、游戏，引导当事人从愤怒和抵触中释怀，自发地朝着有益于纠纷解决的方向思考。大部分调解员就连调解方案都不会主动提出，而是引导双方当事人一步步地自行思考出尽可能多且合理的纠纷解决方案。这种致力于促使当事人进行对话，引导当事人自发解决纠纷，调解员担任消极中立的“帮助者”的做法，对事后调解协议的履行具有十分关键的作用：因为整个调解过程和调解协议都最大程度地体现了双方当事人真正的自由意思，而非来自调解员绞尽脑汁的各种理由和说服手段。

对当事人的尊重还体现在恪守保密原则。很多前来调解的案件都是公司之间的合同纠纷，或者个人之间的名誉或者经济矛盾，当事人之所以选择调解而非诉讼，一个很重要的考虑就是出于对商业秘密、个人隐私及良好信誉的维护。在美国，调解员对保密性原则的坚守近乎绝对化，例如，在调解中如果有一方当事人不愿继续接受调解，那么对于是谁提出终止调解也属于保密事项；再如，调解员拥有严格的拒证权，调解员参与某一案件的调解之后，在涉及该案件的其他任何法律程序中，都有权拒绝作证。当然，近年来，美国针对一些极端情形，也为保密原则设定了例外。严格恪守保密原则能使当事人对调解员建立充分的信任，使当事人感受到调解

在保护隐私密码方面较之诉讼更加“安全”。事实上，调解一旦成为当事人的“信息安全港”，便会吸引更多的纠纷诉诸调解而非其他解纷机制。

因此，很多时候，与其说当事人是“接受调解”，不如说是当事人经过权衡后“选购”了“综合性价比”较高的调解服务来为其解决纠纷、维护权益。

2. 调解市场的繁荣原动力在于各方利益的统一

我国的政策主导型调解体系得以构建和广泛推行，主要依赖于国家强制力的宏观调控，而美国“调解市场”，尤其是商业调解的繁荣则主要得益于市场经济规律的作用，以及调解制度各方主体对经济利益的追求。对于当事人而言，选择调解而非诉讼，本身就是对纠纷解决成本利益考量的结果，经常性的诉讼迟延和高昂的经济成本是当今各国司法所面临的困境。而调解恰恰是一种低成本的纠纷解决机制。不仅如此，由于诉讼主要是将现有的利益进行分配，是一个“切分蛋糕”的过程，加之受陪审和证据制度的影响，判决结果常常难以实现实质正义；而调解的过程通常会涉及很多诉讼中不可能涉及，却又与纠纷的产生和解决密切相关的因素，并且调解致力于构建和谐的关系，为双方创造更多的价值，而不仅仅是分配所剩有限的利益。这样一来，调解具有诉讼所不可能具备的“保值”甚至“增值”的优越性。追求更多、更为长远的利益对双方当事人而言，显然比坚持眼前的“形式上的公平”更具吸引力，调解，尤其是商业调解也就由此而吸引了越来越多的“顾客”，在纠纷发生后第一时间选择调解而非诉讼。

由于能够为当事人降低成本，甚至可能将“蛋糕”做大，使利益增值，因而满足了当事人对利益的追求；反过来，当事人信任并愿意接受调解，就使得调解机构“生意兴隆”，其自身营利也得以实现；调解发挥作用越大，纠纷解决效果越好，法院的受案压力就越小，国家的秩序就越能得到稳定。这样一来，当事人、调解机构和国家、法院等多方的利益实现了宏观上的良性增长。

与此同时，调解组织之间、调解员之间也会形成竞争关系，优秀的调解员和调解公司因能提供更为优质的调解服务，便通过优胜劣汰的市场规律脱颖而出，得以在调解的专业性和职业化领域开展更加深入的探索和实践，反过来又促进了调解整个行业的进步。

3. 市场引导型调解有助于调解的专业化和职业化

或许正是基于对利润的追求，调解的专业性和职业化越来越受到美国调解实务界和研究人员的重视。在美国，尽管对调解员的职业资格和培训尚无全国统一的规范，但每个州或每个法院都确立了大体相似的规则。有的法院在某个特定的调解案件中会要求调解员具备相关的专业背景。例如在家事法庭，首席法官可能要求负责处理这些家事纠纷的调解员有家事法的从业背景或从事社工的经验。

担任调解员目前并不需要获得专业的许可，通常也没有专业认证考试和统一的培训内容。一般来说，经过 40 个小时的基本培训就可以担任调解员，但经验的积累和调解员个人的知名度对于其开展调解业务至关重要。调解员的培训机制尚不完善，但对调解员却有着与其他法律职业群体不同的要求，例如，当退休的法官进入类似 JAMS 的私人调解公司做调解员之前，公司的首要工作之一就是对这些资深法官进行调解培训，帮助他们从法官的审判思维转换为调解员的思维方式。[①] 可见，在美国，调解员有着强烈的职业化意识，他们致力于建立不同于律师、法官的独有的价值和职业标准。

4. 大力发展商业调解带动了调解文化的繁荣

正如前文所述，商业调解在美国的发展可谓繁荣。由于从事商业调解是一种以营利为目的的市场行为，市场的流动性以及强强合并使得调解人才具有较强的流动性，同时使不同的调解经验和技巧得以传承和扩散。为了实现最大的营利，调解机构需要充足的调解员队伍，这就要求资深调解员将积累的调解经验传授给新招募的调解员。与我国政策主导型调解下的经验总结和传承情况不同，美国的商业调解使得调解经验和技巧得以积极地复制和扩展，并不断改良、提升。

另外，由于调解市场的繁荣，调解学已经成为一些法学院的必修课和很多法学院的选修课，甚至在中小学也开设了调解技巧的培训课程。大学调解课程一般为一个学期，每周上一、二次课。美国法学院的调解课程实践性很强，调解培训师大多在各种调解机构兼任调解员，有着丰富的实战

① 参见廖永安：《如何当好调解员：中美调解培训启示录》，湘潭，湘潭大学出版社 2012 年版，第 110 页。

经验，在这种教学环境下，很多年轻的法学院学生毕业后的就业取向就是加入知名调解机构。

美国学界关于调解的科学研究可谓广泛而精深，与我国仍然停留在为什么调解、要不要调解、由谁来调解等浅层次问题不同，美国的调解研究集中于对调解职业道德、保密原则及其例外、法院附设调解下法官的中立性问题、调解与心理学交叉问题、脑神经科学对调解的影响等纵深方向、交叉学科的问题。可见，美国调解研究的精细化程度已远远超过作为调解发源地的中国。

（三）市场引导型调解对我国的启示

首先，市场引导型调解可以为调解的健康有序发展提供不竭的动力。社会转型对纠纷解决提出的要求不仅包括建立充足的解决机制和手段，还包括纠纷解决机制的健康有序发展。也就是说，纠纷解决机制的构建必须符合其内在规律和原理。调解原本就是一种与诉讼相区别的社会救济机制，主要是为了解决当事人之间的私人争议而设，当事人的主体性地位必须得到充分尊重。市场引导型调解一改政策主导型调解的行政干预做法，强调当事人自身在解决其纠纷中的主观能动性的发挥，使纠纷最大程度上依照当事人的意愿得以解决，是一种更为彻底的“案结事了”。通过市场引导型调解达成的调解协议更容易得到履行，也能够形成新的和谐的社会关系。同时，根据市场对调解类型、数量的需求，可以调整调解服务市场的发展方向，避免公权力过度干预造成的资源浪费和盲目性。

其次，市场引导型调解满足了社会转型期对纠纷解决机制的多元价值需求。有需求就有市场，市场引导型调解的发展程度和专业化进程基本上是根据社会纠纷的需求而相应跟进的。当政策制定者尚未看到纠纷呈现出的新形势和新需求，或者来不及制定普遍性规范的时候，市场引导型调解则早已“闻风而动”，探索出与之相适应的调解机制。例如，针对电子商务纠纷出现的 ODR 在线争端解决机制起初便是由一些私人创办经营的网站根据网络时代对纠纷解决的新需求探索尝试的。[①] 如果完全靠政府制定政策法规来推动，恐怕要产生相当大的滞后性。此外，市场引导型调解的包容性

① 参见祝磊：《在线争端解决机制初探》，载《求索》，2003 (1)。

和开放性，又允许法院、仲裁等机制与调解相对接，开发适用于不同案件情形的调解形式。

再次，市场引导型调解符合现代调解理念。市场引导型调解最核心的理念在于对当事人主体性的尊重，强调引导当事人自发的谋求和谐解纷之道，发挥其个人意志在调解中的关键作用，而不是把调解的责任放在调解员的说服本领和手段上。由于当事人就是调解服务的消费者，调解必须坚持中立性、自愿性和保密性的原则，抱着服务而不是管理和控制的态度对待处于纠纷中的当事人，以便获得当事人的认同和信赖，唯此调解机构才能增大营利。

最后，市场引导型调解不排斥必要的政策规范。正如市场经济的建立和发展并不排斥国家的宏观调控，市场引导型调解本身也需要司法部门的支持，以及在必要的时候接受政策、法律的规范。例如，任何调解都不得违反法律的强制性规定，不得侵犯公共利益，不得侵害他人的合法权益；商业性调解机构的营业活动应当遵守有关市场竞争、法人治理的相关规定；对于涉及诸如未成年人保护、弱势群体权益等公共秩序和利益处分的案件，应当由法院强制审查等。

四、我国调解体系重塑和改造的对策

改革开放四十年的市场经济建设和法治建设成果，以及当前形成的调解格局，使我国已具备了改造和重塑现有调解体系的条件。基于上文对我国调解体系的现状及其面临的社会转型挑战的分析，参考其他国家的先进做法，可以从更新调解理念、改造政策主导型的人民调解、行政调解和法院调解，大力发展市场引导型的商业调解三个方面重塑我国的调解体系。

（一）更新调解理念

从机制上改造调解体系的前提是要对现有的调解理念予以更新，甚至结合我国的国情和世界范围内的调解发展趋势，对调解的理念进行创新。归纳起来，主要有以下几点。

第一，要尊重当事人的主体性，将以人为本的理念贯彻到调解当中。笔者认为，美国调解的蓬勃发展给我们的重要启示，即在调解中要提高服务意识，尊重个体的权利，尊重多元化的价值观，以保护当事人的合法权益，最大程度满足双方当事人的诉求为目的，而不能过分强调调解的政治功用和社会控制效果。同时，还要解放调解人员，培养高标准的调解人才，致力于充分、有效地调动当事人的主观能动性，引导其自发寻求纠纷的恰当解决，以合作代替对抗。

第二，要注重调解的前瞻性，创造双赢的调解结果。纠纷是对现有社会关系的破坏，科学的纠纷解决机制不仅可以修复破损的关系，而且可以建立新的更加积极的社会关系。现代化的调解制度不仅应就过去发生的纠纷事实作出处理，还要帮助当事人面向未来，在社会关系的危机中既看到“危”（情）又能看到“机”（遇）；不仅要避免因调解而导致当事人利益的减少，还应致力于实现当事人利益的保值和增值。

第三，要保持调解体系的开放性，鼓励探索新型调解。社会转型期的中国和科技日新月异的世界都面临着同一个问题，那就是纠纷解决机制的发展永远赶不上纠纷的数量和类型的增长，就如同医药与疾病之间的差距是永远存在的。这就要求放开民间调解的手脚，打破纠纷解决机制的行政化局面，减少公权力对调解的干预，鼓励探索各种新型的调解机制，例如借鉴美国的商业调解模式，支持调解市场的成长。

第四，赋予调解独立的制度地位，建立对调解制度和调解员的独特权威。与仲裁类似，司法对调解“父爱式的呵护”不仅会使调解的价值目标落空，还会阻碍其健康成长，走向成熟。要想让调解成为一项有效的社会管理创新机制，真正为司法分流减压，为社会排解纠纷，就必须承认并维护其独立的制度地位，自上而下地承认其独特的权威和效力，在通常情况下赋予调解协议强制执行力。

（二）改造传统调解

人民调解、行政调解、司法调解尽管都属于政策主导型调解，在实践中也出现了很多不尽如人意的问题，但并非没有继续存在的价值，如能对其加以合理的改造，必可扬长避短，发挥理想作用。

1. 夯实人民调解

人民调解是调解体系中最重要的一环，它肩负着贯彻国家法律政策、解决基层矛盾纠纷和维护社会稳定等多重使命，能够为最大多数的社会成员提供就近、低廉、有效的纠纷解决服务，然而正如前文所述，人民调解工作却长期得不到应有的重视。改造传统调解的关键在于夯实人民调解，保障人民调解充分发挥其作用。

第一，要加强人民调解员的队伍建设，注入新鲜血液。可以通过职级规划来解决行政编制对基层人民调解员的限制，使调解员能够专心于调解事业，不必因为没有“上升空间”而不愿扎根调解工作，还可以减少资深调解员的人才流失现象，吸引越来越多的年轻人加入调解员的行列。

第二，要为人民调解工作提供必要的物质保障，建立激励机制。对于人民调解工作的经费投入和物质支持，至少应与其工作需要和效果相对应，通过建立激励机制调动基层调解员的工作积极性和责任感。

第三，要加强对人民调解员的培训，提高调解员的整体素质。由于人民调解员的法律专业素质有限而导致调解协议存在重大瑕疵，经常发生法院不予司法确认的现象，说明不能仅靠调解员自觉在业余充电提高工作质量，而要定期开展规范的调解培训方能应对新形势下纠纷解决的需要。

第四，要以调解协议司法审查制度取代司法确认机制，赋予调解协议法律效力。人民调解工作的主要障碍还是调解协议的效力问题，由于经过人民调解组织达成的协议不具有强制执行力，必须通过法院的司法确认才算“最终有效”，不仅造成了资源的浪费，挫伤了人民调解的积极性，还增加了当事人的负担。其实，只要调解符合自愿、合法的原则，当事人真实参与了调解的过程并认可调解的结果，那么赋予这种独立的纠纷解决机制以法律效力是理所应当的。对于如何赋予调解协议以法律效力的问题，有学者提出，“将调解协议直接提交司法审查是唯一可行的办法”①，即在达成调解协议之后，当事人如有异议可以向法院申请司法审查，法院可传唤双方当事人及调解员核实调解过程的合法性，在确认调解过程及协议合法之后，应当赋予调解协议等同于判决的法律效力。我们认为，调解协议的司法审查与司法确认是不同的制度设计，从司法的审查或确认对于调解协议的影响而言，后者属于生效要件，而前者则更多的属于无效原因。现有的司法确认机制是，调解协议不经过司法确认就不具有强制执行效力，只能

① 赵旭东：《纠纷与纠纷解决原论：从成因到理念的深度分析》，北京，北京大学出版社 2009 年版，第 133 页。

依靠当事人自觉履行，这就给了当事人随时反悔的机会；而如果实行调解协议的司法审查（形式审查），类似于仲裁裁决的撤销制度，只要当事人没有向法院提出司法审查，对该调解协议就必须执行，如果法院审查认为调解过程或调解协议内容不合法，则成为执行调解协议的例外，这样不仅赋予了人民调解协议法律效力，而且还大大减少了案件重新回到法院审判的几率，也为确实存在错误的调解提供了有力的监督机制。事实上，从国际上来看，联合国国际贸易法委员会（UNCITRAL）在 2018 年召开的第 51 届会议中通过的《关于调解所达成的国际和解协议公约》（该公约被称为《新加坡调解公约》），对于执行和解协议要求："（1）由各方当事人签署的和解协议；（2）显示和解协议产生于调解的证据，包括：（a）调解员在和解协议上的签名；（b）调解员签署的表明进行了调解的文件；（c）调解过程管理机构的证明；或者（d）可为执行国主管机关接受的其他任何证据"，从《新加坡调解公约》来看，对于跨国调解协议的执行力赋予并不需要以法院的司法确认为必备条件。

2. 规范行政调解

与人民调解和法院调解相比，行政机关依法行使职权的范围广泛，所依据的政策灵活度高，也符合我国文化传统和人们对"官方权威"的心理需求，如果能够结合现代行政理念，充分利用行政手段，设置适当的行政调解机制，必将成为一种功效显著的纠纷解决机制。就目前来看，我国行政调解存在诸多"乱象"，亟待规范。

首先，应当对行政调解立法规范进行清理和统一。据学者不完全统计，我国涉及行政调解的法律有近 40 部，行政法规约 60 部，行政规章约 18 部，地方性法规约 70 部，地方规章约 45 部，另有大量一般规范性文件。[①] 而事实上，混乱的立法局面也导致了执行上的无序和失范。有学者将我国行政调解的现状概括为"三个大部分"：大部分的行政机关都拥有调解纠纷的职能，大部分政府机关的调解职能都不是义务性职能，行政调解的结果大部分都不具强制执行效力。[②] 这就使得大量通过行政调解的案件再次涌进法

① 参见朱最新：《社会转型中的行政调解制度》，载《行政法学研究》，2006（2）。

② 参见赵旭东：《纠纷与纠纷解决原论：从成因到理念的深度分析》，北京，北京大学出版社 2009 年版，第 125 页。

院，行政调解设立的意义大打折扣。巩固行政调解的效果要从明确行政机关的调解职能做起，依法行政、权责统一是行政行为的基本准则，赋予行政机关以调解职能不能是笼统、含糊不清的。笔者认为，应当统一制定《行政调解法》（或在统一的《调解法》中加以规范），与《人民调解法》相对应，以法律的形式对行政调解的性质、任务和原则，行政调解的组织形式和行政调解人员的选任、职责、分工，行政调解的程序、效力等问题作出规定，使行政调解工作有统一的制度性保障，在立法上实现规范化。

其次，应当确立行政调解的谦抑性原则。谦抑性原则在行政调解中的表现主要在于对其所适用的纠纷类型和介入程序应予限制。笔者认为，目前行政调解的工作面铺得过宽并不科学，行政机关可以调解的纠纷类型也应当有所限制，行政机关以调解者的身份介入纠纷更应慎重。理由是，作为一种最大限度体现双方当事人自由意志的纠纷解决程序，调解应尽量避免第三方意志的影响，这样才有利于矛盾最终的、真正的化解。不同的调解机制其第三方影响因素和程度是不同的，人民调解、商事调解等社会调解机制所带入的第三方影响因素最少，影响的程度也最小，当事人的意志体现得最为充分；而行政调解则会因调解者与当事人不均衡的程序地位而产生显著的第三方因素，且缺乏司法调解近乎严苛的刚性程序和内外监督机制而可能影响当事人的主体性、自愿性。当行政公权力遭遇民事私权利的时候，不加约束的公权力难免会挤压私权利的空间，因此，对于一般民事纠纷而言，除非当事人双方共同选择，否则不宜通过行政机关来进行调解。同时，在介入程序上，如果尚未穷尽社会性调解手段，则一般应优先以人民调解、商事调解等社会调解机制解决，这样既可以节约行政资源，同时也能避免行政机关凭借公权力干扰民事活动。

再次，必须确保行政调解的中立性原则，建立部门回避制度。在现代调解理念中，调解员的中立性是毋庸置疑的“铁律”，而中立性难以保障是目前我国行政调解存在的最主要问题。实践中，行政机关常常与人民调解组织、法院以及其他公权力部门组成联动调解力量，共同针对一些群体性案件进行调解，例如征地拆迁纠纷、医疗事故纠纷、物业纠纷、环境污染案件等。由于这些纠纷常常涉及社会公共利益、政府公共政策以及行政主体与行政相对人的冲突，行政机关本身或其他行政主体在这些案件中已经是纠纷的一方当事人，或者至少是利害关系人，如果再由同为“政府”的行政机关进行居中调解，便很难摆脱偏袒一方的嫌疑。另外，在一些政企纠纷中，不少外资企业对此也尤为敏感。需要注意的是，不同行政部门也存在不同的中立性问题，例如公安、民政等依法调解一些民间纠纷，其自身利害关系相对较少，而自然资源、城建、卫生健康等部门调处的土地使用、征地拆迁、医患纠纷则往往与自身有不同程度的利害关系，其“部门中立性”常受质疑。因此，对本部门涉及或与本部门有利害关系的纠纷，应建立部门回避制度，而由中立的、专业的调解组织开展调解。

最后，还必须剔除变相强制调解的做法。我国几千年来的封建社会和官僚主义导致人们的畏官心理和崇官心理难以在短期内根除，而行政机关似乎也乐意利用这种社会心理，采用各种变相强制调解的手段，很多案件的当事人就是在这种畏官或崇官的阴影下妥协，达成调解协议的。这种调解结果容易出现反弹，因为当事人并非心甘情愿地履行调解协议，因而纠纷难以彻底解决。因此，改造行政调解还要切实转变执法理念，以服务型政府的要求尊重个体，尊重当事人，能调则调，不能强调，并且要建立当事人对变相强制调解申请救济的机制。

3. 改革法院调解

如今，我国法院调解的推行如火如荼，2012 年修订后的《民事诉讼法》进一步加强了法院调解工作的力度和广度，先行调解、庭前调解等制度得以确立。但学者们对法院调解过热的冷思考却未能引起足够重视，法院调解所产生的负面影响不可小觑。改革法院调解所要解决的主要是调审分离还是调审合一的问题。我们认为，由法院进行调解符合社会对纠纷解决的需要，即使是强调程序公正的美国法院也有附设调解的做法。但法院调解首先面临的问题就是如何保证调解法官的中立性。

在美国，有时双方当事人认为法官最了解案件事实，也相信法官能够公平处理，所以要求法官直接调解本案，这时法官是否可以应当事人的要求调解该案也是个颇受争议的问题。美国现在的很多民事案件都不再适用陪审团审理，这就要求法官既要发现事实，又要负责裁判。大多数法官和学者都认为，法官在调解过程中所知悉的一些信息，会影响其在后续审判中的公正裁判，因此大多数美国法官在调解过某个案件之后，就不会再审理该案件。就算法官真能做到不受调解信息的影响，双方当事人和社会公众却难以相信法官依然能保持先前的中立性。

由于我国司法体制的固有特性，法官的中立性受到多种因素的干扰。如果允许某个法官在诉前或诉中进行调解，而一旦调解不成，事后又继续担任本案的审判法官，必然会影响其内心确信和中立性。因此，改造法院调解主要是建立与审判相分离的调解制度。

首先，要做到人员上的分离。法院可以进行调解，并且可以赋予其调解文书与司法裁判文书相同的效力，但是法院的调解员必须与审判员相分离。法院应建立独立的调解员队伍，调解员的招录标准与审判员有所区别，凡是在进入法院后进行的调解，都应当由法院调解员根据平等、自愿、保密的原则进行调解，不愿接受调解或调解不成的，再交由审判员独立审理。对于调解员向审判员泄露调解保密事项的行为应当予以惩戒。

其次，要做到程序上的分离。诉讼毕竟是法院的核心工作，法院开展调解只是一种方便当事人与缓解诉讼压力的举措。诉讼不应为了实现调解的工作指标而受到拖延和负面影响。因此，调解程序和诉讼程序应当分离为“两条线”，即当案件诉至法院，尚未开庭之前，调解庭均可向当事人介绍调解与诉讼的优劣，引导当事人通过调解解决纠纷。如果当事人选择了调解，即由调解庭进行调解，但如果当事人拒绝调解或在调解过程中决定放弃调解，则进入诉讼审理。一旦当事人选择了诉讼，其在法院的纠纷解决机制选择权即已用尽，在审判中，即使意识到结果可能对自己不利也不得再申请返回调解程序，而只能自行和解或谋求社会调解组织调解。这样就能保证诉讼的刚性和权威性，不至于因久调不决和以判压调影响审判质量及司法公正。

最后，应对法院调解的职业化提出更高的要求。由于法院是代表国家公权力解决纠纷，且法院主持调解所达成的协议具有强制执行力，一般情况下，法院调解是一种一调终局的纠纷解决机制，这就要求其建立高标准的调解员队伍，对调解员的审查录用、培训考核以及监管甚至要严于审判员的。因为审判员只需要依法审理案件事实和适用法律，而调解员不仅要深谙法律专业知识，处理纠纷涉及的法律关系，还要将引发纠纷的其他关系和社会因素、心理因素、风俗习惯纳入考虑范围，充分利用心理学、社会学、法学等多种技术引导当事人从对抗走向合作，可见，调解工作的复杂性在很大程度上已超过了审判工作。

（三）发展商业调解

在我国现行社会调解体系中，人民调解属于无偿的公益性民间调解，由国家公共财政提供经费支持和保障。如果将商事调解、行业调解、律师调解泛化为人民调解，都视为一种免费、无偿的纠纷解决服务，而不建立调解人员的激励机制，这将严重制约我国社会调解制度的发展。为此，发展我国社会调解必须走差异化道路，在坚持人民调解公益性属性的同时，应当支持和鼓励商事调解、行业调解、律师调解的市场化运作。市场机制是培育社会调解走向成熟的重要路径。现代商事纠纷所涉及法律关系复杂、诉讼标的金额较大，只要调解组织能够提供高质量的调解服务，当事人往往展现出较高的付费能力和付费意愿。因此，在特定领域鼓励社会调解组织收费调解，符合“谁使用，谁付费”的市场规律，既可以吸引具有专业性知识的高端人才参与到纠纷解决服务业中，也可以通过市场竞争实现优胜劣汰，提高调解质量和调解效果，培育质优价低的调解服务产品，促进纠纷解决市场的供需平衡。当前我国社会调解服务市场尚在起步阶段，地方政府应当根据当地情况，及时出台手续简化、税收减免等优惠扶持政策，通过积极向社会调解组织购买纠纷解决服务等方式鼓励社会力量参与纠纷解决，推动社会调解从政府主导型向社会自治型转变。[①] 对于城市化进程不断加快的我国来说，发展新型调解主要是通过市场机制，大力发展商业调解和其他专业领域的调解。在我国市场经济建设不断深入，法治环境不断改善，矛盾纠纷日渐增多、维护社会稳定的任务仍然艰巨的情况下，与其耗费大量的公共资源自上而下地推行调解，不如充分发挥市场规律的作用，将调解市场化、商品化，让调解如同律师服务、仲裁那样发展壮大，唯此方能真正发挥出调解的比较优势和作用。

其实，政策制定者也看到了调解商业化和社会化的必然趋势，允许进行商业化的调解试点探索，例如最高人民法院于2012年印发的《关于扩大诉讼与非诉讼相衔接的矛盾纠纷解决机制改革试点总体方案》就对商业调

---

① 参见廖永安、蒋凤鸣：《新时代发展我国社会调解的新思路》，载《中国社会科学报》，2018-01-19。

解的发展给予了政策支持，提出“试点法院支持商事调解组织、行业调解组织或者其他具有调解职能的组织开展工作”，“试点法院应当积极与政府有关部门沟通、协调，或者通过其他适当的方式，探索实行调解员有偿服务。除法院专职调解员、入册的行政调解员和人民调解员不收取调解费用外，其他入册的特邀调解组织或者特邀调解员可以提供有偿服务”。尽管该文件是针对法院的诉调对接机制提出的探索方案，但暗合构建和发展商业调解的趋势，因而是颇具鼓舞性的。

我们认为，可以从以下几个方面助推商业调解的发展。

第一，鼓励开设调解服务公司，并加以规范引导和推广。我国现在极缺营利性质的调解服务公司带动商业调解的发展，已有的调解公司极不规范，例如山东某地成立的医患纠纷调解公司竟然成立安保队，以恐吓当事人为主。[①] 由于商业调解在我国尚属一个全新的事物，建议由政府引导，鼓励律师事务所、法律服务所试水调解商业化，并给予政策上的支持和规范。同时，通过广泛的宣传渠道推广商业调解，扶持调解公司的成长。

第二，创办调解专业，培养调解人才。调解本身就存在人手不足，人员素质良莠不齐的现状，市场化的调解公司则更需要专业的调解职业者。与此同时，国内的法学院校毕业生就业率较之其他专业的普遍偏低，与其扎堆法院、检察院和律师事务所艰难生存，不如引导法科毕业生投身调解这一潜力巨大的领域。这就要求法学院创办调解专业，培养高素质的调解人才。据笔者所知，上海政法学院、湘潭大学、湖南商学院等院校已迈开了开设调解专业的第一步，在全国高等教育体系中率先开办调解专业，面向全国招收学生。尽管社会对调解专业的就业前景及开设必要性仍持观望态度，但调解的职业化和专业化既是社会转型期的要求，也是国内法学院校人才培养目标多元化的客观要求，由大量高层次、高素质调解员为调解职业队伍注入新的力量是众望所归。

第三，允许存在多元化、可选择的调解规则和标准。正如仲裁可以存在多元的规则和标准，不同的商业调解公司也可在法律的范围内，根据自身擅长的领域、所在地区的风俗习惯和行业管理及其所追求的独特价值理

① 参见柴会群：《“第三方”调解教科书：避开武旦，专找花旦》，载《南方周末》，2012-05-31。

念设定不同的调解规则和标准。这种规则和标准的多元化对于当事人而言，将更能彰显其程序主体性地位，也更加契合现代纠纷解决理念的内在要求，因而是应当予以认可的。

五、结语

人类社会的发展始终伴随着纠纷的产生、发展和解决，纠纷解决机制的先进程度成为衡量人类文明程度的标尺之一。当今世界处于一个彰显个性同时又加速融合的时代，调解作为最有发展潜力的纠纷解决机制已逐渐为世界各国所重视。我国既是调解古国，也是调解大国，但与后来居上的美国相比，却未必算得上调解强国。更新我国的调解理念，科学重塑和改造现有的调解体系，不仅对于弘扬传统调解文化具有重大意义，同时也是缓和社会矛盾，构建和谐社会的一剂良方。

第四章　调解模式的转型与变迁

调解模式是调解研究领域中的一个重要理论范畴。一方面，调解模式反映了一个国家或地区的调解文化和调解理念；另一方面，调解模式对调解制度、调解程序的建构具有宏观统摄作用。在关于调解的研究中，调解模式作为一个术语已被广泛使用。但是将调解模式作为一种理论分析方法，并未引起我国学界的关注，研究成果不多，仅有的研究成果也不够深入和系统。基于此，本章以调解员在调解中的地位作用为分析视角，就我国调解模式的变迁进行解读，以期对我国调解制度改革的现代化有所裨益。

一、我国传统调解模式——调解员主导型调解及其特征

关于调解模式，学界并没有统一的界定，而是应用“调解模式”这一理论工具从不同层面对调解方法或调解制度进行了分析。本书将调解视为一个场域，认为调解模式是调解过程中调解员与纠纷当事人之间相互关系的一种抽象化样式。在我国，调解绵延数千年，在社会发展的不同历史时期，虽然调解制度的内容及其所承担的功能有所变迁，但调解模式作为人们的价值观念和行为方式在调解场域的反映，则具有一定的保守性和稳定性。因此，我国传统调解模式，也就是从古代社会沿用至今的调解模式，其主要特征为调解员主导型调解。具体而言，主要包括以下几个方面。

（一）介入方式的主动性

从介入方式而言，调解员有权主动介入纠纷解决，积极启动和推进调解程序。在我国传统调解中，调解程序的启动除当事人主动申请调解外，调解员也通常主动介入纠纷。虽然调解都应以当事人的自愿为依归，但基于特定的文化背景和社会心理，出于“热心”“公心”而主动介入他人纠

纷，积极进行调解，不但没有遭遇合法性质疑，反而具有较高的社会认同度。如，“调解委员会的干部闻声赶到……经过调解主任严肃的批评和细致的教育工作，双方同意由调解委员会来解决”[①]；特别近年来，在我国“大调解”工作体系的构建中，司法调解、行政调解的能动性都有所强化。同时，各地结合具体的实践经验，探索了很多提升人民调解功效的做法，对人民调解制度的创新层出不穷。据笔者在湖南郴州、湘潭等地进行的“湖南基层调解制度运行考察”显示：各地积极推行人民调解组织网格化管理模式，其中村组、社区的调解员、信息员当发现有纠纷或纠纷苗头时，可以就地进行调解；调解员、信息员个人调解不了的，将纠纷上报给村居一级的调解委员会，村居一级解决不了的，再上报给乡镇街道一级的调解中心，直至县市一级的联合调解中心，力图做到“小事不出村，大事不出镇，难事不出县。”在矛盾纠纷的有效化解中，调解员、信息员的“主动出击”，各级调委会对疑难复杂纠纷不厌其烦地一次次召开协调会，都表明了我国调解员在调解程序中的主动性和积极性。

（二）介入范围的广泛性

从介入范围而言，在调解过程中，调解员通常积极调查案件事实，主动给出调解方案。在传统的宗法社会，维护礼治秩序，解决“子民”间的纠纷，本就是长老、乡绅、长官的“分内”之事。在调解中，有时甚至无须查清纠纷事实，无须分清当事人之间的是非对错，作为伦理道德和价值规范之代言人的调解者直接针对当事人的纠纷行为进行训导和教化，并作出评判。[②] 在新民主主义革命时期和社会主义计划经济时期，调解除了承担着纠纷解决的功能以外，还承担着政治动员、思想改造和社会整合的功能，因此，在调解中，调解员往往也会直接给出调解方案让当事人接受。[③] 近年来，随着社会的变迁，虽然法规层面的价值取向是调解的自愿性和自治性，但在维护社会稳定的压力下，通过“大调解”格局的构建，调解的社会治理功能都得以强化。在此背景下，调解员调解纠纷的旨趣即在于平息纠纷、

① 长鸣：《人民调解故事集》，北京，法律出版社1984年版，第1页。

② 参见费孝通：《乡土中国》，北京，人民出版社2008年版，第69～70页。

③ 参见强世功：《调解、法制与现代性：中国调解制度研究》，北京，中国法制出版社2005年版，第117～203页。

案结事了、将矛盾化解在基层。因此，在调解程序中，调解员通常会积极主动地对纠纷事实予以调查，并在查清事实的基础上，习惯性地依据情理或法律给出解决方案。

（三）调解主体之间关系的不平等性

从调解主体之间的关系而言，调解员与当事人之间的关系为主体—客体关系，且主要表现为自上而下的说教与说服。调解员主导型调解中存在两类关系，即调解员与当事人之间的关系以及各方当事人之间的关系，前者的作用远远大于后者，甚至当事人之间往往都无法进行有效沟通从而使当事人之间的关系趋于虚化。调解员与当事人之间的相互关系主要表现为自上而下的说教与说服，即以调解员对当事人的说教为主，而当事人的情绪发泄与利益诉求的表达则受到不同程度的压制。其中调解员对当事人说教的主要依据则随着时代的变迁而不同：在传统社会，说教的主要依据为伦理道德；在中华人民共和国成立后至改革开放前，主要依据为国家政策和共产主义道德；改革开放以来，则主要依据法规、政策和情理进行劝服。

二、调解员主导型调解模式的产生基础及现实困境

（一）调解员主导型调解模式的产生基础

1. 社会经济基础："人治"社会和农业经济

调解员主导型调解产生于"人治"社会。"一般而言，所谓的人治是指国家实现治理社会的国家职能，不是依靠按照法定程序事前制定的具有普遍约束力的规范性法律文件，而是依靠个人的意志和权威。"① 在我国封建社会，儒家所推崇的礼治其实就是一种人治，即强调贤人政治，治理国家不是依据外部客观的法规范，而是"为政在人"。1949 年至改革开放前的中国社会，有学者用"单位制"② 来概括。这是一个社会整合度极高的社会，通过单位制，即户籍制和档案制，所有成员都被固化在一定的社会位置上。整个社会采用层级管理和控制的方式，每一个下级对其上级负责，每一个"单位"的权力集中在一个或少数几个人手中。这种治理模式被学者称为

① 杨建军：《中国近现代刑法进化论纲》，北京，中国法制出版社 2011 年版，第 193 页。

② 李路路：《"单位制"的变迁与研究》，载《吉林大学社会科学学报》，2013（1）。

“权治”社会。[①]“权治”社会的本质不同于“礼治”社会，但也属于“人治”社会的范畴。“礼治”社会的基本单位不是个人，而是个人所处的社会单元：家庭、宗族、村庄和行会[②]；“权治”社会的基本单位也不是个人，而是个人所处的单位或生产队。因此，“人治”社会对纠纷调解的影响主要表现在：“人治”社会是国家本位、权力本位的社会，个人的人格和尊严都湮没在“礼治”秩序或者“权治”秩序中，社会伦理道德的代言人或者国家权力的掌控者主动介入他人纠纷并主导调解程序，实属必然。

同时，传统社会的农业经济也促进了调解员主导型调解的产生。在我国传统社会，农业在社会经济中占统治地位，农业人口也占全国总人口的大多数。这种农业经济对纠纷解决产生的深远影响主要表现为：首先，传统社会以自给自足的小农经济为主，“在无须向地处遥远的官府或不在乡地主缴纳高额租税或承担其他负担的情况下，村庄和农户总是可以发展出并且维持着大体上还算充裕的资源，以满足其不断膨胀的人口的基本需要”[③]。这种小农经济决定了传统社会的纠纷类型比较简单，对于纠纷调解者也没有特别的要求。其次，自给自足的小农经济决定了人口的流动率小，聚村而居的农民活动范围有地域上的限制，因此，乡土社会是一个没有陌生人的熟人社会。在熟人社会的纠纷解决中，“情”、“理”和“面子”具有举足轻重的作用。同时，传统熟人社会也是一个礼俗社会，居住在地方共同体的人们相互守望帮扶，分享着大致一体的价值观。纠纷发生后，作为第三人的调解者基于他们共同的价值观而作出的调解方案，往往会获得较高的认同度。

2. 合法性来源：传统型权威与卡里斯玛型权威

关于调解员权威，实际上是指为何人们相信调解员对纠纷的调处，这可称为调解员的“合法性来源”问题。本书第一章对调解员权威的类型已经进行过详细阐述。马克斯·韦伯将社会正当支配的类型分为三类：传统

① 参见郭星华：《转型中的纠纷解决》，北京，中国人民大学出版社 2013 年版，第 262 页。

② See Stanley Lubman，Mao and Mediation，“Politics and Dispute Resolution in Communist China”，*California Law Review*，1967. Vol. 5. 1294.

③ ［美］吉尔伯特·罗兹曼：《中国的现代化》，国家社会科学基金“比较现代化”课题组译，南京，江苏人民出版社 2010 年版，第 90 页。

型支配，即“合法性应悠久规则与权力谱系的神圣性而被要求他人深信不疑”；卡里斯玛型（魅力型）支配，即“基于对某个个人的罕见神性、英雄品质或者典范特征”而建立的支配；法理型支配，即基于法律理性的支配。[①] 总体而言，我国调解员传统权威主要是一种传统型或卡里斯玛型权威，而不是一种法理型权威，长老权威和道德权威都是基于对传统力量或魅力的服膺，传统国家权威也不是基于法律形式理性。官府调解的权威主要来源于国家权威，民间调解的权威则主要来源于民间权威，但不同时期的调解所倚重的权威并不一致。在“皇权不下县”的我国传统社会，地方共同体（以村庄为主要形态）的维系主要依赖于儒家观念及其代言人，即长老与乡绅，因此民间调解的权威主要来源于长老权威和道德权威。主持民间调解的长老与乡绅等都是家族的族长或德高望重之辈，其权威性则来源于他们的高“辈分”或“道德”，而这又是由我国古代家国一体的社会格局及其赖以存续的礼治秩序所决定的。1949 年之后至改革开放初期，民间调解（主要是人民调解）主体最主要的变化就是调解人员的“干部化”。“从过去的社区自生的高威望人士，一变而为国家的‘干部’。当然，他们的身份同时是村庄社区的成员之一。这个时期村庄的纠纷，多由生产队队长、党支部委员（包括妇女主任）、村治保主任、大队队长、大队支部书记等村庄干部处理。”[②] 在人民公社时期，虽然村民之间互动频繁，但由于实行集体经济，因而涉及实质利益的纠纷却很少，一般说来主要是因为家长里短说闲话，孩子打架引起的争吵。而“这些纠纷化解起来非常容易：有的是双方当事人自己就解决了；有的由现场其他村民解劝；还有的稍大点纠纷经小亲族内部的老人或者生产队干部调解成功，极少有纠纷需要大队一级来解决的”[③]。可以说，这时期民间调解的权威来源是民间权威与国家权威的结合。

（二）调解员主导型调解模式面临的困境

从历史上看，调解员主导型调解与传统的“人治”社会和农业经济具

① 参见［美］雷蒙德·瓦克斯：《读懂法理学》，杨天江译，桂林，广西师范大学出版社 2016 年版，第 289～290 页。

② ［美］黄宗智：《过去与现在：中国民事法律实践的探索》，北京，法律出版社 2009 年版，第 40 页。

③ 董磊明：《宋村的调解：巨变时代的权威与秩序》，北京，法律出版社 2008 年版，第 98 页。

有一定程度的契合性，并能依靠长老权威、道德权威和国家权威而获得正当性，也确实在不同的历史时期发挥了不同的功能和作用。但是，改革开放以来，调解员主导型调解赖以产生和发展的社会基础已发生变迁，传统权威已被“祛魅”，在此背景下，调解员主导型调解模式的固有弊端更加凸显，进而限制了调解功能的发挥。

1. 社会经济基础的变迁

首先是从人治社会向法治社会的转型。“法治”的要义就是“限制权力”和“保障权利”，从人治社会向法治社会的转型则意味着从“国家本位”“权力本位”转向“个人本位”和“权利本位”。在此背景下，对于仅涉及私权性质的纠纷，国家的主动干预就丧失了合法性。传统社会中个人没有自身的人格和价值存在，而当代社会中随着国家法治建设的推进，个人的自主意识和权利意识都大大增强。在纠纷的调处中，调解员与当事人之间的主体—客体关系不可避免地遭遇了正当性质疑。

其次是从计划经济向市场经济的转型。我国市场经济体制的改革引发了社会领域的深刻变动和人们思想观念的深刻变化，也使纠纷具有了一些不同于传统纠纷的特点。譬如，发生于熟人社会的传统纠纷掺杂的感情因素比较多，很多情况下都是为了“争口气”或“面子问题”。而市场经济下的现代人则是功利化和经济理性化的，因此现代纠纷往往具有很强的利益指向性。传统调解主要是通过道德教化而解纷止争的，在面向这种利益指向性较强的纠纷时必然功能受限。

2. 固有弊端的凸显

随着调解员主导型调解模式赖以产生的社会经济基础和正当性基础的变迁，这种模式本身的固有弊端也更加凸显出来。这些弊端主要为：当事人主体性的缺失和程序公正性的弱化。

当事人在调解程序中的主体性首先表现为当事人的自愿原则，即是否进行调解、是否中止调解程序、是否达成调解协议以及调解协议的具体内容都由当事人自行决定。在调解员主导型调解模式中，调解员与当事人的关系是主体—客体关系，当事人只是程序的客体，调解的正当性则来自调解员的个人权威或其所依附的国家权威。在我国当前能动司法和“大调解”的背景下，实践中有很多调解员在查清事实后直接给出自己的调解方案，并以各种暗示或潜在的威慑力使当事人接受调解方案。但是，在现代社会中，由于社会主体的个人主义、理性主义以及权利意识的增强，当事人不会心甘情愿接受对他们而言缺乏正当性和合理性的方案。因此，一方面，如果当事人拒绝达成协议，那么调解员的这种对事实进行判断并直接给出调解方案的做法，不但没有案结事了，反而会贬损调解程序和调解员的公信力和权威性；另一方面，即使当事人当时接受了调解方案，由于并非完全自愿，也极有可能会反悔，不履行调解协议并转向其他纠纷解决途径，诉讼抑或上访等，这就会导致国家资源和社会资源的极大浪费。

在权威已被“祛魅”的现代社会，保障基本的程序公正，这是当事人认可调解程序、愿意进行协商从而接受调解结果的前提条件。基本的程序公正包括：调解员的中立性和平等保障当事人的程序性权利。在当前的“维稳”压力下，作为调解员的法官或行政人员具有强烈的“案结事了”倾向，在纠纷调解中其地位并不超然。这不但模糊了调解员的中立性立场，还由于“重实体，轻程序”观念的影响，调解员在进行调解的时候，程序保障的意识淡薄，有时甚至在背靠背调解中通过操作信息以促成调解协议的达成，这就极大地损害了程序的公正性。在这种情况下，有时即使调解员是根据纠纷事实合情合理地促成调解协议的达成，当事人也很有可能会因为其倾向性而怀疑其公正性；如果当事人事后知晓了双方的信息并不对称，不但会反悔，调解员与调解程序的权威性也就无从谈起。

三、社会转型期我国调解模式的二元建构

随着时代的变迁，我国传统调解模式赖以产生的社会经济基础和权威来源都已经发生了嬗变，新的社会经济条件要求新的调解模式与之相匹配。但是，历史总是在昨天的基础上前进的，我国传统的调解员主导型调解模式势必还会在一定范围内发挥其功能。因此，笔者认为，我国社会转型期的调解模式将是调解员主导型调解模式与调解员辅助型调解模式二元并存的形式。

（一）调解员主导型调解模式的有限适用

1. 有限适用的必要性

第一，法律的现代性意味着法律的高度形式化和理性化，但法律也是

一种“地方性知识”[①]，这就意味着我国的法治化过程必然是现代性法律与传统习惯和道德的相互建构、彼此形塑的过程。虽然我国正处于“经济体制深刻变革、社会结构深刻变动、利益格局深刻调整、思想观念深刻变化”的社会加速转型期，但是与其他的要素相比，人们的思想观念和行为方式却具有一定的保守性与稳定性，譬如，过去的“官本位”思想和老百姓的“崇官”“畏官”心理现在仍然比较普遍。这也正是我国现行的调解模式为什么仍然是调解员主导型调解模式的原因，也说明了调解员主导型调解模式必然还会在一定范围发挥其功能。第二，现阶段我国法治建设仍处于逐步推进的过程中，同时当前我国正处于改革攻坚期，社会矛盾积聚，纠纷数量激增。由于国家掌握了较多的社会资源和其在特定公共领域的重大影响，这就决定了国家在社会秩序的建构和维系方面起着非常重要的作用和不可推卸的责任。对于一些法院无力应对的纠纷或者一些当事人自治能力不足的纠纷，客观上要求国家采取更加灵活、更加务实的方式，以主动介入民间纠纷的解决，为民众提供便利经济的权利救济途径，以维护国家的安定有序。第三，虽然礼治秩序已遭破坏，但在某些村庄和社区，仍具有熟人社会的一些特征，社会成员互动频繁、关系紧密，因而仍然具备生成共同价值和民间规范的机制，能够内生出自己的权威和精英。这也决定了调解员主导型调解仍然具有一定的适用性。

2. 有限适用的范围

由上文可知，根据调解员主导型调解模式的特征及其所嵌入的社会结构，调解员主导型模式适用于熟人社会民事纠纷的调解。因此，诸如农村村民个人之间的一般民事纠纷可以适用调解员主导型调解；城市的社区调解也可以由调解员主导进行。然而，相对于农村居民而言，城市居民的权利意识和自主意识一般来说更强，对调解的程序性和规范性要求更高，因此，除了家事纠纷和邻里纠纷以外，城市其他民商事纠纷的调解均不适用调解员主导型调解模式。

此外，鉴于我国正处于社会转型期的特殊背景，笔者认为，在大调解工作格局中，地方调解中心或调解联合会有必要主动介入一些群体性突发

① 梁治平：《法律的文化解释》，北京，三联书店1998年版，第73页。

事件的调处化解工作。群体性突发事件根源于社会阶层分化、利益分配失衡、规范缺失和控制失灵，具有自发性、无组织性、非理性等特点。群体性突发事件如果不能得到及时有效的应对和处理，就会对社会秩序造成较大的冲击。基于国家的管理职能，面对群体性突发事件，国家应采取有效措施，积极应对，主动介入矛盾纠纷的调处化解工作，以满足群众的合法利益诉求，维护社会的安定有序。

（二）我国市场经济条件下新型调解模式的构建：调解员辅助型调解模式

市场经济是自由经济，每一个社会主体都可以自由、平等地进入市场，从事经济活动；市场经济是理性经济，其核心就是以最小的成本获取最大的利益；市场经济不崇尚权威，在个体的经济主体看来，利益的最大化是其进行经济活动的实质性价值目的所在，其他一切均是手段。因此，与市场经济相配套的必是政治民主与文化多元，是权威祛魅和权利本位。反映在调解领域，调解的权威和正当性来自于当事人对调解活动和调解结果的认同与自由选择，因此，在市场经济条件下，调解员与当事人在调解中的作用分担、调解员介入的目标与介入的范围等都成了值得关注的问题。

我们将我国市场经济条件下构建的新型调解模式界定为调解员辅助型模式，以与我国传统调解模式即调解员主导型模式相对。在调解员辅助型调解模式中，调解员起协助沟通的作用，只有在得到当事人许可或授权的情况下才可作出评价和建议。调解员主导型调解的有限适用是由我国仍处于转型期的国情所决定的，笔者相信这只是阶段性的存在；而调解员辅助型调解则类似于美国的促进协商型调解和专家评估型调解，不同之处是我国的辅助型调解的适用范围要窄，只适用于城市地区民事纠纷的调解（社区调解除外）、商事调解和专业调解。我们认为，调解员辅助型调解模式具有以下特点。

第一，当事人的主体性。当事人的主体性首先意味着当事人是调解程序的主导者。调解程序的启动、推进，以及调解协议的达成都是由当事人决定的，调解是当事人自治与决定的程序。其次意味着调解员只是调解程序的辅助者。调解员在调解中所起作用的范围包括：帮助当事人建立联系，充当信息交换的渠道，促进当事人的沟通与互助，对信息进行评价，在专业知识的基础上提供建议并努力说服当事人接受建议。调解员在调解程序中不管扮演何种角色，起到何种作用，都要在得到当事人的同意或者明确授权的情况下才得为之，因此调解员只是调解程序的辅助者。

第二，程序的公正性。正当程序永远都是纠纷解决程序的重要原则。在调解中，当没有提供正当程序的保护时，操纵和压制就会有存在机会和空间。调解程序的公正性首先要求调解员的中立性。调解员的中立性要求调解员必须符合下列两个条件之一，即利益性中立和结构性中立。所谓利益性中立是指调解员超脱于相互对立的利益和意见之外，与利益真正无关；所谓结构性中立是指调解员与双方当事人有着同等的牵连。调解员的中立性不但要求调解员要按职业伦理规范将自己与任何一方利益拉开距离，还要表现得让当事人相信其是中立的，实现看得见的公平。这就要求调解员在调解过程中要保持客观理性和不偏不倚①，不要偏袒或决定任何一方的对错，耐心倾听双方的意见，轮流对各方当事人进行建议、支持、鼓励以及敦促，让各方当事人看到自己受到了平等的待遇。其次，调解程序的公正性还要求要充分告知当事人有关调解程序的事项，使各方主体就调解程序本身达成基本的共识。这些事项通常包括：调解的基本原则；调解员所扮演的角色和所起的作用；调解的主要程序；当事人在调解中所享有的权利。最后，要平等地保障当事人的程序性权利。譬如，规定双方当事人轮流发言，使其得以充分地陈述并被耐心地倾听；任何一方都有关于调解程序和调解协议内容的平等的决定权。

第三，调解的保密性。调解保密性原则是指对于在调解程序中交换的信息，在没有得到当事人的明确同意或者法院命令的情况下，不得向法院、律师、社会工作者或者任何其他人披露。“保密性是调解者和当事人之间关系里不可或缺的一部分……是调解者和当事人必须存在的信任关系的基石，也是克服和解所面临的障碍所必需的自由而坦率的披露的基础。对于当事人参加的自愿性和调解者的公正性来说，它都是至关重要的。必须使当事人不会觉得由于任何披露而使其居于劣势，他们有必要明白，他们不会因为诉诸调解而遭受任何损失。”② 调解的保密性既包括调解程序中当事人作

① 参见陈立军、陈立民：《司法公信力生成基础》，载《湖南科技大学学报》（社会科学版），2011（4）。

② Roberts M，*Mediation in Family Disputes*：*Principles of Practice* [M]，Arena：Ashgate Publishing，Ltd.，2012. 133－135.

出的任何陈述以及调解员获得的任何信息不得向其他主体披露，也包括在单方会谈中当事人向调解员披露的信息只有在当事人同意或许可的情况下，才能向对方当事人披露。调解保密性原则的例外是当信息涉及公共利益或者任何其他人的生命、健康或者安全方面存在危险的时候，则必须对相关信息进行披露。

第四，调解员与当事人之间关系的基本结构模式。与调解员主导型模式中调解员与当事人之间为主体—客体关系不同，在调解员辅助型模式中，调解员与当事人之间的关系是主体—主体关系。调解员是调解程序的主持者和秩序维护者，并提供协作方面的建议从而推进程序、促进合作；当事人则是调解程序的最终决定者，当事人的认可决定了调解程序的合法性。在当事人同意或授权的情况下，调解员的作用还可以扩展，在调解员与当事人之间可以进行更实质性的信息交换。譬如，调解员宣布和重申协议的要点、协商中的争点规则和标准；明确信息并试图提供建议；引导当事人将注意力转向隐藏在立场之后的利益；对当事人的信息及可选择的解决方案进行评价并提出自己的建议和劝告等。

第五章 社会调解的职业化道路

在我国调解模式转变过程中，调解员的角色定位和权威来源也在随之发生变化，而且这种变化直接决定着调解的实效性。前面我们已经论及，我国传统调解权威类型主要是一种韦伯所谓的“传统型”和“魅力型”（卡里斯玛型），调解员的存在似乎正是作为“非正规军”来弥补“正规”司法职业队伍的紧缺。诚然，这两种权威类型在一段历史时期内曾经发挥着重要作用，然而，随着市场经济兴起，现代商业社会分工的日益精细化，“现代化进程中文化的祛魅化与世俗化也持续地消解着传统精英在调解中的权威”[①]，传统调解权威的合法性资源已经逐渐流失，调解员的传统权威在纠纷解决中越发难以奏效。

正因为如此，尽管《人民调解法》已实施八年，人民调解在遭遇低谷后也有所复苏，但面对新时代社会矛盾的新挑战和人民群众对公平正义的新期待，人民调解员年龄老化、文化低、法律知识较少的问题在面对新型复杂纠纷时便凸显出来。人民调解员队伍专业化职业化程度不高、培训工作不系统、化解矛盾纠纷能力有待提高；专业性、行业性人民调解员队伍建设推进缓慢；人民调解经费保障困难、激励机制不健全等都制约了人民调解制度功能的发挥。为了解决调解员在现代纠纷解决中的信任缺乏，21世纪以来，我国逐渐开始重视调解人的职业化建设，调解职业化开始被学界关注。然而，从我国调解职业化实践来看，一方面，调解尚处于分散化发展状态，缺乏统一可行的规范指引与路径设计；另一方面，学界相关研究主要探讨人民调解的职业化问题，对其他类型调解的职业化发展前景鲜

① 王福华：《中国调解体制转型的若干维度》，载《法学论坛》，2010（6）。

于关注。基于完善调解制度的系统考虑，本章以人民调解、商业调解、行业调解为对象①，思考我国调解职业化发展的困境与出路问题。

一、现代社会治理与调解职业化

（一）调解职业化是现代化转型的必然要求

21世纪以来，我国进入了现代化转型的关键时期。社会环境发生了巨大变化，传统的生活样式受到严重冲击，个体价值观念呈分化趋势，社会矛盾与纠纷日益复杂化、多样化。与此同时，随着社会管理向社会治理的转变，政府职能也随之发生了深刻变化，即由“全能型”政府向“服务型”政府转变，并且开始借助民间智慧、吸纳私人力量来处理公共事务，多元共治格局缓慢形成。在这种背景下，调解制度的职业化问题浮出水面，并迅速呈现出方兴未艾的趋势。②

调解的职业化是社会纠纷复杂化的必然要求，也是调解技能成熟发展的重要标志与基本保障。在现代化转型过程中，调解员工作量增加、工作难度加大，原有的知识结构、工作技巧不再能够满足新的社会环境的需要；传统的依靠道德权威解决纠纷的方式亟待改变。如何树立专业权威、形成职业特色，从而应对复杂多变的社会现实需要，是我国调解亟须解决的问题。就此而言，职业化不仅是调解制度自我革新的动力，也是中国社会现代化转型的必然要求。

放眼全球，20世纪下半叶以来调解制度在西方社会蓬勃发展，并实现了从自发的传统型调解向自觉的现代型调解的转型。今天，很多西方国家的调解已经吸引了法学、心理学、社会学、伦理学、商学等多学科专业人士的加盟，形成了风格各异调解类型同时并存、灵活并用的多元化发展模式，并且正在发展成一种全球性的职业化纠纷解决途径。在此背景下，探讨我国调解的职业化发展问题，既是对中国社会现代化转型的一种回应，

① 在我国，法院调解、行政调解是通过公权力去行使调解的职责，其调解行为实质上是审判权、行政权的一种运用，法院、行政调解模式下的调解员均属兼职行为。而人民调解、行业调解、商事调解是具有典型的自治性特征的调解制度，在现有格局下谈调解员的职业化建设具有可行性。

② See Daniel Bowling and David Hoffman, “Bringing Peace into the Room: The Personal Qualities of the Mediator and Their Impact on the Mediation”, *Negotiation Journal*, January 2000 (6).

同时也将对全球调解职业化发展形成呼应。

(二) 调解职业化的要素

要探讨调解职业化问题，需要先解析调解职业化的内涵。我们认为，调解之所以能成为一项职业，是因为它具有以下特征：(1) 调解的合法性获得有力的理论辩护；(2) 调解在纠纷解决方面的重要作用无法为其他方式所替代；(3) 调解员以调解作为其最主要的谋生技能与收入来源；(4) 调解从业人员内部形成一套区别于大众行为模式的职业模式和职业伦理，进而培育出一个调解员职业共同体。换言之，调解职业化就是指从事调解工作的人员具备相应的专业素质、业务素质，按照公认的职业伦理和职业行为规范进行活动，承担该职业带来的各种风险，获得与其工作量、社会贡献度相适应的报酬，形成稳定的职业群体，享有一定社会地位的过程。具体而言，调解职业化应该包括以下几种要素。

第一，专业的工作技能与调解素养。具备专业技能，是指调解员应该具备区别于其他纠纷解决工作的专门技巧。调解员的工作技巧包括他的语言沟通技巧与非语言沟通技巧等方面。其中，语言沟通技巧是指调解员的言语应该具有说服力、实效性、切境性以及技巧性，而非语言沟通技巧要求调解员善用眼神、手势等，引导纠纷当事人表达自己的观点。调解职业素养指的是调解员的职业道德和职业意识。职业道德就是同调解工作紧密联系的或者说调解工作特点所要求的道德准则、道德品质的集合。一般认为，调解员应该遵奉保密原则、中立原则、公正原则等。职业意识是调解员必须牢记的、对自己从事的工作最基本的自我约束意识，具体涉及调解员的创新意识、奉献意识和协作意识等。

第二，统一的职业行为规范。职业行为规范蕴含着调解员共同的价值理念，通过它可以确定调解员间的责任分担和荣誉授予方式。调解员职业行为规范是一套专业技术规则，对整个调解员队伍都有约束力，构成了评价调解员行为的主要规范。统一的行为规范的形成，既来源于调解工作的经验积累，同时也基于职业管理部门的政策性影响。

第三，系统的职业教育和培训。职业教育和培训主要是为了提升调解员的职业技能和服务于调解员的职业发展管理。调解是一项综合性的社会工作，调解员除了具有必备的法律专业知识外，还需要具备社会学、伦理学、经济学、心理学以及其他专业的知识。调解员是复合型人才，不仅要有扎实的知识基础，还要不断地进行知识更新、积累行业经验以适应社会不断发展的需要。

第四，稳定的职业群体是职业化发展的关键内容。调解员要做到职业化，必须要形成稳定的调解员职业群体。调解员职业群体的形成能够促进调解员个人职业意识形成，强化从业人员对调解职业的认同感、自豪感以及归属感；当这个群体稳定并且逐渐扩大的时候，调解员们会形成相同的价值观念与道德信仰，他们会在共同的制度内通过长久的接近从而产生密切的认识，强化相互间的理解与认同，会产生对职业命运的共识。在此基础上，调解员可以通过职业群体的共同努力，获得较高的社会地位，享有稳定而丰厚的物质报酬与精神回报。

二、我国调解职业化的困境

目前，我国调解呈现职业化发展趋势，但调解的职业化群体尚未形成，专业的职业技能与素养不强，统一的行为规范不完善，系统的职业教育与培训还不成熟。调解职业化面临困难，发展进程相对缓慢。

（一）人民调解的职业化困境

1. 缺乏完整的职业发展管理机制

一套完整的职业发展管理体系，应该包括培训、考核、监督、退出机制等核心内容。目前，我国尚未形成完整的人民调解职业发展管理体制。就培训而言，虽然我国《人民调解法》有关于培训的规定[①]，但定期培训的内容、频次、具体要求等，法律并没有作出具体的规定。尽管实践中各地司法行政机关重视开展对人民调解员的业务培训，致力于帮助他们提高法律知识水平和解纷能力，但是相关培训的系统性、专业性不强，培训的内容也多是法律法规政策或者是调解制度相关知识方面的内容，对调解员职业素质方面的培养涉及不多。参加培训的工作人员也多是抱着进修以增加资历的心态，对调解职业化发展缺乏认识。

在考核方面，人民调解作为司法所的九项职能之一，只是综合考评中

① 《人民调解法》第14条第2款规定："县级人民政府司法行政部门应当定期对人民调解员进行业务培训。"

的一部分。目前我国的人民调解一般由司法局对乡镇一级人民调解委员会的工作进行考核，乡镇司法所对村一级调解委员会进行考核。而且，这种考核主要以调解委员会为单位进行，对于调解员个人则不存在专门的考核评定。考核结果只与司法所的奖励挂钩，调解员个人的待遇几乎不受影响。而人民调解的奖励机制目前主要停留在立法层面，处于备而不用的状态。

2. 没有形成专职的人民调解员群体

我国人民调解员队伍一般由村委会办事人员、居民委员会办事人员、单位职工、乡镇、街道办事人员、社会团体其他组织组成人员（妇联、残联、消协、关工委、工会、商会、物业管理协会等），以及相关领域的专家学者、律师、公证员、离退休法官、检察官等组成。这些调解从业人员绝大部分是兼职，他们并不以调解为主要职业。就算是离退休的法官、检察官，他们也不依赖调解民间纠纷维持基本生活。

3. 人民调解经费保障不足

2010 年《人民调解法》出台后，依然沿用了“人民调解不收取费用”的传统，只是补充规定必要时对人民调解员从事调解工作进行误工补贴。所以，人民调解的经费来源主要由国家财政支出。但是这种自上而下的经费保障基本不足，导致乡镇调委会、乡镇司法所不得不转而向乡镇行政、基层法律服务市场等寻求支持。① 在村一级的调委会，调解经费的保障更加薄弱。这种财政现状，距离职业化的要求差距很大。②

（二）行业调解的职业化困境

1. 行业调解利用率不高

行业调解依托行业协会与行业组织。在我国市场经济体制建设与发展中，无论从社会组成的理论中还是市场的结构框架间，基本没有现代市场经济国家在政府与企业之间均存在的行业协会。③ 这必然导致我国行业协会的生存空间非常逼仄，相应职能无法发挥。目前，我国行业协会的设立要通过政府部门的批准，并且由其进行业务指导，因而很多行业协会的观念、

---

① 参见傅郁林：《农村基层法律服务研究》，北京，中国政法大学出版社 2006 年版，第 108～111 页。

② 参见李玉华、杨军生：《论人民调解员的职业化》，载《中国司法》，2006（6）。

③ 参见张晓茹、张美娟：《行业调解的困境与出路》，载《北京仲裁》，2015（2）。

做事风格依然沿用旧有的政府习惯，这种现实情况强化了政府对行业协会的领导作用，也导致了行业协会覆盖面窄、行业代表性不足等问题。在此背景下，行业协会相配套的调解机构设置不足。虽然行业协会在行业规章中明确了调解纠纷职能，但是并没有配备相应的调解机构、调解人员，提供调解服务的内在动力不足，大大制约了行业调解的现实利用率。

2. 行业调解员解纷能力偏低

行业调解的优势在于其专业性。然而，目前我国行业调解员因为人际关系网络的牵绊，往往难以保持客观与中立，从而大大影响调解协议的公正性。此外，司法实践中，行业调解员的专业优势导致行业调解员过分依赖自身的专业判断，忽视基本的调解原则与调解技巧。再者，目前我国对行业调解员的准入条件、资质认证、工作考核缺乏明确规定，行业协会也不重视对行业调解员专业知识、专业技能的培训与考核，使得行业调解员虽然具备行业专业知识，但相比之下，其调解能力严重匮乏，无法形成职业化发展模式。

3. 没有明确规范保障，从业人员缺乏积极性

2010 年《人民调解法》第 34 条规定："乡镇、街道以及社会团体或者其他组织根据需要可以参照本法有关规定设立人民调解委员会，调解民间纠纷。"2011 年司法部《关于加强行业性专业性人民调解委员会建立的意见》中进一步指出社会团体或者其他组织设立行业性、专业性人民调解委员会的基本要求，但是仍处于缺乏明确规范保障的初级发展阶段，相关法律对行业调解的程序、组织、运作规则、经费来源等关键性问题并没有作出详细规定。目前行业调解除了在机构方面与传统的人民调解有所不同外，其他方面没有什么区别，其组织经费同样得不到保障，调解员流动大，从业人员缺乏积极性。

(三) 商事调解的职业化困境

1. 立法滞后

目前，相关法律尚未就商事调解作出明确系统的规定，民间商事调解实践尚处于缺乏法律直接依据的状态。此外，对商事调解的具体内涵，学界并未达成一致认识，国家法律也没有明确的界定。因此，判断一起调解是否属于商事调解，只能从其涉及的领域是否属于商事纠纷来进行判断。

而这种判断简单粗放，导致商事调解往往与其他调解类型混同难分。因此，商事调解的职业化发展首先面临立法滞后的规范困境。

2. 机构设置缺乏规范性

目前我国商事调解机构种类繁多，有法律依据可以进行商事纠纷调解的机构包括法院、商事仲裁机构、商会、行业调解协会、行政机关（如《商标法》《专利法》中的管理机构）。此外，实践中，民办非企业单位和其他民间成立的商事调解机构也在从事商事调解。这些机构职权不一，规定不一，经费来源差别甚大，产生了不同身份的商事调解员，其调解质量也良莠不一。

3. 民间公信力不足

我国现行商事调解制度没有在广泛的社会公众中得到相当程度的认可，民间性的商事调解举步艰难，商事调解公司仍处于起步阶段。而且，原本应以市场化的方式运作的商事调解因为缺乏市场化基础，具体运行非常混乱。此外，在商事纠纷中，当事人更加侧重于对利益的执着追求，对利益化和效率化均有较高的要求。再者，商事纠纷当事人通常相隔较远，无法形成地域性亲缘关系，使用传统的面对面调解方法显然不利于效率的提高。总之，商事纠纷的复杂性加大了调解员调解的难度，调解成功率较低，进而直接影响了商事调解的民间公信力。

三、我国调解职业化困境的原因

（一）缺乏科学的顶层设计

现代社会纠纷的复杂性、人际关系的理性化，使得调解的专业性成为必要，这就意味着需要为调解员设置一定的准入标准，来避免其数量的无限扩张，确保调解质量。因此，推动调解的职业化发展是中国社会现代化转型的必然要求，然而，目前我国调解职业化发展问题尚未形成科学的顶层设计与整体部署。调解类型的多样化优势并没有发挥出来，各种调解类型各自为政、自成体系，没有统一的行为规范、没有统一的准入标准，调解的职业道德、职业精神没有得到很好的培育。调解员的社会地位、专业权威未能很好地建立起来。

（二）《人民调解法》对调解职业化的束缚

《中华人民共和国人民调解法》的颁行，开启了我国纠纷多元化解决机制一个崭新的历史阶段[①]，但是《人民调解法》对调解职业化的束缚，却阻碍了我国调解的职业化发展。

1. 调解组织的群众性和自治性受到侵蚀。我国人民调解制度的优势在于它的群众性、自治性的特点，这是制度优势所在。《人民调解法》规定人民调解组织、人民调解员由司法行政部门主管。在此背景下，行业协会虽然也可以设立人民调解委员会，但是如果归口到司法行政部门主管，其组织独立性、自治性、群众性就会大打折扣，调解的行政化趋向将更加严重，其职业化发展将会困难重重。

2. 物质保障不足有损调解员的积极性。我国《人民调解法》对人民调解工作的经费作出了规定，这可以说是人民调解法的亮点，在法律的层面保障了人民调解员的待遇。但《人民调解法》第4条还是沿用了以往人民调解不收取任何费用的传统，人民调解员的调解工作依然是免费的义务性工作，这削弱了人民调解的生命力，调解员得不到物质保障必然会降低人民调解员对于调解工作的热忱和积极性。而且，法律规定的不收费，也必将加大人民调解对政府财政的依赖性，其独立性容易受损。

3. 人民调解员专业化路径欠针对性。从人民调解员的准入条件来看，我国对人民调解员的任职资格几乎与选民资格无异。[②]没有可以量化的标准，且侧重于法律知识方面的考量，但随着民间纠纷的复杂化，调解员的专业技术要求也随之提升，因此，如果只对人民调解员作出法律素养方面的要求，其专业化路径无从谈起。

（三）行业、商事调解缺乏市场化运作基础

行业调解、商事调解职业化发展的基础在于调解市场的规范化发展。然而，这恰恰是我国调解制度的短板所在。目前我国缺乏调解市场化运作的基础。[③]

---

① 参见阮婧驰：《人民调解纠纷解决机制评估与完善——兼评〈中华人民共和国人民调解法〉》，载《人民论坛》，2013（35）。

② 《人民调解法》第14条第1款规定："人民调解员应当由公道正派、热心人民调解工作，并具有一定文化水平、政策水平和法律知识的成年公民担任。"

③ 调解的市场化意味调解资源、调解机构逐渐参与市场流动，引入竞争机制，面向全社会提供有偿服务。

首先，在收费的问题上，调解的有偿将预示着“调解新时代的开端”[①]。调解员是否愿意或者能否长期留在这个行业，与他能不能够在这个行业获得一定的甚至是丰厚的经济回报有密切关系。调解员有着自身的利益追求，如果一味地忽视他们的利益需求，只讲求调解员的奉献精神，这与市场经济发展规律相左。传统调解不收取任何费用，民众多年来也已习惯享受这种免费的公共服务。对他们而言，打官司交诉讼费可以接受；却通常无法接受调解付费。因此，在现有格局下，调解由免费向收费过渡还有待时日。

其次，调解的市场结构有待完善。目前，我国调解资源的供给方以政府为主导，未能遵循权利义务对等的市场逻辑。[②] 再者，我国民间组织、社会团体、个人力量薄弱，严重限制了调解民间性、自治性性质的实现，阻碍了调解市场化的开发。此外，因为调解员良莠不齐，调解市场的商品——专业化的调解服务尚未达到公众认可的状态。

最后，社会信用体系没有建立。信任是达成调解协议的基础。目前中国整体的信用体系没有建立健全，这必然会影响行业调解、商事调解的职业化发展。人们的诚信缺失，调解当事人互相猜忌，对调解员充满戒备，调解工作很难进行。况且，缺乏信任与信用，即使达成协议，也只是一纸空文，纠纷并没有得到彻底解决，更遑论调解的职业化前景。

（四）职业化配套机制的缺失

目前，我国并未建立调解员职业行为规范，也未形成统一的调解员资格准入和认证体系。调解专业在大学教育中并不普遍，只有少数几个设立人民调解专业的院校[③]，其人才培养特色不突出，方向不明确。更为重要的是，调解员群体尚未形成共同的职业信仰、职业道德。在职业化进程中，调解员时常发现自己处于道德冲突的旋涡，其职业思维往往会与大众思维相冲突，也会与其他法律职业的思维相冲突。

四、突破我国调解职业化困境的可能出路

当前，中国特色社会主义进入了新时代，社会主要矛盾也随之发生新

① 周建华：《法国的调解：比较与借鉴》，载《学习与探索》，2012（1）。

② 参见周建华：《论调解的市场化运作》，载《兰州学刊》，2016（4）。

③ 2012年上海政法学院率先开设法学（人民调解方向）本科专业；2013年湘潭大学首次尝试调解实验班的创新。

变化。新时代赋予了调解新使命和新方向，调解员队伍及其纠纷解决能力也必须适应新时代的需要才能发挥应有作用。尽管《人民调解法》已实施八年，但面对新时代社会矛盾的新挑战和人民群众对公平正义的新期待，人民调解也还存在许多不相适应的地方。人民调解员队伍专业化职业化程度不高、培训工作不系统、化解矛盾纠纷能力有待提高；专业性、行业性人民调解员队伍建设推进缓慢；人民调解经费保障困难、激励机制不健全等都制约了人民调解制度功能的发挥。在这种背景下，2018 年 3 月 28 日，中央全面深化改革委员会第一次会议审议通过了《关于加强人民调解员队伍建设的意见》，随后中央政法委、最高人民法院、司法部、民政部、财政部、人力资源和社会保障部联合印发了《关于加强人民调解员队伍建设的意见》（以下简称《意见》），提出要着力提高调解员素质，完善管理制度，强化工作保障，努力建设一支政治合格、熟悉业务、热心公益、公道正派、秉持中立的人民调解员队伍。这对于提高人民调解工作质量，充分发挥人民调解维护社会和谐稳定“第一道防线”作用，推进平安中国、法治中国建设，实现国家治理体系与治理能力现代化具有重要意义。《意见》对调解员队伍建设的推进举措主要包括以下几个方面。①

一是明确了人民调解员的选任条件，提高人民调解员的准入门槛。人民调解员由公道正派、廉洁自律、热心人民调解工作，并具有一定文化水平、政策水平和法律知识的成年公民担任。人民调解委员会委员通过推选产生，任期届满及时改选，可连选连任。注重从德高望重的人士中选聘基层人民调解员，注重选聘律师、公证员、仲裁员、基层法律服务工作者、医生、教师、专家学者等社会专业人士和退休法官、检察官、民警、司法行政干警以及相关行业主管部门退休人员担任人民调解员。

二是提出要加强人民调解员的职业培训和管理，提高人民调解员队伍的素质能力。为了给当事人提供优质调解服务，司法行政部门和人民调解员协会要根据本地和行业、专业领域矛盾纠纷特点设置培训课程，重点开展社会形势、法律政策、职业道德、专业知识和调解技能等方面的培训。

---

① 参见廖永安：《加强人民调解员队伍建设　再造人民调解新辉煌》，载《法制晚报》，2018-06-04。

三是提出要强化对人民调解员的工作保障，提高人民调解员队伍的工作积极性。地方财政根据当地经济社会发展水平和财力状况，加强人民调解工作经费保障，为人民调解员开展工作提供场所、设施等办公条件和必要的工作经费。通过政府购买服务推进人民调解工作，落实人民调解员抚恤政策，加强对人民调解员的人身保护。

该《意见》虽然针对的是人民调解员队伍建设，但在人民调解泛化语境下，实际上也涵盖了商业调解、行业调解员队伍建设。该《意见》虽然为加强我国调解员队伍职业化建设提供了启示和契机，但仍然需要具体的制度安排以利于推进。具体而言，应该从以下五个方面着手。

（一）完善科学体系，培养职业伦理

推动我国调解职业化发展，首先需要加强国家导向，制定一部适用于不同类型调解行为的统一调解法。在这部法律中，应该规定一般性的调解规范，实现诉讼、仲裁之外第三条解纷模式的成熟发展。同时，需要设计科学的配套机制体系，明确调解员的准入门槛、任职要求、资格认证、业绩考核与职业伦理等内容，引导调解职业化进程的健康发展。最为重要的是，要建立调解员资格认证或执业许可制度，对调解员资格、培训和评估进行审查，对符合调解员资格标准的人方可列入调解员名册，供当事人选择调解员时使用。[①] 再者，创新调解理念，合理借鉴其他法律职业的发展经验，注重调解员职业伦理道德的培养。职业伦理道德是调解员的价值准则，是本行业对社会承担的道德责任和义务。职业伦理道德是调解员工作的立业之本，是调解员的内在精神动力。科学的配套机制可以通过理性调控与利益平衡，使调解员敬业爱岗，忠诚热情，在实践中形成公认的职业行为规范。

（二）树立专业权威，提升职业地位

调解的职业化是专业化的发展结果。专业化强调的是职业技术和知识，直接决定着调解员的职业地位与专业权威。通常认为，调解员的专业培养包括两个阶段：一是专业教育；二是职业教育。前者是后者的基础，后者是前者的延伸，两者缺一不可。一方面，调解员的工作对象是各个领域的

① 参见王福华：《中国调解体制转型的若干维度》，载《法学论坛》，2010（6）。

纠纷，调解不同类型的纠纷有着不同的专业要求，调解工作因此要求调解员们既掌握法学专业的基础知识，熟知人民调解法的原理，掌握非诉讼解纷机制内容与制度，又具有其他诸如商学、心理学、社会学、伦理学等各个方面的知识，并具备良好的沟通能力以及各类纠纷解决技巧。另一方面，调解员的专业教育只是使得学员具备了作为一名职业调解员在理论方面所必需的修养，要想真正达到职业化，还应该通过职业教育。我们认为职业培训可以分为岗前培训和岗后培训。岗前培训可以以资格认证的方式来把关。可以进行类似于国家法律职业资格考试那样的统一高级别的全国调解员资格考试，成为调解员入行的敲门砖。岗后培训可以由人民法院指导、由各地司法行政机关牵头，结合基层社会组织、团体的力量，发挥各个法学院校的专业优势，提供定期的实习、见习和培训，培养能将所学专业知识运作于现实，注重实际操作技能训练的调解员队伍。

（三）突出行业调解优势，以行业化促进职业化

社会转型时期各种矛盾频发，并且呈现跨地域性发展趋势。在此背景下，发挥行业调解的优势，催化商事调解，形成中国特色的调解职业化发展机制，是应对改革深化时期基层社会治理难题的现实需要。

现代社会是一个行业分工不断细化、商品交易日益频繁的社会。发挥行业调解的优势，重视商事调解在商事纠纷解决中的影响力，打破原有的调解类型格局，以点到面，形成行业、商业调解的专业优势、职业特色，是推动中国调解职业化进程的重要突破点。要发挥行业、商业调解的优势，重点在于优先发展行业协会、科技类、商会类、公益慈善类、民办非企业单位、城乡社区服务类等社会组织的优势，让社会组织和公众更多地参与到社会治理中来，由社会组织力量承接调解员队伍的建设任务，充分调动社会主体的积极性，形成由政府和社会组织共同预防与解决社会矛盾双向的互动模式，为调解员的职业化建设注入活力。

（四）建立长效机制，加强调解员队伍管理

为了让调解员拥有一个良好的发展空间，发挥他们在调解民间纠纷工作上的积极性、主动性和创造性，尤其需要建立调解员职业化发展的长效管理机制。长效管理机制应该包括考评机制、发展机制、退出机制以及淘汰机制。建立调解员考评机制是形成科学决策的重要依据，可以根据民间

纠纷性质的复杂程度、涉及受理纠纷金额大小，制定较为科学的、可以量化的工作考核与评价标准体系。要制定统一的规章制度，对调解员的工作职责、工作程序、工作纪律等提出明确的要求，建立等级评定制度[①]，督促调解员主动地进行资格维护。

同时，要激发调解员职业生命力，必须做好职业发展管理。调解员职业发展主要依托两个方面：一个是社会化的职业资格认证及其维护机制，具体做法是构建多层次的培训网络，制订不同类型的培训计划，举办经验交流、现场观摩、远程视频教学等多种方式，努力提高调解员的解纷能力。另一个则由司法行政机关主导，在综合考评调解员专业素养的基础上，选拔优秀调解员进一步实现精细化、高端化发展，实现调解员基础性人才与高端人才的分层次培养。最后，调解员的退出机制也要得到充分重视。可以根据工作业绩考评情况，对一些不适合或不能胜任调解员工作的予以淘汰。在实行人力资源优化配置的同时，注意保障被淘汰调解员的合法权益。

（五）加强职业保障，稳定人员结构

目前，调解在我国并没有形成一个公认的独立职业群体。因此，要推动调解职业化发展，首先要确保他们不能被随意地卸任和解聘；要保证他们客观、独立、公正地从事调解工作；同时也要确保他们拥有相应的职业地位与社会荣誉。其次，调解员是否愿意或者能否长期留在这个行业，与他能不能够在这个行业获得适当的经济回报有密切关系。付出与收入的不匹配，会削弱调解员的职业生命力。笔者认为，要提高调解员的待遇，保障他们拥有良好的生活供给与职业前景，应该先由当地政府财政及社会团体共同解决。而随着调解职业化程度提高，调解员对政府财政依赖终将逐渐消退，最终形成通过市场选择与资源配置的方式来保障职业调解员稳定的经济收入的局面。最后，调解员工作是通过说服劝导等柔性方式进行，他的工作对象是形形色色的纠纷当事人。这种特性导致他会承受大于常人的风险，这种风险有人身方面的，也有心理健康方面的。鉴于此，要重视调解员的人身安全与心理健康，要形成一种“长期性”“常态性”“普遍性”

---

① 等级评定可以参照法官、检察官职业评定等级一样，构建特级调解员、一级调解员、二级调解员、三级调解员梯队，形成一个完备的调解员队伍职业群体。

保障制度，保持调解员群体的持续性、稳定性。

五、走出我国调解员职业化道路的误区：在职业化与社会化之间

在推进我国调解员队伍职业化建设的过程中，有一个问题值得认真思考：调解员的职业化是否意味着调解员都应该由法律人担任，或者说调解员都应该具有法律职业背景。这个问题的背后，实际上是调解员职业化与社会化之间的悖论。

在西方国家，尽管 ADR 运动最初并非由律师推动，但这样一项纠纷解决领域的自治运动，却被认为“直接威胁着法律职业者在纠纷解决领域中的垄断地位”。因此，ADR 运动迫使律师执业方式发生变革，调解成为律师法律事务的新型增长点，调解职业化主要是律师业与其他非法律职业在调解服务市场中相互竞争的产物。在美国，律师调解业务扩张迅速。在德国，《法律咨询法》被解释为律师是唯一被允许进行调解的职业群体。调解的法律职业化与非职业化的争论一直在西方持续，尽管西方法律界在主张通过提高调解员职业准入标准来提高调解正当性，但在社区调解、非司法性调解中，非法律职业仍然占据主流。[①] 美国《统一调解法》明确规定，“本法不要求调解人具有某项专门的职业背景或职业资格”。

与西方国家尤其是美国律师主导调解模式不同的是，在我国，大多数律师仍然将业务局限在传统的诉讼领域，我国律师的传统思维方式仍然停留在对调解的抵触上，以专门调解为职业的律师更是极为罕见。我国律师参与调解主要是受邀参加人民法院、行政机关、人民调解组织等开展的调解工作，律师在参与的广度、深度和积极性方面存在一定的局限，预防和化解矛盾纠纷的独特优势没有得到充分发挥。因此，在我国讨论调解职业化的语境与西方国家的并不相同，当西方正在争论调解职业化的弊端时，我国的调解职业化却才开始起步。即便如此，西方调解职业化运动的争论对我国调解职业化仍然不乏启示。它至少提醒我们在调解职业化的道路上，如果只能由职业法律人来从事调解，必然导致一元化的裁判式调解，而为了保持调解的灵活性、非正式性天然优势，又必然需要动员更多社会力量

---

① 参见范愉、史长青、邱星美：《调解制度与调解人行为规范：比较与借鉴》，北京，清华大学出版社 2010 年版，第 97～100 页。

参与调解。一方面，我们必须承认，调解职业化是应对现代复杂社会的必然要求；另一方面，调解员资格准入制度意味着为调解员设定了一定门槛，从而形成职业垄断的可能。但我们必须看到，正因为我国是一个发展不充分、不平衡的大国，东部、中部、西部，城市与农村，这几个因素交织在一起，纠纷的类型和调解的需求千差万别，调解的类型也必然不同，调解员的知识需求也必然不同。如果用统一的国家标准对调解员资质准入或执业许可作出认定，则可能脱离某些特定地域的纠纷解决需求。在现实社会生活中，调解往往具有语境性特征，并非只有具备法律知识或法律职业背景的调解员才能主持调解，某些特定身份的人虽然不具备调解员资质，仍然可能有高超的纠纷解决能力。在商业纠纷中，具有专业知识和法律背景的职业调解员才能胜任，在社区纠纷中，职业调解员并不一定具有优势，在边远落后地区，职业调解员也难以生存。

因此，我们不应该采取一元化的思维模式，“将中国的调解实践视为一个统一的同质化整体，认为调解作为一种纠纷解决实践在中国的不同地区是一样的”[①]。相反，我们必须同时注重调解的灵活性与多元性，不能用一元化的职业化模式抹杀调解制度自身的生命力。也正因为如此，调解员职业化制度首先不意味着调解员资质标准的单一法律化，各行各业领域的专家只要具备基础法律知识，也可以成为职业调解员；其次，调解员职业化更不应排除非职业化的社会人士参与纠纷解决，而是重在对调解结构和调解人员提供行为指引、评价和规范。从这个角度来看，2018 年“六部委”《关于加强人民调解员队伍建设的意见》中提出调解员队伍建设应坚持“专兼结合”“分类指导”的基本原则是符合纠纷解决规律的。为了适应矛盾纠纷的多样化特点，在加强调解队伍职业化，优化人民调解员队伍结构的同时，应该促进人民调解员队伍的多元化，既要继续巩固传统的社区兼职人民调解员队伍，这是人民调解员队伍的主体部分，又要在行业性、专业性领域积极大力加强专职人民调解员队伍建设。例如 2018 年，全国工商联、司法部联合颁布了《关于推进商会人民调解工作的意见》，这意味着商会调解员成为人民调解员队伍建设新型增长点。值得注意的是，2017 年 9 月，

① 熊浩：《论中国调解法律规制模式的转型》，载《法商研究》，2018（3）。

最高人民法院、司法部印发了《关于开展律师调解试点工作的意见》，在十几个省份对开展律师调解试点工作作出部署。在中西方不同的制度语境之下，律师成为我国调解员职业化队伍中的主力军，我国律师调解能否像西方尤其是美国一样成为律师职业的新领域，有待进一步观察。

第六章　人民调解制度的现代转型

承载着“和合”文化与伦理价值的调解，作为一种纠纷解决方式和社会治理方法，在国际上享有“东方经验”之美誉。脱胎于中国传统民间调解的人民调解，发轫于苏维埃时期，形成于陕甘宁边区政府时期，经过抗日战争、解放战争的战火洗礼，中华人民共和国成立后，得以正式制度化。在社会主义建设和改革开放时期，人民调解在社会治理方面发挥了极其重要的作用，并成为中国社会治理的第一道防线。党的十九大提出要打造“共建共治共享”的社会治理格局，这为人民调解在新时代的创新发展提出了新要求，也为学术界的研究提出了新视界和新任务。本章试图对人民调解制度的过去、现在与未来进行全景式分析，梳理其历史谱系，分析其现实困境，探寻其完善路径。

一、人民调解制度的历史变迁：延续与断裂

（一）人民调解制度的历史溯源

调解在中国可谓源远流长。在中国漫长的社会发展过程中，调解作为一种纠纷解决方式被广泛运用，并成为我国法传统文化的一种重要资源。人民调解也正是在吸收中国传统民间调解的基础上，在新民主主义革命和社会主义建设过程中形成、发展和完善的纠纷解决方式。

1. 我国传统的民间调解

纵观我国从西周至晚清以及民国时期的传统民间调解制度，主要有以下特点：第一，调解形式多样。我国传统调解包括官府调解、民间调解以官批民调三种基本形式。官府调解的主体主要是州县官和司法机关，民间调解多由宗族长老等民间德高望重人士以及专事调处的基层官吏主持。官

批民调介于官府调解和民间调解之间，具有半官方性，官府将诉状交与族长、乡保等调解，调解成功的，官府对该案予以撤销。① 第二，调解范围广泛。我国传统调解适用的案件范围包括几乎全部的民事纠纷和一部分轻微刑事案件。调解所处理的纠纷大多是户、婚、田土、钱债案件，此外，有关水利、差役、赋税等纠纷也不少见，至于斗殴、轻伤等轻微刑事案件也大多以调处方式解决。这些纠纷被统称为“民间细故”，换言之，也就是被官府视为微小，不危及统治根本，但是量多，地方州县官府希望能尽量将其化解于民间或基层，而解决这一问题的重要途径之一就是调处。② 第三，调解带有一定的强制性。汉代以后，纠纷首先由家族或乡一级调处，乡设有长老、里正一类小官专门负责调解民事纠纷和轻微的刑事纠纷。调解甚至是处理一般民事纠纷的必经程序，当事人若未经调解而径行诉至官府，则被视为“越诉”，并因此受到处罚。除强制进行调解以外，传统调解的强制性还表现在调解结果的强制性。中国传统社会是由三纲五常维系的宗法家族社会，纠纷当事人难以处于平等的地位而讨价还价。此外，无论是民间调解还是官府调解，调解者总是充当着为当时社会所认同之价值规范的代言人。因此，无论是调解者关于是非曲直的价值判断还是调解者提出的解决争议的办法，当事人都很难拒绝接受。“即使是当事人吁请息讼的‘甘结’也须申明是‘依奉结得’，显属‘遵命和息’。”③第四，调解的方式以道德教化为主。“道之以政，齐之以刑，民免而无耻；道之以德，齐之以礼，有耻且格。”④ 中国的“礼治”强调德主刑辅、礼法并用。康熙《圣谕十六条》曰：“朕惟至治之事，不以法令为亟，而以教化为先。盖法令禁于一时，而教化维于可久。”⑤ 传统调解的过程实际上就是一种教化的过程，史上关于通过教化解决纠纷的记载也不胜枚举。如，唐代韦景骏为贵乡令，

---

① 参见陈瑞来、肖卜文：《清代官批民调制度政治分析——以“黄岩诉讼档案”为考察中心》，载《广东教育学院学报》，2009（2）。

② 参见刘军平：《论中国传统情理审判中的调处和息》，载《湘潭大学学报》（哲学社会科学版），2014（6）。

③ 胡旭晟、夏新华：《中国调解传统研究——一种文化的透视》，载《河南省政法管理干部学院学报》，2000（4）。

④ 张燕婴译注：《论语》，北京，中华书局2007年版，第13页。

⑤《清圣祖实录》，北京，中华书局1985年版。

有母子相讼者。景骏谓之曰："吾少孤，每见人养亲，自恨终无天分。汝幸在温清之地，何得如此？锡类不行，令之罪也"。垂泣呜咽，取《孝经》付令习读之。于是母子感悟，各请改悔，遂称孝慈。[①]

2. 新民主主义革命时期的人民调解

一般认为，人民调解制度萌芽于20世纪20年代初，即第一次国内革命战争时期的工农运动，形成和发展于抗战时期的革命根据地，尤以陕甘宁边区的人民调解制度为典型。

在第一次国内革命战争时期的农民运动中，"一切权力归农会"，"连两公婆吵架的小事，也要到农民协会去解决"[②]。而工人运动中的调解活动则以安源路矿工人俱乐部"裁判委员会"的"裁判"活动为代表。1923年9月制定的《安源路矿工人俱乐部办事细则》规定："凡本部部员间，或部员与非部员间所发生之纠葛纷争，均由裁判委员会处理"，"并设立问事处于部内，受理各种纷争事件"[③]。由此可见，在第一次国内革命战争时期的工农运动中，民间纠纷不再由宗族长老和乡绅士绅调解，而是由"农民协会""工人俱乐部"这些新型的组织主持调解工作，调解员为工农推举的代表，判断是非曲直的依据则以共产党的革命政纲和工农运动中制定的规约禁令为主，并兼顾进步、善良的风俗习惯。这可以说是人民调解制度的雏形。如在广东海陆丰农民运动中，澎湃领导的赤山约农会下设仲裁部，调处婚姻、钱债、业佃直至产业争夺纠纷。农会通告："凡农会会员，自己发生争端，须先报告农会，如不先报告农会，而去报告绅士及官厅者，姑无论其很有道理，即宣告除名，以全力帮助其对敌之会员。如本会会员与非会员争端时，会员亦须先来报告。如对于地主有争议时，不来报告而交涉失败，本会概不负责。"

第二次国内革命战争时期，中华苏维埃共和国中央执行委员会第一次全体会议（1931年11月）通过的《苏维埃地方政府暂行组织条例》第17条规定："乡苏维埃有权解决未涉及犯罪问题的各种争执问题。"按此规定，有的苏区如川陕省在实践中的做法如下：村苏维埃直接负责解决群众的纠

---

① 参见（后晋）刘昫等：《旧唐书》，北京，中华书局1975年版，第4797页。

② 《毛泽东选集》（第1卷），北京，人民出版社1991年版，第14页。

③ 《刘少奇与安源运动》，北京，中国社会科学出版社1981年版，第86页。

纷；村和乡两级苏维埃遇有不能解决的纠纷，可移交区苏维埃调解。村、乡、区都有就重大问题向县革命法庭提出控告的权利。严格意义上，这是一种由政府主持的调解，但它不同于法院调解，因为其具有广泛的群众基础，实际上也具有人民调解的性质。[①] 根据学者的总结，当时苏区人民调解的特点包括：调解形式以政府调解为主；实行逐级调解；调解范围以不涉及犯罪的民间纠纷为限；在调解中遇有重大问题，基层苏维埃有权向司法机关提出控告。总之，这个时期的调解工作虽然没有形成一套确定、完备的原则和程序规定，也没有在苏区普遍实行，但为后来人民调解制度的形成和发展提供了有利条件。[②]

抗日战争及解放战争时期，人民调解工作进入一个新的发展阶段，调解的组织形式、调解内容和调解程序都有了进一步的发展和完善，初步实现了调解工作的规范化和制度化。其中，以陕甘宁边区调解制度的发展为典型。陕甘宁边区调解制度的推行，大致可以分为三个阶段。[③] 第一阶段：从 1943 年 1944 上半年。其特点是主要在司法系统内部强调调解，且各地发展不平衡。早在 20 世纪 30 年代中期，边区政府刚刚建立后就曾推行过调解工作，但成效不理想，主要原因是司法人员重视不够，且不习惯，这一时期法院调解制度推行的主要动力自始至终都来自于边区政府。在政府的高压下，调解工作较之以前有了一定改观，但仍有一部分司法人员小心翼翼地与调解工作保持着必要的距离，所以依然没有达到预期结果。第二阶段：从 1944 年下半年至 1945 年年底。其特点是调解工作开始在边区全面展开，由法院调解发展为人民调解。由于在司法系统内部推行调解的结果并不理想，于是边区政府把调解运动从司法系统内部推向民间和一切政府部门，乃至社会团体。在各级政府的推动和鼓励下，人民群众开始纷纷参与调解，并将传统调解的一些手段技术重新发掘出来，还创造了许多新鲜的办法和经验。这一时期的调解无疑取得了极大的成功。第三阶段：1946 年以后。

---

① 参见江伟、杨荣新主编：《人民调解学概论》，北京，法律出版社 1990 年版，第 29 页。

② 参见张希坡、韩延龙主编：《中国革命法制史（上）》，北京，中国社会科学出版社 1987 年版，第 500 页。

③ 参见侯欣一：《从司法为民到人民司法》，北京，中国政法大学出版社 2007 年版，第 274～279 页。

这一时期的最大特点是政府在调解领域的退出，调解的主要形式为民间调解。调解运动的开展大大减少了纠纷，巩固了政权，但由于政府的过度介入，以及强迫调解和没完没了的调解，又引起了民众的不满。1946年下半年，边区政府又对《陕甘宁边区民刑事调解条例》进行了修改，原先的一些做法被否定，并重新确定了调解必须自愿，不得强迫；审判为主，调解为辅；调解不是诉讼的必经程序的原则。

从人民调解在陕甘宁边区的推行和发展的过程可知，陕甘宁边区人民调解的形式包括民间调解、群众团体调解和政府调解；调解的原则包括自愿原则、调解不是诉讼的必经程序的原则。调解依据以政府政策法令为主，并兼顾民间善良习惯。

3. 社会主义计划经济时期的人民调解

中华人民共和国的成立标志着一个新的历史时期的开始，也意味着人民调解工作步入了一个新的发展阶段。在社会主义计划经济时期，人调解制度经历了法律上的确立及随后的波折两个阶段。

中华人民共和国成立初期，为适应和平时期经济建设的需要，探索如何将新民主主义时期在农村适用的人民调解制度推广至城市地区，就成为这一时期的主要任务。据不完全统计，到1953年年底，华东区已有人民调解委员会46 000个，占全部乡镇建制数的80%；华北区的山西和河北，约有1/3到1/2的县建立区、村调解委员会或联村调解站；中南、西南的大部分地区则处于大规模典型试验的阶段。这些实践探索为统一和建立全国性的人民调解制度打下了理论基础和组织基础。

1954年3月22日，中央人民政府政务院颁布了《人民调解委员会暂行组织通则》(以下简称《通则》)。《通则》共11条，全面系统地规定了人民调解委员会的性质、任务、组织、活动原则、工作制度、工作方法和工作纪律等，使人民调解委员会的工作有章可循，并使人民调解委员会取得了明确的法律地位。[①]《通则》的颁布是我国人民调解制度发展史上的重要里程碑，标志着人民调解制度作为一种法律制度在我国正式确立。

① 《通则》第1条明确规定：在全国城乡普遍设立人民调解委员会；调解委员会是群众性的调解组织，在基层人民政府和基层法院的指导下进行工作；调解委员会调解的是一般民事纠纷和轻微刑事纠纷。

1954 年 4 月，司法部发布了《关于〈人民调解委员会暂行组织通则〉的说明》，对人民调解的组织与领导问题、调解委员会的任务、工作原则、工作方法和制度等四个方面进行了详细说明。其中，调解委员会必须遵守的工作原则是：(1) 遵照人民政府政策、法令办事；(2) 必须取得双方当事人的同意；(3) 调解不是诉讼必经程序。

《通则》及相关法律、法规的颁布，极大地推动了人民调解工作的发展。到 1954 年 12 月，全国已有调解委员会 155 100 多个。[①] 到 1955 年年底，全国已有 7 096 个乡镇、街道建立了 170 400 个人民调解委员会，调解员队伍已发展到上百万人。[②]

《通则》颁布施行后，人民调解工作得到了全面迅速的发展，在社会主义改造事业中发挥了较好的作用。但从 1957 年下半年开始，在阶级斗争扩大化的"左"的思想影响下，调解组织逐渐为调处组织所取代，调解工作也逐渐演变为调处工作。但调处和调解属于两个不同性质的范畴，两者之间并没有必然的历史联系和渊源关系。调处并不是"调解工作的新发展"，也不是"社会主义革命中的伟大创举"，而是在"左"的思想指导下，将调解组织和调解工作改变为专政的工具和措施。1958 年人民公社化后，不少地区将调处委员会和治保委员会合二为一，统称为治安调处委员会。调处组织与《通则》规定的调解组织的性质、任务和职权大相径庭。首先，调处组织的任务不是解决民间纠纷，而是约束、处理和改造所谓"大法不犯，小法常犯"的"不良分子"。其次，调处组织的职权不只是通过说服教育促使当事人达成调解协议以定分止争，而是拥有广泛的强制力。例如，1958 年 9 月 12 日实行的中共河南省委员会《关于规定爱国公约、建立调处委员会暂行办法（草案）》规定，对违反公约且经说服教育仍不悔改的，除责令检讨、赔礼道歉、赔偿损失以外，还可以采取强制措施，从具结悔改、组织辩论到劳动教养等，分别情况予以处理。由此可见，调处组织不再是一个群众性组织，其解决的纠纷也不仅是民间纠纷，这是人民调解在发展贯彻中遭遇的挫折。

---

① 参见韩延龙：《我国人民调解工作的三十年》，载《法学研究》，1981 (2)。

② 参见彭芙蓉、冯学智：《反思与重构：人民调解制度研究》，北京，中国政法大学出版社 2013 年版，第 45 页。

从1961年起，《通则》重新得以按规定实施，人民调解组织和调解工作开始走向了恢复和发展的道路。到1963年，人民调解组织重新取得较大的发展，许多地区都十分强调对调解干部的培训，强调调解纪律，提高调解质量，重视对调解经验的总结，从而使调解工作更加规范化。[①]

从1966年“文化大革命”开始后的十年，社会主义民主与法制遭受到严重践踏，在公、检、法被彻底砸烂的同时，人民调解制度也被当作“阶级调和”路线的产物“修正主义”货色被完全取消，人民调解组织和调解队伍被解散，人民调解制度受到极为严重的破坏。

4. 改革开放后的人民调解

自改革开放以来，人民调解经过四十年的发展，其法律渊源包括《宪法》、散见于其他法律中的相关规范、行政法规和部门规章、司法解释、地方性法规以及单行法《人民调解法》，已经实现了制度的繁荣与立法位阶的提升。作为我国第一部专门、系统地规范人民调解工作的法律，《人民调解法》也是对现有规定的一次梳理，先前与其抵触的有关规定自动失效。根据《人民调解法》，人民调解制度的主要内容如下。

在调解组织的形式方面，20世纪80年代中期，与政社分开的体制改革相适应，基层调解组织网络由三级构成，即在乡镇（街道）设立调解工作领导小组，在村民（居民）委员会下设人民调解委员会，在村民（居民）小组中设立调解员（调解小组）。1989年发布的《人民调解委员会组织条例》规定，除继续保留村、居委下设的人民调解委员会以外，企业、事业单位根据需要可以设立人民调解委员会，从而使调解组织形式得到扩张和发展。随着市场经济的发展，为了满足纠纷解决的多元需求，2002年，司法部发布的《人民调解工作若干规定》将人民调解的组织形式进一步扩大到区域性、行业性的人民调解委员。2010年出台的《人民调解法》第8条规定：村民委员会、居民委员会设立人民调解委员会。企事业单位根据需要设立人民调解委员会。《人民调解法》在重申了人民调解组织的形式的基础上，在附则中又规定：乡镇、街道以及社会团体或者其他组织根据需要可以参照本法有关规定设立人民调解委员会，调解民间纠纷。

---

① 参见洪冬英：《当代中国调解制度变迁研究》，上海，上海人民出版社2011年版，第73页。

在人民调解员必须具备的条件方面，根据《人民调解法》的规定，担任人民调解员须具备的条件为：公道正派，热心人民调解工作，具有一定文化水平、政策水平和法律知识。基层调解工作烦琐，任务繁重，调解程序的启动和调解协议的达成都得基于当事人的自愿，因此个人魅力就成了调解员顺利推进调解工作的重要资源。人民调解又是一项法律性、政策性很强的工作，要求人民调解员具有一定的法律知识和政策水平，随着社会的发展和人们对调解工作要求的提高，调解员需具备一定的文化水平势在必行，但是，这里的文化水平并不单纯是指学历教育，一些现代调解理念、原理、技巧和伦理规范也都包括在内。[①] 同时，调解是一种源于实践的经验和艺术，与调解员的个人经验、能力和性格魅力密切相关，因此，《人民调解法》对调解人员的学历、职业背景等未作统一的过高要求，以适应人民调解的乡土性、群众性和多元性。

关于人民调解的调解范围，2002年司法部发布的《人民调解工作若干规定》第20条规定：人民调解委员会调解的民间纠纷，包括发生在公民与公民之间、公民与法人和其他社会组织之间涉及民事权利义务争议的各种纠纷。第22条则从反面排除了人民调解委员会不能受理的两类纠纷，即法律、法规规定只能由专门机关管辖处理的，或者法律、法规禁止采用民间调解方式解决的；人民法院、公安机关或者其他行政机关已经受理或者解决的。2010年颁布2011年实施的《人民调解法》规定人民调解是解决“民间纠纷”的活动，但并没有就“民间纠纷”作进一步的界定。

关于人民调解的工作原则，《人民调解法》第3条规定：在当事人自愿、平等的基础上进行调解；不违背法律、法规和国家政策；尊重当事人的权利，不得因调解而阻止当事人依法通过仲裁、行政、司法等途径维护自己的权利。据此，可以将人民调解的工作原则概括为自愿原则、平等原则、合法原则、尊重当事人救济权利原则。

《人民调解法》第17条至第27条对调解程序作了一般规定。根据《人民调解法》，人民调解的启动方式有两种：当事人的申请调解和人民调解委员会的主动调解。可以由一名或数名调解人员对纠纷进行调解。纠纷调解

① 参见范愉：《〈中华人民共和国人民调解法〉评析》，载《法学家》，2011（2）。

人员的产生有三种方式：调委会指定；当事人选择；在征得当事人同意后，人民调解员可以邀请有关人员参与纠纷的调解。[①] 在调解过程中，人民调解员可以根据纠纷的不同情况采取多种方式进行调解，帮助当事人自愿达成调解协议。调解不成的，应当终止调解，并依据有关法律、法规的规定，告知当事人可以通过行政、仲裁、司法等途径寻求救济。

关于调解协议的形式，《人民调解法》第 28 条规定，经人民调解委员会调解达成调解协议的，可以制作调解协议书；当事人认为无须制作调解协议书的，可以采取口头协议方式。人民调解员应当记录协议内容。也就是说，调解协议的形式有两种：调解协议书和口头协议。《人民调解法》明确规定了人民调解协议具有法律约束力，并通过确立司法确认程序以保障调解协议的效力。

（二）不同时期调解制度之比较[②]

1. 纠纷结局之意识形态的断裂与变迁

“古代中国人在整个自然世界寻求秩序和谐，并将此视为一切人类关系的理想。”[③] 在传统中国政治思想中占统治地位的儒学认为“天人之际，合而为一”，倡行礼乐以应天配地，从而达致人与自然的和谐。“礼”是一套规定个人在其所处的社会关系和具体情境中的行为模式，其功能即为“别贵贱，序尊卑”，“秩序、责任、等级与和谐的观念”是“礼”的核心观点。“礼者别异，乐者和同”，“乐至则无怨，礼至则不争”，在古代中国人看来，所有的纠纷与冲突都是对现有秩序的破坏以及礼崩乐坏的表现，因而纠纷解决旨在修复已被破坏的社会关系，寻求和解便成为顺理成章的事情。

改革开放初期，人民调解工作得以恢复，并在解决民间纠纷中发挥了巨大的作用。20 世纪 90 年代，随着社会主义法制建设的推进，人民调解渐趋非政治化，由于人民调解协议不具有法律约束力，人民调解的功能也日渐式微。21 世纪以来，我国进入了改革发展的关键时期，在建设和谐社会

---

① 《人民调解法》第 20 条规定：人民调解员根据调解纠纷的需要，在征得当事人的同意后，可以邀请当事人的亲属、邻里、同事等参与调解，也可以邀请具有专门知识、特定经验的人员或者有关社会组织的人员参与调解。

② 参见侯元贞、廖永安：《论我国人民调解制度的变迁——纠纷解决观、调解组织和调解功能》，载《石河子大学学报》（哲学社会科学版），2016（2）。

③ ［美］李约瑟：《李约瑟文集》，沈阳，辽宁科学出版社 1986 年版，第 338 页。

的理念下，“维护社会秩序的和谐稳定”被概念化，矛盾纠纷一度被视为影响社会和谐的不稳定因素而被强行抑制。中国共产党的十八届三中全会提出了“创新社会治理”的改革目标，将矛盾纠纷的调处和化解纳入依法治理的轨道。2014 年 10 月 23 日，中国共产党第十八届四中全会通过的《中共中央关于全面推进依法治国若干重大问题的决定》提出，“强化法律在维护群众权益、化解社会矛盾中的权威地位，引导和支持人们理性表达诉求、依法维护权益，解决好群众最关心最直接最现实的问题”。由此可知，新时期国家关于纠纷的理解已转化为：认为纠纷是人们表达诉求和维护权益的一种方式，调解则是维护群众权益和化解纠纷的一种机制。

2. 调解组织的更替与传承

中国传统社会的一个特点就是人们聚村而居，并且“他们活动范围有地域上的限制，在区域间接触很少，生活隔离，各自保持着孤立的社会圈子”[①]。由于地方性的限制，人们生于斯、死于斯，因而这是一个没有陌生人的“熟人”社会。在熟人社会里，民间纠纷的解决很大程度上依赖于亲人和邻里的调解，这样的调解一般首先通过“中间人”来进行。这里的“中间人”就是指借贷、土地租赁、土地买卖关系中的“介绍人”或者“说合人”，也包括婚约关系中的“媒人”。对于婚姻家庭和邻里纠纷，如果没有中间人可以求助，村民们通常通过第三方来解决纠纷。这里的第三方包括宗族和社区中的年老有德者以及享有信用者，有时也包括基层行政组织的一些负责人，如保甲长、村长等。[②] 当民间调解不能奏效时，随着当事人的呈递告状，纠纷就进入了官方审理过程，但在正式审理之前，大部分争端都得以解决。也就是说，在村社族邻的非正式性调解和州县衙门的正式性审判之间，有一个民间调解与官方审判发生交接、互动的中间阶段。在此阶段，正式制度与非正式制度发生交融和对话，并有既定程式，即官批民调，黄宗智教授将这个半官半民的纠纷处理地带称为“第三领域”。黄宗智通过对巴县、宝坻、淡新诉讼文书的研究，得出如下结论：清朝的民事诉讼包括三个不同的阶段。“最初阶段”是知县收到当事人的诉状后，其初

---

① 费孝通：《乡土中国》，北京，人民出版社 2008 年版，第 6 页。

② 参见［美］黄宗智：《清代的法律、社会与文化：民法的表达与实践》，上海，上海书店出版社 2001 年版，第 51～74 页。

步反应就是依据当事人的陈述和有关律例，对不符合条件或发现所控不实的起诉作出拒绝受理的决定，对另一些认为值得考虑但又不必亲自过问的案件则交给乡保等基层负责人办理，有时也要衙役协助乡保办理。在“中间阶段”，官府会传讯纠纷当事人对质和证人到堂作证。如果在此阶段仍不能庭外和解，民事纠纷则进入“最后阶段”，即通过知县的堂审作出裁决。① 总之，在我国传统社会中，主持民间调解和官批民调的人员除了宗族和社区的长老、士绅和契约关系中的“中间人”以外，还包括县级以下基层组织如乡里、保甲、宗族、村社、行会等的负责人。但官批民调与民间调解又有些微不同：一是官批民调中的调解人，基本是固定的基层组织的负责人；二是官府对这种调解已有备案，有些甚至已经给出了原则性的解决建议。“调解虽然设在公堂之外，但却有了官府色彩。”②

在第一次国内革命战争时期的工农运动中，民间纠纷不再由宗族长老、乡绅、士绅调解，而是由“农民协会”“工人俱乐部”这些新型的组织主持调解工作；第二次国内革命战争时期以政府调解为主，也即由村、乡、区各级苏维埃调解；抗战时期的调解主要由政府、群众团体和民间积极分子主持。自1949年中华人民共和国成立以后，中国共产党整合了一个世纪以前业已被分裂和削弱、后来又历经了数十年战乱的社会，通过经济重建和全面的社会变革巩固了执政。根据1954年颁布的《人民调解委员会暂行组织通则》，在每个乡和街道建立的调解委员会，即是由积极分子组成的、国家权力借以延伸至基层的组织网络。调解人员需要具有一定的政治觉悟、政治素质和政策水平，调解中所使用的语言、手段和策略都需为党的治理服务。改革开放以后，调解组织的建设有了新的发展，即调解组织的多层级化，以及专业性和行业性调解委员会的出现。与计划经济时期相比较，改革开放后人民调解已经褪去了之前浓厚的政治化色彩，人民调解员的政治素养和政策水平已不是重要的考量因素。

纵观我国各个时期的民间调解以及半官半民性的调解，可以发现一个显著的不同点，就是各个时期的调解员与国家、社会的关系并不完全相同。

① 参见［美］黄宗智：《清代的法律、社会与文化：民法的表达与实践》，上海，上海书店出版社2001年版，第107～130页。

② 曾宪义：《关于中国传统调解制度的若干问题研究》，载《中国法学》，2009（4）。

在皇权不下县的传统中国，纠纷解决大多不在县官活动范围之内。除长老、士绅、德高望重者等民间人士以外，村庄、宗族、行会、乡里、保甲等基层组织的负责人并不是紧密织构的国家机构的固定成员。他们在解决纠纷、参与宣传儒家意识形态时，也担当了正式国家机构的辅助者。但是，这些解纷者并不对县官正式负责，而是试图保护并深化自己的利益，甚至有时会与官方利益发生冲突，并且，村庄、宗族、行会解决其内部成员之间的纠纷，部分目的就是增加其独立于政府的自治能力。在社会主义中国，国家与社会之间的关系更加紧密，国家对社会的控制比过去更加深入和全面。中华人民共和国成立初期的调解员是政府机关的干部或其分支机构的积极分子，他们在解决纠纷的时候代表着国家，要宣传和传达党的政策，并受基层政府的领导和监督。改革开放时期，人民调解的政治化色彩有所淡化，人民调解组织被法律定位为群众性自治组织。

3. 调解功能的异化与回归

"调解意在通过抑制并了结纠纷而维持公共秩序和经济活动的有序运作。调解还意欲通过一种迅捷有效的、高度非正式的方式了结个人之间的不良情感。"① 调解是一种平和、廉价的纠纷解决方式，其本原功能即为解决纠纷。在我国，调解是一种与儒家文化高度契合的纠纷解决方式，儒家思想中的"和谐"观以及对"礼""让"和自省精神的强调和倡导，都决定了我国的调解制度还具有另外一种重要的功能，即教化功能。总之，调解给纠纷当事人提供了一种低成本的、基于儒家伦理的、并具有广泛可接受性的纠纷解决办法；此外，由于调解强调避免冲突、强调对适当规则的遵守，所以调解在维护社会秩序的同时也传播和传承了儒家伦理和价值观。在我国传统社会中，调解的功能包括纠纷解决功能、教化功能和维护社会秩序功能。

改革开放以后，调解的首要功能回归到以非政治化的途径解决民间纠纷。调解的非政治化意味着调解要关注纠纷本身，并按照纠纷当事人所提的问题来提出解决方案或者替代性的解决方案。此外，我国现阶段"纵向到底，横向到边"的调解组织网络，除了给民众提供经济便捷的纠纷解决方式以外，也具有了解社情民意、采集治理信息的职能，通过"群防群

① ［美］陆思礼：《毛泽东与调解：共产主义中国的政治与纠纷解决》，许旭译、王笑红校，载强世功编：《调解、法制与现代性——中国调解制度研究》，北京，中国法制出版社 2005 年版，第 79 页。

治”，对纠纷进行预防、排查和化解。因此，现阶段的调解也是国家改进社会治理方式、实现综合治理和源头治理的一种手段，除具有纠纷解决的功能以外，还具有社会治理的功能。

回顾人民调解制度自革命战争时期的形成、人民公社时期的巩固、改革开放以来调整的发展轨迹，从“国家—社会”的二元视角来看，虽然人民调解的浓重政治色彩逐渐减弱，人民调解的社会意义从边缘走向中心，但整体上呈现出半官方属性，成为“党委、政府化解矛盾纠纷、维护社会稳定的参谋助手”。这使得人民调解在治理理念上与清代以来的调解制度不谋而合，在传统民间调解与官方审判之间，形成了纠纷解决的“第三领域”和国家权力的“简约治理”①。

二、人民调解制度的现实困境：泛化现象的弊病

根据我国《宪法》及《人民调解法》的规定，人民调解的组织属性被定位为群众性、民间性、自治性。然而，从历史谱系和运作实践来看，人民调解更多是一种政府推动型解纷机制，学界和官方都存在将人民调解概念泛化的倾向，把商事调解、行业调解、律师调解等新型调解组织全都装入人民调解的“百纳袋”。这种人民调解的泛化现象所导致的“路径依赖”，严重制约了人民调解制度在新时代的发展。

（一）多元化纠纷解决机制中的人民调解

近年来，伴随着我国社会经济快速发展、经济体制变革不断深化、社会利益格局不断调整，社会矛盾纠纷处于高发期，且呈现出纠纷主体多元化、利益诉求复杂化、纠纷类型多样化等特点。为给当事人提供多元的、低成本的、便利的解纷服务，各地在《人民调解法》（2010 年）、《关于深入推进矛盾纠纷大调解工作的指导意见》（2011 年）、《关于完善矛盾纠纷多元化解机制的意见》（2015 年）、《关于推进行业性、专业性人民调解工作的指导意见》（2016 年）等法规政策的指导下，根据本地具体情况，按照实用主义逻辑，进行了各种实践探索和创新，以解决纠纷和维护社会秩序。在多元化纠纷解决机制的构建中，虽然各地形成了不同的模式，但其中的人民

① ［美］黄宗智：《过去和现在：中国民事法律实践的探索》，北京，法律出版社 2009 年版，第 78 页。

调解仍具有一些共同特点。

1. 人民调解组织网络的“垂直”和“水平”扩张。2010年出台的《人民调解法》第8条规定：村民委员会、居民委员会设立人民调解委员会。企事业单位根据需要设立人民调解委员会。《人民调解法》在重申了人民调解组织的形式的基础上，在附则中又规定：乡镇、街道以及社会团体或者其他组织根据需要可以参照本法有关规定设立人民调解委员会，调解民间纠纷。《人民调解法》通过这样一种授权性和开放性的制度设计，既明确了人民调解委员会作为群众自治性组织的定位，又回应了实践需求，为人民调解组织的多元化格局提供了发展空间。人民调解组织网络的“垂直”扩张是指是指人民调解组织的多层级化，即除了村居人民调解委员会以外，往上级扩张的还有乡镇（街道）调解委员会以及县（市、区）人民调解委员会，往下延伸的则有村组、楼道的调解小组；人民调解组织网络的“水平”扩张则是指专业性、行业性人民调解组织的出现。

2. 人民调解在多元化纠纷解决机制中的基础性。首先，人民调解组织在多元化纠纷解决机制中具有基础性。人民调解委员会是调解民间纠纷的基层组织，在大调解格局中，除了传统的村居调委会以外，村民小组、楼道都设有调解信息员。这些扎根于基层的人民调解组织是构成大调解组织体系的基础。其次，人民调解处理的纠纷在整个社会矛盾纠纷中具有基础性。可以适用人民调解的纠纷，大量表现为“鸡毛蒜皮”的民间纠纷[①]，这些小纠纷不仅数量众多，在整个社会矛盾纠纷中占绝大多数，而且如果处理不当，在一定条件下还可能会激化，甚至演变成群体性事件或刑事案件。扎根于生活第一线的人民调解组织不但调处化解矛盾纠纷，还承担着排查、预防矛盾纠纷的功能，对于维护社会的和谐稳定具有基础性作用。最后，人民调解的方式也具有基础性。人民调解的目的并非在于宣告规则和维护国家的主流价值规范，而是在于在不违反国家法律禁止性规定的情形下，适宜、妥当地解决本案纠纷。人民调解的目的决定了人民调解是以当事人的自愿为正当性基础，以当事人的合意为权威性保障；同时，也决定了人

① 关于民间纠纷的范围，无论是在我国的立法还是实践中，随着社会的发展，民间纠纷的范围均有所拓宽。现阶段我国可以适用人民调解的民间纠纷包括民事纠纷、轻微的刑事纠纷、刑事自诉案件及刑事附带民事纠纷。

民调解与公力救济的比较优势，即调解过程的平和性和非对抗性。[①] 在调解过程中，调解员可以根据纠纷的类型和特点、当事人的性格特点及其相互之间的关系，灵活运用判断型、交涉型、教化型、治疗型调解方式[②]，将情、理、法融为一体，这对于解决矛盾纠纷、维护社会秩序无疑具有其他调解所无法替代的作用。

3. 人民调解在各种解纷机制的衔接耦合中的枢纽作用。根据实证调研以及他人的研究成果，我们认为，一般而言，我国目前的大调解包括“自下而上”和“自上而下”的两个相反方向的工作流程。自下而上的工作流程是指将本级调委会调解不了的纠纷或者认为有可能激化的矛盾纠纷逐级上报，最后由县（市、区）矛盾纠纷调处工作机构组织协调各相关行政、司法部门联合调处。自上而下的工作流程一般包括以下步骤：第一，县（市、区）矛盾纠纷调处工作平台的对外窗口统一受理纠纷，矛盾纠纷的来源包括当事人申请调处的纠纷、上级指派调处的纠纷以及各行政职能部门和下级调委会上报的纠纷。第二，对外窗口统一受理纠纷以后，根据纠纷的类型和特点将纠纷进行分流处理。这时的分流移送又分为四种情况：A. 对于跨地区、跨行业的重大疑难纠纷，上报给工作领导小组，由领导小组组织相关部门联合调处，并明确责任主体；B. 将矛盾纠纷直接移送给相关行政部门；C. 将矛盾纠纷指派给乡镇（街道）调委会调解；D. 将适合司法途径解决的纠纷分流至法院。第三，相关行政部门对移送纠纷的处理：对可以调解的纠纷进行行政调解或引导人民调解，对当事人不愿调解的纠纷，进行行政裁决或引导当事人诉至法院。第四，乡镇（街道）调委会对被指派的纠纷依照人民调解法的有关规定进行处理。第五，法院对移送纠纷的处理：对不符合立案条件的引导进行人民调解；对符合立案条件的告知当事人可以选择诉前调解；立案后进行诉中调解，调解不成依法审判。第六，对县（市、区）矛盾纠纷调处工作中心移送分流的纠纷，各主体进

---

① 参见廖永安、侯元贞：《发展社会调解的现实意义》，载《光明日报》，2014－07－16，理论版。

② 参见［日］棚濑孝雄：《纠纷的解决与审判制度》，王亚新译，北京，中国政法大学出版社 2004 年版，第 53～69 页。

行处理后需要将信息反馈给中心。[①]（见下图）

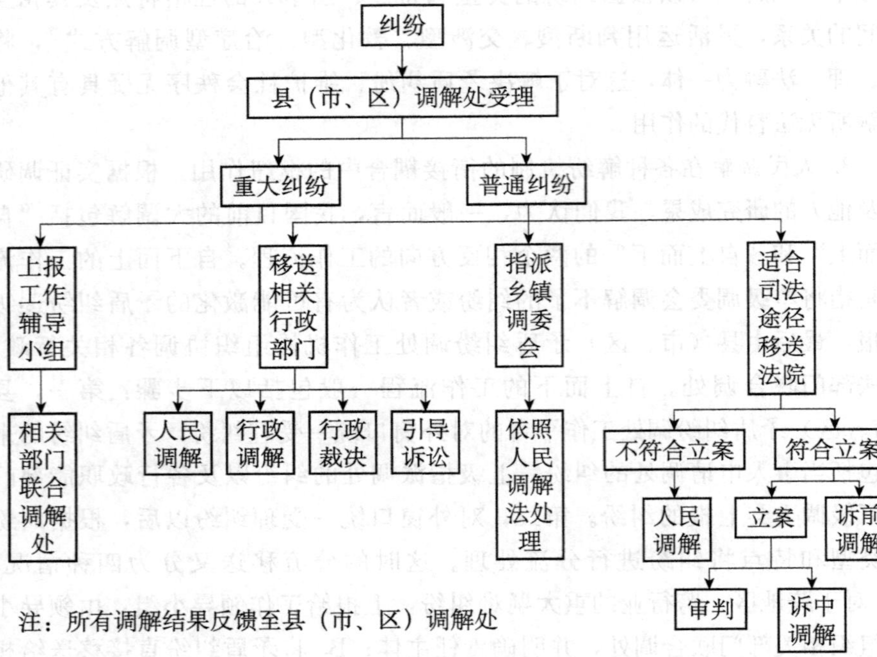

矛盾纠纷调处中心工作流程图

从矛盾纠纷调处中心的工作流程可以看出，人民调解从扎根基层的调解组织对纠纷的排查、预防和调处，到乡镇（街道）调委会的调解以及专业性、行业性人民调解委员会的调解，甚至一些行政相关部门的调处，都属于人民调解的范畴。也就是说，在实践中人民调解是被泛化使用的。

（二）新型调解组织的“路径创造”：以“人民的名义”调解

在《人民调解法》的起草过程中，人民调解的组织定位一直存在重大分歧。针对当前的多元调解格局，法律界尤其是司法行政系统的主导意见是将人民调解改造为一种专业化、司法化的纠纷解决机制，使之脱离基层自治组织的依附和束缚，吸引大量法律职业者参与，但这一方案与《宪法》

① 参见侯元贞：《社会转型期人民调解制度研究——以人民调解的行政化为分析重点》，湘潭，湘潭大学出版社 2016 年版，第 31～32 页。

对人民调解的群众性自治组织的定位相悖离，故《人民调解法》最终对此予以妥协，在"附则"部分规定"乡镇、街道以及社会团体或者其他组织根据需要可以参照本法有关规定设立人民调解委员会，调解民间纠纷"，从而为新型调解组织预留开放性发展空间。实践中，这些新型调解组织严格意义上早已经超出了人民调解的组织形式和组织特征，但由于缺乏法律上的组织依据，为获得合法性的构建基础，其又不得不借人民调解的外壳呈现，以"人民的名义"运作。最典型的运作形式包括以下几类。

1. 政府购买服务型社会调解。一类是个人设立的"调解工作室"。2003年以来，上海出现以首席调解员命名的个人调解工作室，其中最有影响力的是"李琴人民调解工作室"和"杨伯寿人民调解工作室"。另一类是非政府组织设立的调解组织。2004 年，北京一个专门援助农民工维权的志愿者组织成立了"小小鸟"调解委员会，成为我国第一个由非政府组织建立的调解委员会。从组织属性上讲，这两类调解组织均不属于传统的人民调解委员会，也不是政府的下属机构，更不受政府的指导，而是非营利性的民间社团，具有较强的工作自主性，弱化了政府官员在人民调解中的角色。政府以购买服务的方式与这些个人"调解工作室"或社会组织签约，交由其化解具有较强专业性的社会矛盾纠纷，其运作经费主要来源于"政府购买服务"。

2. 商事调解。随着市场交往日益频繁，各类民间商事调解组织涌现，在投资、金融、证券期货、保险、电子商务、知识产权、国际贸易等领域提供商事调解服务。例如中国贸促会调解中心、上海经贸商事调解中心等独立第三方商事调解机构，遵循国际通行的调解规则，以专业化、职业化的模式运行，聘请资深专家和法律人士担任调解员，经费来自调解收费和捐赠，为国际国内商事纠纷提供快捷、高效、经济、灵活的服务。

3. 行业调解。行业调解以行业组织为依托，针对医疗服务、物业服务、消费者权益保护、道路交通事故、保险业、知识产权等特定行业领域的纠纷类型设立。随着中央"放管服"改革推行，行业协会正从行政性向自治性转型，这些行业性、专业性调解组织基本都由行业代表、专家等特定主体参与，由行政主管部门负责建立并推动，形成诉调对接、民间机制与行政机制的互动衔接。例如，2016 年湖南省知识产权纠纷人民调解委员会由湖南省知识产权协会作为独立的第三方平台发起设立，并经司法行政部门备案，调解员分别来自知识产权行政机关、高校、中介机构、企业等不同性质部门的知识产权专家，专门解决知识产权领域的纠纷。

4. 律师调解。在域外法治发达国家如美国、英国、日本等，律师已经成为调解市场发展的中坚力量。近年来，律师调解在我国开始受到重视。2006年我国山东省青岛市成立首家律师主导型的社会调解组织，该律师调解中心由律师担任调解员，主持涉外商事纠纷的调解、促进诉前和诉中和解。2017年9月，最高人民法院、司法部联合印发了《关于开展律师调解试点工作的意见》，通过在法院、公共法律服务中心（站）、律师协会、律师事务所设立的调解工作室或调解中心，由律师作为中立调解人促成当事人协商解决纠纷。

5. 国家与社会合作型调解。一类是与司法机关合作的法院附设调解组织。目前，我国很多基层法院都附设人民调解窗口或人民调解工作室、诉调对接中心，聘请特邀调解员或特邀调解组织，在立案前委派调解或者立案后委托调解。① 另一类是与行政机关合作的调解组织，如北京全市派出所均设立治安、民间纠纷联合调解室，每个派出所设置2～3名大多来自于公、检、法、司及居委会的退休人员担任调解员，与派出所民警一起开展社会矛盾化解工作。② 这两类调解组织的产生、调解人员的选任、调解运作的模式均与传统人民调解不同，但仍被纳入人民调解的框架之中。

显而易见，上述调解类型无论是组织形式抑或运作理念都已经超出了传统人民调解所能涵盖的制度范畴，属于专业化、职业化、市场化的社会调解，其中一些更是与人民调解无偿服务的公共产品属性相去甚远。有学者从社会学视角把上述各种新型调解组织类型解读为“人民调解的社会化和再组织”③。实际上，这种现象与其说是人民调解的“社会化和再组织”，不如说是调解的“社会化”，与其说是国家与社会之间的权力转移，不如说

① 参见毋爱斌：《法院附设型人民调解及其运作》，载《当代法学》，2012（2）。

② 参见申志民：《调解员“住”派出所解决纠纷6万起》，载《新京报》，2012-09-13，第A38版。

③ 熊易寒：《人民调解的社会化与再组织——对上海市杨伯寿工作室的个案分析》，载《社会》，2006（6）。

是国家把重点支持对象从传统调解转移到新型社会调解上。

《人民调解法》没有针对不同类型纠纷的特点而建立起多元化的社会调解体系，导致其后的相关政策文件表达皆以“人民的名义”把实践中所涌现的各种新型调解组织类型都戴上“人民调解”的帽子或装进人民调解的“百纳袋”中（如下图所示），这种概念泛化掩盖了商事调解、行业调解、专业调解等多元社会调解方式的制度特色，造成了这些非官方调解的法律定位不清，使得调解立法滞后于新型调解实践，并严重制约了多元调解形式的协调发展，不利于纠纷解决的国际交流与合作。

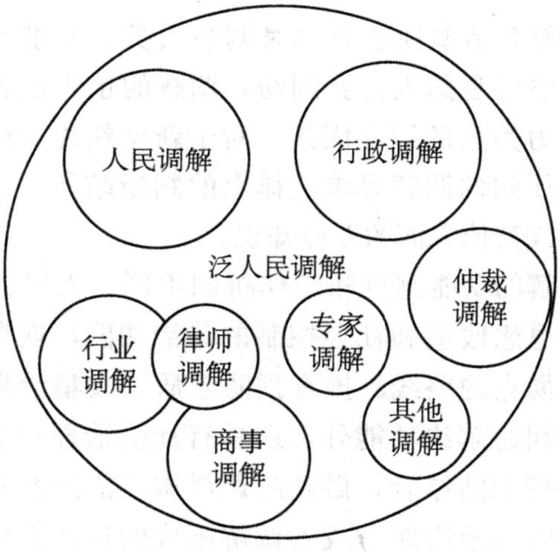

人民调解的泛化现象

三、人民调解制度的正本清源：坚守定位，回归初心

人民调解泛化既有立法过程中部门利益的考量，也有历史传统中路径依赖的影响。当前人民调解的衰落或者新型社会调解的滞后固然受到体制机制的制约，但概念泛化也是重要原因之一。要使人民调解回归正轨，应该坚守人民调解的最初定位，不忘人民调解的制度初心。

（一）新型社会调解不能等同于人民调解

所谓“新型社会调解”，并非一个严格的法律概念，而是用来指除村（居、企）人民调解委员会、乡镇（街道）人民调解委员会以外的社会组织或社会力量所进行的调解。根据所调解纠纷的类型以及纠纷当事人的需求等方面的不同，我们认为人民调解无法涵盖新型社会调解，换言之，旧瓶装新酒并不合适。

首先，两种调解解决的主要纠纷类型不同。人民调解所处理的大多是“户、婚、田土、钱债”纠纷以及一些斗殴、轻伤等轻微刑事案件，这些纠纷一般来自于熟人社会，纠纷的情感因素比较多，很多情况下都是为了“争口气”或“面子问题”。新型社会调解应对的则主要是市场经济发展过程中产生的新型纠纷，如建设工程施工纠纷、房屋买卖、租赁合同纠纷、知识产权等，这些纠纷一般来自于陌生人社会或半熟人社会，纠纷的利益指向性较强。

其次，人民调解和新型社会调解对调解人员的要求不同。人民调解扎根于基层，解决的主要是熟人社会纠纷，调解的正当性和权威性通常来自于以调解员个人魅力为主的综合因素；对于新型纠纷，纠纷当事人倾向于以较诉讼更为快捷便利的调解寻求法律上的判断结果，这就要求调解员具有较高的法律水平或其他方面的专业知识。

最后，两种调解的功能侧重和工作机制不同。人民调解自其产生和形成之时起，就带有思想改造和社会控制的政治功能，现在的人民调解除化解纠纷外，也需贯彻党的路线、排查预防矛盾、收集治理信息，所以新时代人民调解除具有纠纷解决功能外，还具有社会治理功能。在工作机制方面，人民调解要坚持调防结合，做到应调尽调，依法及时就地妥善化解纠纷；对于不适合调解的矛盾纠纷或者调解不成的信访案件，要及时导入法治轨道；对排查调解过程中发现的可能引发群体性事件、越级上访等矛盾纠纷以及违法犯罪活动，要及时预警、主动报告辖区公安机关和当地党委、政府。对于新型社会调解而言，社会治理功能是附随纠纷化解功能而存在的，即通过化解纠纷，维护社会秩序，实现社会治理的目标。新型调解的工作重心在于调解的规范化建设以及本案调解的妥当性与可接受性。

综上所述，由于所调解的纠纷具有不同特点，调解模式和调解机制都会有所差异。如果将新型社会调解装到人民调解之“旧瓶”中，一方面会模糊人民调解的性质和优势，另一方面也会限制其他社会调解的发展空间，所以，不能将新型社会调解等同于人民调解。

（二）人民调解不能趋同于新型社会调解

面对“人民调解”每况愈下的纠纷化解实效和各类调解组织的创新发

展，学界一种极其富有吸引力的观点认为，外生型和政府控制型的调解体制性障碍才是导致人民调解制度绩效低下的关键原因，只有使人民调解从政府推动控制型向社会自治型转型，从半官方调解转化成真正的民间调解，才是走出困境之道。① 在推进人民调解工作的过程中，应该淡化人民调解与民间调解的区别，不应该也不必要将二者区分开来，因为人民调解本身就是民间调解的一种，而所有民间调解从某种意义上来说都是“人民的调解”②。

这种观点洞察出当前人民调解定位不清、概念泛化的问题，但“去人民化”的救赎方案实际上是在瓦解“人民调解”这一概念本身，为所有非官方调解组织寻求法律支持。有学者从历史连续性的视角意识到这一观点所具有的“极强主观价值取向”，并认为这种提倡纯粹的内生型纠纷解决机制依赖于基层社会拥有较高的自治能力与自治空间。③ 然而，自人民调解形成以来很长一段时间，我国传统的社会自治组织因“权力的文化网络”的解体而受到严重破坏，社会自治能力降至低谷。改革开放以来，虽然社会组织种类繁多、数量可观，但却未能在纠纷解决中展现其角色担当，实际上是“功能性不在场”，有学者形容中国社会组织的现状是，官办社会组织官气十足、民办社会组织资源有限、草根社会组织艰难存活。④ 这使得人民调解自治化的主张过于理想化。更为重要的是，这种将人民调解与民间调解的性质和目标混同的观点，会造成“人民调解”概念的无限泛化，影响并束缚其他调解组织的发展，模糊其他调解类型的法律地位。正是由于将“宪法确立的以基层自治为基础的人民调解混同于其他纠纷解决机制，逐渐使其失去自身的特质和生命力”⑤。

将人民调解简单等同于民间社会调解是一个理论误区。传统民间调解一般是家族、宗族、村庄内部的族长、长老、乡绅等社区权威调解，邻里、

---

① 参见毋爱斌：《人民调解的中国经验》，载徐昕主编：《司法》，厦门，厦门大学出版社 2010 年版，第 48 页。

② 徐昕：《迈向社会自治的人民调解》，载《学习与探索》，2012（1）。

③ 参见曾令健：《政府推动型人民调解的意涵变迁（1931—2010）》，载《厦门大学法律评论》，2016（1）。

④ 参见马长山：《从国家构建到共建共享的法治转向——基于社会组织与法治建设关系的考察》，载《法学研究》，2017（3）。

⑤ 范愉：《纠纷解决的理论与实践》，北京，清华大学出版社 2007 年版，第 570 页。

街坊、长辈、朋友等个人均可参与调解[①]，这往往是一种临时性、随机性、非制度化的社区调解。[②] 现代民间调解则主要是各类市场主体在频繁交往过程中以成立的自治组织作为中立第三方主持的规范化调解。因此，民间调解更多是具有自发性的社会内生秩序，与国家建构支持的人民调解明显不同。传统人民调解则是由（村）居委会成员兼任调解员的干部化调解，最为重要的特点就在于其有党和政府的支持，具有半官方、半正式化的色彩，“它是嵌在党和政府编织的权力网络之中的，服务于党和政府的治理目标”，鼎盛时期的人民调解之所以功效显著，就在于当地党委和政府的重视。正因为如此，有学者敏锐指出：“如果人民调解完全变成了民间调解，不再从党和国家获取任何资源，那么人民调解就寿终正寝了”，当下的人民调解应当被重新定位为“人民群众参与下国家向普通民众免费提供的一项公共产品”，应明确国家对人民调解的责任，从而保障人民调解的健康发展。[③] 应该说，这是一种尊重历史、符合客观实际的观点。

新型社会调解不能等同于人民调解，人民调解也不能简单趋同于新型社会调解。只有将人民调解和新型社会调解区分开来，把自发性、自治性作为新型社会调解的发展方向，把加强政府对人民调解的支持和保障、指导和监督作为人民调解的发展方向，使人民调解的内涵和外延纯净化，才能弥合人民调解在表达与实践之间的分裂。至于人民调解的“群众性”则可以通过人民调解员产生的民主性来体现，真正实现乡村、社区的民主选举，使人民调解员从深得选民信任的基层干部中诞生，同时聘请传统社会权威，保持宪法所要求的最低限度的“自治性”。

四、人民调解制度的实践创新：新时代“枫桥经验”的启示

2018 年是毛泽东同志批示学习推广“枫桥经验”55 周年，是习近平指示坚持发展“枫桥经验”15 周年。2018 年 5 月 10 日至 11 日，司法部在浙

① 值得注意的是，我国首部多元化纠纷解决的地方性法规《厦门经济特区多元化纠纷解决机制促进条例》第 9 条规定首次肯定了“个人调解”作为独立类型，并将其与人民调解、行业调解、商事调解相并列。

② 参见范愉、史长青、邱星美：《调解制度与调解人行为规范》，北京，清华大学出版社 2007 年版，第 34 页。

③ 参见何永军：《乡村社会嬗变与人民调解制度变迁》，载《法制与社会发展》，2013 (1)。

江省温州市召开全国人民调解工作会议，会议强调坚持发展“枫桥经验”，谱写新时代人民调解工作新篇章。

（一）“枫桥经验”的缘起与发展

“枫桥经验”根植于浙江诸暨市枫桥地区，辐射到全省、全国。1963 年 2 月，中共中央决定在全国农村普遍开展社会主义教育运动。5 月，毛泽东在杭州主持召开了政治局扩大会议，提出要把绝大多数“四类分子”改造成新人。中共浙江省委选择诸暨、萧山、上虞等县作为“社教”试点，并遵照中央和毛泽东关于对“地富反坏分子”基本上采取“一个不杀，大部不捉”的指示，规定在农村社会主义教育运动和城市“五反”运动中，除了现行犯外，一律不捕；运动后期，必须捕的，也要报请省委批准。1963 年 6 月至 10 月，浙江省委枫桥工作队政法组在枫桥地区的 7 个公社开展社会主义教育运动试点时，坚决执行中央和省委的指示，贯彻不打人、不捕人、矛盾不上交的原则，充分发动群众开展说理斗争，制服了那些被认为是非捕不可的“四类分子”。这种做法得到了毛泽东的肯定，被总结为捕人少、矛盾不上交、依靠群众、以说理斗争的形式把绝大多数“四类分子”就地改造成新人的“枫桥经验”。11 月，毛泽东在同公安部负责人谈话中又强调：“从诸暨的经验看，群众起来以后，做的并不比你们差，并不比你们弱。你们不要忘记动员群众，群众工作做好了，可以减少反革命案件，减少刑事案件”。1964 年 1 月，中共中央发出了《关于依靠群众力量，加强人民民主专政，把绝大多数“四类分子”改造成新人的指示》，把“枫桥经验”推向全国。

“枫桥经验”具有极强的历史适应性、历史创造性，它应时代变革的需要而产生，又应时代发展的需要而不断地转型、丰富和发展。五十多年来，“枫桥经验”的发展演变大致可分为三个阶段。

第一阶段为政治斗争和社会改造的经验。包括 1963 年开展的社会主义教育运动中如何正确地对敌进行斗争的经验；70 年代中期就地改造流窜犯和对违法失足青少年进行帮教的经验；粉碎“四人帮”后枫桥的干部群众在实践中创造的对“四类分子”实行评审和摘帽的制度。

第二阶段为群众广泛参与社会治安综合治理的经验。改革开放后，随着党的工作重点的转移，枫桥的干部群众及时把坚持“枫桥经验”的着力点放到了维护社会治安上。他们注重加强农村治保会建设，坚持经常培训，有效地提高了治保干部的政治业务素质，树立了一批治保会自己动手破案、依靠群众搞好安全防范的好典型。他们还在群众中普遍开展社会主义法制教育，致力于提高人民群众法制意识，实现了“捕人少、治安好、产量高”的要求。1980 年以来，枫桥依靠群众，就地消化了大量矛盾纠纷和一般治安问题，基本上达到“小事不出村，大事不出乡，矛盾不上交”的要求。

第三阶段为村民自治、基层民主法治建设的经验。党的十六大以后，以习近平为书记的浙江省委积极贯彻落实科学发展观和构建和谐社会的宏伟蓝图，“枫桥经验”成为落实“八八战略”①、打造“平安浙江”的重要精神资源、历史资源和实践资源。2003 年，习近平作出批示，要求浙江各级党委和政府高度重视学习推广“枫桥经验”，把“枫桥经验”坚持好、发展好。这一时期，主要的做法有：（1）推进农村基层民主、村民自治；（2）注重提供农村公共产品（如实施道路硬化、绿化、亮化、净化工程，大力加强文化建设，设立大病医疗保险等）；（3）农村的民主管理与监督、财务制度改革；（4）贫困农民的慈善帮助；（5）加强村级社会治安、村级调解；（6）开展新农村建设、村庄建设、民主管理、群防群治；（7）为民办企业提供担保；（8）对外来人口的服务管理；（9）对刑满释放人员的帮教。②

“枫桥经验”的核心是坚持走群众路线。在开展社会主义教育运动阶段，“枫桥经验”采取的是说理斗争的形式，即从解决敌我矛盾转向为化解人民内部矛盾之后，就为人民调解介入乃至融入其中埋下了伏笔。改革开放之后，诸暨关于社会治安综合治理的“枫桥经验”逐渐形成，“枫桥经验”要求依靠群众，就地化解矛盾纠纷和一般治安案件，人民调解恰逢此契机，融入“枫桥经验”并得到了迅速发展。

20 世纪 90 年代至 21 世纪初，与人民调解在全国陷入低迷期相反，诸暨的人民调解因“枫桥经验”却开展得有声有色且不断创新发展。这段时期，依据“枫桥经验”，在社会治安综合治理方面，需要建立部门协同和村

---

① “八八战略”指的是 2003 年 7 月，中共浙江省委举行第十一届四次全体（扩大）会议，提出的面向未来发展的八项举措，即进一步发挥八个方面的优势、推进八个方面的举措。

② 参见汪世荣：《枫桥经验：基层社会治理的实践》，北京，法律出版社 2018 年版，第 1～6 页。

镇联动的机制来预防矛盾，并通过人民调解来化解矛盾，诸暨于是对人民调解委员会及其工作进行了全覆盖的规范化、制度化和标准化建设，并因地制宜地创新出调解工作的很多机制和方法。1996年，诸暨以开展“基层建设年”为契机，成立了“人民调解协助中心”，以加强基层调解委员会的标准化建设，对镇乡调解工作实行规范化管理，形成了市、乡（镇）、片、村四级调解网络。2000年，诸暨在35个乡镇全部建立调解中心，形成乡（镇）有调解中心、办事处有调解小组、村里有调解委员会、村民小组有联络员的纵向到底、横向到边的调解组织网络，将调解组织的触角伸进了人民基层、深处和内部，组成了全面覆盖、不留死角的调解协调网络。2003年，诸暨开展以“五有四落实”（有标牌、有印章、有标识、有程序、有文书；落实组织、人员、报酬、制度）为标准的工作检查。

2008年之后，随着“枫桥经验”的发展，在工作机制和工作方法创新的同时，诸暨的人民调解委员会的调解模式也步入创新发展的时期。尤其是2010年以后，作为全国35家社会管理创新综合试点单位之一，诸暨市开始探索并积极构建“大调解”体系，一方面夯实人民调解委员会在大调解体系中的基础作用，在纵向上形成社会矛盾纠纷“大调解”体系建设领导小组领导的、市人民调解工作中心指导的市、镇、村三级人民调解网络，在横向上则建立健全市联合人民调解委员会以及各专业性、行业性人民调解委员会；另一方面则进一步完善人民调解委员会与司法调解、行政调解、检察工作以及仲裁、信访工作的衔接互动。2015年，诸暨在健全基层人民调解组织的基础上加强社会化调解组织建设，推进乡贤志愿者、新闻媒介、仲裁员等多元力量参与人民调解，并开展政府购买服务，调解类社会组织孵化等社会化运作，又于2016年加强人民调解志愿者队伍建设。[①]

（二）“枫桥经验”的新升级

1. 构建“人民调解+”模式[②]

2017年，诸暨市司法局构建以人民调解为基础，由政府、社会和专业

---

① 参见汪世荣、朱继萍：《人民调解的“枫桥经验”》，北京，法律出版社2018年版，第17～18页。

② http：//www.zhuji.gov.cn/art/2017/6/20/art_1382713_12625745.html，最后访问日期：2019-01-18。

力量共同参与的“人民调解+”专家、品牌、志愿、联动、互联网模式。

一是人民调解+专家，专业化调解“坐堂问诊”。创造性地将“坐堂问诊”制度引进化解专业矛盾领域。建立医疗纠纷、婚姻家庭、交通事故等十大专业调解委员会。利用第三方中立者的身份，整合专业力量，高效化解专业领域的矛盾纠纷。2017 年以来，十大专调会共受理纠纷 3 987 件，调处成功 3 839 件，成功率达 96.28%，标的 1.12 亿元。

二是人民调解+品牌，品牌式调解“以点带面”。挑选具有丰富基层调解经验、群众信任的调解员，精心打造品牌调解室。璜山镇“老朱调解”从源头化解矛盾换来万家幸福的经验，被中央《党建》杂志专题刊登推广；枫桥镇品牌调解员老杨荣获“浙江十大法治人物”；通过培植具有地区影响力的品牌调解员和调解室，迈出了调解“品牌化”战略的重要一步，达到以点带面，最终实现一镇一品。

三是人民调解+志愿，志愿者调解“群防群治”。探索建立“市镇村”三级调解志愿者队伍。市级建立十大百名专家志愿者队伍。镇（街）建立调解志愿者中队。知名的有枫桥调解志愿者联合会、牌头镇的乡贤帮忙团、江藻镇的“詹大姐帮忙团”。村（社区）建立由村干部、法律顾问、乡贤等组成的调解小分队。诸暨市已招募到人民调解志愿者 1 396 人。2017 年以来，共参与调解纠纷 2 607 件，真正达到“群防群治”的目的。

四是人民调解+联动，多调联动“最多跑一次”。建立“多调联动”大调解运行机制，实现警调、诉调、检调有效衔接。在基层派出所指导设立人民调解室，化解基层治安纠纷；在法院立案庭和基层法庭建立诉前人民调解室，对当事人实行劝调制；在镇乡检察室导入人民调解工作，实现检察工作与人民调解工作的互动互进。通过部门协同，达到同进一个门，解决所有问题的“一站式”格局，实现“最多跑一次”。

五是人民调解+互联网，调解效率“飞起来”。为了破除不同人群在时间和空间上申请调解的限制，方便群众，诸暨市实行了人民调解多渠道申请。除了现场申请外，当事人还可以通过“平安通”“在线法院”申请调解。依托“在线法院”平台，已成功完成十大专调会与 50 名专业调解员的信息采录工作，网络调解正式上线。截至 6 月，平台向调解组织委派网上调解案件 39 起，调解成功 27 起，司法确认 9 起。通过移动互联网终端，大大缩短人民调解工作的时间，让调解效率“飞起来”。

2. 打造“四位一体”工作法[①]

坚持发展“枫桥经验”对维护社会安全稳定、全面推进依法治国具有重要意义。中国共产党的十九大召开之后，中国进入了中国特色社会主义建设的新时代。关于社会治理，党的十九大提出要打造“共建共治共享”的格局，“加强社会治理制度建设，完善党委领导、政府负责、社会协同、公众参与、法治保障的社会治理体制，提高社会治理社会化、法治化、智能化、专业化水平。加强预防和化解社会矛盾机制建设”，以及“发挥社会组织作用，实现政府治理和社会调节、居民自治良性互动”，这为人民调解的“枫桥经验”的创新发展提出了新的要求。围绕党的十九大关于社会治理的目标任务，诸暨市以新理念、新途径、新方法，努力打造更高层次、更广范围矛盾多元化解工作新格局。

整合优化各类调解资源。大力推进市调解工作指导中心（政府）和市调解总会（社会组织）“一官一民”的管理组合，强化调解工作的业务指导能力。整合部门资源，以提档升级的市公共法律服务中心为基础，整合市交调中心、市医调委、市商调委、市物调委、市家调委、市劳调委等调解组织进驻，联合成立市级联合调解中心，统一办公场地，规范调解流程和窗口服务。构建以市联调中心为龙头，27 家镇乡（街道）联合调解中心为骨干，13 家市级专调委为补充的矛盾多元化解网络。建立健全有机衔接、协调联动、高效便捷的矛盾纠纷多元化解机制，形成解纷合力，推动调解服务“最多跑一次”。

做大做强调解专业组织。针对新形势下矛盾变化的特点，继续深化专调委建设，根据需要在金融、电商、农产品等新兴矛盾易发领域组建行业调委会。采取政府购买服务形式，大力推进专职人民调解员的招录，开展职业化等级评定，实现调解员专职化管理。同时，打造高质量品牌调解室，突出个人品牌力量，依托品牌调解员杨光照获“CCTV2018 年度十大法治人物”的契机，以老杨调解为标杆，通过传帮带，有效提升调解员队伍能力素质，不断扩大本市品牌调解区域影响力。

---

① http：//www.zhuji.gov.cn/art/2018/12/28/art_1382711_28618687.html，最后访问日期：2019－01－18。

巩固提升“网上枫桥经验”。建立诸暨网上公共法律服务平台，提供矛盾纠纷网上智能咨询，自助申请，在线调解功能。同时，依托“12348 法网”实时发布最新调解案例，逐步形成调解案例数据库，为调解员或者纠纷当事人提供在线查询，自动生成法律意见书等服务，形成判例型调解模式，有效促进矛盾纠纷自我化解。深化“在线矛盾纠纷多元化解平台”，加强调解员培训，提高平台使用率，实现网上调解、网上协议、网上司法确认、网上诉讼立案等一条龙服务。

创新发展调解法治水平。根据新时代全面依法治国的要求，以法治化方式推进诸暨市调解工作创新发展。进一步完善矛盾化解甄别疏导机制，明确纠纷受理范围，畅通法治渠道，严格将人民调解范围之外的矛盾纠纷疏导移交给相关行政部门、司法部门等依法处置，切实把矛盾纠纷纳入依法处理轨道。做好调解工作与普法依法治理结合文章。通过事前讲法、事中析法、事后明法，让矛盾纠纷当事人在接受调解中学法、懂法、守法。

(三)“枫桥经验”的启示

新时代“枫桥经验”是习近平新时代中国特色社会主义思想的重大成果，是在党的领导下由枫桥等地人民创造和发展起来的化解矛盾、促进和谐、引领风尚、保障发展的一整套行之有效并且具有典型意义和示范作用的基层社会治理机制和方法。“枫桥经验”由五个核心要素组成，包括党建统领、人民主体、自治法治德治“三治”结合、共建共治共享、平安和谐。这五个要素构成了“枫桥经验”的鲜明特征和时代内涵。其中，党建统领是根本保证，人民主体是价值核心，“三治”结合是核心要义，共建共治共享是基本格局，平安和谐是目标效果。① 坚持发展“枫桥经验”是新时代人民调解的重要主题，诸暨市人民调解的发展与创新，所体现的“枫桥经验”特色主要有：

1. 在党委领导下，政府负责推动、社会协同、公众参与合力而成

人民调解是依靠群众的力量来解决民间纠纷的制度建构，社会协同、公众参与是其基础。同时，我国人民调解制度又是一种“民办官助”的制

① 参见张文显：《新时代“枫桥经验”的理论命题》，载《法制与社会发展》，2018 (6)。

度，在人民调解“枫桥经验”的形成过程中，诸暨市党委的领导和政府的负责推动显然在其中发生了重要的作用。

在政策引导方面，2008 年以来，诸暨市就人民调解体系的建构发布了很多重要的规范性文件，这些文件主要是诸暨市委、市政府联合发布或者是诸暨市政府发布的。如 2008 年《关于建立人民调解与民事诉讼衔接联动机制的工作意见》、2012 年《关于成立诸暨市社会矛盾纠纷“大调解”建设领导小组的通知》、2014 年《关于进一步加强新形势下人民调解工作的意见》和《关于加强社会化调解体系建设的实施意见》、2015 年《关于加强“大调解”体系建设有效化解社会矛盾纠纷的实施意见》和《关于建立健全行政调解与人民调解衔接机制的意见》、2016 年《关于建立人民调解志愿者队伍 大力开展志愿服务活动的实施意见》等。此外，诸暨市社会矛盾纠纷“大调解”体系建设领导小组调解办公室、诸暨市司法局与检察院、法院、公安局也联合发布了许多涉及人民调解的模式、运作等的重要规范性文件。在这些规范性文件的指导下，有关部门积极组织和大力推动，诸暨市人民调解的体系才得以形成并运转。

在人民调解体系的建构方面，诸暨市委、市政府 2012 年成立了社会矛盾纠纷“大调解”体系建设领导小组并设立领导小组办公室，同时在市司法局设立全额拨款的事业单位——市调解工作指导中心，负责领导小组办公室日常工作的同时指导管理诸暨市人民调解组织建设，并对市调解总会负责业务指导和组织开展矛盾纠纷排查调处等。各镇乡（街道）、相关部门（单位）也要求成立相应的组织机构，由党政一把手担任“大调解”工作的第一负责人，指导协调和包案化解重大矛盾纠纷。这些举措都保证了诸暨市委、市政府对人民调解体系、机制和工作建设的整体部署和具体任务能够得到有效贯彻，使人民调解体系建设工作得以迅速推进。

在经费保障和设施提供方面，除了要求财政落实和保障人民调解工作的指导经费、人民调解委员会的补助经费和人民调解员的补贴经费外，乡镇（街道）、村（居、社区）、企事业单位和其他组织要为人民调解委员会解决好工作场所、办公设施等。①

---

① 参见汪世荣、朱继萍：《人民调解的“枫桥经验”》，北京，法律出版社 2018 年版，第 23～24 页。

2. 以传统村（居）人民调解委员会的调解为基础和主干

“枫桥经验”是基层社会治理的经验，重基层、抓基础是其坚守，“小事不出村，大事不出乡，矛盾不上交”是其基本要求，巩固和完善村（居、企）人民调解组织的建设，并保证其有效开展工作意义重大。在党委领导、政府负责、社会协同、公众参与的合力作用下，诸暨市已形成了村（居、企）、乡镇（街道）、市三级人民调解委员会以及专业性、行业性人民调解委员会组成的纵横交错的调解组织网络。在诸暨市的调解体系中，目前已设立村（居）人民调解委员会 533 家，企事业单位人民调解委员会 149 家。为了解决行政村或小区规模较大、矛盾纠纷较多、情况复杂等问题，诸暨市还积极探索在自然村或小区设立人民调解小组或配备人民调解员，以便开展矛盾纠纷的排查、受理与调处工作。①

建设了覆盖完备的人民调解组织，诸暨市还重视对村（居）级人民调解队伍的建设与培训工作。2012 年之后，诸暨市开始进行和加强人民调解队伍建设，聘请专职人民调解员，吸收一些退休干部、律师加入调解队伍，以应对社会矛盾纠纷的新型化、复杂化和专业化。此外，诸暨市司法局和下设司法所还积极开展对村（居）一级人民调解员的培训工作，除了深入浅出地讲解调解的原则、程序、技巧等内容，重点围绕邻里关系、婚姻家庭等常见矛盾纠纷进行以案说法，不断提高村级人民调解员的调解能力和调解水平，更好地发挥“第一道防线”的作用。

3. 根据实践需求不断创新发展

55 年来，“枫桥经验”之所以能够历久弥新、久盛不衰，靠的是坚持中求发展、变化中求创新。没有创新，诸暨的人民调解就不可能发展，更不可能成为人民调解的“枫桥经验”。根据不同时期社会治理的问题，诸暨市在调解方法、工作机制上不断创新和发展，以满足实践需求。如诸暨市推广的人民调解“四前”工作法，即“组织建设走在工作前、预测工作走在预防前、预防工作走在调解前、调解工作走在计划前”；如专业化调解中的“坐堂问诊”法，利用第三方中立者的身份，发挥专业优势，提出客观评估意见，来高效化解专业领域的矛盾纠纷。在工作机制上，如围绕十九大关

① 参见汪世荣、朱继萍：《人民调解的“枫桥经验”》，北京，法律出版社 2018 年版，第 36 页。

于社会治理的目标任务，诸暨市提出了“一网三化”打造新时代矛盾纠纷多元化解新格局的构想。所谓“一网”，就是要构建立体式纠纷化解网络，以调解组织网络为基础，实现警调对接、检调对接、诉调对接等多调联动一体化协同，推广“互联网＋调解”模式等。所谓“三化”，是指人民调解的法治化、专业化和社会化。如在调解工作中要与法治宣传、法律服务相结合，要纠纷当事人在接受调解中学法、懂法、守法；在专业化方面要拓展专业性调解组织的建设、组建职业化的人民调解员、制定标准化调解流程等；社会化方面就是要放权社会组织管理调解、引导社会组织参与调解、探索建立调解志愿队伍等。①

以上这些创新和发展，既是“枫桥经验”的体现，也顺应了时代发展要求。但是，创新既然是探索，就不可能完全避免不存在问题。同样，在诸暨市人民调解的探索实践中，如人民调解的法治化，其中一个重要方面就是人民调解组织和调解工作的标准化和规范化建设，但是“枫桥经验”致力于依靠群众预防和化解矛盾，人民调解是针对民间纠纷的一种诉讼外纠纷解决方式，其主体、调解方式以及调解依据必然是多元的。法治化、标准化建设是不是会有损“枫桥经验”所致力的追求？再如，人民调解的专业化和社会化，如果专业性、行业性调解或者社会组织提供的调解都是免费而由政府提供调解经费保障的话，一方面会加重政府财政负担，另一方面由于政府所提供的“补助”或“补贴”，难以吸引到优秀人才进入人民调解队伍中，势必会影响调解员队伍的整体素质以及调解工作的效果。因此，需要对人民调解的泛化问题进行理性思考。

五、我国人民调解的完善路径：兼论我国社会调解体系之整合

值得注意的是，2016年《最高人民法院关于人民法院进一步深化多元化纠纷解决机制改革的意见》把人民调解与行政调解、商事调解、行业调解等并列起来。这在某种意义上表明，最高人民法院意识到了人民调解概念泛化的问题。从根本意义上讲，无论何种类型的调解，都是基于当事人的合意解决纠纷。只要纠纷尚未进入诉讼程序，无论是诉前法院调解、行

---

① http：//www.zhuji.gov.cn/art/2018/2/27/art_1382711_15654184.html，最后访问日期：2019-01-18。

政调解还是其他各种主体所主持的民间调解，解决纠纷的目标是一致的，在性质上都是非诉讼纠纷解决机制（ADR)。当然，由于行政调解有行政权力作为支撑，司法调解有司法强制力作为保障，这两类调解机制需要另行规范，因而当前最为迫切的问题是，针对人民调解制度在新时代所面临的时代性挑战，理顺人民调解与民间调解的关系，重塑我国社会调解体系。具体而言，应该坚持“两条腿走路”。

（一）走法律治理道路，制定《社会调解法》

所谓“社会调解”是指除司法调解、行政调解等公权力调解之外的社会化调解，包括人民调解、行业调解、商事调解、律师调解、仲裁调解等各类调解。在社会分工日益细化、利益诉求日趋多元化的社会转型期，只有发展社会调解，拓展调解领域，创新调解载体，才能弥补现行《人民调解法》对调解定位狭窄的缺陷，更好地适应新时代的要求，健全社会矛盾纠纷多元化解机制。国家应该制定统一的《社会调解法》，明确规范调解员的资质条件、调解机构的设置以及法院调解和行政调解之外的各类民间调解活动。①

《社会调解法》应赋予所有社会调解协议同等法律效力并完善诉调对接机制，建立统一的社会调解协议司法确认制度，对社会调解主体所形成的调解协议或调解书应该与人民调解协议具有相同的法律效力。对当事人而言，只要能够通过促成合意形成、实现案结事了，由谁主持调解并不重要。因此，立法应对各类社会调解主体所形成的调解协议一视同仁，而不作区别对待。当事人有权根据自身情况，任意选择合适的调解主体解决纠纷。在这一意义上而言，“以人民调解为主、其他调解为辅的这个制度模式应当予以摒弃，使调解成为一种社会化的纠纷解决机制”②。发展社会调解的重心在于，加强商事调解、行业调解、律师调解、专家个人调解等新型民间调解，明确其法律地位，突出其中立性、自治性，充分发挥社会调解多元化、专业化、职业化优势，提高社会调解的“社会资本”，激活社会调解的制度活力和公信力。

---

① 参见汤唯建：《关于制定社会调解法的思考》，载《法商研究》，2007（1）。

② 赵旭东：《纠纷与纠纷解决原论——从成因到理念的深度分析》，北京，北京大学出版社2009年版，第128页。

（二）走综合治理道路，巩固人民调解地位

当前学界主流观点是推动人民调解完全走向社会自治，前文已经指出，这是一种受到西方中心主义思维影响的理想化方案。西方国家长期奉行“国家与社会”“非官即民”的二元对立、非此即彼思维，奉行“最小政府”理念，提倡“没有政府的治理”，而中国社会治理传统经验则注重国家与社会、政府与民间的互动合作，坚持党政主导、综治协调、多元共治的“全民共建共治共享”的社会治理理念。“枫桥经验”之所以能够有效运行，正是得益于中央主导的政治优势和各级党委的积极推动，尤其是坚持以基层党组织为核心、全社会共同参与的组织网络和群众路线，才能实现“矛盾不上交、就地解决”。类似“枫桥经验”的地方实践证明，充分发挥党委在人民调解资源配置中总揽全局、协调各方的作用，是提升人民调解实效性的关键所在。凡是党政力量高度重视的地方，人民调解的作用就发挥得好；凡是党政不重视的地方，人民调解就会陷入组织瘫痪，形同虚设。通过自下而上的群众参与和自上而下的政府动员，有效调动本地资源，构建群防群治的组织网络，使人民调解与整个社会治安综合治理网络密切结合，就地化解社会矛盾，实现“小事不出村、大事不出镇、矛盾不上交”[①]。中央“六部委”《关于加强人民调解员队伍建设的意见》更是进一步要求各级党委政府应强化对人民调解的经费保障、业务培训、组织领导，该意见在明确司法行政机关对加强人民调解员队伍建设具体指导职责的同时，还要求司法行政机关主动向党委和政府汇报人民调解工作，积极争取有关部门重视和支持，并要求政法委、人民法院、财政部门、民政部门、人力资源社会保障部门、行业主管部门明确各自职责，加强协调配合，共同做好人民调解工作。各级党委政府、各有关部门要把人民调解员队伍建设摆在重要位置，强化工作责任、形成工作合力、务求工作实效，毫不动摇地重视、支持、推动人民调解工作，积极广泛动员社会力量参与人民调解，解决困

---

① 20世纪60年代浙江的“枫桥经验”与40年代延安的“马锡五审判方式”，都坚持走群众路线，注重通过调解化解矛盾纠纷，前者受到毛泽东和习近平总书记前后两代党和国家领导人的批示，后者受到毛泽东同志的高度赞赏，二者都是共产党创造的影响深远的社会主义法律传统，都是富有中国特色的社会治理模式。“枫桥经验”在新时代也在不断进行创新升级。参见谌洪果：《“枫桥经验”与中国特色的法治生成模式》，载《法律科学》，2009（1）。

扰人民调解发展的瓶颈问题，确保人民调解始终充满生机和活力。中央的这一思路正是体现了党委领导下人民调解的综合治理思路。依靠党委政府推动并不是僵化固守人民调解历史形成的组织属性，更为现实的原因是目前我国社会组织的治理能力和机制仍不完善，而“村居两委”人民调解运行实效不彰，需要国家为其注入合法性资源，提高其权威性。因此，在当前乃至今后很长一段时间内，我国人民调解不能也不应该摆脱“政府推动型”的路径依赖。当然，从长远来看，随着社会自治尤其是基层自治的日益完善，社会自我调节、自我发育、自我管理能力的日益增强，社会自治型人民调解必然是时代的潮流，人民调解趋向于演变成新型社区调解，与其他民间社会调解一道，共同构筑国家和社会共同参与纠纷解决的“第三领域”[①]。

（三）走差异化道路，促进调解专业化

在多元化纠纷解决机制的发展中必然存在着公益性（非营利）和市场化（营利性），以及私力救济、社会救济和公力救济之间的多元化组合。[②]重塑我国社会调解体系，意味着应该针对人民调解和其他民间调解各自特点因地制宜，走差异化的发展道路。之所以走差异化道路，是因为我国是一个发展不充分、不平衡的大国，东部、中部、西部，城市与农村，这几个因素交织在一起，纠纷类型和调解需求千差万别，因此，我们不应该采取一元化的思维模式，“将中国的调解实践视为一个统一的同质化整体，认为调解作为一种纠纷解决实践在中国的不同地区是一样的”[③]。在对调解制度进行统一法律规制时，必须注重调解的灵活性与多元性，不能用一元化的职业化模式抹杀调解制度自身的生命力。人民调解自诞生之初就被定位为无偿性、公益化的公共产品，主要由国家公共财政提供经费支持和保障。然而，国家公共资源有限，社会调解缺乏经济利益刺激必然导致动力不足，因此，中央“六部委”《关于加强人民调解员队伍建设的意见》提出，加强

① 宋明：《人民调解的现代定位：纠纷解决机制中的“第三领域”》，载《法制与社会发展》，2008（2）。

② 参见范愉：《转型社会中的人民调解——以上海市长宁区人民调解组织改革的经验为试点》，载《中国司法》，2004（10）。

③ 熊浩：《论中国调解法律规制模式的转型》，载《法商研究》，2018（3）。

人民调解员队伍建设应坚持“专兼结合”“分类指导”的基本原则。差异化道路意味着应该发展兼职化与专业化、公益化与市场化分类并存的调解制度。在我国社会经济高速发展、民商事交易日益频繁的背景下，市场机制是培育社会调解走向成熟的重要路径，市场化调解就是为当事人提供有偿调解服务，调解的需求、供给及服务价格由市场调节。当事人要为调解服务支付一定费用，调解组织要通过提升调解服务的专业性水准来获得市场认可，促进纠纷解决市场的供需平衡。在商事纠纷领域，当事人往往具有较高的付费能力和付费意愿，商事调解、行业调解、律师调解合理收费，符合“谁使用，谁付费”的市场规律。《最高人民法院司法部关于开展律师调解试点工作的意见》就律师调解服务市场化正开启初步探索，其明确规定“在律师事务所设立的调解工作室受理当事人直接申请调解纠纷的，可以按照有偿和低价的原则向双方当事人收取调解费”。当然，当前我国社会调解服务市场尚处于初级阶段，地方政府应当根据当地情况，及时出台手续简化、税收减免等优惠扶持政策，通过积极向社会调解组织购买调解服务等方式鼓励社会力量参与纠纷解决。① 如此一来，可以形成国家推动的行政调解、司法调解、人民调解与商业调解、行业调解、律师调解等其他社会调解并驾齐驱的多元调解体系，各调解组织就其调解质量开展有限竞争，最终提高社会调解的专业化、职业化、规范化水平。

2018 年 1 月 24 日，时任司法部长张军在全国司法厅（局）长会议上指出，目前全国共有人民调解委员会 77 万个，人民调解员 367 万名。人民调解员队伍实际上是一支不穿法袍的编外“布衣法官”队伍，也是一支遍布基层社会每个角落的法律服务志愿者队伍，他们默默耕耘，不计报酬，甘于奉献，在社会矛盾纠纷的最前沿为维护中国社会的和谐稳定作出了重要贡献。中央“六部委”《关于加强人民调解员队伍建设的意见》已经吹响了新时代发展人民调解的号角，我们期待人民调解在不久的未来再次迎来“黄金时代”，重现往日辉煌。②

① 参见廖永安、蒋凤鸣：《新时代发展我国社会调解的新思路》，载《中国社会科学报》，2018-01-18。

② 参见廖永安：《加强人民调解员队伍建设　再造人民调解新辉煌》，载《法制晚报》，2018-06-04。

第七章　法院调解的改革路径

法院调解在我国法学语境中是一个容易存在歧义的概念，与之相关联的表达还有“司法调解”“诉讼调解”。为避免法院调解与西方庭外和解制度发生混淆，有学者也使用“法庭调解”的称谓。[①] 在很多时候，这三个概念在狭义上经常被交互使用，特指在审理案件过程中，法院主持调解活动，促成当事人达成调解协议，从而解决纠纷的审判活动。在广义上，法院调解的范畴较诉讼调解或司法调解更为宽广，既包括诉讼程序内的调解，也包括诉讼程序外的调解；既包括法院作为调解主体主持的调解活动，也包括法院作为参与主体促进的各种调解形式。本章在广义上使用“法院调解”这个概念，在我国的调解“版图”中，法院调解是极为重要的组成部分。法院调解与法院审判混合在一起，既成为中国民事司法程序现代化过程中引发持久争议的部分，也成为社会主义司法最具特色的部分。在多元化纠纷解决机制格局中，法院调解自身也正在不断调整之中，本章尝试探讨：中国法院调解应该处于何种位置？法院调解究竟从何处来？正在发生何种变化？未来又应该向何处去？中国法院调解是否应当废除？这些问题的回答既关系到中国民事诉讼程序的现代化，也关系到中国调解体系的科学化。

一、法院调解的历史谱系：从民间性到国家性

众所周知，民事纠纷在中国古代更多是通过调解而非诉讼方式解决。调解制度的表达与实践深受儒家道德理想的影响，并契合了传统小农经济条件下的熟人社会需要。在现代法院诞生之前，古代官府在解决“细事”

---

① 参见［美］黄宗智：《过去和现在：中国民事法律实践的探索》，北京，法律出版社 2009 年版，第 191 页。

时也会采取调解，用道德教化子民，日本学者滋贺秀三认为中国古代民事审判实质上是一种“父母官诉讼”，与西方的“竞技型诉讼”形成对立的两极，中国古代民事审判本质上是“教谕式调解”而非判决。[①] 然而，随着司法档案资料的挖掘和利用，上述传统观点受到了质疑。美国学者黄宗智则认为清代诉讼实践表明，古代官府在听讼时很少调解，大多是依法判决，且在官方审判与民间调解之间存在官民互动、官批民调的“第三领域”，黄宗智教授用“民事调判”这一概念来表达这种交互关系。[②] 中国学者张勤认为，调解和判决在清代纠纷处理方式中占到了同等重要的比重。[③] 围绕滋贺秀三的“调解说”与黄宗智的“审判说”之间的争论，我们可以看到中国古代民事司法实践中“调解”与“审判”是并行的，二者实践中的交融远比表达上的分歧要大得多。总的来说，面对低度基层渗透权力和高度专制权力的矛盾，清代纠纷解决坚持“简约治理”的理念，调解主要是民间化的，即由宗族、邻里、中人、乡保等主体主持的民间调解及半民间化的官批民调，这些方式仍未奏效时，官府主要是依法判决，但也不排除少量官府调解。[④]

民国时期，国民党初步建立全国统一政权后，效仿西法设立专门现代法院以加强司法制度建设，与此同时，国民党政府仍保留了古代调解传统，在法院设立“民事调解处”对进入法院的民事案件先行调解，并且颁布了专门的《民事调解法》试图“杜息争端，减少诉讼”[⑤]。民国时期调解制度

---

① 参见［日］滋贺秀三、寺田浩明、岸本美绪、夫马进：《明清时期的民事审判与民间契约》，王亚新译，北京，法律出版社 1998 年版，第 98～99 页。

② 参见［美］黄宗智：《过去和现在：中国民事法律实践的探索》，北京，法律出版社 2009 年版，第 8 页。

③ 作者对清末奉天省宽甸县知县受理的光绪二十八年至三十二年间的民间纠纷案件进行过统计分析，在总数 114 件案件中，以判决结案的有 39 件，占了 34%，以和息方式结案的有 35 件，占总数的 31%。这表明调解在纠纷解决中的重要性并没有被否认。参见张勤：《中国近代民事司法变革研究：以奉天省为例》，北京，商务印书馆 2012 年版，第 99 页。

④ 梁治平也认为中国古代解决“民事纠纷”时，调处有多种形式，既可以由当事人亲族近邻或者乡保自行调处，也可以由官府批准乡保、族长调处，还可以由官府直接调处。宋代以后，随着家族组织日益完备，官府直接调解日益减少，民间自行调处逐渐成为定制。参见梁治平：《寻求自然秩序的和谐》，上海，上海人民出版社 1991 年版，第 212～213 页。

⑤ 国民党在政权建立初期在全国各地设立了息讼会、息争会，息讼会并非完全的自治组织，而具有官僚化的特征。在全国统一政权初步建立后，设置了区乡镇坊调解委员会，试图以具有科层和官僚特征的调解委员会取代散布于基层社会由族长、邻佑、中人等参与的民间调解。参见罗金寿、余洋：《民国时期的调解体系及运作》，载《江西师范大学学报》（哲学社会科学版），2016（3）。

组织化、制度化、官僚化建设意味着现代国家对纠纷解决国家性的加强，但由于民国时期战乱频繁、政局不稳，国民政府试图通过对调解制度的规训来强化国家权力对基层社会的渗透和控制的愿望并未实现，实践表明，民国法院调解收效甚微，民间调解反而运作得更加有效。[①] 虽然如此，从息诉会、区乡镇坊调解委员会、法院民事调解处的设立不难发现，在现代民族国家建立过程中，调解越来越具有国家性。

国民党政府没能实现的愿望，在共产党这里却得到了实现。在国民党势力范围控制之外的陕甘宁边区，共产党在国民政府移植的西式司法体制外，走了一条更贴近底层群众的大众化司法路线。将农村社区的调解传统与法院审判结合而成的法院调解成为共产党创造的新实践[②]，这种实践最终被符号化为“马锡五审判方式”，其特点为：法官深入调查、依靠群众、审判与调解相结合、诉讼程序简便。[③]在当时的社会环境下，离婚纠纷成为最主要的纠纷形态，并构成了法院调解最主要的场域。黄宗智教授精彩地分析了法院调解如何诞生于一段独特的离婚实践历史中。共产党在革命早期为了赢得农民支持，支持离婚自由以破除封建婚姻，然而，结婚在农村是一件代价很高的事，支持随意离婚又引起了农民的强烈不满，共产党最终试图在激进的允诺与现实之间找到一条中间道路，借助感情观念以“调解和好”为特色的法院调解制度成为一种正当化工具，法院在处理离婚案件时积极进行调解而非简单判决，成为在终结封建婚姻与缓和农民反对之间的平衡折中。正是在这种共产党革命时期的离婚法实践中，我们才找到了当代法院调解的真正起源。[④] 这一时期形成的“马锡五审判方式”及人民调解制度塑造了中华人民共和国成立后社会主义法律的新传统。[⑤]

同时，侯欣一的研究表明，调解制度推行的主要动力自始至终来自边

---

① 参见［美］黄宗智：《过去和现在：中国民事法律实践的探索》，北京，法律出版社 2009 年版，第198～201 页。

② 参见［美］黄宗智：《过去和现在：中国民事法律实践的探索》，北京，法律出版社 2009 年版，第七章。

③ 参见张希坡：《马锡五审判方式》，北京，法律出版社 1983 年版，第 22～25 页。

④ 参见［美］黄宗智：《过去和现在：中国民事法律实践的探索》，北京，法律出版社 2009 年版，第四章。

⑤ 参见强世功：《权力的组织网络与法律的治理化——马锡五审判方式与中国法律的新传统》，载《北大法律评论》，2000 年第 3 卷第 6 辑。

区政府而非司法系统自身，而边区政府的动力既是出于消解民众对“官僚主义”司法现状不满以适应政治斗争形势的需要，也是出于探索新型司法制度的需要。边区政府首先是在司法系统内推行调解（1943—1944 上半年），其后才把调解运动推行至民间和一切政府部门（1944 下半年—1945 年）。[①] 在这一过程中，随着国家权力的全面延伸和渗透，非正式的民间调解受到挤压，人民调解、行政调解、法院调解“三驾马车”并驾齐驱并登上历史舞台，调解从最初的民间性与国家性二元并存彻底转向了国家一元主导。而随着社会经济条件的不断变化，我们会看到三种调解的各自命运也是跌宕起伏。

二、法院调解的兴与衰：“调审关系”的政策嬗变

1949 年中国共产党建立全国统一的新政权后，作为革命时代重要遗产的法院调解顺理成章地得以延续。作为社会综合治理工作的重要一环，法院调解在民事审判中的地位变迁大致可以分为六个阶段。[②]

第一阶段“调解为主”（1949—1981 年）。1958 年，毛泽东在北戴河会议上提出，解决民事案件还是马青天（马锡五）那一套好，调查研究，调解为主，就地解决。1963 年，最高人民法院召开第一次全国民事审判工作会议，正式提出了“调查研究、就地解决、调解为主”的十二字方针，并指出这是民事审判工作的根本工作方法和工作作风。1964 年，最高人民法院将这十二字方针发展为“依靠群众、调查研究、就地解决、调解为主”的十六字方针。1979 年，最高人民法院制定的《人民法院审理民事案件程序制度的规定（试行）》再次肯定了十六字方针。

第二阶段“着重调解”（1982—1990 年）。1982 年，我国颁布的第一部《民事诉讼法》第 6 条确立了“着重调解”的原则，矫正了此前强调“调解为主”的不足，同时第 100 条规定“调解达成协议，必须双方自愿，不得强迫”，但调解仍然优先于判决。

① 参见侯欣一：《从司法为民到人民司法——陕甘宁边区大众化司法制度研究》，北京，中国政法大学出版社 2007 年版，第 274～278 页。

② 目前法院调解通常划分为四个阶段，参见邵六益：《悖论与必然 法院调解的回归（2003—2012）》，载《华东政法大学学报》，2013（5）。

第三阶段“自愿、合法调解”（1991—2002 年）。1991 年《民事诉讼法》修改时，“着重调解”的原则终于被“自愿、合法调解”所取代。这一调整的背景是 1988 年以来我国民事审判方式改革，学术界在这一时期对法院调解的弊端进行了深刻批判。强化当事人举证、一步到庭、“坐堂问案”、强化判决的当事人主义改革措施兴起，法院调解日益被边缘化。

第四阶段“能调则调，当判则判，调判结合”（2003—2008 年）。民事审判方式改革的高歌猛进，以 2002 年为转折点。中共中央办公厅、国务院办公厅转发了《最高人民法院关于进一步加强新时期人民调解工作的意见》，最高人民法院随后出台《关于审理人民调解协议民事案件的若干规定》，虽然针对的是人民调解，却预示了法院调解的新一轮复苏。2003 年 1 月实施的《最高人民法院关于审理证券市场因虚假陈述引发的民事赔偿案件的若干规定》第 4 条规定了人民法院审理该类案件，应当“着重调解”。2003 年 12 月实施的《最高人民法院关于适用简易程序审理民事案件的若干规定》第 14 条规定了人民法院开庭审理婚姻家庭、继承纠纷及小额纠纷等特定类型纠纷应当“先行调解”。2004 年最高人民法院出台的《关于人民法院民事调解工作若干问题的规定》规定，法院一审、二审、再审均可调解，放宽对调解适用审限的要求，并且规定法院可以邀请社会力量参与调解。这一系列的司法解释的出台试图扭转法院调解在民事审判中不断下滑的颓势。2005 年，时任最高人民法院院长肖扬向全国人大所作工作报告首次明确将“能调则调，当判则判，调判结合，案结事了”作为民事审判工作方针，且这十六字方针连续四年写入最高人民法院工作报告。2007 年，最高人民法院出台《关于进一步发挥诉讼调解在构建社会主义和谐社会中积极作用的若干意见》明确提出，要服从大局，充分运用诉讼调解“最大限度增加和谐因素，最大限度减少不和谐因素”，试图进一步扭转“重判轻调”局面。

第五阶段“调解优先，调判结合”（2009—2013 年）。在国家领导人提出“构建社会主义和谐社会”的执政理念和“三个至上”的政法工作要求以来，司法也一直在逐渐适应这一新形势。2008 年，在全国政法工作研讨班上“调解优先”原则首次被提出。2009 年是法院调解全面复苏的关键一年，是年，为应对全球金融危机爆发对国内经济和社会发展带来的冲击，在中央政法委的主导下，最高人民法院提出了坚持“能动司法”的理念与推进“人民调解、行政调解、司法调解”三位一体、“司法主导”的“大调解”运动，强调法官不能消极地坐堂办案，优先以调解手段解决纠纷，追求办案政治效果、法律效果与社会效果的统一。2009 年最高人民法院工作报告明确提出，要继承和发扬“马锡五审判方式”，“高度重视运用调解手段化解矛盾纠纷”，转变审判观念，坚持“调解优先、调判结合”原则。此后直至 2013 年，“调解优先，调判结合”作为一项民事审判原则连续五年写入最高人民法院工作报告。这个阶段在全国法院掀起了调解热潮，很多地方法院放出了超高调解率的卫星，尤其是 2009 年被很多地方法院定位成“调解年”，各地竞相开展“零判决竞赛”活动，法院俨然呈现一幅“消失的审判”图景。①

第六阶段“合法自愿调解”（2014 年至今）。急功近利追求“零判决”的调解“大跃进”活动使得法院调解偏离了正确运行轨道，盲目“调解率”的数字考核指标背离了调解的制度初衷并损害了审判的独立性。官方显然意识到了这个问题，2014 年，新任最高人民法院法院院长周强在向全国人大所作的工作报告中提出“坚持合法自愿原则，规范司法调解”，试图回归调解与审判的本来司法规律。同年，最高人民法院决定取消对全国各高级人民法院考核排名，除依照法律规定保留审限内结案率等若干必要的约束性指标外，其他设定的评估指标一律作为统计分析的参考性指标，作为分析审判运行态势的数据参考，原本在法院审判质效中占据重要地位的调解撤诉率不再作为约束性指标，司法回归理性的面目。同年，《人民法院四五改革纲要》提出，要“继续推进调解、仲裁、行政裁决、行政复议等纠纷解决机制与诉讼的有机衔接、相互协调，引导当事人选择适当的纠纷解决方式”。中共十八届四中全会通过的《中共中央关于全面推进依法治国若干重大问题的决定》明确提出，“完善调解、仲裁、行政裁决、行政复议、诉讼等有机衔接、相互协调的多元化纠纷解决机制”。在此后最高人民法院的一系列官方文件中，不再出现“调解优先”的表达，而是试图构建系统科学的多元化纠纷解决体系。2016 年，最高人民法院为进一步贯彻落实中央

① 当然，在数字化考核体制下，这些数据充满了水分。参见张嘉军：《民事诉讼调解结案率实证研究》，载《法学研究》，2012 (1)。

决策部署，出台了《关于人民法院进一步深化多元化纠纷解决机制改革的意见》，并首次提出："推动调解与裁判适当分离。建立案件调解与裁判在人员和程序方面适当分离的机制。立案阶段从事调解的法官原则上不参与同一案件的裁判工作。在案件审理过程中，双方当事人仍有调解意愿的，从事裁判的法官可以进行调解。"

回顾1949年至今法院调解所经历的六个阶段，调解与审判在不同历史时期的政治、社会、经济背景下，呈现出不同的力量对比关系，法院调解在民事审判中的地位经历了否定之否定的历程，这种司法政策的导向也体现在了历年法院调解率中（见下表）。

年份	一审调解率（%）	二审调解率（%）	再审调解率（%）
1980	69.1	/	/
1981	68.9	/	/
1982	68.2	/	/
1983	71.9	/	/
1984	72.9	/	/
1985	75.3	17.4	/
1986	74.8	16.3	/
1897	73	15.2	/
1988	73.8	/	/
1989	71.3	/	/
1990	65.7	/	/
1991	59.6	/	/
1992	62.4	12.1	4.8
1993	59.8	12.2	5.9
1994	58.8	11.8	5.2
1995	57	11.6	7.4
1996	53.9	10.7	5.3
1997	50.5	9.7	4.9
1998	45	8.5	4.8
1999	42.1	7.9	5.1
2000	37.7	7.8	4.8

续前表

年份	一审调解率（%）	二审调解率（%）	再审调解率（%）
2001	35.1	7.5	5
2002	30.3	7.3	7
2003	29.9	7.6	7.2
2004	31	8	8.2
2005	32.1	8.5	9.6
2006	32.5	9.4	10.7
2007	33.4	10.9	12.9
2008	35.2	12.4	12.5
2009	36.2	15	12.7
2010	38.8	15.9	14.4
2011	40.6	13	14
2012	41.7	13	13.9
2013	37.9	11.9	11.7
2014	33.3	9.8	9.8
2015	28.7	7.3	8.6
2016	25.9	6.6	8.6

数据来源：《中国法律年鉴》《最高人民法院公报》。

说明：在法院的结案方式中，撤诉是一种较为特殊的存在。撤诉可能是法院组织调解的结果，也可能是原告方单方意思表示的结果。由于这类案件比例较少（2016 年，一审撤诉率 22.9%，二审撤诉率 12%，再审撤诉率 3.7%），且直到 2015 年最新民事诉讼法司法解释规定除原告二审、再审撤回起诉不能再重复起诉外，当事人撤回一审起诉后仍可再起诉，故原告撤诉是否系基于法院调解无法准确测定，最能反映撤诉可能是基于法院调解的是再审撤诉率，但这类案件极少。

历史的车轮经过 60 多年的旋转，从五六十年代几乎所有民事案件曾经都是以调解结案，到八九十年代 80%以上的民事案件以调解结案，到 2002 年左右调解率跌至 34%，到 2009 年被称为“调解的复兴”时期调解率又回到 60%以上，再到 2016 年一审民事调解率仅为 25.9%，一审、二审、再审调解率全部加总也仅为 40.8%，调解在民事审判中已经不再占据主导地位。同时，从纠纷类型来看，2016 年婚姻家庭继承纠纷（38.5%）一审调解率>权属侵权及其他纠纷（25.3%）>合同纠纷（22.8%），但均未超过 50%。这种长时段的观察为我们提炼中国民事审判的基本结构提供了时间和空间数据。

三、民事审判结构“理想类型”的现实动向：在调解型与判决型之间

如何看待法院调解在不同历史时期所遭遇的跌宕起伏的命运？为什么在中国民事司法实践中调解和判决一直结合在一起？调判结合究竟面临何种困境？又该如何看待调解回归司法理性背景下的“调解和裁判的适度分离”？调判结合是否必然意味着强化调解弱化判决的结局？走出困境的方式是否必然意味着调审彻底分离？对这些问题的追问直接关系中国民事司法现代化的方向。

为了更加清晰地揭示纠纷解决的程序运作特征并对六十多年间法院调解与审判的关系作出一个全面解释，有必要引入一个基本的“民事审判结构模型”作为理论预设。王亚新最早从这个视角来审视调解与判决的关系，虽然他所立足的是第二阶段与第三阶段之间的“调判关系”，但其对中国民事审判所提出的两种理论模型在我国民事诉讼法学界影响较大，且对分析调判关系仍然具有较强的解释力。王亚新将中国民事审判的程序结构抽象为“判决型”和“调解型”，在“调解型”模式中，通过取得当事人的合意来结束案件是法官审判的首要目标，调解是最主要的纠纷解决方式，法官有责任积极主动地进行调解，只有经过反复耐心调解仍无法获取合意，判决才成为最后迫不得已的结案方式。在“判决型”模式中，法官审判的直接目标是形成判决，判决是诉讼程序中解决纠纷的主要形式，获取合意不是法官必须履行的职责，调解属于当事人的程序权利，法官无须积极主动进行调解，而是处于对当事人请求的消极回应位置。两种模式存在明显的区别：“判决型”模式的正当性原理在于举证责任转移给当事人，当事人提出证据对席辩论以争取法官作出有利于自己的判定，判决是当事人自己责任的结果，诉讼过程注重通过不可逆转的程式化的正当程序保障判决的正当性；“调解型”模式的正当性原理在于法官的积极职权调查和教育说服当事人，法官形成正确的解决方案并说服当事人接受该方案，诉讼过程由法官根据具体情况采取较为灵活的非正式方式展开程序。王亚新特别提醒：两种模型各有优劣，并无低级高级之区别，二者都是不同社会条件及文化背景下，在纠纷解决的实践中历史形成的相适应方式，都是对现实诉讼过程的程序要素及条件的抽象化形成的理论工具，现实中的审判方式往往是

两种模式的混合妥协，两种模式之间的转换也只是相对而言，而不是非此即彼的全面排除，事实上在西方“判决型”程序结构中，也出现自我修正、部分导入“调解型”程序要素的潮流。①

徐昀则以司法实践中的“非正式开庭”现象与马锡五审判方式的联系为切入点，通过我国自第一阶段至第四阶段民事审判结构的经验性研究，提出了“马锡五审判方式＋正式开庭”的理论模型，马锡五审判方式代表了民事审判结构中强调实体公正、非程序化、注重调解、人民满意、群众路线的一极，正式开庭代表了民事审判结构中强调程序公正、注重判决、法官消极中立、规范庭审运作的一极，二者存在结构性矛盾和紧张关系。同时，徐昀将民事审判结构的变迁与国家政治—法律政策的变迁联系起来，认为“政治＋法律”的政法型司法体制结构模型构成了民事审判结构变迁的更高层面的背景，民事审判结构是向马锡五审判方式一极移动还是向正式开庭一极移动，取决于司法体制中的政治与法律变迁，而政治与法律变迁的直接原因是党和国家的政治决策，深层原因是解决社会转型过程中的矛盾和问题，故调解与判决关系的变迁外因在于社会转型。②

王亚新的“调解型＋判决型”理论模型和徐昀的“马锡五审判方式＋正式开庭”的理论模型异曲同工，均以程序展开过程区分调解与判决。不同的是，王亚新以程序导向结果命名，徐昀以程序运作本身命名，相比之下，王亚新提炼的模型更加抽象化、普遍化，而徐昀提炼的模型较为具体化、地方化，甚至不妨说后者是在前者基础上的具体化演绎，后者在解释运用上没有前者清晰、简明、广泛。无论是王亚新还是徐昀，均是从具体民事审判实践经验中提炼出概念化的“理想类型”（Ideal Type），这种问题意识实质上均来自德国社会学家马克斯·韦伯关于西方法律“理想类型”的经典框架，并且以西方现代民事审判结构作为参照。

从民事审判结构模型角度看，法院调解在民事司法实践中的地位变化，受到社会转型和体制转轨的影响。尤其对马锡五审判方式冲击最大的是从1980年代兴起并一直持续到2002年的民事审判方式改革，民事诉讼体制改

① 参见王亚新：《论民事、经济审判方式的改革》，载《中国社会科学》，1994（1），第9～15页。

② 参见徐昀：《调判结合的困境——以民事审判结构理论为分析框架》，载《开放时代》，2009（6）。

革从之前的超职权主义向当事人主义转型、从强调“实地调查”向“坐堂问案”转变，强调当事人的举证责任、调整调解与判决的相互关系成为改革的重要内容。[①] 法庭调解的空间被大幅收缩，民事审判程序从“调解型”向“审判型”转变。[②] 弱化法院调解、强化依法判决成为这一时期民事诉讼法学理论研究的重要特点。在 1991—2002 年这一期间，法庭调解遭遇了前所未有的低谷。

值得注意的是，民事审判方式加速改革的十年是最高人民法院司法专业化改革的十年（1998—2008 年）。尽管自 2002 年以后，民事审判方式改革在转型时期遭遇了一些“案结事不了”的涉诉信访问题，2008 年最高人民法院提出了“能调则调、当判则判、调判结合、案结事了”的十六字方针，但司法职业化和专业化改革使得法官都基本接受了现代法治理念，并且树立了基本的程序意识，在审案过程中回归判决本位，不再强调以调解为中心。2008—2013 年，最高人民法院的司法改革政策向“能动司法”“大调解”转向，从强调过去的法庭庭审、坐堂审案向强调高度重视运用调解手段化解矛盾纠纷转向。这种转向的一个不可忽视的背景是，随着社会剧烈转型，利益分化、纠纷猛增，涉诉信访矛盾突出，司法公信力下降，在稳定压倒一切的形势下，法院调解又得到了复苏。2009 年，在全球金融危机的背景下，最高人民法院明确提出了“调解优先、调判结合”的能动司法理念，调解再次获得了与判决“平起平坐”甚至是优先的地位。

这一时期法院调解的复兴引起了学术界的新一股研究热潮。否定论以张卫平、周永坤为代表。张卫平认为，这种调解的复兴实质上是回归了马锡五审判方式，一味强调调解的结果势必将会模糊裁判的这种具体化作用，淡化人们行为的规范意识。法院作为司法机关的功能必然会逐渐变异，异化为非裁判机关。[③] 周永坤认为，调解是不发达社会主导的纠纷解决制度。判决的权威是法治社会的标志。东方发达的调解制度是人治社会的一部分，它不是先进文化，恰恰是东方落后于西方的重要制度原因。1949 年后我国

---

① 参见张卫平：《回归马锡五的思考》，载《现代法学》，2009（5）。

② 参见王亚新：《论民事、经济审判方式的改革》，载《中国社会科学》，1994（1）。

③ 参见张卫平：《回归马锡五的思考》，载《现代法学》，2009（5）；《诉讼调解：时下态势的分析与思考》，载《法学》，2007（5）。

调解的走俏正是我国的人治社会使然。改革开放以后判决的短期走强是社会法治冲动的产物。强制性调解构成对法治基本价值的损害。既然我国已经选择了法治之路，我们就只有选择以判决为主导的纠纷解决制度。①

持相对温和的批判观点认为，法院调解的复兴表面上看是法院被动屈从于“和谐社会”的要求。从社会转型的背景来看，法院为了在新一轮的资源、权力、正当性等的再分配中获益，不排除是主动提出“和谐司法”的口号。其虽然相对客观地认为，不能否认这种政策对“案结事了”或司法社会效果的意义，但整体上持否定观点认为，这种政策，模糊了司法边界，使得法院与社会型调解机构趋同。这种片面追求调解的做法不符合决策者的本意。造成这种现象的根本原因在于司法与调解的耦合，诉讼制度上调审关系未实现分离。②

持“同情的理解”的还有吴英姿教授，她从法院调解复兴背后的原因分析入手，说明法院调解在当代中国具有存在的合理性，这些原因包括人民调解等社会纠纷解决机制的实效不理想，社会自我消解纠纷能力低下，转型时期现实性社会冲突与非现实性社会冲突交织等。她指出，目前的法院调解没有摆脱成为社会治理工具的命运，故而法院调解承载着特定的政治使命和社会功能。法院调解的合理性还表现在彻底解决纠纷、维持当事人之间社会关系的和谐方面，具有判决所不可替代的意义，法院调解在某种意义上还起着沟通法律与社会，帮助法律与司法获得合法性的作用。针对目前法院调解中的不足，她认为应尽可能通过完善制度设计来限制其“负功能”，而发挥其“正功能”。应该构建诉权对审判权的制约机制，提升法院调解的制度化程度。通过制度的完善，不仅能更好地发挥调解制度的作用，实现其社会功能，而且能够促进中国司法制度的现代化转型机制，提升法院调解的制度化程度。③ 但与此同时，吴英姿通过对一个法院的实践调查后认为，“调解优先”政策指导下的司法结构呈现“调解—判决”二元化特征，且存在内在紧张与流动性，存在寻租空间。调解优先政策缺乏外部资源的支撑，诉前分流效果不佳；双向推进式改革易走极端，脱离社会

① 参见周永坤：《论强制性调解对法治和公平的冲击》，载《法律科学》，2007（3）。
② 参见陈杭平：《社会转型、法制化与法院调解》，载《法制与社会发展》，2010（2）。
③ 参见吴英姿：《法院调解的“复兴”与未来》，载《法制与社会发展》，2007（3）。

需要；改革的效果不尽如人意。因此，立法需要进一步明确先行调解规则的含义，补充和保障当事人的程序异议权。[①]

尽管绝大多数学者对法院调解在2008年左右的复兴持批评和否定的意见，但也有学者持肯定观点。范愉教授对法学界从原理和逻辑推理而不是从实证经验出发质疑调解的正当性提出了批评，“面对调解的复兴，一些法学家习惯性地基于一些传统理论或普遍性价值观质疑调解的正当性，断言调解是欠发达社会的制度或人治和计划经济的产物，将调解和审判、司法调解和民间调解绝对对立起来，推定法院对调解的鼓励完全出于自身利益，并必然导向对当事人的强制，这些判断与法院调解的实际效果和当事人的真实反映几乎完全背离，显示出学者对司法实践、审判经验和原理本身的发展缺乏了解”。她从审判经验和法学原理的关系辨析出发，认为司法实践不应拘泥于传统的法治原理，实际上当代社会对调解正当性的认同已经超越和升华了传统法治原理，尤其是逐步脱离了国家中心和诉讼迷信。“调解优先、调判结合”的司法政策是司法机关立足于我国现行体制和司法环境，应对社会纠纷解决需求而作出的选择。[②] 范愉认为，“调解优先”的司法政策并不意味着“调解万能”，其意义在于进一步促进调解在民事诉讼中的作用，并适应社会需求，在刑事、行政领域引进协商性因素。在民事诉讼中，“调解优先”符合私法自治原则，当事人处分权优先于公共利益考量，除法律明确禁止或限制的情形外，调解与协商、和解是当事人的权利，也是法官的义务和责任，一般不能因公共利益而否定或限制调解。我国民事诉讼法的基本原则、制度制约、当事人处分权与法院职权的结合、相应的救济机制等，可以保证调解的正当性和效益。[③]

四、法院调解的重构：调审合一还是调审分离

虽然法学界大多数学者均认可调解作为一种纠纷的解决方式，有其合理性和正当性的一面，但他们同时也否定法院调解优先的合理性，学者们

① 参见吴英姿：《“调解优先”：改革范式与法律解读——以O市法院改革为样本》，载《中外法学》，2013（3）。

② 参见范愉：《诉讼调解：审判经验与法学原理》，载《中国法学》，2009（6）。

③ 参见范愉：《“当判则判”与“调判结合”——基于实务和操作层面的分析》，载《法制与社会发展》，2011（6）。

担忧调审合一可能导致对法律规则的违反和自愿原则的侵犯。特别是在不合理的调解率考核指标下出现“以判压调”的强制性调解、片面追求“零判决”对法治原则的侵蚀。

正是在这种背景下，自法院调解走向边缘的1991年开始，一些学者开始对法院调解“调审合一”的正当性提出质疑，认为将调解和判决作为人民法院行使审判权的不同方式共同规定于民诉程序中并不妥当，应将调解过程和审判过程相分离，将法院调解从民事诉讼中分离出去。其中主张调审分离论最具有代表性的学者为李浩。他从判决与调解性质的不同出发进行论证，提出“调解归调解，审判归审判”。他提出了调解与判决最少存在12个方面的性质差异，具体表现在：强制与自愿、查明事实与不一定查明事实、依据法律与不违反法律、严格遵循程序与不对程序严格、获得判决与达成合意、宣告规则与解决纠纷、限于本案请求事实与灵活对待请求事实、公开与非公开、面对过去与面向将来、黑白分明与调和处理、方法固定与方法多样。他认为调审分离的好处在于：一是调审分离有利于自愿原则切实有效地实施；二是调审分离有利于保密原则的落实；三是调审分离有利于维护司法公正；四是调审分离有利于维护司法的权威；五是调审分离有利于厘清调解与审判的关系；六是调审分离有利于规制审判权的正当行使；七是调审分离有利于消解对民事权利保护不力的批评。[①] 而调审合一的弊端在于：一是因二者在性质上存在的上述根本差异，导致二者在民事诉讼程序中造成了两者关系的紧张和冲突，即调审合一会带来民事审判结构性矛盾，法院调解的运行现状不仅与立法者设置调解制度时的预期发生断裂，而且使诉讼制度发生变异，使实体法与程序法对审判活动的约束双重软化，更使我国民事诉讼的运行情况与民事诉讼制度的预定目标出现较大的偏离。二是因为调解与审判在程序原理上存在差异，所以，民事审判中的调解应当单独程序化，与法官的审判程序不能混在一起，以避免全面法制化的僵化。[②] 基于此，李浩教授旗帜鲜明地提出，“调解不宜作为民事

① 参见李浩：《调解归调解，审判归审判：民事审判中的调审分离》，载《中国法学》，2013(3)。

② 参见李浩：《民事审判中的调审分离》，载《法学研究》，1996(4)；《论法院调解中程序法与实体法约束的双重软化——兼析民事诉讼中偏重调解与严肃执法的矛盾》，载《法学评论》，1996(4)。

审判权的作用方式”，应该按照依法审判的理念改造和重置民事审判权的运作方式，把调解从审判程序分离出去，使之成为与审判不同的另一种解决纠纷的制度。与此同时，按照以合意解决争讼这一事物的本质，建立诉讼上和解制度。[①]李浩教授的观点得到了学界大多数学者的赞同，郝振江教授认为，调审合一造成调解与审判程序上的内在冲突，严重制约着调解程序和审判程序的现代化，影响审判多重功能的发挥。但在调审分离的具体方案上，他与李浩教授的略有不同，其提出，我国目前调审程序分离的路径主要是构建调解程序的某些特殊原则和制度，并未解决调解程序与审判程序的同质性问题。应该借鉴日本调解非讼化的思路，着力改造调解程序的对抗主义结构，使之建立于非对抗结构之上，并且注重程序的自足性和体系性，以形成独立的法院调解程序，使程序不仅“分离”更要“分立”[②]。

同时，也有法官考察了探索试点的“调审适度分离”的实践，反思了调审分离改革中出现的一些问题。王亚明法官通过对南京法院的实践考察发现，南京市两级法院也开展了调审适度分离的四种模式：一是在立案阶段实行调审分离。二是在庭前阶段实行调审分离。将审判庭法官分为调解组及裁判组，案件先由调解组法官进行调解，调解不成，移交裁判组法官裁判。三是立案以及庭前阶段实行调审分离。在业务庭内部将法官分为调解组及裁判组，将调解组派驻立案庭，开庭审理之前所有调解工作都由调解组法官主持。调解不成，移交裁判组法官裁判。调解组法官原则上不参与案件的处理，裁判组法官负责庭中和庭后的调解工作，调解不成依法判决。四是全程调审分离。在业务庭内部将法官分为调解组及裁判组，调解组法官负责庭前准备工作，并承担结案前的全部调解职责，即在裁判组法官作出裁判前对案件进行全程跟踪调解。裁判组法官只负责作出裁判，原则上不参与调解。该市基层法院的法官普遍赞同第一种模式，即在立案阶段进行调审分离，具体是在立案庭设立的诉讼服务中心进行诉前调解，调解不成及时转审判庭审判（包括调解和裁判）。后三种调审适度分离模式之

---

① 参见李浩：《调解不宜作为民事审判权的运作方式》，载《法律科学》，1996（4）。

② 郝振江：《论我国法院调解与审判的程序分离》，载《暨南学报》（哲学社会科学版），2017（9）。

所以不受欢迎，是因为具有四方面的缺陷：一是后三种模式不符合审判规律。因为案件能否调解需要在审判过程中经过审理才能确定，人为划分调解组和裁判组进行案件分离很难操作；二是在审判庭内部调审分离浪费审判资源，因为会发生重复劳动，加剧案多人少的矛盾；三是在审判庭内部“架床叠屋”违反当事人主观愿望；四是在审判庭内部区分调解组和裁判组不利于提高法官的业务能力。①

与调审分离论相反的是调审合一论，该观点的代表性学者为范愉和田平安。范愉从域外的实践经验分析入手，指出无论是东方还是西方，司法实践和审判经验已对“调审分离”的原理提出了挑战，英美法系国家“调审分离”的禁忌已出现松动，而大陆法系国家则基本上打破了这类禁忌。大陆法系中的典型的调解性因素是法官促成和解，促成和解活动发生在审判庭，并且和解法官与之后听审此案的为同一法官。她认为纯粹理论层面的制度构建并不利于问题的解决，“审判法官能否主持诉讼调解，并发挥积极主动的作用，并不取决于原理，而是依案件类型、繁简程度、当事人需求、诉讼模式以及其他具体因素，在这一前提下，分别设立诉前、审前以及贯穿于诉讼全过程的调解”②。田平安教授认为，“调审分离论”虽然出发点是为了克服民事调审合一制度形成的以判压调等弊端，以实现诉讼公正的价值目标，达成诉讼调解回归法治轨道的理想图景。然而“经济纠纷调解中心”的前车之鉴和“调审适度分离”的“改革”尝试从实践层面否定了调审分离的可行性。在理论层面，调审分离论自身的矛盾性、概念的模糊性以及对调解规律的误判、“改革”路径选择的非现实性等因素，共同导致其理想愿景的乌托邦化。调审分离论遭遇理论自足性缺失和实践可行性证伪双重背反。面对能动司法错位、调解优先异化、调解指标离谱、调解依赖加剧等调解乱象，调审分离的“改革”设想无疑是头痛医脚。田平安教授提出的解决方案是在坚守调审合一的司法观下，做到“三要”“三不要”：一要取消调解优先的帽子，让调判结合回归本位；二要抛弃调解依赖，让调解回归常态；三要克服调解强制，让调解回归自愿合法。同时，

① 参见王亚明：《调审分离：问题及路径》，载《中共南京市委党校学报》，2012（5）。

② 范愉：《诉讼调解：审判经验与法学原理》，载《中国法学》，2009（6）。

调审并重，不要偏废；调审共存，不要替代；调审合一，不要分离。[①]

我们认为，法院调解在宏观层面是国家社会治理技术，在微观方面是当事人行使处分权与人民法院行使审判权相结合的纠纷解决方式，作为一项自革命时期传承至今的具有中国特色的纠纷解决制度，这种制度构造在全世界法院几乎绝无仅有。这样一项具有深厚文化积淀和政治基础的司法制度经历了数十年的实践积累，已经深深嵌入人民法院的司法实践中，成为不可或缺的纠纷解决方式。但我们又不得不正视法院调解“调审合一”的种种弊端。

首先，“调审合一”确实有可能造成“以判压调”“以拖逼调”等强迫调解现象的隐秘出现，严重侵犯当事人的诉权。而“调审分离”则可以避免这种现象的发生。其次，调解与裁判两种司法活动的规律完全不同。调解以形成合意为目标，审判以发现真实为目标；前者追求合作，后者追求对抗；前者追求保密，后者要求公开；前者要求调解员适时介入并提出方案，后者要求法官保持角色中立。二者对法官的职业要求不同，“调审合一”会导致法官在角色伦理上出现错位，尤其是调解法官在调解不成再继续担任裁判法官时可能形成先入为主的认知，有违司法中立性要求。再次，法官不能拒绝裁判，在面对重大疑难复杂案件或者敏感案件时，社会公众尤为期待法官能够通过鲜明的裁判导向定分止争。然而，在我国司法职业保障尚不健全的职业环境下，中国法官面临着错案追责制、涉诉信访维稳、社会舆论炒作等多重风险，而调解成为转移裁判风险点的极佳手段，它使法官不再耗费精力去进行裁判说理，也不必担心案件被上诉改判，更可以不受到审限的束缚，因此，“调审合一”为法官逃避裁判风险提供了制度空间[②]，并因此容易导致“和稀泥”司法的出现，南京“彭宇案”的二审就是一个典型的教训。

面对“调审合一”的弊端，是否意味着我们应该按照多数学者所主张的，彻底抛弃法院调解，选择德日民事诉讼中的“诉讼上和解”作为我国

---

① 参见田平安、杨成良：《调审分离论：理想图景与双重背反———兼与李浩教授商榷》，载《湖南社会科学》，2015（5）。

② 参见曹云吉：《审判风险与法院调解》，载《国家检察官学院学报》，2015（9）。

民事诉讼现代化的方向呢?[①] 对此,我们持不同意见。因为我国法院调解与西方“诉讼上和解”的制度谱系不同,前者一开始就内生于中国民事审判实践中,成为法官行使审判权的一种方式,而后者则是在对抗制诉讼体制下衍生,目的是缓和对抗制带来的程序僵化;前者是司法和合主义文化下的产物,后者是司法竞技主义文化下的产物;前者是政法传统下司法治理化的产物,后者是法治传统下司法自治与保障当事人程序选择权的产物,二者不应该完全等同,更不能直接移植“嫁接”。如果只是为了程序理性设计本身而叠床架屋地设计程序,取消法院调解,单独设立调解程序,必然带来程序的复杂化和过度消耗,提高司法成本,给当事人利用程序带来不便,不利于促进纠纷解决。因此,我们认为,为了避免“调审合一”的弊端,同时减轻调审彻底分离带来的低效性和高成本,我国法院调解应该在“调审合一”与“调审分离”之间走第三条道路,即“调解审判适度分离”。有学者从我国司法实际情况出发,在不改变诉讼程序基本结构的前提下,提出我国民事诉讼不应该把调解作为民事诉讼的基本原则贯彻诉讼全过程,而应该将其作为一种制度设计,作为在民事诉讼中的一项当事人可以选择利用的制度设计。具体而言,可以实行有限分离的调解前置程序,将调解程序前移至审前程序,同时建立基于案件类型化的“强制调解程序”,对家事案件等特定纠纷由法院依职权启动调解。[②] 我们赞同这种观点,因为在审前程序中,双方当事人还没有进入实质性对抗,可以缓和双方当事人的对立情绪,避免调解程序非对抗结构与审判程序“对审”结构带来的程序紧张。同时,对于婚姻家庭纠纷、收养纠纷、监护纠纷、继承纠纷、抚养纠纷、扶养纠纷、赡养纠纷、宅基地纠纷、相邻关系纠纷等特定类型的案件实行诉前调解前置程序,已经逐渐成为世界民事诉讼的新潮流,德国、日本乃至我国台湾地区对此均有专门规定。关于调解前置程序的具体制度安排,我们将在后面的章节进行详细展开。

---

① 有学者认为我国法院调解不仅应该在程序上与审判分离,更要与审判“分立”,借鉴日本调解的非讼化程序,形成独立的调解程序。参见郝振江:《论我国法院调解与审判的程序分离》,载《暨南学报》(哲学社会科学版),2017 (9)。

② 这种观点以唐力教授为代表,参见唐力:《在强制与合意之间:我国诉讼调解制度的困境与出路》,载《现代法学》,2012 (3);《诉讼合意诱导机制研究》,载《法商研究》,2016 (4)。

值得注意的是，《最高人民法院关于人民法院进一步深化多元化纠纷解决机制改革的意见》第 30 条提出，立案阶段从事调解的法官原则上不参与同一案件的裁判工作，在案件审理过程中，双方当事人仍有调解意愿的，从事裁判的法官可以进行调解。这实际上就是一种“调解与审判适度分离”论，选择有限度的调解法官与裁判法官的分离。当然，按照有权机关的权威解释，这里所谓的“适度”还包含另一层含义，在速裁案件或小额诉讼案件中，因为法律关系简单、诉讼标的额较小，若仍然严格贯彻“调审分离”不利于纠纷迅速解决和司法资源节省原则，故除非当事人明确反对，调解法官仍然可以参与后续案件的审判。①

选择有限度的“调审分离”，一个随之而来的问题是，如果当事人在案件进入审判程序后，即在案件审理过程中仍然有调解意愿的，如何贯彻“调审分离”原则呢？显然，此时法官可以告知当事人自行和解，但法官不能以案件已经进入审判程序而忽视当事人申请调解的纠纷解决需求，一个可供选择的现实可行的制度衔接是交付法院专职调解员在审判程序外调解或者法院委托调解，调解不成再进入审理程序，而后者就涉及法院调解社会化的问题。

五、法院调解的新动向：法院调解的社会化

在“调审分离”的制度设计中导入法院委托调解，这是当前我国司法实践中正在尝试的做法，其背后所蕴含的是法院调解的社会化乃至司法社会化的法理命题。

（一）法院调解社会化的实践形式

目前，在多元化纠纷解决机制改革的浪潮中，各地法院都在进行法院调解的实践创新，其最主要的方式不外乎两种，一种是让矛盾纠纷“走出去”，委托或者委派其他调解组织或调解员进行调解；另一种是把调解主体“请进来”，特邀调解组织或者调解员进驻法院进行调解。对这两种纠纷解决成果，最终再通过司法确认方式实现诉调对接。

1. 法院附设人民调解。这种形式主要指的是人民法院内部设置专用办

① 参见李少平主编：《最高人民法院多元化纠纷解决机制改革意见和特邀调解规定的理解与适用》，北京，人民法院出版社 2017 年版，第 279 页。

公室，由司法局向该办公室派常驻人民调解员进行诉前调解的人民调解。2003年上海长宁区法院设立了全国第一家专业化人民调解机构—“区联调委人民调解窗口”，开展了“在法官主导下诉讼调解适度社会化”探索，开创了“人民调解走进法院”的先河。随后“人民调解窗口”“人民调解工作室”“诉调对接人民调解工作室”等如雨后春笋般地在各地法院挂牌成立，并得到最高人民法院的推广。[①]而2016年6月28日《最高人民法院关于人民法院进一步深化多元化纠纷解决机制改革的意见》第17条则规定吸纳人大代表、政协委员、人民陪审员、专家学者、律师、仲裁员、退休法律工作者等具备条件的个人担任特邀调解员，充分体现了法院调解的社会化。

2. 委派调解和委托调解制度。2016年6月28日，最高人民法院发布了《关于人民法院特邀调解的规定》，该规定第1条明确了“特邀调解”是指吸纳符合条件的人民调解、行政调解、商事调解、行业调解等调解组织或个人成为特邀调解组织或特邀调解员，接受人民法院立案前委派或立案后委托依法进行调解。这里分为：委派调解与委托调解两种形式。所谓“委派调解”是指在立案登记前，对当事人起诉到法院的民商事纠纷，由法院立案庭法官或其他立案工作人员进行甄别和分流。对适宜调解的案件，经双方当事人同意可以在立案登记前委派给特邀调解组织、特邀调解员或者具有调解职能的组织先行调解。当事人不同意调解的，人民法院再行登记立案。所谓“委托调解”是指登记立案后或者在审理过程中，对于适宜调解的案件，经征得当事人同意后亦可委托给特邀调解组织、特邀调解员或者法院专职调解员进行调解。对委派调解、委托调解达成调解协议的，按照工作要求，由主持调解的主体适时向当事人释明可申请对调解协议进行司法确认。对当事人申请司法确认的，通过诉调对接平台及时依法审查确认，为非诉调解工作提供有力的司法保障。有学者将委托调解这类制度实践类比于古代官批民调，并认为其性质属于“诉讼调解”，并应确保法院对委托调解的主导性。[②]

3. 法院专职调解员制度。除了“请进来”和“走出去”，最高人民法院

① 关于法院附设人民调解的详细介绍和法理分析，可参见毋爱斌：《法院附设型人民调解及其运作》，载《当代法学》，2012（2）。

② 参见刘加良：《委托调解原论》，载《河南大学学报》（社会科学版），2011（5）。

还试图在法院内部设置专门的调解员。《最高人民法院关于人民法院进一步深化多元化纠纷解决机制改革的意见》第 18 条规定：人民法院可以在诉讼服务中心等部门配备专职调解员，由擅长调解的法官或者司法辅助人员担任，从事调解指导工作和登记立案后的委托调解工作。法官主持达成调解协议的，依法出具调解书；司法辅助人员主持达成调解协议的，应当经法官审查后依法出具调解书。这项制度实际上为“调审适度分离”提供了良好的制度衔接，同时也有助于法院委托调解的顺畅运行。

（二）法院调解社会化的法理基础

著名史学家黄宗智则从法律史出发，认为我国的纠纷解决系统在国家与社会之间还存在着半正式的“第三领域”，“在此中间阶段，正式制度与非正式制度发生某种对话，并有其既定程序，故而形成一个半官半民的纠纷处理地带”[①]。对于“细事”（民事纠纷）国家一般不直接介入，只有当社会以及国家与社会交叉的“第三领域”解决不了的时候，国家才会进行干预，他将其称为“集权的简约治理”模式。[②]

法院委托调解（也包括委派调解，下同）正好反映了上述思路，从各地委托调解的实践来看，民事纠纷诉诸法院后，其根据不同的时机，在立案前、受理后开庭审理前、审理中判决作出前，都可以适当引导当事人选择调解，在尊重当事人的程序选择权的基础上，将案件委托给社会上的调解组织进行调解，调解成功后当事人可以就调解协议向法院申请司法确认，调解不成即转为诉讼程序。从这一过程来看，将诉诸法院的纠纷委托出去，是法院在面对案多人少的压力时而采取的简约治理策略。说到简约，首先包含了司法作为国家提供的公共产品的稀缺性，将案件委托出去可以节约国家的有限资源。其次，也显示了多中心治理的新思路，在意识到国家作为单一治理力量的有限性之后，司法中心主义的纠纷解决机制也必须有所改变。现实性纠纷与非现实性纠纷的交错加大了案件的处理难度，很多案件采取“非黑即白”的判决方式并不能息事宁人，司法（此处取狭义，审

① ［美］黄宗智：《清代的法律、社会与文化：民法的表达与实践》，北京，法律出版社 2014 年版，第 91～111 页。

② 参见黄宗智：《过去和现在：中国民事法律实践的探索》，北京，法律出版社 2009 年版，第 74～87 页。

判）因其“对抗与判定”的诉讼结构而面临诸多限制，美国法理学家富勒在论证司法的限度时就指出，司法并不擅长处理“多中心问题”①。再次，简约主义的治理使得社会组织的自我管理能力在社会发展中日益凸显，有利于培养社会的纠纷自我消解能力和自治能力，同时，通过“请进来”和“走出去”有助于弥合司法专业化与社会的距离，体现了司法民主的精神。

虽然委托调解近几年来才在司法实务中受到重视并引起学术界的关注，但仅就制度设计而言，2004 年《最高人民法院关于人民法院民事调解工作若干问题的规定》第 3 条第 2 款就对其进行了规定，即法院在征得双方当事人同意的前提下，将自己已经受理、正在进行调解的案件委托给有关单位或个人进行调解，并且在达成调解协议后依法确认的制度。同时，该条第 1 款也规定了协助调解制度，即人民法院进行调解，可以邀请有关单位和个人协助，被邀请的单位或个人应当协助人民法院进行调解，引入了社会力量参与到调解过程中。

有学者将法院调解社会化的理论依据归结为司法权的社会性。②我们认为，对委托调解这一政治哲学进路的解释在说服力上还有所欠缺。因为它忽视了一个关键问题，即法院委托给社会的究竟是案件还是司法权。有学者认为，委托调解是将审判权委托出去，因而法院调解社会化与“审判权只能由人民法院行使”法律原则相冲突。③ 这实际上是将调解权与审判权混为一谈，调解与审判在构造与权力结构上存在根本差异，因此，采取“调审分离”是合乎制度原理的模式。自国家诞生以来，随着国家力量的强大，公力救济逐渐取代私力救济，司法权在这一历史演变过程中获得了独占地位，其背后的实质依托是国家强制力，并由此获得纠纷解决的终局性。因此，即使我们对司法权作广义理解，使之包括审判权和诉讼调解权力，也不能认为法院是将司法权委托出去，充其量只不过是将案件委托出去而交由社会力量调解。这主要是因为调解本质上是中立第三方引导当事人双方自主解决纠纷，从而达成共识并形成调解协议。而诉讼调解之所以与判决

---

① Lon L. Fuller, “The Forms and Limits of Adjudication”, *Harvard Law Review*, Vol. 92, No. 2. (Dcc. , 1978), p. 395.

② 参见刘加良：《民事诉讼调解社会化的根据、原则与限度》，载《法律科学》，2011 (3)。

③ 参见杨秀清：《反思法院调解主体的社会化》，载《社会科学论坛》，2008 (2)。

具有同等效力并不是因为调解主体是法官而获得确定力，而是由于其在诉讼程序中达成的调解协议，本身都经过司法审查与确认，最终也消耗了国家的司法资源，基于法律秩序的统一与安定，纠纷解决的实效性与司法权的终局性，从而赋予其既判力。换言之，审判权专属于法院，但纠纷调解权从来就没有被法院垄断，只要调解人具备一定条件，都可以调解。进一步言之，就委托调解而言，社会力量达成的调解并未完全自主终局地解决纷争，最终的审查与确认权仍然在法院。在整个纠纷解决过程中，司法权并未委托转移，而只是将案件委托给了本来就具有纠纷调解权的社会组织。这大大扩充了法院可支配的社会资源，在广度上，延伸了法院参与社会治理的触角；在深度上，使法院能够集中精力解决较为复杂和重要的案件。

因此，委托调解作为法院调解社会化的一种形式，在更广泛的意义上，是司法社会化的一种形式，其根据并不在于“司法权的社会性”，而毋宁是国家简约主义治理策略的延伸与展开。在这一过程中，法院并未放弃对纠纷解决的控制权，是否委托、委托给谁、合适委托与否都由法院视情况而定，在调解的过程中，法院可以进行一些意见指导，调解的成果必须经过法院的确认才具有强制执行力。这表明，民事诉讼调解社会化是法院在“减压”与“维稳”双重背景下的行动策略，法院的委托使得人民调解等社会力量被整合进国家正式的“权力组织网络”之中，成为国家整个治理体制的一部分。[①]

（三）法院调解社会化的限度：社会资本理论的视角

委托调解能否发挥判决所不具有的比较优势，从而实现案结事了、息事宁人，受制于一系列条件。从内部条件而言，取决于纠纷是否适合调解，只有适合诉讼调解的纠纷才有委托调解的必要。从外部条件而言，委托调解能否有效运行，取决于社会力量解决纠纷的能力。就后者而言，我们引入一个重要的社会学概念，即社会资本的高低。

社会资本理论从法国社会学家皮埃尔·布迪厄出发，经过詹姆斯·科

---

① 关于法院调解社会化的理论思考，笔者的主要观点形成于 2011 年。8 年之后，我国法院调解社会化的现状有所改善，但面临的基本问题仍然和 8 年之前相似。因此，笔者将 8 年前发表的文章收入本章，同时略作修改。参见王聪、秦川：《实践与反思：委托调解的法社会学分析》，载《商事调解与 ADR》，2011（3）。

尔曼，再到罗伯特·普特南等学者的不断发展，“社会资本”已经成为社会学、经济学、政治学、管理学上一个重要的具有包容性的分析概念。本章主要取其社会学的含义，普特南认为，社会资本主要包含三个方面的内容，社会信任、互惠规范以及公民参与网络。① 从社会资本理论的视角来看，受委托的社会力量能否解决纠纷，首先取决于调解主体能否得到信任，只有当事人信任和认同调解组织，他们之间才能构成相互有效的交流机制，也才能为委托调解提供合法性/正当性基础，因此，从既有的委托调解实践来看，作为受托对象的组织或个人通常有以下几类（以上海浦东法院的受托对象为例）：德高望重的离退休干部（如退休法官、离退休干部）；具有丰富群众工作经验的基层干部（如村委干部、街道办干部、人大代表、政协委员）；具有某方面专业知识或技术的人员或组织（如消费者协会、行业协会、调解工作室、律师）等。这些人员的一个共同点就是他们都因为职业、经验、专业知识等而具有一定的权威，因而能够获得当事人的信任。其次，调解主体的社会性使其能够弥补职业法官长期所形成的专业思维的偏执，受托的社会力量更能够灵活地处理法律僵化与社会规范之间的背离，从而运用道德、风俗习惯、乡土人情等地方性知识来缝合二者之间的缝隙。这些规范因为更符合当事人所属地区的共同行为准则而容易得到接受，这种与调解具有天然亲和力的规范为委托调解的运行提供了制度保障。最后，就整个委托调解制度能否有效运行而言，还需要受托对象能够积极热心地参与纠纷调解。没有公民的积极参与，委托调解就无法顺利运行。因此，在最终意义上，委托调解能否有效运行，受到社会资本的制约。如果一个社会的社会资本下降，原有的社会由“熟人社会”变成“陌生人社会”，人们之间缺乏一定的信任，公民参与公共事务的热情不高，委托调解的效果就会不彰。只有不断培育成熟的公民社会，通过构建公民参与网络，加强公民之间的联系与信任，才能为委托调解的运行奠定社会基础。

正是从社会资本理论的视角观察，可以发现目前委托调解因为受制于外部条件而面临的限度。因为就处于转型期的社会而言，由于传统社会结构解体、社区共同体观念缺失、社会自我整合不力、社会自治程度不高，

① 参见邹东升：《契约治理视域的治安承包》，北京，中国检察出版社 2009 年版，第 155～156 页。

成熟的公民社会远未建立，因此，目前我国的社会资本并不高，社会力量解决民事纠纷的能力并不高。面对这一现实，法院委托调解必须坚持循序渐进的原则，在初级阶段先将一些较为简单的民事案件委托出去，以实现分流的目的。而对于重大、复杂、疑难的案件是否委托，法院必须采取谨慎克制的态度，因为受委托的调解组织能否胜任调解这类纠纷尚存疑问，一旦未能有效调解，有可能使当事人之间的纠纷激化，造成社会资源的浪费和纠纷解决成本（时间、精力等）的增加。更为严重的是，法院可能会遭到“烫手山芋往外扔”的逃避司法的质疑，因而成为更大不满的倾泻对象。

六、法院调解社会化的未来：迈向契约型治理

改革开放之前，我国社会治理在整体上以国家构建为主导，呈现“大政府小社会”的状态，这导致社会组织不发达，社会组织在法治建设过程中出现功能性“不在场”[①]。由于当前我国社会自治能力水平尚显不足，调解所依赖的社会资本贫乏，目前我国整个调解体系所采取的模式都是政府主导推动型调解，在政府推动下，当前的人民调解具有明显的国家干预和政府导向性，对党委和政府的依赖程度很高。因此，有学者指出，“大调解”体系本质上就是运用行政力量干预纠纷，而且采取“社会动员”的方式来推进社会力量的调解，不仅成本很高，而且成效不彰，无法建立起长效机制。[②] 这也是目前法院社会化调解所面临的普遍问题。党的十九大以来，随着以“全民共建共治共享”为核心的全新社会治理理念的确立，从国家构建到共建共享的转型已成大势所趋。靠政府推动作为过渡时期的治理策略必须转型。随着公民社会的成熟以及社会资本的充裕，社会自治能力不断提升，以培育社会自主解决纠纷能力为重心的自治型调解必然是社会化调解的发展趋势。在这一过程中，政府或法院不能再“单兵作战”，而必须更新和转换治理理念，引导各种社会力量自我管理、自我化解纠纷，

① 马长山：《从国家构建到共建共享的法治转向——基于社会组织与法治建设之间关系的考察》，载《法学研究》，2017（3）。

② 参见吴英姿：《“大调解”的功能及限度——纠纷解决的制度供给与社会自治》，载《中外法学》，2008（2）。

实现良性的共治与“善治”。如何转换治理理念？首先必须打破社会公共事务治理中长期存在的国家与社会、公共部门与私人部门对立两分的传统思维模式，“将契约的理念模型、运作模式和战略技术移植到公共事务的治理领域中”，强调以契约合同为中心，将市场机制引入公共服务组织的运作中，实行“公共服务的市场化”①。这是自20世纪80年代以来兴起的契约主义治理模式的核心思想，契约型治理在西方发达国家的社会治安服务领域表现得尤为普遍和明显，如美国的私人侦探、私人警察（保安服务公司）、私有监狱、私人法官、私人收债公司等实践运行都是采取市场化的运作模式，并且运作极为有效，与国家提供的公共产品形成竞争。②

契约型治理能否融入我国法院调解社会化的实践中？我们以为，法院调解社会化符合契约型治理的理念，一旦融入市场机制可以激励受托对象的积极性，催生出更多专业性的调解组织。随着社会自治程度的提高与社会资本的积累，自治型的社会化调解可以融入市场化机制，可以有效缓解司法公共产品供给不足、运行效率低下、质量不高等问题。因为社会组织能否发挥解决纠纷的作用，取决于市场需求，取决于其能否生产适销对路的“公共产品”，通过市场激励机制可以提高社会组织调解的效率，改善调解的效果，从而建立调解的长效稳定机制。在经济发达地区，很多商事纠纷可以选择更加了解行业习惯的行业组织、商事组织调解，以获得更加迅速、便捷、成本更低的产品，又可以在必要的时候维系长期合作的商业关系。调解的市场化意味着“国家不必也没有可能划定各类解纷组织的市场份额”，而应当“让不同层次的法律服务中介机构在解纷市场自行定位，提供多元化的解纷途径”，由此也可以最终刺激社会自我解决纠纷的能力。③ 同时，面对由于市场不均衡性所导致的经济不甚发达的农村地区公共产品供给不足的问题，国家可以通过减免税收、提供补贴等优惠政策，鼓励善于运用地方性知识的调解组织面向农村社会提供价格低廉、合乎情理的纠纷解决产品。针对一些涉及弱势群体和社会公共利益的纠纷解决，基

---

① 邹东升：《契约治理视域的治安承包》，北京，中国检察出版社2009年版。

② 参见徐昕：《论私力救济》，北京，中国政法大学出版社2005年版，第五章。

③ 参见吴英姿：《“大调解”的功能及限度——纠纷解决的制度供给与社会自治》，载《中外法学》，2008（2）。

于公共产品的外部性所引起的“搭便车”行为，国家应该为这些纠纷解决设置“公益化机制”，诸如广泛的法律援助、设立专项基金、支持社会团体和个人从事公益性纠纷解决工作等举措，这可以克服纠纷解决市场化机制的失灵问题。在一些经济发达地区，政府购买民间的纠纷调解服务就体现了上述理念。近年来比较成功的是改革开放前沿深圳市在实践中摸索的“福田模式”：深圳市福田区利用辖区内丰富的律师服务资源，通过招投标的方式向有资质的律师事务所购买法律服务，引进法律专业人员担任人民调解员，在矛盾纠纷较多的单位设立人民调解室，派驻在福田辖区各公安派出所、交警大队、法院、信访、综治、公交、地铁、行业协会等单位，以人民调解委员会调解员身份从事人民调解工作，全天候为基层群众提供法律服务、调解矛盾纠纷，积极推进社会矛盾化解工作。[①] 人民调解“福田模式”的优势在于，政府不再是调解的直接主体，而是转变为调解规范的制定者和调解行为的监督者，促进了人民调解向社会化和自治化方向发展。这是一种富含深刻理论意蕴的社会治理实践，从根本上讲，这一模式能否长久有效运行，还需要政府从根本上转变治理观念，从管理型治理迈向契约型治理，使“福田模式”成为常规性治理技术，这也正是法院调解社会化得以有效运行的关键，更是将法院从“诉讼爆炸”中解脱出来的关键。唯有如此，才能疏通拥挤不堪的诉讼大门，开辟“多门法院”，使得纠纷能够通过多元渠道得以有效解决。

① 关于人民调解“福田模式”的理论研究，参见汪世荣等：《人民调解的“福田模式”研究》，北京，北京大学出版社2016年版；冯江等：《现代社会治理体系的有效探索：人民调解“福田模式”研究》，北京，中国社会科学出版社2017年版。

第八章　行政调解的历史溯源与发展脉络

一个人一生可能不会与法院打交道，但一个人从出生到死亡都会与行政机关发生联系。“我们都生活在行政国家里，它是由一系列庞大的行政机构所普遍实施和明确采用的政策塑造出来的。”[①] 行政机关通过行使行政管理、治理权，对社会生活的介入是最广泛的，然而，行政机关在解决纠纷方面的职责却容易被忽视。如何提升行政机关在纠纷解决中的积极性和有效性，是深化多元化纠纷解决机制改革，提升国家治理能力和治理体系现代化的重要内容。在现行法律制度框架下，行政机关解决纠纷的方式有行政调解、行政复议、行政裁决，其中最为薄弱的环节即行政调解，所谓行政调解是指行政机关依照法定职责和程序，以自愿平等为基础通过解释、沟通、说服、疏导、协商等方式方法，解决公民、法人或者其他组织之间的民事纠纷以及行政机关和行政相对人之间的行政纠纷的制度。故本章聚焦于行政调解制度，通过回溯历史，可以发现行政调解在各个历史时期有着不同的呈现形式。当代所指称的人民调解、诉讼调解与行政调解等形式与古代传统意义上的调解、调处难以准确对应。在不同的历史时期，行政调解有着不同的政治定位、程序设计和呈现形式，发挥的作用也是不尽相同的。本章将按照中国古代、近代、现代以及当代的历史阶段划分，介绍行政调解的历史渊源与发展脉络。

一、古代的“行政调解”

我国有着两千多年的“和合文化”积淀，和谐的思想是中华文化精髓，

---

① ［美］爱德华·L. 拉宾：《行政国家的法律与立法》，王保民、唐学亮译，载《清华法治论衡》，2013（2）。

历朝历代以之为据建章立制，塑造了从最高统治者到普通庶民的纠纷及解纷观念，“和为贵”的思想成为调解产生的重要基础。通常认为，我国古代调解可分为民间调解、半官府调解和官府调解。民间调解包括宗族调解、邻里调解等，半官府调解即乡治调解，“官府调解即诉讼调解，是指司法机关的官吏在审理案件时，对当事人双方所进行的调解”①。早在奴隶社会的周代，就已经产生了制度化的调解活动。《周礼》记载着我国西周约 380 多个职官，其中“地官管邦教，其首长大司徒，又记作司土，使帅其属而掌邦教，以佐王安邦国”。在 79 个“地官”职位之中，就设置有“掌调解仇怨”的“调人”，其职责就是“司万民之难而谐和之”②。根据西周的铜器铭文记载，司法官在诉讼中要告知被告所要承担的法律责任并进行调解，调解不成时再作出判决。调解的主要过程是，过错方向对方承认错误，提出赔偿方案，若能为对方所接受，案件即告终结；若方案不能被接受，则由司法官判决。③ 如果按照“行政”的广义概念来理解，西周“调人”制度就可以看作是行政调解的雏形。

秦汉时期，有了官吏调解民间纠纷的案例记载。如《汉书·吴佑传》中载有：“吴佑字季英，陈留长垣人也。……迁胶东侯相。佑政唯仁简，以身率物。民有争诉者，辄闭门自责，然后断其讼，以道譬之。或身到闾里，重相和解。”吴佑担任胶东侯相之后，常常“身到闾里”，亲自走访百姓，居处调解纠纷，促使当事人和解。按照汉代和唐代诉讼制度，对于民事案件，特别是家庭财产纠纷，司法官主要采用教化方式，现身说法，调处解决，以达到息事宁人的目的。唐朝设置的里正、坊正会先行调解乡里的纠纷。

在宋代，以调解方式解决民事纠纷称为“和对”。《宋史》载有官吏调解的案例，如“陆象山知荆门军，民有诉者，无早暮皆得造于庭，复令其自持状以追，为立期，皆如约而至，即为前情决之，而多所劝释”④。这段史料记载的是陆九渊为官清正廉明，对于老百姓的争讼告状不仅无论早晚

---

① 何文燕、廖永安：《民事诉讼法学专论》，湘潭，湘潭大学出版社 2011 年版，第 360～361 页。

② 袁刚：《中国古代政府机构设置沿革》，哈尔滨，黑龙江人民出版社 2003 年版，第 20～21 页。另见宋才发、刘玉民：《调解要点与技巧总论》，北京，人民法院出版社 2007 年版。

③ 参见张晋藩：《中国民事诉讼制度史》，成都，巴蜀书社 1999 年版，第 16 页。

④ 《宋史·陆九渊》。

都亲自受理，而且多以调解规劝为主。另有一则宋人判词写道："且道打官司有甚得便宜处，使了盘缠，费了本业，公人面前陪了下请，着了钱物，官人厅下受了惊吓，吃了打捆，而或可必也。"[①] 地方官员在审理民事案件时，把"息讼"作为主要目标，力劝当事人调解结案。如《名公书判清明集》记载，有沈、傅两家原本邻里关系甚好，后因地界之争引起诉讼。官府在查明是非后，告诫双方"邻里之间贵乎和睦"，并为之和解。宋以后，调处解决渐渐成为一项重要的民事纠纷解决制度。

到了元代，官府对民事纠纷的调处解决得到进一步发展，被看作是为官的一种政绩，因而在审判实践中颇受重视。政府在乡里设社，社长的职责之一就是调解纠纷。通常，司法官当堂进行调处，其依据主要是朝廷的法律及当时的伦理道德。对于民事诉讼的结案方式，调处和审判均居同等法律效力。经调处解决的案件，当事人不得以相同的理由和事实重新起诉。并且，司法官的调处方案被赋予了强制执行效力。[②]

明代和清代的统治者更加注重调解治理，调解不成的纠纷才由官府审理判决。如，明代的法律载有"里老于婚户田土细故，许其于申明亭劝导而解决之"，对于乡约、里正的调解纠纷职责进行了具体而详尽的规定。案件经过乡里调解后仍不能解决的，才交给官府处理，并且官府受理后，仍然要进行调解。[③] 到了清代，调解分为州县调解和民间调解，并成为州县衙门审理案件的重要形式。根据《大清律例》的规定，乡村里老可以调停家事纠纷和部分涉及不动产的"细事"，其他解决不了的纠纷都提交给州县长官处理，"州县长官是当地的行政首长，也是整个辖区的主审法官"[④]。尽管清朝律法未像同时期日本幕府立法那样，将乡村长老的调解规定为民事审判的必经程序或先决条件，但实践中"纠纷的解决还是通常由社区中有影响的人物、诉讼当事人的邻居或官府成员主持的调解来加以裁决，甚至在纠纷已上呈官府衙门后也是如此"[⑤]。《顺天府档案》中记录了嘉庆十五年至

① 《名公书判清明集》卷十。

② 参见闫庆霞：《法院调解制度研究》，北京，中国人民公安大学出版社 2008 年版，第 9 页。

③ 参见张晋藩：《中国民事诉讼制度史》，成都，巴蜀书社 1999 年版，第 157 页。

④ 何文燕、廖永安：《民事诉讼法学专论》，湘潭，湘潭大学出版社 2011 年版，第 362 页。

⑤ ［美］柯恩：《现代化前夕的中国调解》，王笑红译，载强世功主编：《调解、法制与现代性：中国调解制度研究》，北京，中国法制出版社 2001 年版，第 97～98 页。

二十五年间，宝坻县衙审理的244起案件，有近90%均以调解方式结案。[①] 可见，调解已经成为明清两代国家统治和社会管理的重要方式。但是，由于封建社会对官吏进行考察、考核的重要标准便是“讼清狱结”，因而官府往往以息讼为目的进行强制调解，迫使当事人被迫服从官吏的意志，牺牲自身利益。有学者指出，“在调解息讼的温情纱幕下，掩盖着严酷的阶级压迫实质”[②]。

在中国古代，司法权和行政权并无清晰的分野。“古代的司法权不仅由最高统治者控制，而且从地方到中央，从属于行政，司法不独立。”[③] 自元朝以后，行政与司法渐合为一，司法从属于行政，行政对司法的干预进而有了“制度”上的依据。在这个意义上，封建社会的州县政府机构官员对民事纠纷的调解既可称为诉讼调解，也可以称为行政调解。

应当看到，封建地方官府的主要功能在于帮助最高统治者对人民实施统治，其审判案件的功能也更接近维护地方社会治安、维持统治秩序的行政行为，因而将古代官府调解理解为行政调解的历史渊源更具合理性。当然，我国历史意义上的古代，亦即尚未明确区分专司审判职权的司法机关与专司行政职权的行政机关之前，所有的官府调解和半官府调解实际上均可界定为公（权）力调解，这些制度、传统构成了现代司法调解和行政调解所共有的文化积淀和本土资源。

二、近代的行政调解[④]（1840—1949年）

鸦片战争后，西方法治文明作为舶来品传入中国，以判决和强制执行为基石的民事诉讼制度逐渐形成，司法权和行政权分而治之的观念开始影响中国的政治结构。“但是这种诉讼制度由于受侵略战争的影响，以及与中国社会经济条件、传统法律文化的冲突，对中国社会的渗透程度有限……在民事纠纷的调解解决上，由于其与本土经济文化的深刻适应性，在西方

① 参见常怡：《中国调解制度》，北京，法律出版社2013年版，第4页。

② 胡旭晟：《狱与讼：中国传统诉讼文化研究》，北京，中国人民大学出版社2012年版，第108页。

③ 陈光中、沈国峰：《中国古代司法制度》，北京，群众出版社1984年版，第215页。

④ 龚汝富教授于2009年5月26日发表在《光明日报》上的《浅议民国时期的民事调解制度及其得失》一文，对民国期间的行政调解进行了较为细致的考察，其引用的不少民国行政调解制度文本和实践在其他途径已难以查知。本章对此有所参考。

国家法律文化的冲击面前，不仅没有萎缩，总体上还呈现了新的发展趋势。”①

民国时期，政府在民间积极推行诸如“息讼会”“息争会”等组织，将传统社会的各种息讼组织相融合，逐步建立起规范而统一的民间调解组织，通过亲族、邻里、士绅和各种社会组织调解解决纠纷的传统得以延续。清末民初以来，现代司法体制虽然初步建立，但县知事作为行政长官兼理司法的现状仍普遍存在，司法资源匮乏的现实仍困扰着执政者。于是，积极利用既有的社会息讼组织和资源，构建能够发挥作用的民间调解机制便成为政府的执政重点。以江西各地的宾兴会、清明会、茶山社、漕会、众会、祠会、禾田社等会社组织为例，尽管到民国初年时它们的特定历史使命已渐告终结，但仍在乡村社会起着断事评理、化民息讼的调解作用，乡村“话事人”成为劝息纠纷的核心人物。到1928年，江西在各县乡镇推行“息争会”制度，“息争会”章程的第四条明确规定其宗旨是“专为排解人民争端而设”，通过选举“初通文墨、为人正直者”为“公断员”，专事调解辖区内的日常纠纷。由各种会社组织改造的“息争会”延伸至村，使得民间调解得以更为统一和规范。

阎锡山在山西村治建设中所推行的“息讼会”是同时期民间调解规范化方面的代表。阎锡山认为行政之本在村，推行“村本政治”；推行积极发挥民众作用的“用民政治”，提倡发展民德、民智和民财。他颁布《人民须知》和《家庭须知》，宣扬以儒家思想为中心内容的封建伦理道德，整理村政，颁布《村禁约》，设立村公所、息讼会、监察会、人民会议等机构。这一系列统治措施使山西出现暂时的社会较为安定、生产有所发展的局面，并获得“模范省”的称号。② 1927年山西省《息讼会章程》要求各村建立息讼会，选出村中3～5名素孚名望者为公断员，并尽可能借重村中有调解纠纷经验的老成者。息讼会还建有观察员定期汇报、考察员巡回检查等制度，根据公断员调解业绩的好坏而赏罚分明。③

① 何文燕、廖永安：《民事诉讼法学专论》，湘潭，湘潭大学出版社2011年版，第364页。

② 参见卢兴顺、刘波、赵占武：《国民党一级上将花名册》，北京，中国文史出版社2013年版，第126页。

③ 参见龚汝富：《浅议民国时期的民事调解制度及其得失》，载《光明日报》，2009-05-26。

在山西、江西推行息讼会、息争会的同时，其他地方也逐步建立起与之相似的民间调解组织，如 1929 年 3 月 21 日河北省政府公布《村息讼会章程》，规定“其有县区交会调解者，调息后，立即呈明销案，如不服者，仍请县区核办”[①]，另外京兆各县也设立有息讼会。江西临川的息讼会将组织延伸至保，分保息讼会和区息讼会两种，《临川试办县政实验区息讼会暂行简章》规定了详细的调解程序和调解原则，如禁止受贿、禁止私自会见当事人、回避制度等。河北的《村息讼会章程》规定了回避制度、公开调解原则、多数人裁决和首席公断员裁决相结合原则等。[②]

息讼会、息争会等民间性调解组织之所以有能力将传统社会亲族乡党之间的调解角色和功能作用发展成为当时基层社会的稳定制度和机构，乃是因为得到了政府的倡导和支持，背后有着深厚的行政权资源支撑，这也使其能帮助执政者减少民间讼累困扰，维护统治秩序。

民国时期还建立起司法调解、民间调解和行政调解联动互补的机制，即根据 1935 年《民事诉讼法》，法院在受理民事案件之后、作出判决之前，可依职权或根据当事人申请进行调解；调解可以在法庭进行，也可以委托当事人的亲族或所在乡镇村保调解委员会开展庭外调解，只要当事人合意并签字认可调解结果，即可到法院申请销案，产生法律效力。[③]

民国时期的行政调解已初具现代行政调解的基本特征。国家政权的触角从县级伸向区、乡、镇乃至村级，地方自治组织的行政系统设有专门纠纷调解机关，实质上开展行政调解的工作。南京国民政府于 1930 年前后分别制定和修订了《乡镇自治实施法》《区自治实施法》，明确规定在乡镇公所、区公所内设立调解委员会，开展民事调解；1941 年颁布《地方自治实施方案》，厉行新生活的基本理想包括“调解纠纷，和邻睦族”；1942 年内政部公布的 34 件《乡保应办事项》就包括“调解纠纷”。在对各级自治机构内设的调解委员会的权限和程序进行规制方面，1931 年 4 月 3 日制定的《区乡镇坊调解委员会权限规程》第四条规定，“调解委员会得办理下列刑

---

① 天津市地方志编修委员会办公室、天津市司法局：《天津通志 · 司法行政志》，天津，天津社会科学院出版社 2008 年版，第 286 页。

② 参见徐昕：《调解：中国与世界》，北京，中国政法大学出版社 2013 年版，第 135～136 页。

③ 参见龚汝富：《浅议民国时期的民事调解制度及其得失》，载《光明日报》，2009－05－26。

事案件：妨害风化罪；妨害婚姻罪；伤害罪；妨害自由罪；妨害名誉及信用罪；妨害秘密罪；盗窃罪；侵占罪；欺诈背信罪；毁弃损坏罪”。1940年后，又将其修正完善为《乡镇调解委员会组织规程》。随后各县也设立调解委员会，受理和调解各区无法调解的纠纷，厉行行政调解。如1942年，江西省余干县在东山禅林观景台设立县调解委员会，委员会“以协助县政府暨司法处调解地方纠纷，力求息事宁人，减少诉讼为宗旨”，推选调解员37人，常务委员15人，轮流驻会调解，作为县司法处受理民事诉讼前的最后一道行政调解程序。1943年6月3日，南京国民政府司法行政部发布训令，要求各地推行调解制度。通过制定行政调解的具体细则，地方各级自治机构的调解有法可依；而对自治性行政组织和网络的借助，使得调解的作用空间得以扩张，社会基础更为稳固。然而，民国时期的行政调解附设于各级自治机构的调解委员会，“为追求行政调解业绩，则往往借助行政强权勒逼当事人，强迫调解，以致纠纷解而幽怨结”[①]。

在革命根据地时期，毛泽东思想指导下的苏维埃政权建立和发展出既体现鲜明的阶级性和革命性，又带有时代特征的革命法制。体现在民事纠纷解决方面，便是既对西方法治文明的民主性有所吸收和借鉴，又能够批判地继承中华传统法律文化的合理之处，以最大程度地反映特定时期人民群众对纠纷解决的需要。在形成抗日民族统一战线的大背景下，社会矛盾被区分为敌我矛盾和人民内部矛盾，民事纠纷就被看作是人民内部矛盾，为团结各阶层人士共同抗日而尽量不通过强制手段解决，而是以说服教育为主。为此，各边区政府积极倡导和推行民事纠纷的调解工作，颁布了大量的调解法规。如1941年颁布《山东省各级司法办理诉讼补充条例》《陕甘宁边区高等法院对各县司法工作的指示》，1942年颁布《晋西北村调解暂行办法》，1943年颁布《陕甘宁边区民刑事案件调解条例》（内容涉及刑事和解制度的试行），1944年6月6日边区政府《关于普及调解、总结判例、清理监所指示信》和边区高等法院《实行调解办法，改进司法工作作风，减少人民诉讼的指示》，1945年晋冀鲁豫边区政府颁布的《民刑事调解条例》等。[②]

---

① 龚汝富：《浅议民国时期的民事调解制度及其得失》，载《光明日报》，2009-05-26。

② 参见何文燕、廖永安：《民事诉讼法学专论》，湘潭，湘潭大学出版社2011年版，第365页。

由于调解在化解纠纷、减少诉讼，改进司法工作方式方面的确作用明显，因而得到了极大的肯定，在上述法律规范或政令中，民事纠纷的调解解决成为明确的工作要求。边区政府在给各专员、县长、高等分庭庭长、县司法处处长的《关于普及调解、总结判例、清理监所指示信》中这样写道："各级政府尤其是乡政府、区政府，不仅应接受人民调解的请求，而且要去找寻（派人去调解、指定双方当事人的邻友调解、工作人员下乡，遇到事就应调解）或调来调解。……不过县府调解，还不如区乡，一则老百姓免多走路，二则区乡政府知道情况要多，所以区乡政府更要把调解看做是自己的一件主要工作。"可见在当时，以政府调解为表现形式的公力调解得到高度重视，不仅包括了依当事人申请启动的被动性调解，还有边区行政机关主动依职权进行的"找寻调解"和"调来调解"，尤其值得注意的是，边区政府注意到将纠纷解决在基层的重要性，特别强调县政府的调解不如区乡政府的。

在该指示信中，对调解的方式、原则也进行了科学的规定："调解应注意之点：……要善于转变当事人情绪，主持调解的人要能提出各方面都顾到而又恰当的解决办法……调解结果要取得双方当事人的完全愿意，不可有稍微强迫（万一当事人不同意调解，要告状，不应阻止他）……在提倡调解进程中，可能发生偏向，即强迫当事人服从调解，以争取调解数字上的锦标。这很要不得，要注意防止。"① 这些规定即使在今天仍然切中肯綮，有着深刻的实践意义。

侯欣一教授根据《陕甘宁边区民刑事案件调解条例》的内容，将边区的调解划分为民间调解、社会团体调解、政府调解和司法调解四种全民型调解。其中，政府调解是由各级政府的工作人员所主持的调解，可与当代的行政调解对应。为了落实政府调解，边区政府特在民政厅内设第三科，县政府内设第一科，区乡一级则设立调解委员会，具体负责调解工作。当时，在政府专门设立调解部门的必要性上，边区内部也存有反对的声音，其理由是政府资源有限，无暇开展调解，一科的调解除了无权判决之外与

① 《边区政府关于普及调解、总结判例、清理监所指示信》（民国三十三年六月六日），载武延平、刘根菊等：《刑事诉讼法学参考资料汇编（上）》，北京，北京大学出版社 2005 年版，第 156～157 页。

司法处工作重复，可能造成纠纷长期拖延。但边区政府坚持主张政府调解确有必要。[①] 从数据上看，政府调解在化解社会矛盾纠纷方面收效显著，以1944年为例，延安县经区乡一级政府调处的纠纷达1 900件；富县区一级政府调处纠纷达1 000件；1945年，曲子县天子区前8个月共发案21件，其中由区政府调处19件，仅有2件转至司法处。[②]

边区调解是在政府的动员号召下，由政府和社会成员共同参与所形成，体现了政府与社会民众的互动，但政府对调解的指导和控制贯彻始终，既反映规范民间调解遗产的决心，又对民间调解文化精髓倍加珍视。在调解的规则上，强调改变坐堂问案的旧方法，要求深入基层调查研究；调解之前充分做足预案，打有准备的仗，掌握调解的主动权；注重选择司法人员、具有一定身份和威信的人士担任调解员，以增强调解的权威性；强调调解员要情理、利害分析相结合，并保持必要的中立性；在坚持当事人自愿原则的基础上施加必要的压力等。尽管边区的调解制度在形成过程中也曾出现过诸如强迫调解等不容回避的问题，但这些问题是浅层次的，是群众被动员起来后、运动式推行过程中不可避免的。[③] 在那样的时空环境下，中国共产党担负着改造边区政治、社会、经济秩序，教育群众和创造新型司法体制的重任，调解的制度化从一开始就带有明显的政治色彩和公权力主导的思维模式。

三、现代的行政调解（1949—2012年）

中华人民共和国成立后，百废待兴，亟待建立新的稳定的社会秩序，现代化的大幕由此拉开。充分利用调解来解决人民内部矛盾就成为区分敌我矛盾的一个表现。随着传统社会结构和管理方式的逐渐瓦解，新的社会结构形成，从省、市、县，到区、乡镇、村组，毛细血管般的基层组构筑起庞大的社会控制系统，执政党的意志和国家政策法令便通过这些毛细血

① 参见侯欣一：《从司法为民到人民司法：陕甘宁边区大众化司法制度研究》，北京，中国政法大学出版社2007年版，第280～282页。

② 参见杨永华、方克勤：《陕甘宁边区法制史稿（诉讼狱政篇）》，北京，法律出版社1987年版，第217页。

③ 参见郭成伟、思源集：《郭成伟教授论文及著述选集》，北京，中国检察出版社2011年版，第292～293页。

管宣传和渗透到基层人民群众的生产和生活当中。民间调解的组织化和制度化运动就在这个过程中得以展开。在当时的环境下，调解不仅承担着传统的纠纷解决作用，还肩负起新的法律观念和政策命令的贯彻和宣传作用。其中，人民调解和法院调解制度成长较快，严格意义上的行政调解则相对较弱。

1949 年后最早制度化的行政调解产生于劳动纠纷和婚姻家庭纠纷领域。1949 年，中华全国总工会就颁布了《关于劳资关系暂行处理办法》，根据该办法第 27 条，如果劳资双方发生的纠纷无法由"该业工会与同业公会"所派出的代表协商解决，则任何一方当事人都可以申请由当地的劳动局进行调解。这种调解就是针对劳动纠纷的行政调解。1950 年，中央人民政府颁布《婚姻法》，其中第 17 条明确规定，人民政府和司法机关的调解是夫妻离婚的必经程序。1950 年 11 月，劳动部公布《关于劳动争议解决程序的规定》，对劳动争议调解程序进一步加以明确。其后，进一步建立了合同纠纷行政调解制度，但包括各级经济委员会、工商行政管理部门、基本建设委员会以及各级业务主管部门都有权对合同纠纷进行调解，这种"多头调解"的模式在 1983 年《经济合同仲裁条例》颁行之后得到了改变，合同纠纷的调解由国家和地方各级工商行政管理部门设立的经济合同仲裁委员会统一开展。1997 年 4 月，国家工商行政管理局在《关于全国工商行政管理局长会议的报告》中要求，工业、物资部门、商业部门内部负责合同管理的部门，各级经济委员会负责调解和仲裁合同纠纷，检查监督合同的执行情况。1997 年 11 月 3 日，《合同争议行政调解办法》经国家工商行政管理局局务会议审议通过并开始施行，该部门规章是唯一一部适用于全国的行政调解专门立法，该办法在适用 20 年之后，于 2017 年 10 月 27 日由国家工商行政管理总局废止。[①] 在地方上，有关行政调解也有零星的尝试，例如 1996 年 1 月 24 日《新疆维吾尔自治区著作权纠纷行政调解办法》(新权字〔1996〕3 号) 便是自治区版权局受理辖区内著作权纠纷行政调解的规范性文件。

随着计划经济体制向市场经济体制转型，我国早已告别了无法可依的时代，从改革开放到中央提出构建大调解体系之前，行政调解的有关立法

① 参见 2017 年 10 月 27 日《国家工商行政管理总局关于废止和修改部分规章的决定》(国家工商总局令第 92 号)。

条款已经出现在大量的法律、行政法规和部门规章当中。例如《商业经济纠纷调解试行办法》(商业部发布于1989年11月23日),《民间纠纷处理办法》(司法部于1990年4月19日公布),《婚姻法》(第九届全国人大常委会于2001年4月28日修订),《医疗事故处理条例》(国务院常务会议于2002年2月20日通过),《农村土地承包法》(第九届全国人大常委会于2002年8月29日通过,2018年修订),《道路交通安全法》(第十届全国人大常委会于2003年10月28日通过,2011年修订),《电力争议调解暂行办法》(国家电力监管委员会主席办公会议于2005年3月28日通过),《治安管理处罚法》(第十届全国人大常委会于2005年8月28日通过,2012年修订),等等。通过这些立法文件的制定发布主体,可以看出它们之间的效力位阶不尽相同,有的针对某一领域纠纷的行政调解进行行业式的规范,如医疗事故纠纷和电力争议的行政调解;有的则将适用范围扩展到民事纠纷、民间纠纷,如《民间纠纷处理办法》;有的可以适用于全国范围,有的则仅仅适用于农村地区。与此同时,各地也制定了不少规范性文件,如《北京市工商行政管理机关合同争议行政调解程序(暂行)》(1998年)等。

这一时期行政调解制度实践的鲜明特色便是各主体、各领域以及各具体机制之间发展的不平衡。行政调解主体主要是各级行政机关,但并非所有的行政机关都承担调解纠纷的职责,一些职能部门因其工作的特殊性,并不开展纠纷解决领域所称的行政调解工作,如外交部门、国防部门、国家安全部门等。而依法负有行政调解职责的行政主体开展调解工作的情形也是千差万别的。例如,县、市、区、乡镇的基层人民政府承担了绝大多数纠纷的行政调解职责,而国务院、省级政府及其各职能部门相形之下则少之又少。但在行政职能部门中,司法行政、民政、公安、工商行政、环境保护、卫生、农林业等行政部门由于其所负责管理的领域较多接触具体的社会成员活动,因而在行政调解工作方面的作用较为密集和显著;而在公安行政调解范畴内,交警调解和治安调解又占到了绝大多数的比例。

2006年10月,党的十六届六中全会通过《中共中央关于构建社会主义和谐社会若干重大问题的决定》,明确指出要“实现人民调解、行政调解、司法调解有机结合”,国务院发布的《关于预防和化解行政争议 健全行政争议解决机制的意见》特别提出要注重运用调解手段化解行政争议,11月

“大调解工作体系”概念首次提出等，这些制度化举措标志着行政调解开始正式成为三大调解之一，得到了国家层面的倡导，并进一步规范起来。随之，一些部门和地方开始针对专门类型的纠纷如何运用行政调解来解决制定明确规范，如公安部于2007年12月8日通过《公安机关治安调解工作规范》；河北省劳动和社会保障厅于2006年发布《关于成立劳动保障纠纷行政调解机构 建立行政调解工作规则的通知》，2007年发布《关于规范劳动保障纠纷行政调解工作的通知》，2008年发布《关于进一步加强行政调解工作的实施意见》，石家庄市劳动和社会保障局也于2007年制定了《行政调解组织及工作规则》。自此，行政调解制度在新的历史时期翻开崭新的一页。

尽管自中华人民共和国成立以来就有了行政调解的立法条文，但直到近年来，专门针对行政调解的大规模、系统性的规范化工作才真正开始。行政调解的制度化步伐和发达程度至今仍远不及人民调解等其他调解制度，但在多元化纠纷解决机制改革和依法行政、建设法治政府的进程中同样得到了空前的关注和发展。

多元化纠纷解决机制改革是在最高人民法院的推动下分步实施的，其间包括行政调解在内的一系列ADR机制都焕发出新的活力。2001年，最高人民法院和司法部在人民调解发展问题上达成共识，决定建立人民调解与诉讼相衔接的工作机制。2002年1月1日，最高人民法院与司法部联合发布《关于进一步加强新时期人民调解工作的意见》；2002年9月16日，最高人民法院发布《关于审理涉及人民调解协议的民事案件的若干规定》；2004年2月13日，最高人民法院与司法部联合发布《关于进一步加强人民调解工作切实维护社会稳定的意见》。这一系列规范性文件的出台，使调解协议的合同效力得以在全国司法系统统一和明确下来，对于司法机关支持人民调解工作，充分发挥人民调解功能起到了重要的指导作用。

然而，在人民调解的制度化和规范化取得明显成效的同时，却“无意中”间接造成行政调解的萎缩。2002年《关于审理涉及人民调解协议的民事案件的若干规定》的出台给社会一种“只有人民调解的协议才有合同效力，其他的任何调解协议，包括行政调解都不具有这种效力”的错觉，实践中很多原本属于行政机关的调解职责也变得模棱两可，有的行政机关据此拒绝调解，有人则认为行政调解属于行政行为而担心当事人反悔或提起行政诉讼，加之当时对依法行政的强调促使很多行政机关以此为由拒绝行使行政调解的职责。[①] 2004 年 9 月 16 日，最高人民法院审判委员会讨论通过《关于人民法院民事调解工作若干问题的规定》。根据规定，法院在征得各方当事人同意后，可委托与当事人有特定关系或与案件有一定联系的企事业单位、社会团体或其他组织，以及具有专门知识、特定社会经验、与当事人有特定关系并有利于促成调解的个人对案件进行调解，达成调解协议后，法院应依法予以确认。这使得多元纠纷解决机制改革进一步深化，委托调解协议、和解协议的司法确认制度等得以初步建立。

2005 年 10 月 26 日，最高人民法院发布的《人民法院第二个五年改革纲要（2004—2008）》提出要加强和完善诉讼调解制度，重视对人民调解的指导工作，依法支持和监督仲裁活动，与其他部门和组织共同探索新的纠纷解决方法，促进建立健全多元化的纠纷解决机制。按照中央对司法改革统一部署，到 2008 年多元纠纷解决机制改革更加深化。2007 年 7 月，最高人民法院成立了“多元纠纷解决机制改革”项目课题组，由国务院法制办等十余家单位参与开展对诉讼调解、行政调解、人民调解等课题的调研和改革方案起草工作。2008 年，最高人民法院关于多元纠纷解决机制改革的“三步走”思路基本确定：第一个阶段由最高人民法院出台诉调对接的规范性意见；第二个阶段由中央出台鼓励各种解纷机制发展的政策性文件；第三个阶段通过修改和制定相关法律，固化改革成果。[②]

从 2008 年开始，中央启动新一轮司法改革，部署有关“建立健全诉讼与非诉讼相衔接的矛盾纠纷解决机制”的改革任务。2009 年 3 月 17 日，最高人民法院发布《人民法院第三个五年改革纲要（2009—2013）》，提出“按照‘党委领导、政府支持、多方参与、司法推动’的多元纠纷解决机制的要求，配合有关部门大力发展替代性纠纷解决机制，扩大调解主体范围，

---

① 参见范愉：《诉讼与非诉讼程序衔接的若干问题》，见中国人民大学律师学院，http：//lawyer. ruc. edu. cn/ html/msfc/5088. html，2011 - 09 - 27/2014 - 08 - 31。另外，《最高人民法院常务副院长曹建明在全国人民调解工作会议上的讲话》中提道：“第一，主持调解的必须是人民调解委员会。根据《民事诉讼法》第 16 条等法律的规定，司法解释明确规定了主持调解的必须是人民调解委员会。只有人民调解委员会主持达成的调解协议才适用本司法解释。行政机关、其他组织或者其他调解机构主持达成的调解协议，不适用本规定。”

② 参见蒋惠岭：《我国多元纠纷解决机制改革进程》，载《人民法院报》，2011 - 09 - 07，第 8 版。

完善调解机制，为人民群众提供更多可供选择的纠纷解决方式。加强诉前调解与诉讼调解之间的有效衔接”。2009 年 7 月 24 日，最高人民法院发布《关于建立健全诉讼与非诉讼相衔接的矛盾纠纷解决机制的若干意见》（法发〔2009〕45 号），对各类调解、仲裁与诉讼相衔接的工作机制进行了规范，并且明确规定“经行政机关等具有调解职能的组织调解达成的具有民事合同性质的协议，经调解组织和调解员签字盖章后，当事人可以申请有管辖权的人民法院确认其效力”，从而扩大了赋予合同效力的调解协议以及调解协议司法确认的范围。

这些文件和举措的出台，鼓励了行政调解等诉讼外纠纷解决机制的发展，也有助于缓解司法机关的受案压力。2010 年 6 月 7 日，最高人民法院发布《关于进一步贯彻“调解优先、调判结合”工作原则的若干意见》，要求法院收到当事人起诉状或口头起诉后、正式立案前，对未经人民调解、行政调解等非诉讼纠纷解决方式调处的案件，要积极引导当事人先行就近、就地选择非诉讼调解组织解决纠纷，力争将矛盾纠纷化解在诉前；法院在案件受理后、裁判作出前，经当事人同意，可委托有利于案件调解解决的人民调解、行政调解、行业调解等有关组织或者人大代表、政协委员等主持调解。

多元化纠纷解决机制改革的“第一步”基本完成以后，2011 年 4 月由中央综治委、最高院、最高检、国务院法制办、公安部等 16 家单位联合发布了《关于深入推进矛盾纠纷大调解工作的指导意见》（综治委〔2011〕10 号），该文件给各个部门，尤其是行政部门部署了较为具体的改革任务，解决了各种非诉讼解纷机制工作中的一些关键性问题，从而基本完成了改革的“第二步”。对行政调解来说，《关于深入推进矛盾纠纷大调解工作的指导意见》的指向意义非常明确，其工作任务和要求细化到涉及当前社会矛盾集中和多发领域的几个主要职能部门，列举如下。①

1. 公安机关 110 报警服务台对接报的可以进行调解的纠纷，及时通过大调解组织分流到相关责任单位进行处理。公安派出所参与乡镇（街道）综治工作中心矛盾纠纷调处工作，并可设立驻所人民调解室，邀请人民调

① 尽管有的工作内容是以人民调解为主导，但在后来的实践运行中逐渐呈现出行政调解的实质特征。

解员参与矛盾纠纷联合调解工作。

2. 人力资源和社会保障部门会同工会、企业代表组织，推动乡镇（街道）特别是劳动保障服务所（站）劳动争议调解组织建设。做好劳动人事争议调解、仲裁与诉讼衔接的工作。

3. 卫生行政部门积极协调、配合司法行政及保险监督等部门，推广建立规范的医疗纠纷人民调解委员会，推动建立健全医疗纠纷人民调解工作保障机制，推进医疗责任保险，规范专业鉴定机构，统一医疗损害、医疗事故的鉴定程序和标准，加强对医疗纠纷的化解和处理。

4. 国土资源部门通过大调解工作平台设立土地纠纷调解工作小组，在人民调解员队伍中培养乡村土地纠纷调解员，因势利导，就近受理及时调解涉及土地权属、征地补偿安置等引发的矛盾纠纷。

5. 工商行政管理部门通过大调解工作平台，加强工商行政执法体系建设，发挥消费者协会作用，推进消费维权网络建设。

6. 民政部门充分运用调解办法处理民政行政纠纷和与民政行政管理相关的民事纠纷，加快和谐社区建设，加强村（居）民委员会建设、社区管理、养老服务和专职社会工作者队伍建设，建立延伸到社区、村组的调解组织网络。

7. 住房和城乡建设部门通过大调解工作平台，建立日常工作联系网络和联络员制度，会同相关部门，实行联席会议制度，重点调解因城市房屋拆迁、建筑施工等引发的矛盾纠纷。

8. 信访部门进一步健全与大调解工作平台衔接的工作机制，组织协调和大力推动用调解的方式解决信访人的诉求。

9. 工会、妇联和共青团组织发挥自身优势，积极参与大调解工作。

10. 各级党委、政府加强对矛盾纠纷大调解工作的组织领导。党政一把手是大调解工作的第一责任人。

可以说，《关于深入推进矛盾纠纷大调解工作的指导意见》为国务院及其各部门、各级地方政府建立健全行政调解制度提出了明确的政策要求和建设任务，极大地动员了行政主体开展调解工作的积极性和热情，当然，这也使得其中很多原本属于“人民调解”“社区调解”“行业调解”的调解预期逐渐在实践中演变为事实上的行政调解。

2010 年 8 月，全国人大常委会通过《中华人民共和国人民调解法》，把调解协议的合同效力和司法确认制度写进了法律，完成了立法步骤的“尝试性”探索。2011 年 3 月，最高人民法院出台《关于人民调解协议司法确认程序的若干规定》，专门对司法确认的具体程序问题进行了明确。2012 年，修订通过的《民事诉讼法》第 194 条规定：“申请司法确认调解协议，由双方当事人依照人民调解法等法律，自调解协议生效之日起三十日内，共同向调解组织所在地基层人民法院提出。”该规定通过“人民调解法等法律”的表述，为行政调解协议的司法确认程序提供了诉讼法上的依据。

在多元化纠纷解决机制改革大力推进的同时，行政机关厉行“依法行政、法治政府”新理念，共同赋予行政调解以新的理论内涵。进入社会转型期，公民主体意识逐渐增强，服务行政理念兴起，传统命令式、管控式的行政解纷手段效果不彰，兼具协商性、权威性、专业性、高效益等优势的行政调解成为政府化解社会矛盾的“新宠”。

早在 2004 年 4 月，为贯彻落实依法治国基本方略和党的十六大、十六届三中全会精神，坚持执政为民，全面推进依法行政，建设法治政府，国务院发布了《全面推进依法行政实施纲要》（“国发〔2004〕10 号”），该纲要明确指出，要“充分发挥调解在解决社会矛盾中的作用”，“对民事纠纷，经行政机关调解达成协议的，行政机关应当制作调解书；调解不能达成协议的，行政机关应当及时告知当事人救济权利和渠道”。

2010 年 1 月 1 日，国务院办公厅印发《国务院 2010 年立法工作计划》，在 116 件“需要抓紧研究、待条件成熟时提出的立法项目”当中，由法制办起草的《行政调解条例》被置于 9 件“规范行政行为，加强政府自身建设需要提请全国人大常委会审议的法律修订草案和需要制定、修订的行政法规”当中。

2010 年 11 月 8 日，国务院发布《关于加强法治政府建设的意见》（国发〔2010〕33 号），对 2004 年建设法治政府以来取得的经验予以了总结并加以推广，并提出了一些具体措施。该意见提出：“健全社会矛盾纠纷调解机制。要把行政调解作为地方各级人民政府和有关部门的重要职责，建立由地方各级人民政府负总责、政府法制机构牵头、各职能部门为主体的行政调解工作体制，充分发挥行政机关在化解行政争议和民事纠纷中的作用。完善行政调解制度，科学界定调解范围，规范调解程序。对资源开发、环境污染、公共安全事故等方面的民事纠纷，以及涉及人数较多、影响较大、可能影响社会稳定的纠纷，要主动进行调解。……推动建立行政调解与人民调解、司法调解相衔接的大调解联动机制，实现各类调解主体的有效互动，形成调解工作合力。”同时要求“加强行政复议工作”，要“注重运用调解、和解方式解决纠纷，调解、和解达不成协议的，要及时依法公正作出复议决定，对违法或者不当的行政行为，该撤销的撤销，该变更的变更，该确认违法的确认违法”。

在决策层建设规划的引领下，各地纷纷开展行政调解的制度化建设。河北省早在2007—2008年就已经开始在劳动、社保领域强化行政调解的作用。2009—2011年，四川省21个地级市（自治州）已制定了22部行政调解规范性文件。随后，江西、河南、山东、江苏等省份也陆续制发加强行政调解工作的意见、规则、办法。除这种综合型的行政调解制度之外，还出现了不少专项行政调解制度，例如防城港市卫生局出台《加强和规范卫生行政调解工作实施方案》，将行政调解不仅运用在医疗纠纷的解决，还重点解决医院管理、医德医风、医疗服务、职业病诊断与鉴定、卫生执法、人事待遇、食品安全等领域发生的民事纠纷和行政争议；苏州市教育局出台《行政调解工作制度（试行）》，对教育行政调解的概念、适用范围、组织机构、原则、程序等作了较为详细的规定。此外，无锡市物价局、苏州市粮食局、南京市文化广电新闻出版局都制定了《行政调解工作制度》《关于切实加强行政调解工作的意见》等文件。行政调解的模式呈现出多样化的态势，在适用范围、组织机构、人员配置、原则程序、经费保障等方面都取得了一定的进展。①

四、“新时代”行政调解的新发展（2013年至今）

“新时代”是党的十九大报告对中国发展新的历史方位作出的重大政治判断，它是立足于十八大以来党和国家事业的历史性变革和历史性成就，结合我国社会主要矛盾的新变化而提出，故这里所称的“新时代”行政调解承前启后，指党的十八大以来行政调解的新发展。

---

① 参见章志远、刘利鹏：《我国行政调解制度的运作现状与发展课题》，载《求是学刊》，2013（5）。

2013 年 11 月 12 日，中国共产党第十八届中央委员会第三次全体会议通过的《中共中央关于全面深化改革若干重大问题的决定》提出："创新有效预防和化解社会矛盾体制。……完善人民调解、行政调解、司法调解联动工作体系，建立调处化解矛盾纠纷综合机制。" 2014 年 10 月 23 日，十八届四中全会通过的《中共中央关于全面推进依法治国若干重大问题的决定》也提出："加强行业性、专业性人民调解组织建设，完善人民调解、行政调解、司法调解联动工作体系。"

2014 年 10 月 13 日，习近平总书记主持召开中央全面深化改革领导小组第十七次会议并发表重要讲话，特别强调要"坚持人民调解、行政调解、司法调解联动，鼓励通过先行调解等方式解决问题；坚持依法治理，运用法治思维和法治方式化解各类矛盾纠纷"。会议审议通过了《关于完善矛盾纠纷多元化解机制的意见》，并于同年 12 月 6 日由中共中央办公厅、国务院办公厅联合印发（中办发〔2015〕60 号文件）。该文件对行政调解与人民法院的对接和协调作了详细规定。

2015 年 12 月，中共中央、国务院印发《法治政府建设实施纲要（2015—2020 年）》，将行政调解列为建设法治政府的民事纠纷解决三大制度举措之一："完善行政调解、行政裁决、仲裁制度。健全行政调解制度，进一步明确行政调解范围，完善行政调解机制，规范行政调解程序。健全行政裁决制度，强化行政机关解决同行政管理活动密切相关的民事纠纷功能。有关行政机关要依法开展行政调解、行政裁决工作，及时有效化解矛盾纠纷。"

尽管全国普遍适用的《行政调解法》或《行政调解条例》至今尚未出台，但由于受到政策的鼓励、支持和引导，行政调解的制度化建设在一些领域已经取得进展。2016 年 5 月，国家知识产权局印发《专利纠纷行政调解指引（试行）》。2018 年 7 月 31 日，国务院颁布《医疗纠纷预防和处理条例》，明确规定：发生医疗纠纷，医患双方可以通过"申请行政调解"解决，延续和拓展了 2002 年《医疗事故处理条例》医疗事故赔偿纠纷行政调解制度。

此外，2016 年 6 月 28 日，最高人民法院发布《关于人民法院进一步深化多元化纠纷解决机制改革的意见》（法发〔2016〕14 号），强调要促进完善行政调解、行政和解、行政裁决等制度；同日发布司法解释《最高人民法院关于人民法院特邀调解的规定》（法释〔2016〕14 号），规定“依法成立的……行政调解……组织，可以申请加入特邀调解组织名册”。2018 年 9 月 10 日，最高人民法院、公安部、司法部、中国银行保险监督管理委员会联合以四部门办公厅名义下发《道路交通事故损害赔偿纠纷“网上数据一体化处理”工作规范（试行）》，在工作机制、职责分工、信息共享、业务流程、组织保障等方面细化了以公安机关交通管理部门行政调解和法院调解为主要内容的道交纠纷网上一体化处理工作。

五、行政调解的困境突围

梳理行政调解的历史变迁和发展脉络可知，行政调解是一项历史文化底蕴深厚、“市场”巨大、作用显著的非诉讼纠纷解决机制。在全面建成小康社会的关键时期，行政调解将成为创新社会治理的重要突破口，也是各类行政主体运用法治思维和法治方式解决涉及群众切身利益的矛盾和问题的重要手段。正因如此，如今的行政调解在制度化程度上已有了前所未有的提高。尽管如此，实践运行中的行政调解仍然存在不合逻辑的奇特现象：行政调解在纠纷解决机制体系中的地位之重要和作用之显著，与其规范化、制度化、理论化程度之低极不相称。

首先，与人民调解、司法调解相比较，专门调整行政调解的各类规范性法律文件多达 200 余部，有权开展行政调解的机构和人员触角密布，但行政调解的“声势”和“效果”却似乎远逊于其他调解机制。更为吊诡的是，有相当一部分行之有效的行政调解在以人民调解的名义发挥作用，如基层司法行政组织在指导人民调解工作的过程中以人民调解名义进行的调解，以及类似医疗纠纷人民调解委员会这样的为解决行业性纠纷，由相关行政部门、行业主体以及人民调解组织联合开展的调解方式。为此，有学者将我国行政调解的现状总结成“三个大部分”，即大部分的行政机关均有纠纷调解职能，大部分的调解职能都并非义务性职责，大部分的行政调解结果不具有强制执行力。[①]

其次，从事行政调解的调解员分布在各地各级公权力部门，他们多为

---

① 参见赵旭东：《纠纷及纠纷解决原论——从成因到理念的深度分析》，北京，法律出版社 2009 年版，第 125 页。

依法履行公权力的国家工作人员，相对于人民调解员通常具有更高的职业素养和理论、实践水平，尤其在专业性纠纷化解方面具有较强的能力。然而，行政调解主体的职业化程度却并不比人民调解员高，调解员的入职、培训、激励、责任、退出等机制方面不健全，很多基层行政调解工作者（如基层民警）不愿从事调解工作，缺乏调解职业价值感和荣誉感。

再次，行政调解解决纠纷的数量不低于人民调解和法院调解，仅就治安调解而言，其纠纷解决数量已大大超过法院调解，治安调解结案数量的增速甚至超过了人民调解。[①] 行政调解在纠纷解决机制体系中的地位不可谓不显著。然而，要想统计每年全国各类行政调解的结案数量，参与调解案件的调解员数量，或者调研行政调解实践中的经验和软肋，则远比人民调解和法院调解困难。

最后，行政调解的适用范围涵盖民事、行政和部分轻微刑事案件，不仅包括数量惊人的治安调解、交通事故纠纷调解等一般民事纠纷处理，还被广泛应用于民行交叉案件、群体性纠纷以及专利侵权、环境侵权、医疗事故侵权等较为复杂或专业性较强的纠纷领域，行政调解相对于其他调解表现出更强的专业优势和高效率。然而，理论界对于行政调解的适用范围则存在两方面的争议：一是只解决行政纠纷还是民事纠纷，抑或兼而有之；二是调解的纠纷是否要与调解机构所属行政机关的法定职责直接相关。对此，不仅有不同的学术观点，而且产生了不同的地方立法例。

这些问题已经影响到行政调解机制发挥其原本应有的社会治理作用。究其原因，主要是因为行政调解在两大要素上不同于人民调解和法院调解：一是行政调解没有相对系统或统一的立法规范，导致各级、各地、各类行

① 有关官方文献显示，2006 年全国人民调解组织调解的纠纷总量为 462.8 万件，公安机关治安调解案件总数 137.8 万件，不足人民调解的 1/3，同期全国法院调解民事案件 133.3 万件；而当 2009 年全国人民调解案件数达到 767.6 万件时，公安机关治安调解案件数已达到 372 万件，后者总数已达到前者的约 1/2，同期全国法院调解和撤诉结案 359.3 万件。在整个行政调解体系中，公安行政调解只是其中一个部分，而治安调解又仅是公安行政调解之下的一个部分。参见张庆霖：《我国新时期行政调解制度研究——以民事纠纷的解决为视角》，湘潭大学 2014 年博士学位论文，第 101 页。另有学者指出，在城市区域内，仅 110 警务近年来解决的纠纷数量就可能已超过诉讼与人民调解解决的纠纷数量。“110 警务吸纳和解决的纠纷如此庞大，在一定程度上可以视为当代中国城市纠纷解决系统的金字塔之基。”左卫民：《110 警务体制中的纠纷解决机制》，载《法学》，2006 (11)。

政主体各行其是，难以统一；二是行政调解并没有统一的归口单位进行协调、管理、统计、考评。这就意味着建立统一的行政调解制度十分必要，行政调解的法治化水平有待进一步提高。

在地方层面，各地基于行政调解的实践探索逐渐形成地方性立法实验。例如，2015 年 6 月 1 日，北京市人民政府出台《北京市行政调解办法》；7 月 8 日，厦门市政府印发《厦门市行政调解程序规定》；10 月 23 日，辽宁省人民政府发布《辽宁省行政调解规定》；2016 年 12 月 30 日，浙江省人民政府办公厅印发《浙江省行政调解办法》；2017 年 11 月 22 日，《武汉市行政调解暂行办法》发布；等等。除已出台地方性立法的“行政调解工作暂行办法”“行政调解工作暂行规定”“行政调解实施办法”等之外，另有各级地方政府或其工作部门出台的大量“行政调解工作实施意见”。从行政调解地方规范性文件的年度制颁量上看，2010 年 34 项，2011 年 57 项，2012 年达到 99 项，2013 年 23 项，2014 年 18 项，2015 年 14 项，2016 年 9 项，2017 年 4 项，2018 年 10 项。①

在全国层面，统一的行政调解立法也被提上了立法日程。2015—2016 年，由国务院法制办起草《行政调解条例》，曾分别被列入“有关深化行政体制改革、加强政府自身建设的立法项目”和“有关持续推进简政放权，加强政府自身建设的立法项目”。但在 2017—2018 年，《行政调解条例》均未出现在国务院立法工作计划当中。2018 年 3 月，第十三届全国人大一次会议批准的国务院机构改革方案将国务院法制办公室的职责整合，重新组建司法部，不再保留国务院法制办公室。此前原计划由国务院法制办起草的《行政调解条例》或将由重新组建后的司法部以其他形式完成。将来，统一的行政调解立法可能有三种形式：一是由全国人大常委会单独制定《行政调解法》，与《人民调解法》类似；二是将行政调解放在法典化的《调解法》当中，作为一编加以规定；三是继续保持分部门或分地方立法的方式，对现有行政调解机制进行适当统一和完善。

---

① 参见威科·先行法规数据库，数据截至 2018 年 12 月 31 日。在北大法宝数据库中，标题为“行政调解”的中央法规司法解释 2 篇，其中 1 篇为已经失效的《合同争议行政调解办法》和 2017 年生效的《专利纠纷行政调解指引（试行）》；地方法规规章 266 篇，其中地方政府规章 6 篇，其他地方规范性文件 181 篇，另有地方工作文件 79 篇。

第九章　仲裁与调解相结合的新发展

一、引言：仲裁与调解相结合的缘起

从世界范围看，仲裁[①]与调解相结合最早起源于中国国际经济贸易仲裁委员会（CIETAC，以下简称贸仲）[②] 从20世纪50年代开始的仲裁实践，并在其1988年的《仲裁规则》中首次被明确[③]，随后也被1995年《仲裁法》[④] 所采纳。我国的这一做法，在世界范围内引起了广泛关注，得到了诸多国家的借鉴。追溯仲裁与调解相结合起源的时代背景，我国出现仲裁与调解相结合除了受儒家和谐文化影响的因素外[⑤]，还存在以下鲜为探讨的深层原因。

首先，仲裁和调解都具有与行政契合的传统。仲裁在我国属于舶来品，其设立之初便出现了“水土不服”。在《仲裁法》颁布之前，我国沿袭苏联模式，实行的是行政仲裁制度，即由行政机关或附设于行政机关的专门机

① 非有特殊说明，本章所称仲裁仅指民商事仲裁。

② 该组织的名称经历了如下变化：根据1954年5月6日中央人民政府政务院《关于在中国国际贸易促进委员会内设立对外贸易仲裁委员会的决定》，中国国际贸易促进委员会（简称贸促会）组织设立对外贸易仲裁委员会。根据1980年2月26日国务院《关于将对外贸易仲裁委员会改称为对外经济贸易仲裁委员会的通知》，对外贸易仲裁委员会改名为对外经济贸易仲裁委员会。根据1988年6月21国务院《关于将对外经济贸易仲裁委员会改名为中国国际经济贸易仲裁委员会和修订仲裁规则的批复》，对外经济贸易仲裁委员会改名为中国国际经济贸易仲裁委员会。

③ 该规则第37条规定：“仲裁委员会和仲裁庭可以对其受理的案件进行调解。经调解达成和解协议的案件，仲裁庭应当根据双方当事人和解协议的内容，作出裁决书。”

④ 该法第51条和第52条对仲裁中调解的条件、方式、效力和终止等问题作了较为具体的规定。

⑤ 该因素的探讨可以参见王生长：《仲裁与调解相结合的理论与实务》，北京，法律出版社2001年版，第106～111页；周杨：《我国仲裁调解制度研究》，湘潭，湘潭大学出版社2017年版，第17页。

构依行政权力对纠纷所进行的仲裁。[①] 因此，我国的仲裁制度在产生伊始就刻下了行政化的印记，成为行政机关的附属品。与此类似，根据“文化断裂论”[②] 的观点，新中国推行的调解制度与中国历史上的调解传统在性质、权威依据、目的和手段等方面截然不同，政治功能强烈地渗透在调解中，从而调解的政治功能遮蔽了其纠纷解决的功能。[③] 毋庸置疑，中国法治的道路是“政府推进型”，政府是法治化运动的主要动力，法治化的目标也主要是借助政府的政治资源完成。因此，仲裁和调解都具有与行政契合的传统，为政府主导推动仲裁与调解相结合的做法提供了契机与可能。正如中国国际贸易促进会首任主席南汉宸先生在贸仲制定仲裁规则时指出的，革命老区一向是习惯对人民之间的问题采取调解解决，调解是我们党的传统，我们大家要重视。[④] 可见，行政资源自上而下的推动成为仲裁与调解相结合的动力与依据。

其次，受诉讼与调解相结合的影响。中华人民共和国成立之后，诉讼的发展早于仲裁，仲裁在参照苏联仲裁模式的同时，也学习与借鉴我国法院的诸多做法。根据唐厚志教授的回忆：“在中国的仲裁机构采用仲裁与调解相结合之前，先有法院的审理与调解相结合，即诉讼和调解相结合先行，后来仲裁才学它。”[⑤] 我国诉讼与调解相结合兴起于“马锡五审判方式”，着重调解被视为其最基本的特点之一，也是这种审判方式的主要标志。[⑥] 我国仲裁委员会也受“马锡五审判方式”的影响，对于仲裁案件首先尽可能选用调解的方式解决。这一现象可以用棚濑孝雄关于纠纷解决类型的理论予以解释。纠纷解决方式按纠纷是由第三者具有拘束力的决定还是由当事人

① 参见罗楚湘：《仲裁行政化及其克服》，载《江西社会科学》，2012（3）。

② 强世功教授将陕甘宁时期调解制度的研究分为两种主张：一是文化延伸论，二是文化断裂论。文化延伸论认为调解是中国传统法律中受儒家影响的“无讼”思想的体现与延伸。参见强世功：《调解、法制与现代性——中国调解制度研究》，北京，中国法制出版社 2001 年版，第 205～206 页。

③ 参见强世功：《调解、法制与现代性——中国调解制度研究》，北京，中国法制出版社 2001 年版，第 205 页。

④ 参见“董有淦访谈录”，载王生长：《仲裁与调解相结合的理论与实务》，北京，法律出版社 2001 年版，第 307 页。

⑤ “唐厚志访谈录”，载王生长：《仲裁与调解相结合的理论与实务》，北京，法律出版社 2001 年版，第 292～293 页。

⑥ 参见张希坡：《马锡五审判方式》，北京，法律出版社 1983 年版，第 22～25 页。

之间自由的合意来解决，分为决定型纠纷解决方式与合意型纠纷解决方式。[①] 审判与仲裁都是典型的决定型纠纷解决方式，二者具有类似性，调解作为合意型纠纷解决方式的代表都可以与二者有机结合。因此，在我国的纠纷解决实践中，诉讼与仲裁都走向了与调解相结合的道路。

随着贸仲仲裁实践的开展与宣传，仲裁与调解相结合逐步引起了世界上许多国家的广泛关注。1996 年，国际商事仲裁委员会在汉城会议上就以"国际商事仲裁的文化"为主题，探讨仲裁与调解相结合的问题。唐厚志教授在会议上旗帜鲜明地指出："世界上存在一种正在扩展的文化，它赞成仲裁与调解相结合。"[②] 目前，在世界各国面临"诉讼爆炸"、司法资源紧缺等共同难题时，仲裁与调解相结合得到了诸多国际组织、国家与地区的认可。但由于制度土壤迥异，各国发展仲裁与调解相结合的模式与形式也存在较大区别。现阶段，我国仲裁与调解相结合的实践一方面受他国模式的影响，另一方面也不断发展创新。因此，本章有必要探寻我国仲裁与调解相结合的实践有哪些新发展，这些发展存在什么问题，以及这些问题该如何解决。

二、理论基础：仲裁与调解相结合的内涵、模式与优势

（一）仲裁与调解相结合的内涵与模式

目前，在一种共生的文化中，仲裁与调解相结合作为一种将仲裁与调解有机衔接的复合型纠纷解决机制[③]，有广义与狭义之分。狭义的仲裁与调解相结合是指上文所指贸仲首创的方式，即当事人先启动仲裁程序，在仲裁程序进行时，由仲裁员对案件进行调解，待调解成功或不成后再恢复进行仲裁程序。广义的仲裁与调解相结合包括世界各国从狭义的仲裁与调解相结合方式中衍生出的多种形式。已有学者曾对仲调结合的主要形式进行过列举与说明，经过梳理，根据仲裁与调解进行的先后顺序，仲调结合可

---

① 参见［日］棚濑孝雄：《纠纷的解决与审判制度》，王亚新译，北京，中国政法大学出版社 1994 年版，第 7～8 页。

② Tang Houzhi, "Is There an Expanded Culture that Favors Combining Arbitration with Conciliationoro ther ADR Procedures?", *ICCA Congress Seriesno*. 8, ibid., p. 101.

③ 复合型争议解决方式是王生长教授提出的对纠纷解决机制的归类方式，是指两种以上的争议解决方式的有机结合。参见王生长：《仲裁与调解相结合制度研究》，对外经济贸易大学 2001 年博士学位论文。

以分为“先调解后仲裁”与“先仲裁后调解”两种模式。[①] 这两种模式中又包含多种不同的具体形式，这些形式在功能定位、程序设置、仲裁员与调解员的权利义务、当事人的程序权限以及公正与效率的价值取向等方面各有不同。对于选择何种形式，取决于当事人之间的合意。

1. 先调解后仲裁模式及其具体形式

先调解后仲裁模式的主要功能体现在利用仲裁终局解决纠纷与弥补调解协议欠缺强制执行力的问题。如表 1 所示，先调解后仲裁模式主要包括五种形式。“单纯的先调解后仲裁”与后四种形式的主要区别是，仲裁员与调解员在通常情况下为同一人，具有保持程序整体性与连贯性、节约纠纷解决成本等优势。该形式适用于两种情形：一是调解成功后进入仲裁程序，其主要目的是通过仲裁赋予调解协议执行效力。如斯洛文尼亚、克罗地亚、奥地利等国的《仲裁规定》确定，若调解员对当事人的争议调解成功，应当事人的要求，仲裁院可以指定该调解员作为仲裁员，由他按照和解的条件作出裁定。[②] 二是调解不成功后进入仲裁程序，其主要目的是用仲裁使纠纷得到终局解决。如《世界知识产权组织调解规则》第 14 条（b）1 规定，调解员认为当事人之间的任何争议事项不能通过调解解决时，他在考虑争议的情况和当事人之间的业务关系之后，可以推荐仲裁供当事人考虑。[③]

“复合的先调解后仲裁”中的调解员与仲裁员不为同一人。目前，理论界对仲调结合的主要质疑之一便是对同一人既担任仲裁员又担任调解员的疑虑，主要存在对自然公正与正当程序原则的侵害，混淆仲裁与调解的职能，对调解中获取隐私信息的失控，导致仲裁时存在感性认识或实际偏袒的危险等观点。[④] 而在调解员和仲裁员分离的情况下，可以避免这些问题的产生。“建议型先调解后仲裁”“调解后换人仲裁”“最后的仲裁方案”等属于“复合的先调解后仲裁”的变形。“建议型先调解后仲裁”中的调解人在

---

① 参见胡军辉、赵毅宇：《论仲调结合在“一带一路”商事纠纷解决中的运用》，载《南华大学学报》（社会科学版），2018（4）。

② 参见唐厚志：《正在扩展着的文化：仲裁与调解相结合或与解决争议替代办法（ADR）相结合》，载《中国对外贸易》，2002（2），第 51～52 页。

③ 参见世界知识产权组织调解规则，http：//www.sipo.gov.cn/zcfg/gjty/1063146.htm，最后访问日期：2018－11－25。

④ 参见王生长：《仲裁与调解相结合制度研究》，北京，法律出版社 2001 年版，第 158～161 页。

调解不成后需向后阶段的仲裁人提交一份裁决建议书。该建议书是调解人根据调解过程中了解的案件信息与相关法律法规制作的，虽不具有法律效力，但能给予仲裁员良好的指引。“调解后换人仲裁”是在调解失败后，转化为仲裁程序之前，当事人有权拒绝调解人转化为仲裁人，该拒绝权的行使无须理由。“最后的仲裁方案”也属于调解与后续仲裁相结合，实现纠纷的终局解决。如《世界知识产权组织调解规则》第 14 条（b）3 指出，由各方当事人提出最后的解决方案，并在无法通过调解解决时，以这些最后方案为基础进行仲裁，仲裁庭在仲裁程序中的任务限于决定采用哪一种最后方案。

表 1：先调解后仲裁模式及其主要形式

模式	具体形式	含义	调解员与仲裁员是否为同一人
先调解后仲裁	1. 单纯的先调解后仲裁 Pure Med-Arb	当事人为解决争议，先启动调解程序，调解不成后或调解成功后再进行仲裁程序	是（通常情况）
	2. 复合的先调解后仲裁 Med-Arb-Diff	同上	否
	3. 建议型先调解后仲裁 Med-Arb-Diff-Recommendation	调解人在仲裁程序启动前，会根据在调解程序中了解的案情等，向仲裁人提交一份裁决建议书	否
	4. 调解后换人仲裁 Med-Arb-Opt-Out	在单纯的先调解后仲裁模式中，当事人有权拒绝之前的调解人转化为仲裁人	否
	5. 最后的仲裁方案 MEDALOA	调解失败后，仲裁庭在双方当事人的两种方案中选定一个，使这种方案中产生效力	否（通常情况）

2. 先仲裁后调解模式及其具体形式

先仲裁后调解模式的主要功能体现在利用调解增强仲裁中的意思自治程度与弥补仲裁欠灵活性的问题。如表 2 所示，先仲裁后调解模式主要有四种形式。“仲裁中调解”由同一人担任调解员与仲裁员，即当事人先启动仲裁程序，仲裁过程中可以由仲裁员对案件进行调解，调解不成或调解成功后再恢复仲裁程序。该形式由中国国际经济贸易仲裁委员会首创，目前有许多国家与地区的法律和仲裁规则中出现了“仲裁中调解”的规定。如日本商事仲裁协会的规则规定，仲裁庭在其认为必要而且取得各方当事人同意的情况下，可以让仲裁庭的仲裁员去调解争议以求和解。[①]《新加坡国际仲裁法》第17条规定了仲裁员出任调解员的权利，明确指出仲裁员或公断人可以作为调解员，可与仲裁程序当事各方集体通信或分别通信。[②]

“影子调解”“仲裁调解共存”是先仲裁后调解模式中由不同人担任仲裁员与调解员的具体形式。“影子调解”是在仲裁进行的恰当阶段，平行启动调解程序，由调解员对案件进行调解，以增加当事人对纠纷解决的意思自治程度。若调解成功则案件结束，若调解失败则恢复仲裁程序，由仲裁员裁决。“仲裁调解共存”类似“影子调解”的程序变体，仲裁员与调解员都参与小法庭听证，调解员可以旁听仲裁程序发展的全过程，在适当的时候对纠纷进行调解。“仲裁执行中的调解”与其他仲调结合的形式不同，即不是发生在纠纷解决阶段，而是在仲裁裁决执行的过程中进行，以实现执行和解为目的，与我国民事诉讼中的执行和解具有类似之处。[③]

表2：先仲裁后调解模式及其主要形式

模式	具体形式	含义	调解员与仲裁员是否为同一人
先仲裁后调解	1. 仲裁中调解 Arb-Med	先启动仲裁程序，由仲裁员对案件进行调解，调解不成或成功后再恢复仲裁程序	是
	2. 影子调解 Shadow Mediation	先启动仲裁程序，再启动平行的调解程序，若调解不成，由仲裁程序确保纠纷最终解决	否
	3. 仲裁调解共存 Co-Med-Arb	随着仲裁程序的进行调解员旁听全过程，并可在适当的时候进行调解	否
	4. 仲裁执行中的调解	当事人在仲裁程序终结后利用调解程序解决仲裁裁决执行中的问题	否

---

① 参见唐厚志：《正在扩展着的文化：仲裁与调解相结合或与解决争议替代办法（ADR）相结合》，载《中国对外贸易》，2002（2），第51页。

② 新加坡国际仲裁法，https：//wenku. baidu. com/view/ce39006bfe4733687e21aa4e. html，最后访问日期：2018－11－25。

③ 有学者提出，由于执行中的调解与仲裁的终结之间可能存在时间上的不连贯，这种方式更接近于独立的调解或临时调解。参见王生长：《仲裁与调解相结合制度研究》，北京，法律出版社2001年版，第79页。

(二) 仲裁与调解相结合的主要优势

从上述仲裁与调解相结合的多种形式可以看出，其与单纯的商事仲裁、商事调解相比，具有以下优势。

1. 比商事仲裁更具有合意性与灵活高效性

目前，商事仲裁的诉讼化倾向已遭到学界的批评与诟病，主要观点认为仲裁正在与诉讼一样成为当事人对抗斗争的场所，程序也像诉讼那样趋于细节多而复杂。[①] 然而，民商事纠纷解决中的协商正义或互利正义正广为流行，纠纷当事人所追求的是自己需要的正义，并希望通过对话、协商、妥协实现纠纷的有效解决。[②] 仲裁与调解相结合使仲裁中加入了调解的元素，调解员将综合考量当事人的系争内利益和系争外利益、眼前利益与长远利益，寻找纠纷解决的最佳方案并取得当事人合意。正如富勒的观点："调解的主要特性是能够重新定位双方的立场，不是通过加强规则，而是通过帮助他们获得对相互关系的崭新共识来实现。"[③] 如此一来，双方当事人可以在纠纷解决的最终阶段通过合意实现双赢的结果。此外，仲裁与调解相结合比单纯的仲裁程序更为灵活，当事人可以根据自身需求在多种仲裁与调解相结合的形式中进行选择，仲裁员或调解员也可以对当事人进行"私访"等，因此有学者认为，仲裁与调解相结合是非讼纠纷解决机制中最灵活与有效的。[④]

2. 比商事调解更具有合意生成的可能性与结果的安定性

商事调解以自愿为原则，当事人合意是调解成功的关键，但调解的过程是双方当事人博弈的过程，当事人可能无法自愿达成合意。在仲裁与调解相结合中，当调解失败后，调解员可以仲裁员的身份或者由仲裁员作出有约束力的仲裁裁决。这实际上是让仲裁员综合运用"中介""判断""强

---

① 参见［日］谷口安平：《程序的正义与诉讼》，王亚新、刘荣军译，北京，中国政法大学出版社 2002 年版，第 384 页。

② 参见唐力：《诉讼调解合意诱导机制研究》，厦门，厦门大学出版社 2016 年版，第 53～66 页。

③ ［英］西蒙·罗伯茨、［英］彭文浩：《纠纷解决过程：ADR 与形成决定的主要形式》，刘哲玮、李佳佳、于春露译，北京，北京大学出版社 2011 年版，第 397 页。

④ Gerald F. Phillips, "Same-Neutral Med-Arb: What Does The Future Hold?", 60 *Disp. Resol. J.* 24, 26 (2005).

制”三种行动策略[①]，以促进双方当事人积极地形成合意，有学者将其称为“挥着大棒的调解”[②]。另外，仲裁与调解相结合比商事调解具有结果安定性的优势。结果的安定性主要表现在调解协议的执行力上。从应然层面看，当事人会自动履行自愿达成的调解协议，但从大量调解书进入强制执行、非司法调解协议反悔率较高等现象可以看出，调解结果的安定性容易因当事人的反悔而被破坏。在仲裁与调解结合中，仲裁员基于调解协议作出的仲裁调解书或裁决书就赋予了当事人申请强制执行的效力，保证了调解结果的安定性。

三、现状考察：我国仲裁与调解相结合的新实践

面对仲裁与调解相结合的国际发展趋势与显著优势，我国也积极发展仲裁与调解相结合，以满足人们日益增长的多元解纷需求。通过分析法律规范、统计数据、仲裁机构的仲裁规则与调解规则，可以从总体与个案两个层面窥探我国仲裁与调解相结合的实践现状。

（一）我国仲裁与调解相结合的总体概况

1. 规范层面：法律规范对仲裁与调解相结合的规定

随着民商事纠纷的增多和人们对纠纷解决机制需求的提高，纠纷解决机制不仅更为多样化，且逐步走向各机制协调与对接的发展路径。1994 年《仲裁法》第 51 条、第 52 条对仲裁与调解相结合作了明确规定，主要内容包括：当事人自行和解、裁决前先行调解、当事人自愿时应当调解、调解不成及时裁决、调解达成协议的制作调解书或裁决书、制作调解书的要求、调解书的生效、当事人反悔的及时裁决。这些规定在立法层面为仲裁与调解相结合提供了支持和依据。此外，从规范性文件看，2009 年《最高人民法院关于建立健全诉讼与非诉讼相衔接的矛盾纠纷解决机制的若干意见》的主要任务中提出，“完善诉讼与仲裁、行政调处、人民调解、商事调解、行业调解以及其他非诉讼纠纷解决方式之间的衔接机制”。其第 9 条规定：

---

① 参见［日］棚濑孝雄：《纠纷的解决与审判制度》，北京，中国政法大学出版社 2004 年版，第 84～99 页。

② ［英］西蒙·罗伯茨、［英］彭文浩：《纠纷解决过程：ADR 与形成决定的主要形式》，刘哲玮、李佳佳、于春露译，北京，北京大学出版社 2011 年版，第 390 页。

"没有仲裁协议的当事人申请仲裁委员会对民事纠纷进行调解的，由该仲裁委员会专门设立的调解组织按照公平中立的调解规则进行调解后达成的有民事权利义务内容的调解协议，经双方当事人签字或者盖章后，具有民事合同性质"。2016 年《最高人民法院关于人民法院进一步深化多元化纠纷解决机制改革的意见》的主要目标中指出，"合理配置纠纷解决的社会资源，完善和解、调解、仲裁、公证、行政裁决、行政复议与诉讼有机衔接、相互协调的多元化纠纷解决机制"。2018 年，中共中央办公厅、国务院办公厅《关于建立"一带一路"国际商事争端解决机制和机构的意见》中提出，"积极培育并完善诉讼、仲裁、调解有机衔接的争端解决服务保障机制，切实满足中外当事人多元化纠纷解决需求"。这些规范性文件都倡导、发展与完善仲裁与调解结合。

2. 实践层面：仲裁中以调解、和解结案的比例

国务院法制办一贯力倡建立发展中国特色社会主义仲裁制度，并明确提出"提高仲裁快速结案率、和解调解率、自动履行率"，防止仲裁诉讼化倾向的指导原则。[①] 根据表 3 的统计数据显示，2013—2017 年来全国民商事仲裁机构受理的仲裁案件中，以调解、和解方式结案的平均比例约为 50%。其中，2014 年以调解、和解方式结案的比例最高，达到了 65%。据学者的研究显示，2014 年全国仲裁机构中，调解与和解率超过 50%的有 87 家，占总数的 37%，从地域分布上来看，除华南片区外，其他片区的仲裁机构调解和解结案的比率接近或超过 50%。[②] 可以看出，国内仲裁机构以调解、和解方式结案量处于高位运行的状态，体现出仲裁与调解相结合在我国民商事纠纷解决中发挥了重要作用。

表 3：全国仲裁案件中以调解、和解方式结案的情况[③]（单位：件）

年份	受理仲裁案件数	以调解、和解方式结案数	占案件总数的比率
2013	104 257	60 112	58%

① 参见张立平：《中国特色仲裁调解制度：内涵、依据与优势》，中国仲裁法学研究会（China Academy of Arbitration Law）、中国国际经济贸易仲裁委员会、中国海事仲裁委员会、最高人民法院民四庭：《中国仲裁与司法论坛暨 2010 年年会论文集》，2010 年。

② 参见周杨：《我国仲裁调解制度研究》，湘潭，湘潭大学出版社 2017 年版，第 1～2 页。

③ 数据来自于历年的《中国商事仲裁年度观察》。

续前表

年份	受理仲裁案件数	以调解、和解方式结案数	占案件总数的比率
2014	113 660	74 200	65%
2015	136 924	56 659	41%
2016	208 545	121 527	58%
2017	239 360	69 450	29%

（二）我国仲裁与调解相结合的个案解读

仲裁与调解相结合在我国各仲裁机构的发展历程与运行情况如何？各仲裁规则在应对调解需求时发生了哪些变化？对此，我们将以中国国际经济贸易仲裁委员会、北京仲裁委员会、中国（上海）自由贸易试验区仲裁院、湘潭仲裁委员会等组织的实践为个案进行考察。这些仲裁机构中仲裁与调解相结合的做法具有发展早、效果好、创新举措多、影响范围广等特点，具有较强的样本价值。

1. 中国国际经济贸易仲裁委员会（简称贸仲）仲裁与调解结合的新实践

贸仲是世界上主要的常设商事仲裁机构之一，五十多年来，贸仲以其仲裁实践和理论活动为中国《仲裁法》的制定、中国乃至世界仲裁事业的发展作出了重大贡献。仲裁与调解相结合就是贸仲的首创，对世界诸多国家与地区发展仲裁与调解相结合产生了重要影响。贸仲从20世纪50年代开始仲裁与调解相结合的实践，这一做法在1988年《仲裁规则》中首次明确，并在之后仲裁规则修改的过程中逐步创新与完善。2018年贸仲成立了调解中心，并出台了《贸仲调解中心调解规则》。下文将梳理贸仲的《仲裁规则》与《调解规则》，分析贸仲仲裁与调解相结合的发展情况。

表4：贸仲规则中关于仲裁与调解相结合的规定

规则名称	仲裁与调解相结合的形式与内容	具体条文
贸仲仲裁程序暂行规则（1956年版）	无	无
贸仲仲裁规则（1988年版）	仲裁中调解（仲裁员与调解员为同一人），主要内容为根据协议作出裁决。	第37条
贸仲仲裁规则（1994年版）	仲裁中调解（仲裁员与调解员为同一人），主要内容包括：调解的启动、调解的方式、终止调解、庭外和解视为仲裁庭调解、根据协议作出裁决、调解不成后的后续义务。	第46条至第51条

续前表

规则名称	仲裁与调解相结合的形式与内容	具体条文
贸仲仲裁规则（1995 年版）	同 1994 年版仲裁规则	第 46 条至第 51 条
贸仲仲裁规则（1998 年版）	同 1994 年版仲裁规则	第 45 条至第 50 条
贸仲仲裁规则（2000 年版）	先调解后仲裁，主要内容为仲裁庭外和解后申请仲裁裁决或撤销案件。	第 44 条
	仲裁中调解（仲裁员与调解员为同一人），主要内容同 1994 年版仲裁规则。	第 45 条至第 50 条
贸仲仲裁规则（2005 年版）	先调解后仲裁，主要内容为仲裁庭外和解后申请仲裁裁决。	第 40 条第 1 款
	仲裁中调解（仲裁员与调解员为同一人），主要内容同 1994 年版仲裁规则。	第 40 条第 2 款至第 8 款
贸仲仲裁规则（2012 年版）	仲裁中调解（仲裁员与调解员为同一人），在 1994 年版仲裁规则的基础上：第 5 款新增达成协议的，当事人可以撤回仲裁请求；新增第 6 款制作调解书的具体规定。	第 45 条第 1 款至第 7 款、第 9 款
	先仲裁后调解（类似影子调解，仲裁员与调解员不为同一人）	第 45 条第 8 款
	先调解后仲裁，主要内容同 2005 年版仲裁规则。	第 45 条第 10 款
贸仲调解中心调解规则（2018 年版）	先调解后仲裁，主要内容为：当事人依据调解协议中的仲裁条款，可申请贸仲按照协议的内容作出仲裁裁决。	第 24 条第 1 款
	仲裁中调解（类似影子调解，仲裁员与调解员不为同一人），主要内容为：当事人在仲裁程序进行过程中请求由仲裁庭之外的人员进行独立调解的，由中心提供相应的调解服务。	第 24 条第 2 款

从上表中可以看出，从 1988 年版《仲裁规则》到 1998 年版《仲裁规则》，仅规定了先仲裁后调解模式中的仲裁中调解的形式。2000 年版《仲裁规则》新增了先调解后仲裁模式，规定了当事人在仲裁庭之外自行达成和解的，可以请求仲裁庭根据其和解协议的内容作出裁决书结案，也可以申请撤销案件。在此种情况下，调解员与仲裁员不为同一人，属于复合型先调解后仲裁。2012 年版《仲裁规则》创新了先仲裁后调解的形式，即当事人有调解愿望但不愿在仲裁庭主持下进行调解的，经双方当事人同意，仲裁委员会可以协助当事人以适当的方式和程序进行调解。在此种情况下，

调解员与仲裁员不为同一人，类似于影子调解形式。2018 年的《调解规则》在《仲裁规则》的基础上，对复合型先调解后仲裁、影子调解等形式进行了明确与细化的规定。

据已有数据显示，2002 年贸仲北京总会结案 408 件，和解裁决结案 31 件，撤案 72 件，和解裁决与撤案率为 25%；2004 年贸仲北京总会结案 346 件，和解裁决结案 30 件，撤案 82 件，和解裁决与撤案率为 32%；2008 年贸仲和解裁决与撤案率为 35%，2009 年贸仲和解裁决与撤案率为 40%。[①] 虽然以上数据不具有完整性，但也能看出仲裁与调解相结合在贸仲得到了长足的发展。

2. 北京仲裁委员会仲裁与调解结合的新实践

北京仲裁委员会（以下简称北仲）自 1995 年设立以来，已迅速成长为在国内享有广泛声誉、在国际上亦有一定地位和影响的仲裁机构。秉承着“独立、公正、专业、高效”的价值理念，北仲正努力成为一个集仲裁、调解、建设工程评审等在内的多元争议解决实践中心。[②] 北仲第一版《仲裁规则》（1995 年版）就有了关于仲裁与调解相结合的规定，在之后《仲裁规则》的修改中，一直保留着仲裁与调解相结合，并一直将其创新与完善。2011 年，北京仲裁委员会调解中心成立，并制定了单独的《调解规则》，创设了独立于仲裁程序的调解程序。梳理北仲的《仲裁规则》与《调解规则》，可探究北仲仲裁与调解相结合的发展历程。

表 5：北仲规则中关于仲裁与调解相结合的规定

规则名称	仲裁与调解相结合的形式	主要内容	具体条文
1995 年北仲规则	仲裁中调解（仲裁员与调解员为同一人）	仲裁庭开庭前：申请仲裁后达成和解协议的撤回申请或请求制作裁决书，以及撤回申请反悔后的处理。	第 36 条、第 37 条
		仲裁庭开庭后：仲裁庭在裁决前的先行调解，调解不成后及时裁决，调解成功制作调解书或裁决书，制作调解书的要求与生效，签收调解书前反悔及时裁决。	第 38 条、第 39 条

① 参见周杨：《我国仲裁调解制度研究》，湘潭，湘潭大学出版社 2017 年版，第 32 页。

② http：//www.bjac.org.cn/page/gybh/introduce_index.html，最后访问日期：2018－11－10。

续前表

规则名称	仲裁与调解相结合的形式	主要内容	具体条文
1996年北仲规则	仲裁中调解（仲裁员与调解员为同一人）	仲裁庭开庭前：在1995年规则的基础上增加撤回申请的决定方式；调解过程中庭外和解视为仲裁庭调解，根据仲裁庭调解达成的协议制作裁决书。	第38条、第39条
		仲裁庭开庭后：在1995年规则的基础上增加调解不成后当事人的后续义务。	第40条、第41条
1997年北仲规则	仲裁中调解（仲裁员与调解员为同一人）	与1996年规则相同	第41条、第42条、第44条、第45条
1999年北仲规则	仲裁中调解（仲裁员与调解员为同一人）	与1996年规则相同	第42条、第43条、第45条、第46条
2001年北仲规则	仲裁中调解（仲裁员与调解员为同一人）	仲裁庭开庭前：与1996年规则相同	第53条、第54条
		仲裁庭开庭后：在1996年规则的基础上新增在仲裁庭之外达成和解的视为是在仲裁庭调解下达成的和解。	第56条—第58条
2004年北仲规则	仲裁中调解（仲裁员与调解员为同一人）	仲裁庭开庭前：在1996年规则的基础上新增撤回仲裁申请后的退费情况。	第37条第1—3款
		仲裁庭开庭后：调解的启动，调解成功的制作调解书或裁决书，制作调解书的要求与生效，调解不成后的后续义务。	第38条第1—4款
2008年北仲规则	仲裁中调解（仲裁员与调解员为同一人）	与2004年规则相同	第38条、第39条
	仲裁中调解（仲裁员与调解员不为同一人）	单独调解：案件审理过程中，双方当事人可以自行和解或者依据《北京仲裁委员会调解规则》向本会申请由调解员进行调解。	第40条
		国际商事仲裁的特别规定：因仲裁庭调解不成导致调解程序终止的，如果双方当事人以避免裁决结果可能受到调解影响为由请求更换仲裁员的，主任可以批准。	第58条第1、2款

续前表

规则名称	仲裁与调解相结合的形式	主要内容	具体条文
2015 年北仲规则	仲裁中调解（仲裁员与调解员为同一人）	调解的启动，调解达成协议的可以请求撤回仲裁请求、制作调解书或裁决书；制作调解书的要求与生效，调解书的补正，调解不成后当事人的后续义务。	第 42 条第 1—5 款
2015 年北仲规则	仲裁中调解（仲裁员与调解员不为同一人）	单独调解：在 2008 年仲裁规则的基础上新增：调解达成和解协议的，当事人可以共同要求组成仲裁庭依据该和解协议的内容制作调解书或者裁决书。	第 43 条第 1、2 款
		国际商事仲裁的特别规定，同 2008 年仲裁规则。	第 26 条第 1、2 款
2011 年北京仲裁委员会调解中心调解规则	先调解后仲裁	经过调解，当事人达成一致意见的，签订和解协议。当事人可以向北京仲裁委员会申请仲裁，请求仲裁庭依据和解协议的内容制作调解书或者裁决书。	第 23 条
		调解后当事人的后续义务	第 25 条
		除非当事人另有约定，调解员不得在之后就相同或者相关争议进行的仲裁程序中作为仲裁员。	第 26 条

1995 年《仲裁规则》仅规定了仲裁中调解的形式，仲裁员与调解员为同一人，并将其分为仲裁庭开庭前调解与仲裁庭开庭后调解两种方式。1996 年《仲裁规则》、2001 年《仲裁规则》在此基础上补充了撤回仲裁申请后的退费，调解不成后当事人的后续义务，仲裁庭之外达成和解的视为是在仲裁庭调解下达成的和解等规定。2008 年《仲裁规则》进行了仲裁与调解相结合形式的创新，规定了仲裁员与调解员不为同一人的先仲裁后调解形式，主要包括单独调解与国际商事仲裁的特别规定。单独调解类似影子调解的形式，是指案件在审理过程中，双方当事人可以自行和解或者依据《北京仲裁委员会调解规则》向本会申请由调解员进行调解。此外，国际商事仲裁的仲裁庭调解中，因调解不成导致调解程序终止的，如果双方当事人以避免裁决结果可能受到调解影响为由，可以请求更换仲裁员。2015 年《仲裁规则》对 2008《仲裁

规则》规定的仲裁与调解相结合形式的具体内容进行了完善。2011 年《调解规则》对先调解后仲裁模式进行了细化规定。

表 6 与表 7 统计了北仲近年来仲裁与调解相结合的相关数据。根据表 6 可知，2013 年至 2017 年调解结案的平均比例为 15.5%。此外，当事人撤回申请的案件中大部分是由于当事人达成了和解协议，2013 年至 2017 年当事人撤回申请的平均比例为 27%。因此，综合调解结案与当事人撤回申请的比率，可以看出这五年来，北仲运用仲裁与调解相结合的方式结案的案件占总结案数的 40%左右。根据表 7 可知，除 2014 年外，北仲调解中心独立调解的案件数仍较少，如 2016 年仅有 3 件。但从调解成功的案件中，转为强制执行文书的平均比例约为 70%，可以看出北仲调解中心积极运用调解与仲裁相结合的方式，将调解协议转化为仲裁调解书或仲裁裁决书。

表 6：北仲 2013—2017 年的结案情况表[①]（数量单位：件；比例单位：%）

年份	共审结案件	裁决结案		调解结案		撤回申请		撤销案件	
		数量	比例	数量	比例	数量	比例	数量	比例
2013	1 614	826	51.18	271	16.79	514	31.84	3	0.19
2014	1 755	857	48.83	354	20.17	543	30.94	1	0.06
2015	2 425	1 373	56.62	349	14.39	700	28.87	3	0.12
2016	2 917	1 887	64.69	375	12.86	655	22.45	0	0
2017	3 520	2 170	61.65	527	13.18	823	20.58	0	0

表 7：北仲调解中心成立后独立调解案件情况[②]（数量单位：件）

年份	独立调解案件数	调解成功的案件数	转为强制执行文书的案件数	调解成功案件中转为强制执行文书的比例
2012	3	0	0	0
2013	10	3	1	33%
2014	118	97	83	85.6%
2015	44	14	11	78.6%
2016	3	1	0	0
总计	184	120	97	80.8%

① 表中数据均来自北京仲裁委员会 2013—2017 年的工作总结，http://www.bjac.org.cn/page/gybh/introduce e_report.html，最后访问日期：2018-11-10。

② 表中数据均来自北京仲裁委员会 2016 年的工作总结，http://www.bjac.org.cn/news/view?id=2909，最后访问日期：2018-11-10。

3. 中国（上海）自由贸易试验区仲裁院仲裁与调解结合的新实践

2013 年 10 月，中国（上海）自由贸易试验区仲裁院成立。该仲裁院由上海国际经济贸易仲裁委员会（上海国际仲裁中心）设立，为区内当事人提供零距离的仲裁咨询、立案、开庭审理等仲裁法律服务，是上海自贸区争议解决及法律保障的重要制度性安排。① 中国（上海）自由贸易试验区仲裁院 2014 年实施的《中国（上海）自由贸易试验区仲裁规则》（以下简称《自贸区仲裁规则》），被业界称为“几乎完全接轨国际”的仲裁规则。该仲裁规则将“仲裁与调解相结合”作为独立的一章（第六章）规定，具体内容如下。

表 8：《自贸区仲裁规则》中仲裁与调解相结合的内容

形式	内容	条文
仲裁中调解（仲裁员与调解员不为同一人）	调解员调解：仲裁庭组成前调解的启动，调解员的指定，调解不影响仲裁庭组成前仲裁程序的进行，暂缓组成仲裁庭的规定，调解员的回避，调解的方式，调解达成协议的可以撤回仲裁申请或请求此后组成的仲裁庭作出仲裁裁决，调解的终止的情形，除当事人书面同意，接受指定的调解员不再担任本案仲裁员。	第 50 条第 1—7 款
仲裁中调解（仲裁员与调解员为同一人）	仲裁庭调解：仲裁庭组成后的调解启动，调解的方式，调解的终止与转为仲裁程序，庭外和解视为仲裁庭调解，调解达成协议可以撤回仲裁申请或制作裁决书，调解不成后当事人的后续义务。	第 51 条第 1—5 款、第 53 条
先调解后仲裁	仲裁机构外的和解：当事人在仲裁委员会之外通过协商或调解达成和解协议的，可以凭当事人达成的由仲裁委员会仲裁的仲裁协议及和解协议，请求仲裁委员会组成仲裁庭，按照和解协议的内容作出仲裁裁决。规定仲裁庭的组成、裁决的程序等。	第 52 条

从上表可以看出，《自贸区仲裁规则》规定了三种仲裁与调解相结合的形式：调解员调解，仲裁庭调解与仲裁机构外的和解。调解员调解与仲裁

① https：//baike. baidu. com/item/中国（上海）自由贸易试验区仲裁院/12014616，最后访问日期：2018 - 11 - 10。

庭调解属于先仲裁后调解模式，调解员调解中调解员与仲裁员不为同一人，而在仲裁庭调解中，调解员与仲裁员为同一人。仲裁机构外的和解属于先调解后仲裁模式，调解员仲裁员不为同一人。《自贸区仲裁规则》在遵循传统仲裁庭调解的同时，更创设了调解员调解的规定，这一规定也使《自贸区仲裁规则》更贴近国际商事仲裁实践中对于调解的定位和习惯。

4. 湘潭仲裁委员会仲裁与调解结合的新实践

湘潭仲裁委员会是于1996年在湖南省湘潭市正式挂牌运作的社会团体法人。2002年，湘潭仲裁委员会成立“湘潭仲裁委员会调解中心”，制定了《湘潭仲裁委员会调解中心调解规则》。2005年湘潭仲裁委员会被确定为全国“仲裁机构规范化建设试点单位”，湘潭仲裁委员会践行的和谐仲裁工作受到全国仲裁界的推崇。2009年，国务院法制办分管负责人批示：“湘潭仲裁委精神状态、工作业绩都很好，堪为全国仲裁机构的榜样。”[①] 湘潭仲裁委员会2013年《仲裁规则》与2009年《调解规则》对仲裁与调解相结合进行了如下规定。

表9：湘潭仲裁委员会规则中仲裁与调解相结合的内容

仲裁与调解相结合的形式	主要内容	具体条文
先调解后仲裁	无仲裁程序启动依据的调解中心调解，本委外和解（调解）协议的确认	《调解规则》第10—21条，《调解规则》第22—26条，《仲裁规则》第62条第3款
仲裁中调解（仲裁员与调解员不为同一人）	仲裁立案后组庭前的仲裁员或调解员调解	《调解规则》第27—31条，《仲裁规则》第20条
仲裁中调解（仲裁员与调解员为同一人）	开庭前的仲裁庭调解	《调解规则》第32—33条，《仲裁规则》第32条
	庭审中的仲裁庭调解	《调解规则》第34—36条，《仲裁规则》第49条
	裁决前的仲裁庭调解	《调解规则》第37条，《仲裁规则》第52条
	仲裁与当事人和解的对接	《调解规则》第38条，《仲裁规则》第48条
仲裁执行中的调解	裁决书生效后及执行中的仲裁委员会调解	《调解规则》第39—40条

① http：//www.fabao365.com/news/698719.html，最后访问日期：2018-11-10。

由上表可见，湘潭仲裁委员会规定了七种仲裁与调解相结合的形式。无仲裁程序启动依据的调解中心调解属于先调解后仲裁模式。仲裁立案后组庭前的仲裁员或调解员调解、开庭前的仲裁庭调解、庭审中的仲裁庭调解、裁决前的仲裁庭调解、仲裁与当事人和解的对接均属于先仲裁后调解模式。其中，仲裁立案后组庭前的仲裁员或调解员调解与其他形式不同，在这种形式中，仲裁员与调解员不为同一人。此外，湘潭仲裁委员会还规定了仲裁执行中的调解，即裁决书生效后及执行中的仲裁委员会调解。由此可见，湘潭仲裁委员会关于仲裁与调解相结合的规定较为全面与详细。有数据显示，湘潭仲裁委员会实施《调解规则》的 2002 年至 2010 年 11 月，共计受案 3 666 件，其中调解结案与和解撤回仲裁申请的案件 2 695 件，调解和解率年均 73.5%。[①]

四、实践剖析：我国仲裁与调解相结合发展的成效与问题

通过分析我国仲裁与调解相结合的总体概况，以及对中国国际经济贸易仲裁委员会、北京仲裁委员会、中国（上海）自由贸易试验区仲裁院、湘潭仲裁委员会等具有代表性的仲裁机构的仲调结合个案进行微观考察，可以发现，当前我国仲裁与调解相结合的发展具有以下成效与问题。

（一）我国仲裁与调解相结合发展的主要成效

1. 仲裁与调解相结合已受到重视与倡导

其一，仲裁与调解相结合受到中央层面的重视与倡导。党的十八届三中全会、四中全会与五中全会的中央战略部署为多元化纠纷解决体系建设完成了地位升华、制度升华和理论升华。[②] 仲裁与调解相结合作为多元纠纷解决机制的重要内容，中共中央办公厅、国务院办公厅、最高人民法院等单位多次发文倡导仲裁与调解衔接。其二，地方政府注重将仲裁调解置于大调解的框架下。大调解是指综合利用当代中国解决纠纷的各种制度资源，将其进行整合与联动。如贵阳市政府出台“三调联动”工作意见，要求在本地形成人民调解、行政调解、仲裁调解相互协调、相互配合的工作机制；

---

① 参见周杨：《我国仲裁调解制度研究》，湘潭，湘潭大学出版社 2017 年版，第 35 页。

② 参见李少平：《努力构建具有中国特色的多元化纠纷解决体系》，载《人民法院报》，2016-07-06，第 5 版。

武汉市人民政府将仲裁调解与行政调解相结合，用于处理交通事故损害赔偿争议。其三，仲裁与调解相结合已成为“一带一路”商事纠纷解决的重要方式。相较于宝塔型的国内秩序而言，“一带一路”贯穿欧亚大陆，属于平面型的国际秩序①，沿线国家和地区的政治形态、经济状态、宗教文化、民族特征、法律规范与商事习惯等均具有多样性。因此，利用诉讼、国际仲裁、商事调解等传统或单一的纠纷解决方式难以适应“一带一路”纠纷解决的多元需求。仲调结合作为一种将仲裁与调解有机衔接的复合型纠纷解决机制，正逐步成为国际商事纠纷解决的重要方式，被学者称为“正在扩展着的文化”与“一带一路”纠纷解决的原则。②

2. 仲裁与调解相结合的形式得到了创新与发展

众多仲裁机构的仲裁规则基本确立了仲裁与调解相结合的做法，并使仲裁与调解相结合形式得到创新与发展。仲裁与调解相结合起源于贸仲的仲裁实践，但当时仅有仲裁中调解这一单一模式。随着仲裁与调解相结合的发展，各仲裁机构开始不断创新仲裁与调解相结合的形式，突破了在仲裁与调解相结合中仲裁员与调解员为同一人的做法。特别是湘潭仲裁委员会在仲裁规则与调解规则中，规定了七种仲裁与调解相结合的形式，包含了先调解后仲裁与先仲裁后调解的多种形式。

3. 部分仲裁机构建立了专门的调解中心

部分仲裁机构建立专门调解中心，使仲裁和独立的调解有机结合。调解中心进行调解后由仲裁机构通过制作调解书或裁决书的形式赋予调解结果强制执行力，这将有利于先调解后仲裁模式的发展，实现调解员与仲裁员的分离。贸仲、北仲、湘潭仲裁委员会均设立了独立的调解中心，并制定了《调解规则》。此外，部分仲裁机构与行业联合建立了专业性的仲裁调解中心。如海口仲裁委员会建立了海南省通信仲裁调解中心，成为全国首家通信合同纠纷专业调解处理机构；郑州仲裁委员会成立了知识产权联络

① “宝塔型”与“平面型”的概括参见黄进、宋连斌：《国际民商事争议解决机制的几个重要问题》，载《政法论坛》，2009（4），第4页。

② See Tang Houzhi, “Is There an Expanded Culture that Favors Combining Arbitration with Conciliation or other ADR Procedures?” *ICCA Congress Seriesno*. 8, ibid., p. 101. 王贵国：《“一带一路”战略纠纷解决机制》，载《中国法律评论》2016（2），第33～38页。

室、公司证券中心和工商联仲裁调解中心，扩大了仲裁工作的覆盖面，加强了仲裁网络的建设；广州仲裁委员会分别与广州市工商局、广州市司法局、商会等合作，成立了广州市合同纠纷调解中心、仲裁调解中心和商会调解中心等，取得了良好的社会效果与法律效果。①

4. 仲裁案件中以调解、和解结案的比率较高

近年来，由于仲裁机构主管部门要求各仲裁机构高度重视提高仲裁工作的快速结案率、调解和解率、自动履行率。在此背景下，许多仲裁机构的和解、调解率持续高位运行。除以上介绍和分析的贸仲、北仲、中国（上海）自由贸易试验区仲裁院、湘潭仲裁委员会以外，如武汉仲裁委员会仲裁案件的调解与和解率一直保持在80%以上；盐城仲裁委员会2005年至2010年和解、调解率均在70%以上。②

（二）我国仲裁与调解相结合发展的问题

1. 法定仲裁与调解相结合的形式单一

纠纷当事人对解纷机制多样性与灵活性的需求日益明显，单一的仲裁与调解相结合形式难以满足不同当事人的多元需求，也将影响仲裁机构、调解组织的解纷能力与国际影响力。目前，多样化的仲裁与调解相结合形式已在许多发达国家中得到了明示规定或默示许可。如在美国，单纯的先调解后仲裁、复合的先调解后仲裁、影子调解等上文提到的主要仲裁与调解相结合形式，均可在符合法定条件下被法院承认。韩国、日本、新加坡等国家也通过仲裁法与仲裁规则认可了多种仲裁与调解相结合形式。而我国法定的仲裁与调解相结合的形式单一，《仲裁法》对仲调结合的形式仅规定为“仲裁中调解”，即在先启动仲裁程序后，由仲裁员对纠纷进行调解。虽然部分仲裁机构在仲裁法的基础上创新与发展了仲裁与调解相结合的形式，如贸仲、北仲等规定先调解后仲裁，以及仲裁员与调解员不为同一人的仲裁中调解等形式，但多元化的仲裁与调解相结合形式仍需得到立法的认可，以此指导与要求各仲裁机构与调解组织进一步丰富仲裁与调解相结合的形式。

2. 仲裁与调解结合的组织与人才的专业性、国际性不强

仲裁与调解结合在解纷组织层面的发展，主要存在两种路径：一是建

---

① 参见周杨：《我国仲裁调解制度研究》，湘潭，湘潭大学出版社2017年版，第37页。

② 参见周杨：《我国仲裁调解制度研究》，湘潭，湘潭大学出版社2017年版，第36～37页。

立专业的仲裁与调解相结合的机构，专门运用仲裁与调解相结合解决纠纷；二是加强现有仲裁、调解组织的专业性、国际性与配合度，使仲裁与调解相结合的运用更为顺畅。虽然前者更具有专业性优势，但基于当下“一带一路”解纷机制与解纷资源的发展现状[①]，加强现有仲裁、调解组织的专业性、国际性与配合度更具有可行性。目前，我国的仲裁、调解组织发展迅速，但仍与国际知名仲裁、调解组织存在差距。如中国贸易经济仲裁委员会受理涉外仲裁的比例约为20%，而瑞典斯德哥尔摩商会仲裁院的相关比例约为50%，新加坡国际仲裁中心的相关比例超过80%。[②] 在商事调解组织方面，中国国际贸易促进委员会/国际商会调解中心、上海经贸商事调解中心、厦门国际商事调解中心、北京融商“一带一路”商事调解中心等也大多处于起步阶段。因此，我国的仲裁机构与调解组织需要加强纠纷解决能力与国际化水平。仲裁与调解结合在解纷人才方面，由于仲裁与调解存在诸多差异[③]，运用仲裁与调解相结合解决民商事纠纷需要两类解纷人才：一是擅长仲裁或调解的单一型解纷人才；二是既擅长仲裁又能熟练运用调解的复合型解纷人才。第二类解纷人才具有特殊性，主要适用于仲裁员与调解员身份合一的仲调结合形式，但在我国，缺少对此类人才的培养与培训，解纷人员在仲裁与调解相结合中化解纠纷的能力不强。

3. 仲裁与调解相结合中的程序质疑难以克服

实际上，学界关于仲裁与调解相结合的诸多程序质疑可主要归结于对仲裁员与调解员身份合一的批判上，例如仲裁专家 Street Laurence 就否定曾经调解过案件的同一人士在后来的仲裁程序中扮演仲裁员的角色，认为这一做法将不可避免地扭曲和妨碍调解程序，是对自然公正原则的冒犯与侵害。[④] 具体而言，仲裁员与调解员身份合一，将可能导致以下问题：一是

① 相关探讨可参见初北平：《“一带一路”多元争端解决中心构建的当下与未来》，载《中国法学》，2017（6），第72～90页。袁达松、张志国：《“一带一路”建设分期与纠纷解决机制构建》，载《中国矿业大学学报》（社会科学版），2018（3），第14～27页。

② 参见毛晓飞：《“一带一路”倡议背景下我国商事仲裁制度的革新》，载《人民法治》，2018（2），第34页。

③ 参见韩德培：《国际私法新论》，武汉，武汉大学出版社2000年版，第703页。

④ See Street Laurence, “The Language of Alternative Dispute Resolution”, (1992) 66 *Australia Law Journal*, 194, p. 197.

仲裁员在调解的过程中，可能因将来被赋予的仲裁裁决权而将自己的意见强加给当事人，忽视了当事人的意思自治，形成“以裁压调”的现象。这一现象与我国法院调解中被学界诟病的“以判压调”的产生原因类似。[①] 二是调解员在之后的仲裁程序中担任仲裁员，可能受调解程序的影响而难以在仲裁程序中保持公正。由于双方当事人在面对面的情况下难以避免对抗情绪，调解员在调解中常运用“私访”的方式，即分别与当事人进行单方会谈。实践中，“私访”往往成为调解员最常用且较有效的方式。在“私访”中，当事人往往会将自己的“最低条件”[②] 透露给调解员，而由于信息不对称等原因，仲裁员很难在仲裁程序中知悉这些信息。若调解员在调解中获知了当事人于己不利的私密信息，其在仲裁阶段难免受到当事人言辞而非证据的影响，形成先入为主的印象，可能导致无法作出公正的仲裁裁决。

4. 错误仲裁与调解相结合解纷结果的救济机制不完善

没有科学完善的救济机制，将使仲裁与调解相结合的实施效果大打折扣。据前文所述，仲裁与调解相结合可分为“先调解后仲裁”与“先仲裁后调解”两种模式，其成功解决纠纷的文书就包括根据调解协议制作的仲裁调解书，根据调解协议制作的仲裁裁决书，以及调解不成后的仲裁裁决书。因此，错误仲调结合解纷结果主要指仲裁调解书与仲裁裁决书错误，主要可表现为以下错误类型。首先是实体错误，该错误产生于两种情况：一是调解不成后的仲裁裁决中，仲裁员由于认定事实或适用法律错误而作出错误仲裁裁决；二是调解成功后根据仲裁协议制作仲裁调解书与裁决书的情况下，存在调解协议违背自愿原则，违反法律法规的强制性规定，或出现侵犯国家、社会或第三人利益的虚假调解情形。目前，我国《仲裁法》未规定仲裁庭对调解协议进行实体审查的程序，亦未明确仲裁庭可以拒绝根据当事人达成的调解协议制作调解书或裁决书。其次是程序错误，主要

① 关于对法院调解以判压调问题的分析可参见李浩：《调解归调解，审判归审判：民事审判中的调审分离》，载《中国法学》，2013 (3)，第 5～18 页。

② 根据波斯纳提出的“双边垄断模型”，双方当事人之间的最低条件或保留价格，称为调解的有效范围，该重叠区域的存在是调解的必要条件。参见［美］理查德·A. 波斯纳：《法律的经济分析》，蒋兆康译，北京，中国大百科全书出版社 1997 年版，第 723～724 页。

包括：一是管辖错误，如在国际商事纠纷中，若根据仲裁地法或双方当事人所约定适用的准据法为不可仲裁事项，仲裁庭对该项争议进行处理的属于管辖错误。二是过程错误，包括仲裁员或调解员应回避而未回避的，解纷过程中存在贪污腐败或徇私舞弊行为等。再次是形式错误，如排版错误、文字错误、计算错误等。目前，我国《仲裁法》仅对错误的仲裁裁决设置了补正仲裁、申请撤销裁决与拒绝承认和执行三种救济方式，但未规定对仲调结合中错误仲裁调解书等的救济方式。

五、发展进路：我国仲裁与调解相结合的完善与突破

（一）丰富仲裁与调解相结合的形式与设置具体操作规则

党的十九大报告指出，中国特色社会主义进入新时代，我国社会主要矛盾已经转化为人民日益增长的美好生活需要和不平衡不充分的发展之间的矛盾。社会主要矛盾的变化反映到纠纷解决层面，就是人民群众日益增长的多元解纷需求与解纷资源发展不平衡不充分之间的矛盾。特别是在“一带一路”合作倡议向纵深发展的背景下，我国应通过立法和仲裁、调解机构的规则认可形式多样的仲调结合形式，以此满足当事人的多元需求。在丰富仲调结合形式的同时，还需对不同形式仲调结合的具体规则进行规定，具体包括：一是确立仲裁与调解相结合协议的法律效力，若当事人协议选择先调解后仲裁模式，则不经过调解，当事人无权申请仲裁；二是明确规定仲裁与调解相结合启动的时间与形式，仲裁员与调解员的选任，调解与仲裁的转换与终止，仲裁与调解相结合文书的制定与生效等；三是规定回避、信息披露与保密等。从目前来看，国际上最具有公信力与影响力的调解规则为《联合国国际贸易法委员会调解规则》，仲裁规则为《联合国国际贸易法委员会仲裁规则》，因此，各国在设置具体仲裁与调解相结合的规则时可参考以上规则。

（二）加强组织建设与解纷人才培育

在仲裁与调解相结合的组织建设上，应加强仲裁、调解组织的专业化与国际化，提升化解纠纷的能力与国际影响力。首先，我国需在法律与政策层面加大对商事仲裁、调解组织的支持力度，助其摆脱发展过程中遇到的政策障碍和制度约束，并重点培育若干个资质较好的仲裁、调解组织，

使其成为国际知名“品牌”。可资借鉴的是，我国《关于建立“一带一路”国际商事争端解决机制和机构的意见》（以下简称《意见》）明确指出，支持具备条件、在国际上享有良好声誉的国内仲裁机构、调解机构开展涉“一带一路”国际商事仲裁、调解。仲裁、调解组织也应学习借鉴国际知名仲裁、调解组织的仲裁规则、调解规则，以增加自身与国际接轨的程度。其次，仲裁机构与调解组织可以签订合作协议，建立长期稳定的合作关系，以增强二者的衔接与配合力度。一是在先调解后仲裁模式中，若调解组织将案件调解成功，在取得当事人同意后，可以直接将案件转交有合作的仲裁机构，由其根据调解协议制作仲裁裁决书；若调解不成，调解组织可以建议当事人选择合作的仲裁机构进行仲裁，使纠纷得到终局性解决。此外，调解组织中符合资质的调解员可以成为合作仲裁机构中的仲裁员，可在之后的仲裁程序中进行相应的仲裁工作。二是在先仲裁后调解模式中，若当事人不愿由仲裁员进行调解，仲裁机构可以根据合作的调解组织制作调解员名册供当事人选择。此外，在复合型解纷人才的培育上，对该类人才的主要培育方法应是进行相应的技能培训，使仲裁员习得如何以调解人的角色对当事人进行疏通、说服、劝解和协商；使调解员能熟练掌握仲裁程序，中立、公正地进行仲裁裁决；同时，还需对解纷人才进行科学管理，包括执业许可、等级评定、奖惩机制、退出机制等。

（三）充分赋予当事人选择权以克服程序质疑

虽然仲裁员与调解员身份合一的问题遭受到以上有力质疑，但因其存在高效、快捷等诸多优势，仍有众多规则制定者与研究者试图提出诸多举措以克服这一质疑。但回归到仲调结合的理论基础，即仲裁与调解均是带有意思自治属性的纠纷解决方式，应将仲裁员与调解员是否由同一人担任的决定交由当事人合意选择，正如我国《意见》将尊重当事人意思自治作为国际商事争端解决机制应当遵循的原则。具体而言，若当事人不愿意仲裁员与调解员身份合一，则需由不同的人担任调解员与仲裁员。如有学者提倡“一带一路”纠纷选择仲调结合时，参与调解的人员不得其后作为仲裁员。① 若当事人愿意选择由同一人担任仲裁员与调解员，仍需要进行相应

① 参见王贵国：《“一带一路”战略争端解决机制》，载《中国法律评论》，2016（2），第37页。

的说明与规制。具体而言，一是仲裁、调解组织应以告知书或口头详细说明的方式告知当事人由同一人担任仲裁员与调解员的优势与弊端。二是应让当事人共同签署同意由同一人担任仲裁员与调解员的协议书。三是在制度保障层面，仲裁机构可以建立审查委员会，监督参与过调解的仲裁员在仲裁程序中的中立性与公正性。如贸仲制定了《贸仲委仲裁员指定程序指引》《办案监督工作细则》《贸仲委会内仲裁员管理办法（试行）》《贸仲委离职人员管理办法》等，强化监督执纪问责，坚决杜绝防范有关问题发生，切实加强对仲裁员的监督管理，保障办案独立公正。[①] 四是在人员保障层面，应选择声誉较高、专业性较强的人士，故仲裁界有名谚曰："仲裁的好坏取决于仲裁员"。

（四）健全错误结果的救济机制

针对仲调结合结果的三种错误类型，可以设置相应的救济机制。首先，仲调结合实体错误的救济。一是应规定仲裁庭对调解协议的合法性进行审查，有权拒绝根据虚假调解协议制作仲裁调解书或裁决书。二是应完善法院对错误仲调结合结果的监督，对于根据虚假调解协议制作的仲裁调解书或裁决书，应裁定不予执行；对于调解不成而后继的仲裁裁决，认为认定事实或适用法律错误的，应裁定不予执行。其次，仲调结合程序错误的救济。一是法院对于管辖错误可以依职权进行审查，裁定不予执行。二是对仲调结合进行过程中的程序错误，若是根据调解协议制作仲裁调解书或裁决书的，仲裁庭审查后可不予制作，法院审查后可裁定不予执行；若是调解不成而后继仲裁的，法院审查后可裁定不予执行。最后，仲调结合形式错误的救济。应将仲裁调解书与仲裁裁决书均纳入补正的对象，当事人申请补正的，仲裁庭应给予对方当事人发表意见的机会。

① 贸仲委 2017 年业务工作总结和 2018 年业务工作计划，http：//www.cietac.org.cn/index.php? m=Article&a= show&id=15193。

第十章　行业调解的发展困境及其破解

通常而言，行业调解是指依法成立的行业组织内部设立的调解组织，对与其行业相关的民事纠纷进行调解的活动。现代行业调解是在改革开放深入发展、市场经济逐渐成熟、社会转型全面展开的进程中逐步兴起的。而且随着行业组织越来越发展成为与国家体系、市场体系相对独立同时又相互依存、互相渗透和共同发展的第三部门，行业调解的发展迎来了新的历史机遇。尤其是自党的十八届五中全会提出构建全民共建共享的社会治理格局以来，行业组织依托其调解功能，愈来愈成为社会矛盾纠纷化解的中坚力量。遗憾的是，目前我国行业调解的发展仍然存在理念、体制和制度等方面的困境，亟须从多元化纠纷解决机制顶层设计的层面对行业调解的发展予以设计和规划。

一、行业调解的历史发展

行业调解古已有之，最早在商周时期就已经出现部分行会调处行业内部纠纷的现象，这可以说是中国行业调解的雏形。而在整个封建统治时期，行业调解均以不同的形式存在。尤其是进入明清之后，行业调解随着当时商品经济的发展而日益兴起。

（一）明清时期行业调解的历史实践

自 16 世纪以后，由于人口压力的不断增大，以及社会生产力的提高和劳动分工的细化，明清时期以交换为目的的生产现象愈加普遍，商品经济的发展水平得以超越以往历史时期，甚至出现了资本主义的萌芽。[①] 此后，

① 参见唐力行：《商人与中国近世社会》，北京，商务印书馆 2006 年版，第 107 页。

明清政府尤其是地方政府一改“抑商”传统，积极投身商业秩序治理。基于对秩序和利益的需求，明清时期的商人群体组织化程度亦在不断加强，行会、公所、会馆、同业公会等行业性商人团体蓬勃兴起。依托行业性商人团体调处行业内部商事纠纷的现象日益普遍，由此形成了较为成熟的行业调解，并成为国家纠纷解决的有益补充。

明清时期，中国商品经济开始走向繁荣，商人队伍逐渐壮大，商贸体系不断扩张，与之相伴的是商人之间的商事纠纷也日益增多，如同行竞争纠纷、商号纠纷、合伙经营纠纷、货物运输纠纷等，这些都将影响国家商业秩序的维持。基于化解商业纠纷、保护商人利益、维持商业秩序的现实需要，商人群体们纷纷成立行业性商人团体[①]，并依据内部的“行规”“条规”“章程”“俗例”等内部规范调处成员之间或成员与外人之间的商事纠纷，维护行业市场秩序。历史事实表明，这些行业性商人团体不仅在文化传承、商业发展、社会治理方面表现出色，在调解民间商事纠纷中也扮演着重要角色。通过对《清代乾嘉道巴档案选编》的统计发现，重庆巴县记载的112件商事诉讼案件中，约有20%的案件需先由行会进行调处。[②]根据苏州商会档案中保存的历年商会理案记录，苏州商会自光绪三十一年（1905年）一月成立至次年二月，受理各业案件约70起，其中已顺利了结的占70%以上，迁延未结而移讼于官府的不到30%。[③]行业性商人团体因其在调解商事纠纷方面的突出表现，从而获得了商人及政府的广泛认同和嘉奖。

作为明清时期商事纠纷化解的重要方式，行业调解在维护商业秩序方面的贡献获得了商人和官方的一致认可，然而源于特定历史条件的限制，明清行业调解在实际运作中也面临着诸多困境，导致其始终无法成为固定化的制度存在。明清行业的成绩如何与局限何在，或许对于当下并无多大

---

① 据彭泽益统计，自1655年到1911年间，汉口、苏州、上海、北京、重庆、长沙和杭州等地区有工商会馆、公所共约598个，其中手工行业占49.5%，商业行帮占50.5%。参见彭泽益：《中国工商行会史料集》，北京，中华书局1995年版，第235页。

② 参见张渝：《清代中期重庆的商业规则与秩序》，北京，中国政法大学出版社2010年版，第175页。

③ 参见章开沅：《苏州商会档案丛编》（第一辑），武汉，华中师范大学出版社1991年版，第522页。

的意义，而从中挖掘行业调解获得成功的历史经验，以及如何避免当时的局限发生在当下，对于当前的多元化纠纷解决机制改革更具启示意义。

（二）现代行业调解发展的具体实践

进入新时期之后，改革进入攻坚期和深水区，社会稳定进入风险期，各种矛盾纠纷多发易发，影响社会和谐稳定。这就要求社会治理模式由过去单向性的社会管理转变为开放性的社会治理。社会治理更为强调多元主体通过协商协作方式实现对社会事务的合作管理；强调多元主体之间协商协调的持续互动过程，反对单纯的命令和控制；强调尊重社会成员的社会政治权利，主张激发社会成员的权能，使社会成员在社会治理过程中拥有发言权和影响力。[①] 党的十八届三中全会提出全面深化改革的总目标是治理能力和治理体系的现代化，这对社会矛盾纠纷化解机制也提出了更高的要求。

正是由于社会治理模式的变迁，激活了行业组织参与化解行业纠纷的动力。通过“自上而下”的政策鼓励，以及“自下而上”的实践探索，使行业调解呈现出“欣欣向荣”之貌。2010 年《人民调解法》颁布，司法部随即出台《关于加强行业性、专业性人民调解委员会建设的意见》，提出要根据矛盾纠纷的性质、难易程度和当事人的具体情况，充分发挥行业调解的优势，有针对性地化解行业纠纷。而后又在 2014 年出台《关于进一步加强行业性、专业性人民调解工作的意见》。党的十八届四中全会《关于全面推进依法治国若干重大问题的决定》提出要“加强行业性、专业性人民调解组织建设”之后，司法部、中央综治办、最高人民法院、民政部于 2016 年制定印发了《关于推进行业性、专业性人民调解工作的指导意见》。该《指导意见》强调各级司法行政机关、综治组织、人民法院、民政和相关行业主管部门要高度重视行业调解工作，积极争取将其纳入党委政府提升社会治理能力、深入推进平安建设、法治建设的总体部署，为行业调解工作顺利开展提供政策保障。2016 年，最高人民法院出台的《关于人民法院进一步深化多元化纠纷解决机制改革的意见》，更加明确指出要积极推动具备条件的商会、行业协会、调解协会、民办非企业单位等设立商事行业调解

① 参见何增科：《从社会管理走向社会治理和社会善治》，载《学习时报》，2013 - 01 - 28。

组织，在投资、金融、证券期货、保险、房地产、工程承包、技术转让、环境保护、电子商务、知识产权、国际贸易等领域提供行业调解服务。国家层面一系列的政策鼓励，为我国行业调解的发展创造了前所未有的政策环境。由此，各行业组织开始积极开展行业调解实践，并在证券行业、保险行业、房地产行业、物业管理行业探索出了行业调解的有益经验。

1. 证券行业调解。中国证券业协会于 2012 年设立了中国证券业协会证券纠纷调解中心，目的在于妥善解决证券业务纠纷，保护投资者合法权益，维护证券行业整体利益，促进证券市场规范和谐发展。为此，中国证券业协会先后制定了《中国证券业协会证券纠纷调解工作管理办法》《中国证券业协会证券纠纷调解规则》两项业务规则，以此规范证券行业纠纷的调解程序。此外，中国证券业协会充分发挥地方协会在区域行业自治的作用，与全国 36 家地方协会建立了证券纠纷调解协作机制，使中国证券业协会主导的证券纠纷调解工作可以在全国所有地区开展。通过地方协会处理证券纠纷，可以就地、就近、快速地解决证券纠纷，降低调解工作成本，提高调解工作效率。为了满足不同地区经济发展状况和市场需求情况，中国证券业协会支持有条件的地方协会建立调解机构和自行聘任调解员，并指导地方协会开展证券纠纷调解工作。中国证券业协会还建立了依托互联网的证券纠纷调解工作系统，实现调解中心与地方协会之间的调解工作衔接和信息共享，及时统计各地方协会证券纠纷调解工作进展情况。

中国证券业协会证券纠纷调解中心的调解人员主要由证券业协会、证券公司、高等院校、律师事务所的专业人士构成，现有专兼职调解人员 289 人，目前主要受理：会员与投资者之间发生的证券业务纠纷、会员与会员之间发生的证券业务纠纷、会员与其他利益相关者之间发生的证券业务纠纷。经过多年的工作实践，由中国证券业协会主导、地方证券业协会协作配合、会员单位积极参与的证券纠纷行业调解已逐步完善，在纠纷化解实践当中取得了积极成效。从 2013 年到 2016 年 8 月底，证券业协会和地方协会的证券纠纷调解中心共受理了 4 479 起证券纠纷调解申请，成功化解了 3 695 起证券纠纷。

2. 房地产行业调解。中国房地产业协会调解中心是在 2015 年的中国房地产业协会第七届第三次会员代表大会上审议成立的。中国房地产业协会调解中心制定了专门的调解规则、调解员守则及收费标准等。中心调解员的聘任及解聘由中国房地产业协会会长办公会决定，调解员除熟悉房地产业务外，还应熟悉房地产相关法律法规，并在行业内享有较高声誉。目前该调解中心拥有超过100名经过专业培训和认证的调解员，主要由退休法官、仲裁员、资深律师、企业高管、高校专家组成。中心的受案范围为全国范围内与房地产有关的民事、商事纠纷，包括：平等主体的自然人、法人和其他组织之间发生的与房地产、建筑工程、部件采购、征收补偿、房地产金融等相关的经济纠纷。

3. 物业管理行业调解。北京物业管理行业协会物业纠纷调解中心成立于2013年，是北京物业管理行业协会的内设机构。北京物业管理行业协会制定有：《北京物业管理行业协会调解中心调解员管理办法（试行）》《北京物业管理行业协会物业纠纷调解工作管理办法（试行）》《北京物业管理行业协会物业纠纷调解规则（试行）》等管理制度。调解员的组成包括协会秘书处工作人员、会员单位推荐的行业专家、公益律师等。调解中心的调解范围包括：（1）物业服务合同纠纷；（2）招投标纠纷中与物业管理相关的纠纷；（3）与物业管理相关的保安、保洁合同纠纷；（4）与物业管理相关的侵权纠纷（人身或财产损害赔偿）；（5）物业服务企业间的不正当竞争纠纷；（6）物业企业的股权纠纷；（7）物业企业与业委会或业主间的知情权纠纷；（8）物业企业与其他企业间的合作协议纠纷。

二、行业调解的法理基础

（一）实现行业组织的自治功能

众所周知，改革开放使得国家退出了对所有社会资源的全面垄断，因而在国家体系与市场体系之间，出现了越来越多的社会空间，各种形式的社会组织遂迅速发展起来。[①] 与此同时，社会组织具有的非营利性、志愿性、中立性要优于市场，自主互助性、民主参与性和多元代表性要优于政府，因而逐渐承担起那些社会经济发展急需而市场难以或无法提供、政府又做不好做不了的事务，履行一定的提供公共物品、代行政府职能、促进

① 参见孙炳耀：《中国社会团体官民二重性问题》，载《中国社会科学季刊》，1994年（总第6期），第18页。

社会公正等职责，并在一定程度上克服市场失灵和政府失灵因素。[①] 这使得社会组织不断壮大，其在化解社会冲突，协助国家管理，促进社会自律秩序等方面的优势功能也逐渐显现。

作为社会组织中的重要一员，行业协会、行业性团体等行业组织也日益兴起。行业协会的产生，其基础在于“特殊市场需要”，即通过设立行业协会，以集体的形式形成、表达和满足行业成员的共同需要。行业协会的具体职能可以从对内和对外两个层面展开分析。行业协会对外，以其代表行业组织的地位，汇聚行业内所具有的各种资源包括专门知识和专业技能等，同时通过集中和引导行业成员的表达和诉求，形成行业整体的关于行业发展等涉及管理和政治方面的要求，进而影响政府制定政策。行业协会对内，表现为通过制定行业规则实行自我管理和行业自律，推进行业内部自生自发秩序的形成，促进行业的自我治理与发展。[②] 其中，行业组织在行业自治和行业秩序维护方面最重要的功能就是平衡行业内部冲突和化解内部纠纷，而行业调解则是实现这一功能的重要机制。通过调解能够有效解决行业内部的纠纷，更为重要的是能够维持行业内部的和平友好。相反，如果通过诉讼或仲裁等方式，则有可能因这两种解纷机制的对抗性而影响行业成员之间的关系。因此，鉴于行业调解的多重优势，其可以说是化解行业纠纷、维持行业秩序的一种重要方式。

通过行业调解化解行业内部纠纷是行业组织进行自我治理的表现之一。其更为重要的表现在于，行业调解的结果通常对行业内部具有示范和指引效用。一方面，行业成员可据此对类似行为的结果形成预见与判断，从而检视与规范自身行为，避免不利后果的出现；另一方面，行业协会也可将纠纷解决中各方产生的共识、经验上升为行为准则，以完善行业制度。[③] 从制度经济学的角度来看，正是由于调解主体和纠纷当事人的重复博弈和多元均衡，从而形成了具有自我维系和调整修复功能的“正式化内在规则”[④]。

---

① 参见马长山：《法治进程中的“民间治理”——民间社会组织与法治秩序关系的研究》，北京，法律出版社 2006 年版，第 56 页。

② 参见洪冬英：《论人民调解的新趋势：行业协会调解的兴起》，载《学术交流》，2015（11）。

③ 参见熊跃敏、周杨：《我国行业调解的困境及其突破》，载《政法论丛》，2016（3）。

④ ［日］青木昌彦：《比较制度分析》，周黎安译，上海，上海远东出版社 2002 年版，第 11 页。

简言之，行业调解有利于行业规则的形成，从而更为深入地形成行业自治。因此，行业调解一方面通过直接化解行业纠纷促进行业自治，另一方面则是通过调解形成规则，从而指引行业走向自治。

（二）社会力量参与纠纷化解的需要

现代社会治理注重多元参与、理性协商和建设性地解决社会问题，是一个不断建构和积累友好、尊重、包容、信任等积极元素的过程。[①] 基于包容与信任的多元主体合作共治是走向善治[②]、迈向良序社会的必由之路。[③]党的十八届三中全会提出要从社会管理转向社会治理，社会治理强调整合各类社会资源，充分调动各类主体的积极性，进而实现国家、社会、个人的共同参与、共同协作、共同治理。

鼓励社会力量参与纠纷调解既是构建全民共建共享的社会治理格局的基本要求，亦是应对社会矛盾纠纷日益增多与缓解国家纠纷解决资源不足的现实需要。社会力量主要包括社会组织、行业团体，以及其他社会力量，如人大代表、律师、专业技术人员、心理咨询师等。就行业组织而言，其具有非营利性、非政府性、社会性等特殊属性，处于国家和公民之间的各种中间状态，且生成于多元的利益格局和复杂的社会矛盾之中，因而具有表达利益诉求、协调社会关系、达成社会共识和化解社会矛盾的优势功能。[④] 更为形象地说，现代社会行业组织是利益冲突的“缓冲器”和矛盾纠纷的“减压阀”。尤其在当下的社会转型期间，行业组织参与纠纷解决的意愿和能力均在不断提高，鼓励其参与纠纷化解势必成为多元化纠纷解决机制改革的未来趋势。

鼓励社会力量参与纠纷化解，就是要积极推动行业协会、行业团体等行业组织设立内部调解组织，发展行业调解机制，以此化解行业内部产生的矛盾纠纷。区别于其他纠纷调解机制，通过行业组织调解纠纷具有特定

---

① 参见杨丽、赵小平：《社会组织参与社会治理：理论、问题与政策选择》，载《北京师范大学学报》（社会科学版），2015（6），第6页。

② 参见俞可平：《治理和善治引论》，载《马克思主义与现实》，1996（5），第39页。

③ 参见［美］约翰·罗尔斯：《正义论》，何怀宏等译，北京，中国社会科学出版社2009年版，第89页。

④ 参见王颖：《社会中间层：改革与中国的社团组织》，北京，中国发展出版社1993年版，第359页。

的专业性。以行业协会为例，其调解员通常具有深厚的行业背景、专业优势和实践经验，对当事人的成长经历了如指掌，对行业规则熟稔于心，面对复杂矛盾能够从根本上把握症结，从整体上平衡利益，进而迅速有效地化解争端。[①]

三、行业调解的现实困境

尽管从国家决策层到基层治理者对于加快发展行业调解，均已形成基本共识。但遗憾的是，囿于多方面的因素，行业调解在我国的发展仍然面临着许多困境。

（一）行业组织自治能力不足

经过四十年来的发展，行业组织在中国社会获得了巨大的发展。然而无可否认的是，行业组织在自治能力方面仍然面临着诸多问题，这些问题的存在是影响行业调解顺利发展的核心因素。毫不夸张地说，行业组织自治能力的强弱决定了行业调解的发展水平。具体来说，行业组织在自治能力方面主要存在如下困境：（1）独立性和中立性不足。以最为普遍的行业协会为例，尽管其处于体制之外，但其要么是行政改革的分流蓄水池，要么是权力退出机制的缓冲阀，其难以独立于国家和政府的管控和渗透。况且，作为非物质生产部门的行业协会，内部资源的稀缺导致其对外界资源具有高度的依赖性，这又反过来使行业协会主动地要求国家嵌入，特别是在编制、资源和办公地点、经费等物质支持上。[②] 据统计，实践中行业协会生存状态好坏不一，其中有三分之一难以维持，三分之一勉强维持，三分之一发展比较好。[③]（2）治理能力不足。行业组织治理能力的不足主要表现在两个方面：一是其内部治理受到外部行政力量的干扰或影响，包括建制化的体制依附和基于官员身份的人身关系依附；二是“精英治理”现象，即行业协会、商会的负责人凭借自身的资源、威望或者人格魅力，主导其

① 参见熊跃敏、周杨：《我国行业调解的困境及其突破》，载《政法论丛》，2016（3），第150页。

② 参见马长山：《从国家构建到共建共享的法治转向——基于社会组织与法治建设之间关系的考察》，载《法学研究》，2017（3）。

③ 参见龙宁丽：《经济社团治理现代化：现状、问题及变革——一项基于全国性行业协会的实证分析》，载《中共宁波市委党校学报》，2014（6）。

内部事务的决策和执行，主要依附于行业龙头企业或行业领袖。正是由于行业组织独立性、中立性、民间性的先天不足，导致民众对其化解纠纷的中立性和公正性也加以质疑，担心行业组织对个人会员的偏袒，从而不愿意将纠纷提交行业内部进行调解。

（二）行业调解专业人员不足

由于行业调解在国内发展起步较晚，尚未建立专业化、职业化的行业调解员队伍，这是影响行业调解发展的重要因素。一方面，目前行业组织内部的行业调解员多由行业组织内部成员兼任，其在调解专业能力、法律法规理解运用、行业规范熟悉程度等方面均有欠缺。甚至有些行业组织的政府监管部门将行业调解组织当做养老居所，专门将老同志们安排在行业调解组织内部。[①] 另一方面，行业调解队伍培训体系的不完善，也直接导致行业调解员难以掌握专业的调解技能。以上种种导致部分行业调解员在具体的纠纷调解中久调不决，折损了行业调解的影响力和吸引力。相比国外的一些行业组织，其设置的行业调解员大多是行业内部的精英人士，他们行业经验丰富，调解技术高超，热心行业公益，故在调解行业纠纷方面业务娴熟、轻车熟路，能够高效快捷地化解行业纠纷。

（三）行业调解程序规范不足

完备的程序规范是实现实体正义的基本前提。尽管有观点认为如果赋予行业调解过多的程序要求，可能削弱行业调解作为非正式解纷方式的优势。然而可以预想的是，如果没有相应的程序保障，行业调解或将走向异化，其解纷实效也将折损。故而对行业调解进行相当的程序规范是发展行业调解的基本前提。遗憾的是由于我国行业调解起步较晚，目前行业调解的程序性规范主要参照《人民调解法》及其司法解释等相关条文，内容包括调解的申请与受理、调解员的选任、调解主体的权利义务等。从程序规范的完备程度来看，这些条文还过于简约，关于调解的方式、秘密信息的披露、调解的时限以及证据规则等核心问题尚未涉及，相较于发达国家的调解立法，无论是在条文数量还是在内容的精细化程度上均存在较大差距。[②] 作为具有行业特性的调解方式，行业调解的程序规范显然不能再依循

---

① 参见奈纯潮：《我国行业调解制度研究》，河南大学 2017 年硕士论文，第 26 页。

② 参见熊跃敏、周杨：《我国行业调解的困境及其突破》，载《政法论丛》，2016（3），第 150 页。

人民调解的程序，否则行业调解的行业性与专业便无法彰显。

（四）行业调解协议效力不足

经由行业调解所形成的调解协议能否获得有效执行，关乎行业调解在行业纠纷解决中的使用频率和生存空间。而关于行业调解中达成的调解协议应否具有约束力，以及强制执行力的问题，牵涉到各国行业调解这种争议解决方式的认可程度。目前我国法律并未就行业调解达成的调解协议作出效力规定。实践中，其法律效力与人民调解所形成的调解协议没有太大差别，即只有民事合同的效力。显然，只赋予行业调解协议民事合同的效力，难以有效约束行业调解中的当事人，也无法适应行业调解发展的需要。如果不赋予行业调解协议比人民调解协议更强的约束力，或将使行业调解沦为“竹篮打水一场空”的瞎忙活。而这种徒劳无功之果定会影响纠纷主体是否选用行业调解作为争议解决方式。因此，行业调解协议法律效力的不足，导致其能否获得执行具有很大的不确定性，这在一定程度上影响了行业调解在实践中的作用范围。

四、行业调解的未来出路

综上所述，目前我国行业调解从行业组织自身再到行业调解的专业队伍、程序规范、法律效力等方面均存在诸多不足，这极大地影响了行业调解在我国的推广和发展。要想破除行业调解面临的以上困境，可以从以下几个方面寻求突破。

（一）提升行业组织的自治能力

党的十八届三中全会《关于全面深化改革若干重大问题的决定》提出“适合由社会组织提供的公共服务和解决的事项，交由社会组织承担”。2018 年 11 月，中央政法委书记郭声琨在纪念毛泽东同志批示学习推广“枫桥经验”55 周年暨习近平总书记指示坚持发展“枫桥经验”15 周年大会上再次强调，要加强社会组织孵化基地建设，注重“赋权增能”，重点扶持发展城乡基层生活服务类、公益事业类、慈善互助类、专业调处类等社会组织，更好发挥它们在维护公共利益、救助困难群众、化解矛盾纠纷、维护社会稳定中的重要作用。中央决策层的政策宣示将为社会组织参与社会治理提供更为巨大的空间，同时也为行业组织参与调解行业纠纷创造了更为有利的政策环境。

从外部视角来看，提升行业组织的自治能力更为关键的是需要真正实现政府对行业组织“赋权增能”。赋权可以分为直接赋权和间接赋权，前者是政府将部分权力让渡给行业组织，后者则是政府在保留原有权力不变的情况下，通过购买社会组织服务等方式替代履行权责。[①] 增能（empowerment）意指使有能力，强调挖掘或激发对方的潜能，帮助自我实现或增强影响。[②] 具体到社会组织，就是提升社会组织的能力，使其更好地发挥社会治理功能。政府对行业组织的赋权增能可以从以下几个方面着手。

1. 改革和完善行业组织的双重管理体制。自1988年《社会团体登记管理条例》实施以来，包括行业组织在内的所有社会组织均由登记管理机关负责登记和监督管理，再由业务主管部门负责业务指导和日常管理，这一管理模式被称为“双重管理体制”。然而，双重管理体制毕竟是一种预防性的、管制主义的模式，随着行业组织数量的持续增长、功能增强，特别是构建全民共建共治共享的社会矛盾纠纷化解格局对行业组织功能的迫切需要，该体制对行业组织发展的掣肘日益凸显。[③] 并且由于登记管理机关的保守或不作为，大量由企业、商户自发形成的行业无法及时获得法律登记，从而成为“黑户”。行业组织管理体制的滞后，显然已经无法适应新时代行业组织自我治理、自我发展的迫切需要。因此，应当摒弃管制主义的立法策略，改变行业组织的双重管理体制，改为注册登记制度，加强事中和事后监管，彻底激发行业组织的发展活力。

2. 多种方式保障行业调解的经费来源。“兵马未动，粮草先行”，完备的经费保障是行业组织开展行业调解工作的基本前提，否则行业调解也就成为无源之水、无本之木了。一方面，政府可以通过购买服务的方式加大对行业组织开展行业调解的经费支持。2018年4月六部委联合出台的《关于加强人民调解员队伍建设的实施意见》中强调要通过购买服务的方式推

① 参见王义：《“赋权增能”：社会组织成长路径的逻辑解析》，载《行政论坛》，2016（6）。

② 参见高万红：《增能视角下的流动人口社会工作实践探索》，载《华东理工大学学报》（社会科学版），2011（1）。

③ 参见马长山：《社团立法的考察与反思——从〈社会团体登记管理条例〉（修订草案征求意见稿）出发》，载《法制与社会发展》，2017（1）。

动行业调解的发展。因此，各级司法行政机关应当会同行业主管部门、财政部门等共同做好政府购买行业调解服务工作，完善购买方式和程序，积极培育行业调解组织，鼓励其聘请专职调解员，积极参与承接政府购买行业调解服务。另一方面，立法应当支持行业调解进行适当的收费，以此激励行业组织和行业调解人员开展行业调解。由于行业组织的非营利性定位，因而行业调解的收费当以公益性为原则，只能根据开展调解的成本进行适当性的收费。

（二）加快建设行业调解人才队伍

充实行业调解人才是当前行业调解发展中面临的主要问题之一，只有行业组织能够吸引到行业领域内的优秀调解人才，才能推动行业调解的可持续发展。建设完善行业调解人才队伍主要可以从以下三个方面入手：(1) 完善行业调解员的选任机制。行业调解员的选任既可以由行业组织推选，也可以由行业组织会员单位推选，如此能够保证行业调解员遴选的广泛性和代表性。(2) 行业调解组织在设立专职行业调解员的同时，也可以聘请本行业内部的专业人才担任兼职调解员，形成“专兼结合、专业互补、能力互补”的行业调解队伍。(3) 建立行业调解员名册，划定行业调解员的任职资格，并进行严格筛选，限制政府工作人员和行业协会行政人员担任调解人，以此保证行业调解的专业性、权威性和高质性。[①] (4) 行业调解的培训应当根据本行业领域矛盾纠纷的特点设置培训课程，重点开展社会形势、法律政策、职业道德、专业知识和调解技能等方面的培训。采取集中授课、研讨交流、案例评析、实地考察、现场观摩、旁听庭审、实训演练等形式，提高培训的针对性、有效性。依托有条件的高校、培训机构开展培训工作，开发行业调解培训课程和教材，建立完善行业调解员培训质量评估体系。

（三）建立健全行业调解程序规范

严谨而又不失灵活的程序规范是开展行业调解的基本前提。行业调解的程序规范既不能像诉讼调解般严格，亦不能像人民调解那样散漫，只有适当灵活的程序规范才能取得实体公平与程序正当的调解结果。因此，行

---

① 参见熊跃敏、周杨：《我国行业调解的困境及其突破》，载《政法论丛》，2016 (3)。

业调解也要遵循一套符合行业纠纷解决规律的程序要求。(1) 调解启动方面，必须尊重行业纠纷当事人的意思自治，贯彻调解自愿原则。既可以由纠纷当事人双方共同申请行业调解组织开展调解，同时也可以在行业纠纷发生后，由行业调解组织提供行业调解的指引。就调解启动方面，最为核心的程序要求就是尊重纠纷当事人的意愿，不得强制调解。(2) 调解员选定方面，可以由行业纠纷的双方当事人从行业调解员名册中共同选定，当事人若不能达成共同意见，再由行业调解组织指派调解员。行业调解既可以由一名调解员主持，也可以由多名调解员主持。此外，行业调解中较为重要的就是调解员回避制度，避免行业调解中出现偏袒个别行业会员的情形。(3) 调解程序的进行方面，应当明确调解的期限，防止久拖不决的情形；应当明确调解保密原则，保护当事人的商业秘密和隐私。如此种种，都是目前行业调解还需在程序规范方面加以完善的地方。

（四）完善行业调解协议效力机制

目前关于行业调解协议的效力，大多将其与人民调解协议的效力相等同，即为民事合同效力，而不具有强制执行效力。而具有民事合同效力的调解协议若要具有强制执行效力，还需经过司法确认程序、赋强公证程序、督促程序等机制加以转换。[①] 针对行业调解达成的调解协议，其不可能与法院裁判、仲裁裁决等经过严格正当程序保障而达成的执行名义一样，具有强制执行效力。[②] 而且，就目前行业调解的发展水平和环境而言，若赋予其调解协议强制执行效力，也存在诸多的法律风险。因此，调解协议实际上是纠纷当事人就其利益冲突重新作出安排的合意，其本质上仍是民事合意，即民事合同。不过，如果只是将行业调解协议停留在民事合同的效力上，显然会影响行业调解的优势和吸引力。为了确保行业调解协议的有效执行，推动行业调解的发展，可以考虑在行业调解协议具有民事合同效力的基础之上，建立行业组织内部的行业调解信用体系。诚实守信是行业自律的重

---

① 参见肖建国、黄忠顺：《调解协议向执行名义转化机制研究》，载《法学杂志》，2011 (4)。

② 亦有学者认为直接赋予行业调解协议强制执行力具有更加现实的意义。主要理由为：一是行业调解的纠纷多为商业纠纷，纠纷当事人多倾向于短时间内明确权利义务关系，解决纠纷；二是行业调解是行业纠纷自我消融的闭合体系，行业调解组织的专业性、冲突个体的服从性足以保证系统内部循环的畅通。不过笔者认为，以上理由尚不足以证成行业调解协议的强制执行力。参见熊跃敏、周杨：《我国行业调解的困境及其突破》，载《政法论丛》，2016 (3)。

要内容和价值追求。[①] 通过信用这一声誉机制，能够“威慑”行业纠纷当事人在经过行业调解组织调解形成调解协议后，为了保全自己在行业内部的声誉和形象，而不会轻易地“毁约”。行业调解实践中，如果当事人存在无故拖延参与调解、调解中违反信息保密义务、拒不履行调解协议等违反信用的情形，可对其进行信用记录和信用约束，以此倒逼行业成员诚信履行调解协议。无疑，通过信用约束这一软法机制，可以有效补足行业调解协议效力不足的问题，但对信用惩戒的使用也要遵循相应的程序和规则，保障当事人的合法权益和救济权利。

① 国务院《社会信用体系建设规划纲要（2014—2020年）》明确强调要发挥行业协会、商会等行业组织在社会信用体系建设中的优势作用。行业信用建设的本质就是行业协会商会组织企业制定并监督执行行业信用承诺、规范和标准的自律性质的活动。

第十一章　商事调解国际化的中国应对

国际商事争议与国际商业交易相伴而生。“一带一路”建设在促进沿线国家商业交往的同时，也将无可避免地导致国际商事争议的增加。而当商事争议发生时，若没有相应的争议解决机制加以应对，可能导致争议升级，甚至阻碍沿线国家的商业交往。中国作为“一带一路”建设的领头羊，理应积极回应沿线国家商事争议解决的迫切需要，构建一套公正、高效、权威、多元的争议解决机制。2018 年 1 月 23 日，中共中央总书记习近平主持召开中央全面深化改革领导小组会议，审议通过了《关于建立“一带一路”国际商事争端解决机制和机构的意见》（以下简称《意见》）。《意见》提到，要支持“一带一路”国际商事纠纷通过调解、仲裁等方式解决，推动建立诉讼与调解、仲裁有效衔接的多元化纠纷解决机制。这为发展“一带一路”商事调解提供了新的历史机遇。而相较于诉讼与仲裁等较为主流的争议解决机制，商事调解更为尊重商事规律，具有诸多独特优势，是更为适合化解“一带一路”建设中发生的商事争议的机制。就此而论，发展“一带一路”商事调解，势必成为“一带一路”建设的重要任务。本章拟结合“一带一路”建设的总体框架和基本思路，就发展“一带一路”商事调解的时代背景、现实困境及路径选择作一探讨，以期为完善“一带一路”商事争议解决机制提供些许建议。

一、机遇：发展“一带一路”商事调解极为迫切

自“一带一路”建设实施以来，沿线国家的经济贸易往来日趋频繁，与之相伴而来的是各类法律争议尤其是商事法律争议的增加。如何构建公正高效的商事争议解决机制，业已成为沿线国家及商事主体的共同需要。

然而，相较于“一带一路”其他方面的建设而言，商事争议解决机制的建设略显滞后，还难以满足沿线国家的解纷需求，亟须加以完善。

（一）沿线国家的商事争议解决需求呈现多元化增长

“一带一路”建设涉及国家之多、范围之广、层次之深非以往任何国际战略可以比拟。其中，促进沿线国家商事往来、实现贸易畅通是“一带一路”建设的核心内容。根据《共建“一带一路”：理念、实践与中国的贡献》的数据统计，2016 年中国与“一带一路”沿线国家货物贸易总额为 9 478 亿美元，服务进出口总额为 1 222 亿美元，累积投资总额超过 185 亿美元。[①] 相关商事交往涉及基础设施建设、交通运输、货物贸易、产能合作、知识产权、金融服务等诸多方面。

不难预料，如此规模庞大的国际商业往来，加之“一带一路”沿线各国文化传统、法律体系及商业实践的冲突与差异，势必导致其间国际商事争议的数量增长。根据最高人民法院的数据统计，2013 年至 2017 年 5 年间各级人民法院共审执结涉外民商事案件 20 余万件，较过去 5 年增长一倍以上。[②] 另外，“一带一路”沿线国家的涉案数量升幅较快，美国、英国、德国这些国家的涉案数量有所下降。其中，跨境工程承包、国际物流相关的案件数量有所上升，涉外知识产权案件、海事海商案件增幅迅猛。与此同时，因为“一带一路”沿线国家的商事争议类型日益多元，商事主体的争议解决需求也与之相应地呈现多元化增长趋势，部分商事争议已经不再适宜通过传统的，如诉讼或仲裁等争议解决机制加以解决。发展其他争议解决方式，构建多元化争议解决机制将是必然趋势。

（二）现行国际商事争议解决机制难以满足解纷需求

诉讼与仲裁是当前国际商事争议解决的主要机制，相关国际条约和配套措施也已相对成熟。然而，由于国际经济社会环境的发展变化，通过诉讼或仲裁等现行商事争议解决机制化解商事争议的问题与不足日益显现。

---

① 《共建“一带一路”：理念、实践与中国的贡献》（2017－05－11）［2018－3－17］，见中国“一带一路”网，https：//www. yidaiyilu. gov. cn/zchj/qwfb/12658. htm。

② 最高人民法院负责人就《关于建立“一带一路”国际商事争端解决机制和机构的意见》答记者问（2018－06－28）［2018－6－30］，见新华网，http：//www. xinhuanet. com/politics/2018－06/28/c_1123046444. htm。

尤其是在“一带一路”沿线这样较为复杂的国际环境中，现行商事争议解决机制有其内在不足，又因诸多外在环境因素的制约，势必难以满足“一带一路”商事争议解决的需要，亟须发展其他争议解决方式予以弥补。具体来说，现行商事争议解决机制在“一带一路”中的外在制约因素主要有：

第一，沿线各国法律制度差异较大，法律适用难度较大。“一带一路”建设涉及亚非欧三大洲，沿线国家所属法系各有不同，法律文明程度不一，法律制度迥然有别，这些都将影响诉讼与仲裁在商事争议解决中的作用发挥。法系差异方面，沿线各国既有大陆法系，又有英美法系、伊斯兰法系、印度法系，四大法系在法律规定、司法程序等方面差异巨大。作为较为正式的商事争议解决机制，诉讼与仲裁恐将难以适应如此巨大的差异，其争议解决效果也将大打折扣。如西亚的约旦，该国司法体系混合了大陆法系、判例法系及伊斯兰法系的主要特征，国内司法裁决一般要经历 3～4 年时间，从裁决到执行也要经历 12～18 个月。[①]

第二，沿线多国局势不稳，法治建设尚不健全。目前，全球局势复杂多变，“一带一路”沿线不少国家尚处于政局动荡期。国家动荡势必影响法治建设的顺利推进和法律规范的有效实施。发生在局势不稳、法治不全国家的商事争议，便不太适宜也难以通过诉讼或仲裁等较为正式的机制有效解决争议。

第三，沿线部分国家民族主义和排外势力强烈，难以通过诉讼或仲裁公正解决商事争议。有的国家在商事争议解决的诉讼程序中，存在严重偏袒庇护本国商事主体的倾向，外国商事主体容易遭受不公正待遇。以也门为例，该国政府部门对当地企业采取特殊的庇护措施，外国投资者却经常被地方部落索要保护费。当外国投资者利益遭受当地投资伙伴侵犯时，警察等执法部门很少采取有效措施进行保护。[②]

此外，国际诉讼与国际仲裁成本高昂与效率不佳的内在不足，亦不利于“一带一路”商事争议的快速有效解决。事实上，无论是国际商事诉讼

---

① 商务部《对外投资合作国别（地区）指南》（约旦）（2017-12-09）[2018-04-07]，见走出去公共服务平台，http://fec.mofcom.gov.cn/article/gbdqzn/upload/yuedan.pdf。

② 商务部《对外投资合作国别（地区）指南》（也门）（2017-12-09）[2018-04-07]，见走出去公共服务平台，http://fec.mofcom.gov.cn/article/gbdqzn/upload/yemen.pdf。

或国际商事仲裁，还是世贸组织的争端解决程序，或是投资争端解决程序，普遍存在耗时过长、费用过高等问题。[①] 就国际商事诉讼而言，存在跨境司法文书送达难、跨境调查取证难、事实查明难、查明和适用外国法律难等问题，因而严重影响司法效率和争议解决。因此，外在环境因素的制约，加之内在机制的不足，都将注定现行国际商事争议解决机制难以满足沿线国家商事争议解决的需求。

（三）商事调解优势明显适合于解决国际商事争议

作为多元化纠纷解决机制的重要一环，商事调解相较于诉讼与仲裁等“对抗式”的争议解决机制，其具有实质高效解决争议和维护商业关系的独特优势，因而在国际商事争议解决领域的运用日益广泛。具体来说，商事调解的优势主要表现在以下五个方面：（1）降低纠纷解决成本。相对于国际诉讼昂贵的诉讼费用，通过商事调解能够大为节省解纷费用。（2）减少内部资源消耗。商事调解可使商事主体在争议解决过程中无须投入大量的人力、物力和财力，尤其中小企业或自然人等商事主体，更加需要通过减少解纷资源的投入，以此保证自身经营不受影响。（3）防止商业秘密泄露。调解过程中，尽管可能需要公开商事主体的商业计划、内部资讯等，但基于保密原则的要求，可以有效防止商业秘密的泄露。（4）商业声誉免受影响。基于调解保密原则的要求，相关争议的信息不允许被公开，就不会像诉讼一样，在信息公开之后可能影响自身的商业声誉。（5）维持商业合作关系。商事调解更多地依靠商事主体的意思自治和有效沟通，这将更有可能维护当事人之间的友好关系和合作关系。

综上所述，商事调解更为尊重商业活动的基本规律，具有诸多其他争议解决方式所不具备的独特优势，因而更为契合国际商事争议解决的需要。面对“一带一路”建设过程中日益增长且多元的争议解决需求，我们应当顺应时代发展潮流，积极发展“一带一路”商事调解，以此保障“一带一路”建设中的商事争议能够得到及时有效的化解。

（四）提升中国在国际商事争议解决中话语权的需要

国际关系领域是话语权表达的主要平台，表现为对各种国际标准和游

---

① 参见王贵国：《“一带一路”战略争端解决机制》，载《中国法律评论》，2016（2），第36页。

戏规则的制定权，以及对是非曲直的评议权、裁判权。通常而言，话语权的强弱程度与一国在国际交往中的利益保障密切相关。长期以来，国际经济贸易规则制定的话语权主要由西方发达国家掌握，与此相应的商事争议解决规则与机制也主要由欧美国家制定，包括《联合国国际贸易法委员会仲裁规则》《纽约公约》《关于解决国家与他国国民间投资争端的公约》等，以及据此形成的国际商事仲裁机制、投资争端解决机制、WTO争端解决机制等。正因为目前国际主流商事争议解决规则与机制主要是西方发达国家的话语表达，因而导致在以往的国际商事争议解决中，发展中国家常因话语权微弱而利益受损。

自2008年国际金融危机爆发后，现有国际经济治理体系日渐失效，已经难以适应世界政治经济格局深刻变化的迫切需要，全球经济治理机制进入变革调整期。[①] 党的十八届四中全会通过的《关于全面推进依法治国若干重大问题的决定》，提出要积极参与国际规则的制定，推动依法处理涉外经济、社会事务，增强我国在国际法律事务中的话语权和影响力，运用法律手段维护我国主权、安全、发展利益。改变过去由西方国家主导构建的国际经贸规则及国际商事争议解决机制，推动全球经济治理体系朝公平公正合理方向发展是推动共建"一带一路"的重要目标之一。尤其是在现代国际社会，良善完备的、具有竞争力的争议解决机制，已经成为维护经济发展、彰显综合国力的重要因素。[②] 而"一带一路"建设正好为我国从国际商事争议解决规则和机制的被动接受者向参与塑造者改变提供了历史性机遇。

自古以来，调解在我国解决民商事争议中发挥着十分重要的作用，积累了丰富的调解文化和实践经验，并被西方世界誉为"东方一枝花"。这些都为发展"一带一路"商事调解奠定了坚实的基础。以"东方价值观"为指引，发展"一带一路"商事调解，向世界贡献商事争议解决的中国方案，不仅能够提升我国在国际商事争议解决中的话语权，还能有效增强我国争议解决机制在国际争议解决中的竞争力和影响力。

---

① 参见吴涧生：《"一带一路"的全球经济治理价值》，载《中国法律评论》，2016（2），第25页。

② 参见何其生：《大国司法理念与中国国际民事诉讼制度的发展》，载《中国社会科学》，2017（5），第129页。

二、挑战：国际商事调解体制机制尚不成熟

尽管加快建立“一带一路”国际商事争端解决机制和机构已经提上日程，但不可否认的是当前发展“一带一路”商事调解在体制、机制方面仍然存在诸多挑战，主要表现如下。

（一）商事调解组织成长缓慢

当前，由于国家政策支持力度的增强，以及经济发展对商事调解的需求日益增加，我国商事调解发展迅速，参与国际商事争议调解的国际商事调解组织日益增多。[①] 自“一带一路”倡议实施以来，国内部分地区先后成立了多个国际商事调解组织，如内地—香港跨境联合调解中心（2015 年）、厦门国际商事调解中心（2015 年）、中国—阿拉伯商事调解中心（2016 年）、“一带一路”国际商事调解中心（2016 年）。毋庸讳言，以上国际商事调解组织的成立为我国商事调解的发展注入了新的活力，为涉外商事争议的解决提供了新的选择。然而，目前国内的国际商事调解组织的发展尚处于“多而不强”的阶段，其国际竞争力、吸引力、公信力还难以与同行相媲美。不少新近成立的国际商事调解组织在组织架构、规则设计、人员组成、机制运行、宣传推广等诸多方面还未完善，存在案件受理数量较少，业务分布范围小，国际性及开放度不强等发展困境。[②] 相比而言，国外商事调解组织在实践运行中却表现突出，业绩不凡，如新加坡国际商事调解中心 2016 年受理商事争议 499 件，同比 2015 年增加了 72%[③]；英国有效争议解决中心（CEDR）2015 年受理了大约 10 000 件民商事争议，同比 2014 年增长 5.2%。由此可知，目前我国国际商事调解组织的发展依旧任重道远。[④]

---

① 参见北京仲裁委员会、北京国际仲裁中心主编：《中国商事争议解决年度观察（2016）》，北京，中国法制出版社 2016 年版，第 47 页。

② 参见《东莞国际商事调解中心遇冷，成立 5 个月接调解宗数为零》（2015 - 05 - 13）［2018 - 04 - 07］，见金羊网，http：//news. ycwb. com/2015 - 05/13/content_20193395. htm。

③ Bumper Number of Mediation Matters for Singapore Mediation Centre in 2016（2015 - 05 - 13）［2018 - 04 - 07］. Singapore Mediation Centre. http：//mediation. com. sg/assets/homepage/News-Release-Bumber-number-of-mediat ion-matters-for-SMC-in-2016-Final-Amended. pdf.

④ The Seventh Mediation Audit：A survey of commercial mediator attitudes and experience，(2012 - 05 - 16)［2018 - 03 - 07］. CEDR. https：//www. cedr. com/docslib/The_Seventh_Mediation_Audit_（2016）. pdf.

（二）商事调解专业人才不足

国际商事调解具有高度的复杂性、专业性、涉外性，非常人所能胜任。放眼全球国际商事调解发展现状，其职业化发展已经成为必然趋势。唯有建立专业化、高素质的国际商事调解职业队伍，才能支撑国际商事调解的可持续发展。然而，目前国内商事调解职业队伍的建设较为滞后，依然存在如下几个方面的问题。一是专业性不强，以兼职调解员为主。国内目前从事国际商事调解的多为兼职调解员，如高校教师、执业律师、行业精英等，专职调解员屈指可数。而这些具有本职工作，只是利用业余时间从事调解工作的人员，很难专心从事国际商事调解工作，这将对国际商事调解执业的信誉构成威胁。[①] 二是国际化不足，以国内调解员为主。从现有的国际商事调解组织的调解员名册中可以发现，国际调解员零星可见，其形式意义或许大于实质意义。三是学历教育和职业教育机制不健全。面对经济社会发展中迫切需要的人才，作为调解人才培养基地的高等院校回应较慢，尚未专门开设相应的专业和课程进行人才供给；职业教育亦是如此，目前的商事调解人才职业教育体系基本处于空白阶段。四是执业许可和资格认证机制尚未建立。执业许可和资格认证机制是促进国际商事调解队伍职业化建设的必要前提，而这一方面国内尚未建立相应的机制。以上问题的存在无疑严重制约了我国国际商事调解职业队伍的建设和发展。

（三）调解协议执行机制缺位

国际商事调解协议的法律效力和执行机制是否完善，关乎国际商事调解在国际商事争议解决中的使用频率和生存空间。而关于国际商事调解中达成的调解协议应否具有约束力以及强制执行力的问题，牵涉到各国对国际商事调解这种争议解决方式的认可程度及各国司法权对调解的支持力度等问题。

关于“一带一路”商事调解协议的约束力和执行力问题，目前尚未形成相应的法律规定和成熟的执行机制。而国际商事争议能否彻底解决关键就在于调解协议能否完整被履行，如果就商事调解协议没有明确的效力规定和执行机制，将使其沦为“白纸一张”，而这种徒劳无功之果定会影响商

---

① 参见［英］格拉汉姆·梅西：《英国民商事调解市场及调解员现状调查报告》，蒋丽萍译，载《中国审判》，2016（15），第89页。

事主体是否选用国际商事调解作为争议解决方式。为了有效解决国际商事调解协议的法律效力与执行问题，联合国国际贸易法委员会曾于2016年9月在维也纳拟订了一部关于调解达成的国际商事调解协议的可执行性的公约，以此赋予国际商事调解组织主持达成的调解协议以强制执行效力，其目的在于提升调解的正当性和法律效力，鼓励使用国际商事调解。[①] 这一做法较为适合“一带一路”商事调解的发展需要，值得借鉴。

（四）商事调解示范法律阙如

通过制定示范法律来鼓励国际商事调解在商事争议解决中的运用，是其他国家或地区的通常做法。然而，目前我国不仅国内尚未制定规范商事调解发展的相关法律，更遑论国际性的商事调解示范法。无疑，这一现状某种程度上掣肘了商事调解在“一带一路”争议解决中的运用。国内目前只出台了《人民调解法》，其主要在于规范人民调解的运用和发展，对于商事调解的发展而言并无多大意义。尤其是“一带一路”沿线各国的法律制度和调解传统各有所异，如无相应的示范法律加以指引，容易使沿线各国商事主体不愿和不敢选择商事调解解决争端。

三、出路：以共商共建共享为方向指引

面对发展“一带一路”商事调解存在的诸多现实挑战，需要在理念、规则、制度方面对“一带一路”商事调解机制的构建进行更新和重塑。共商共建共享作为建设“一带一路”的基本原则，应当成为发展“一带一路”商事调解的方向指引。唯其如此，才能将“一带一路”商事调解发展成为沿线各国普遍接受并行之有效的争议解决机制，其国际公信力和影响力才能有效提升。具体而言，发展“一带一路”商事调解，在理念指引、基本规则、机构设置、程序设计、标准设定、人员组成、机制运行等方面都应体现沿线国家的参与度和话语权，使其共同参与、共同维护、共同分享。

（一）以丝路精神重塑“一带一路”商事调解理念

推进“一带一路”建设，以“和平合作、开放包容、互学互鉴、互利共赢”的丝绸之路精神为基本理念，其中蕴含着开放性、包容性、互惠性

① 参见范愉：《当代世界多元化纠纷解决机制的发展与启示》，载《中国应用法学》，2017(3)，第50页。

等思想精神。发展“一带一路”商事调解既然是为满足“一带一路”商事争议解决的需要，自然也应当以丝绸之路精神为指引，重塑其调解理念。

1. 平等自愿、开放包容

《意见》提出，构建“一带一路”争议解决机制，要坚持尊重当事人意思自治原则和理念。市场主体的意思自治能否得到尊重，是衡量一国开放程度、市场自由度及法治文明度的重要指标。① 而尊重当事人意思自治既是民商事争议解决的基本要义，亦是调解获得正当性的法理基础。因而无论是国际商事调解抑或国内商事调解都十分强调调解的自愿性。发展“一带一路”商事调解亦应如此，在调解程序的启动、调解机构的选择、调解协议的达成及调解程序的终止等方面都应以当事人自愿为前提。另外，平等相待调解当事人是进行有效调解的另一前提。实践中，调解双方实力不对等是国际商事调解中的常见现象，如何让双方当事人在调解过程中感受到平等就显得极为重要。“一带一路”商事调解应当充分贯彻平等的理念，对参与调解的各国商事主体平等相待，不应依其实力强弱或关系远近而厚此薄彼，既要体现形式平等，更要追求实质平等。唯有在平等相待的基础之上，才能够充分实现意思自治，实现自愿选择、自主参与、自负责任。

“开放包容”作为“一带一路”的基本理念，亦应贯彻于商事调解的构建与运行之中。“一带一路”沿线各国在政经环境、文化传统、法律制度方面都存在巨大差异，只有以“开放包容”为指引，求同存异、兼容并蓄，才能构建出行之有效并为沿线国家普遍接受的商事调解机制。而这一理念的遵循，主要体现在调解组织的建构、调解规则的设定、调解方式的设计等方面。如建构调解组织时，其调解员的选聘不应局限单一国家或个别领域，应当广纳全球优秀调解人才，从而为商事主体提供多元选择；调解规则的制定更应体现各国差异，并非只在法律的阴影下进行规则设计，而应融合各类国际惯例、商事规则和交易习惯于一体。调解方式的设计也应尊重各国调解传统，只要在不违背平等自愿和调解公正的前提下，调解方式的选择可以更加多元与灵活。

① 参见刘敬东：《构建公正合理的“一带一路”争端解决机制》，载《太平洋学报》，2017（5），第17页。

2. 着眼未来、互利共赢

通常来说，商事争议之中的利益冲突往往涉及实质利益与关系利益、眼前利益与未来利益、不同利益与共同利益。因此，若要妥善解决商事争议还需对以上利益予以兼顾。而现实中，通过诉讼或仲裁解决商事争议往往难以圆融周全地兼顾以上利益。以商事诉讼为例，其通过“起诉—答辩”“举证—质证”等具有对抗色彩及竞技因素的程序设计，形成当事人之间的利益对抗体，并利用这一对抗体去充分挖掘过去发生的案件事实，在案件真实“浮出水面”之后进行“黑白分明”的判断。而利益对抗常常会使当事人陷入“零和游戏”的困境，徒增诉讼成本，浪费司法资源，破坏商业关系，非常不利于商事争议的解决和商业贸易的增长。相反，商事调解较为尊重商事规律，其以着眼未来、实现互利共赢为理念导向，与“一带一路”商事争议解决具有天然的适应性。

将“着眼未来、互利共赢”理念融入“一带一路”商事调解，要求调解过程中充分均衡和兼顾各种利益关系，既要实现商事主体之间的互利共赢，也要维持合作关系。具体表现为：第一，着重寻求争议双方之间的共同利益。这就要求在商事调解中实现两个转变，既要将争议双方的利益关系从“利益对抗体”转向“利益共同体”，也要将解纷思维从“切分蛋糕”转向“做大蛋糕”。具体而言，调解员在调解过程中应当努力融合争议双方的不同利益，同时还要充分挖掘争议背后的共同利益，从实现共同利益增长的角度促成调解协议。第二，注重维护争议双方之间的合作关系。商事争议不同于普通的民事争议，其极为注重双方合作关系的维持，甚至在有些商事争议中，维持良好合作关系的意义远远高于利益冲突的化解。因此，须将“和气生财”之思想贯穿于调解过程中，不应将争议双方的实质利益和关系利益对立起来，而应在努力实现实质利益冲突解决的同时，维护好争议双方的关系利益。

（二）明确“一带一路”商事调解的基本原则

1. 调解中立、程序公正

无论何种第三方主导的纠纷解决机制都将中立作为程序公正的重要规则，商事调解亦不例外。因为中立与否不仅关涉商事调解的正当性，还决定了调解协议执行的可能性。而在“一带一路”商事争议解决中，若要将争议打造成为“利益共同体”便不能保持绝对中立，需要走向积极中立。即调解员在寻求争议当事人共同利益、维持合作关系的同时，务必保持中立、不偏不倚。尤其是在中国主导下建构和发展“一带一路”商事解决机制，更加需要体现调解中立的精神，即在调解的制度构建、机制运行、技巧选择等方面都应秉持调解中立，否则会让国外商事主体存在偏私之嫌。

与此同时，就调解公正而言，实体公正之于调解而言固然十分重要，然程序公正亦是商事调解必须遵循的基本规则。从实践来看，实体公正与程序公正对于争议双方的“公正感”而言同等重要。高度公正的调解程序，能够有效吸纳争议双方的不满情绪，促进争议双方的相互理解，进而更好地澄清事实、理性化解争议，产生更为公正的实体结果。相反，如果程序公正不足，即使调解结果符合当事人的预期，也仍会让当事人感到不满。①长期以来，我国商事调解实践较为注重程序的灵活性而对程序的公正性有所忽略，这显然无法适应“一带一路”商事调解的发展要求。况且，“一带一路”沿线各国分属不同的法律体系，对于调解中程序公正的法律规定和实践标准也各不相同，只有在高度公正的调解程序下达成的调解协议才对争议双方具有更强的约束力，调解协议执行的可能性才能随之提高。

2. 程序简便、快捷灵活

以考量“投入产出”“成本与效益”为表现的商业规律既适用于理性化的商业活动，同样适用于商事争议解决机制的选择之上。通过诉讼与仲裁化解国际商事争议，往往存在裁决中立的隐忧、程序繁复的缺陷和执行不力的风险，容易导致争议双方解纷成本耗费过大而“得不偿失”。尤以国际商事诉讼为例，其中涉及管辖法院、诉讼费用、裁判尺度、域外送达、法律适用、国际司法协助等方面的问题，这些问题的解决都将耗费大量的时间和成本，折损商事争议的解决效率和效益。相比于普通的民事争议解决，商事争议的解决更加注重争议解决的效率与效益，因为商事主体更富有商业思维，更加精于成本与收益的计算。而且，商事主体经营策略之间的高度关联和市场机遇的瞬息万变都不允许纠纷主体选择周期长、实效低的争议解决方式，因此“程序简便、快捷灵活”是争议解决各方的共同期待。

① 参见雷磊：《德国的调解观念及其启示》，载《法商研究》，2014（2），第152页。

《意见》亦强调构建“一带一路”争议解决机制，需要坚持公正高效便利原则。

若要实现“一带一路”商事调解的“程序简便、快捷灵活”，应从调解的简便化和信息化两个方面入手。一是简便化。“一带一路”沿线国家在民族特性、文化基因、法律制度、经济水平等方面差异巨大，因而构建商事调解时应尽可能为各国商事主体提供解纷便利。具体体现在调解的启动、调解员的选择、调解协议的达成等方面要充分尊重争议双方的合意。基于双方合意，使调解程序更为简便，方式更为灵活多样，这有利于在迅速找准双方的利益争点之后寻求双方满意的解决方案。二是信息化。“一带一路”商事调解应充分利用网络信息技术的效率优势，全力打造在线争议解决机制，促使商事争议从“面对面”解决到“屏对屏”解决的转变。

3. 信息保密、维护商誉

现代社会中，信息传播极为快速，事实真相也复杂难辨。许多商事主体的商业形象往往因涉诉信息发布而毁于一旦。因此，商事主体在国际商事交往中更加顾及自身商誉的维护，许多商事主体担心信息的无序传播会导致自身形象或商业利益受损，因而不愿将争议解决的相关信息为公众所知晓。现实中已有相关案例表明，商事主体的争端信息一旦公开，无论违法与否，都可能对其股市价格、合同缔结、商业形象造成一定的冲击和影响。因此，遵循信息保密已经成为现代商事调解的基本规则。调解过程中，信息保密能够有效促进争议主体建构信任、坦诚沟通，有利于调解程序的顺利进行。[①]

“一带一路”商事调解涉及诸多国家，调解过程中的信息保密和商誉维护尤为重要。发展“一带一路”商事调解，应从以下三个方面严格遵循信息保密规则：第一，参与调解的各方都应为调解中披露的信息保守秘密；第二，调解中披露的信息不能作为其他争议解决程序中的证据；第三，若调解不成功，则调解员不能再担任同一案件的律师或仲裁员。在具体的操作层面，应当进一步明确保密信息的范围、信息的秘密级别，以及保密规则的适用方式。当然，调解中的保密规则并非绝无例外，在当事人合意或

① 参见肖建华、唐玉富：《论法院调解保密原则》，载《法律科学》，2011（4），第140页。

违反公共利益的情况下，调解员可以公开相关信息。

（三）应对商事调解国际化的具体举措

1. 培育现代国际商事调解组织

在“一带一路”建设的时代背景下，亟须在国内发展和培育具有全球竞争力和影响力的国际商事调解组织，打造国际商事调解的“中国品牌”。《意见》也提出，要支持具备条件、在国际上享有良好声誉的国内调解机构开展涉“一带一路”国际商事调解。具体措施如下。其一，需在司法政策层面进一步加大对国际商事调解组织发展的支持力度，帮助其摆脱发展过程中遇到的政策障碍和制度约束。其二，国际商事调解组织的发展应朝“市场化”方向进行，逐渐摆脱内嵌于仲裁机构的发展模式，提升调解组织的自治性与专门化。只有走向“市场化”，才能体现商事调解的基本规律，才能有效发挥商事调解组织的独特优势，使其适应市场经济中的纠纷解决需要。其三，国际商事调解组织应当学习借鉴其他国家调解组织的调解规则和程序，从而使自身的调解规则更加国际化、专业化。其四，可以重点培育若干个资质较好的国际商事调解组织，帮助其“走向世界”。

2. 建立国际商事调解职业队伍

《意见》指出，要注重培养和储备国际化法律人才，建立“一带一路”建设参与国法律人才库，鼓励精通国际法、国际商贸规则以及熟练运用外语的国内外法律专家参与到争端解决中来。针对国际商事调解专业人才不足的问题，可从如下几个方面予以解决：第一，高等院校可以探索设立调解专业，专门培养国际商事调解人才，为国际商事调解人才队伍的职业化建设提供人才资源。目前，国内已有上海政法学院、湘潭大学法学院相继从 2012 年、2013 年开始，开展调解专业教育的试点和探索，人才培养已经初见成效，学生就业率很高。第二，提升商事调解职业管理水平，通过设立执业许可、资格认证、等级考试等方式，不断优化调解员的职业培训体系，以此提升队伍建设的职业化水平。第三，广泛聘请国外资深商事调解专家，尤其是“一带一路”沿线国家的调解员，以此增强国际商事调解职业队伍的国际化水平。

3. 完善商事调解协议执行机制

若想妥善解决“一带一路”商事调解协议达成之后的效力与执行问题，

可从以下三个方面着手：（1）充分发挥国际商事法庭的作用，经国际商事调解机构主持达成的调解协议，可由国际商事法庭制作调解书，以此获得强制执行力。这一方面，《最高人民法院关于设立国际商事法庭若干问题的规定》第 13 条已经作了明确规定，经国际商事专家委员会成员或者国际商事调解机构主持调解，当事人达成调解协议的，国际商事法庭可以依照法律规定制发调解书；当事人要求发给判决书的，可以依协议的内容制作判决书送达当事人。（2）以缔约方的身份积极参加《联合国关于调解达成的国际和解协议公约》。2018 年 6 月 26 日，经过 85 个联合国成员国与 35 个国际政府间组织、非政府组织三年来的反复讨论，联合国贸易法委员会第 51 届大会通过了《联合国关于调解达成的国际和解协议公约》草案。草案将提交第 73 届联合国大会审议通过，并于 2019 年 8 月 1 日在新加坡接受各国签署加入，因此其也被称为《新加坡公约》。该公约提供了国际商事调解协议的跨国执行机制，是解决商事争端的一把利器。尤其是在"一带一路"合作框架下，《新加坡调解公约》必将能够促进"一带一路"商事争议的解决。中国深度参与了《新加坡调解公约》的制定，因此更有必要批准该公约，发挥好商事调解在"一带一路"商事纠纷化解中的作用。（3）"一带一路"商事调解机构可以与其他国际仲裁机构建立合作机制，调解协议达成后经国际仲裁机构确认即可转化为具有执行效力的仲裁裁决，借助《承认及执行外国仲裁裁决公约》使之在全球范围内能够较为顺利地获得执行。如香港和解中心创设的"香港调解结合中国仲裁"机制：在国际商事调解中，如果当事人能够通过调解解决争议，深圳国际仲裁院或深圳仲裁委员会就当事人签订的调解协议（和解协议）作出仲裁裁决，从而使这份裁决得以在中国境内以及所有 155 个《承认及执行外国仲裁裁决公约》签署国或地区获得执行。[①] 这无疑是增强"一带一路"商事调解协议执行效力的重要参考。

4. 构建国际商事调解信用体系

国际商事交往中尤为注重对"诚实信用"这一原则的遵循，商业信誉已经成为商事主体的发展灵魂。通常而言，诚信要求民商事主体在行使权

---

① 参见《跨境争议解决服务：香港调解结合中国国际仲裁》（2016-09-29）[2017-10-07]，见香港和解中心网，http://www.mediationcentre.org.hk/tc/services/MediationandArbitration-Mechanism.php。

利和履行义务的过程中讲求信用、恪守诺言、诚实不欺。而在国际商事调解中，诚实参与极为重要，如若双方在调解过程中违反诚信原则，将使调解的进行难以为继或者无果而终，这不仅会造成调解资源的浪费，还有可能损害当事人的合法权益。因此，通过建立相应机制促使商事主体在国际商事调解过程中诚实守信，就显得尤为必要。

就此而言，"一带一路"沿线国家可以协商制定诚信调解公约，并构建相应的信用监管体系。调解实践中，若调解参与主体存在无故拖延参与调解、派遣没有决定权的代表参与调解、调解中违反信息保密义务、拒不履行调解协议等违反信用的行为，可对其进行信用记录、信用评级、信用约束，以此惩戒失信的商事主体，倒逼商事主体诚信参与调解。

第十二章 律师调解制度的内生矛盾及其化解路径

一、问题的提出：律师调解的推广“热”与落实“冷”

我国现代调解制度的发展属于“改良模式”，即在政府的主导下对传统调解制度进行“自上而下”式的局部改良。[①] 随着我国法治现代化的推进，调解员队伍规模庞大但素质参差不齐，调解基准多样但法律因素缺乏，调解程序灵活但少有必要规范，调解改革举措丰富但收益实效较小等问题已成为我国调解事业进一步发展的关键瓶颈。由此可见，我国调解在法治现代化的进程中出现了劳动过度投放所造成的效率下降，形成类似于劳动过密带来的“内卷化”[②] 问题。因此，在调解自身资源特定的情况下，引入作为法律专业人士的律师参与，从而发展律师调解制度，无疑是合适的选择。

我国的顶层设计也敏锐地意识到律师调解制度是创新发展调解的重要举措。从法律、法规、司法解释及政策性文件中看，我国律师调解制度的

① 参见赵毅宇：《东方话语体系中的调解研究范式创新》，载《人民法院报》，2017－12－29，第6版。

② 该概念可以追溯到戈登威泽对哥特式艺术发展的研究。之后，吉尔茨、黄宗智、陈伯峰等在考察农业和农村问题，杜赞奇在研究国家政权的控制模式，吴英姿在批判诉讼标的理论研究的屠龙术困境，陈慰星在探索法院调解资源的外部植入时，都曾用这个概念作为分析工具。

产生与发展经历了初始阶段、探索阶段与细化阶段。[①] 2017 年 10 月，最高人民法院和司法部联合出台《关于开展律师调解试点工作的意见》（以下简称《试点意见》），以期通过在 11 个省市开展试点的方式推动律师调解的实践，为我国律师调解制度的进一步完善提供强有力的支持和保障。2019 年 1 月，最高人民法院、司法部《关于扩大律师调解试点工作的通知》要求到 2019 年年底，律师调解工作要在所有地市级行政区域进行试点，力争每个县级行政区域都有律师调解工作室。不难看出，律师调解已成为政府主导的“自上而下”的推广热潮。

然而，从律师调解的实践状况看，一是参与律师调解工作的律师较少，如杭州市两级法院聘请律师调解员 584 名，仅占全市执业律师数量的 8%[②]；二是律师调解的案件数量较少，截至 2018 年 11 月，试点省份目前共设立律师调解工作室（中心）2 357 个，律师调解案件 3.7 万余件，达成调解协议 1.6 万余件[③]，则每个律师调解工作室（中心）在试点工作实施一年多内平均调解案件仅 15 件，调解成功仅 7 件。可以发现，律师调解的推广“热”遭遇了实践落实的“冷”对待。目前相关研究成果大多探讨律师调解的域外经验、正当性、优势与作用等[④]，较少对律师调解出现落实“冷”的现象

---

① 初始阶段：2007 年《律师法》第 28 条将调解作为律师可以从事的业务之一；2012 年《关于扩大诉讼与非诉讼相衔接的矛盾纠纷解决机制改革试点总体方案》中首次出现律师调解。探索阶段：2015 年《关于完善矛盾纠纷多元化解机制的意见》，明确规定要建立律师调解制度，使律师调解制度有了更高层次的政策依据和更广阔的发展空间。细化阶段：2016 年《关于人民法院进一步深化多元化纠纷解决机制改革的意见》《关于人民法院特邀调解的规定》明确了律师调解工作的三种模式，并规定了律师担任调解员的回避义务、作为代理人的告知义务、作为特邀调解员的参与程序。2017 年《关于开展律师调解试点工作的意见》，对律师调解的总体要求、工作模式、工作机制、工作保障等进行了细化规定。

② 参见杭州市余杭区人民法院课题组：《年轻律师为主体的市场化调解路径探析》，https://mp.weixin.qq.com/s/eL4-QBGiJnplo-g1LBXuHQ，最后访问日期：2018-12-20。

③ 见 https://mp.weixin.qq.com/s/vNZSLkHN3dTR3FE6FdTz9Q，最后访问日期：2018-12-01。

④ 代表性的研究成果包括：李傲：《美国律师调解职业技能研究》，载《求索》，2004（4）；洪冬英：《律师调解功能的新拓展——以律师主导民事调解服务为背景》，载《法学》，2011（2）；王红莲、谢青萍：《完善大调解机制发挥律师调解职能作用》，载《中国律师》，2011（11）；王亚新：《律师调解：经由“试点＝实验”的制度构建》，载《中国司法》，2017（11）；廖永安、王聪：《从诉讼代理人到职业调解人：中国律师职业的新图景》，载《中国律师》，2017（12）；熊跃敏、张润：《律师调解：多元解纷机制的制度创新》，载《中国司法》，2017（11）；汪世荣：《律师调解：拓展了法治社会建设的渠道》，载《中国司法》，2017（11）。

进行深入分析。有鉴于此，我们通过参加座谈会、深入访谈、查阅文件资料等方式，对我国律师调解制度的运行情况进行了调研。[①] 在调研的基础上，本章试图分析我国律师调解制度的内生矛盾，以及其产生的缘由、实践表现与化解路径，以此在理性的平台上审视律师调解的“热”与“冷”。

二、我国律师调解制度的本相追问

《试点意见》给出了我国律师调解制度所具有的含义、特征与模式。《试点意见》对律师调解的定义是：律师、依法成立的律师调解工作室或者律师调解中心作为中立第三方主持调解，协助纠纷各方当事人通过自愿协商达成协议解决争议的活动。在该定义的基础上，《试点意见》规定了律师调解的四种工作模式：人民法院律师调解工作室模式、公共法律服务中心（站）律师调解工作室模式、律师协会律师调解中心模式、律师事务所调解工作室模式。而以上规定所体现出的律师调解的本质是什么？律师调解是否为一种独立的调解类型？律师调解与司法调解、人民调解、行政调解、行业调解、商事调解等之间的关系如何？对这些问题的回答是探讨律师调解制度的基础，需要有清晰的认识。

根据调解主持者的不同，我国现行调解体系可分为以下三类：一是司法调解，即以法院为主持机构，或者受法院指导，但与诉讼程序截然不同的诉讼外纠纷解决程序，主要是指法院附设调解。二是行政调解，主要是指国家的行政机关或准行政机关所设或者附设的调解。三是民间调解，民间调解主体一般不属于正式的司法体系，也不属于国家行政建制，主要包括财团法人或基金形式运作的专门机构，以及自发成立的民间团体或社团法人机构，也包括受国家指导和资助的准行政性组织，如我国的人民调解组织，还包括以各种形式存在于民间社区的松散的调解组织。[②]

当前，关于《试点意见》中律师调解的性质主要存在两种观点：第一种观点认为，律师调解是按照调解主体分类的独立调解类型。如最高人民

---

① 2018 年 7 月至 2018 年 8 月，湘潭大学多元化纠纷解决机制研究基地研究人员邓春梅、邵华、邬欣言、赵毅宇、吕宗澄等人在北京、上海、杭州、绍兴、南平、德州等地区开展暑期调研，收集、整理了大量第一手资料，在此对调研人员表示感谢。

② 参见范愉：《非诉纠纷解决机制研究》，北京，中国人民大学出版社 2000 年版，第 383 页。

法院、司法部相关负责同志就《试点意见》答记者问时认为："建立由律师作为中立第三方主持调解的工作机制，完善与人民调解、行政调解、诉讼调解、商事调解等既相对独立又相互衔接的律师调解制度，……有利于推动形成中国特色多元化纠纷解决体系。"① 第二种观点认为，律师调解不属于按照调解主体分类的独立调解类型。有学者认为，律师调解不属于按调解属性（主体）分类的人民调解、行政调解、行业调解、商事调解等调解类型，律师作为调解员，可以参与到以上各类调解组织中。②

事实上，根据《试点意见》中律师调解的四种工作模式，可以将律师调解的结构分解为四种形式，并从中剖析我国律师调解的本质。第一种模式是在人民法院设立律师调解工作室，其实质是律师在法院的委托下调解案件，受法院管理与审查，属于法院附设调解。第二种模式是在公共法律服务中心（站）设立律师调解工作室。公共法律服务中心（站）是集司法、行政各类法律服务项目、提供多种公共法律服务产品的有效载体，是司法行政机关直接面向人民群众提供服务的窗口。因此，公共法律服务中心（站）属于行政机关，律师在此提供调解服务属于行政调解。第三种模式是在律师协会设立调解中心。律师协会是社会团体法人，是律师的行业自律性组织。因此，律师协会设立的律师调解中心提供调解服务具有民间调解性质，具体而言，属于民间调解中的行业调解。第四种模式是在律师事务所设立调解工作室。律师事务所可以将接受当事人申请调解作为一项律师业务开展，向双方当事人收取调解费。这一模式贴近市场，其实质属于民间调解中的商业调解。

总而言之，我国律师调解制度的结构可分解为四种工作模式，这四种工作模式的实质分别是法院附设调解、行政调解、行业调解与商业调解。因此，我国律师调解不属于按照解纷主体划分的独立调解类型。律师调解的实质是律师作为调解员参与到司法调解、行政调解、民间调解的调解形式，是律师与调解相结合的产物（见下图）。

① http：//www.moj.gov.cn/news/content/2017 - 10/16/zcjd_9039.html，最后访问日期：2018 - 11 - 22。

② 参见龙飞：《律师调解制度的探索创新与完善路径》，载《中国律师》，2018（5）。

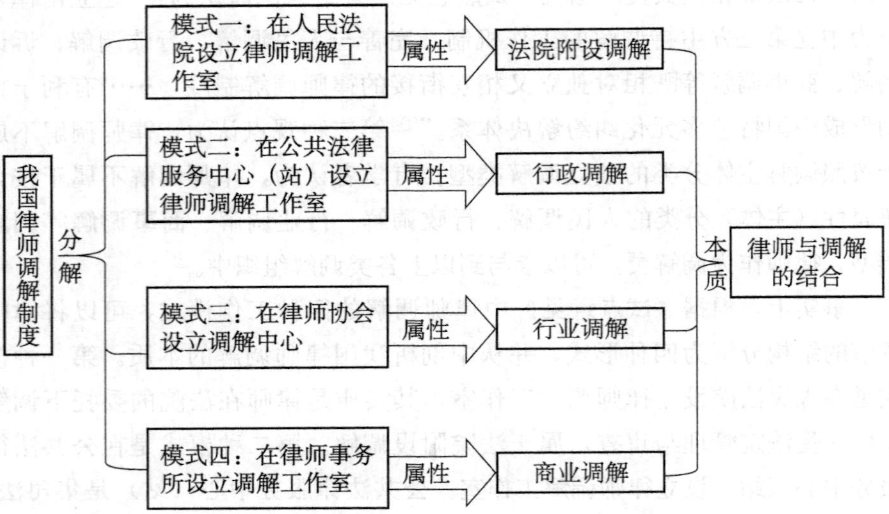

三、我国律师调解制度的内生矛盾及其产生缘由

律师是指依照法定的条件、程序取得资格，依法可以接受当事人委托或法院指定向当事人提供法律帮助，代理当事人从事有关法律事务活动的人员。[①] 调解是指在作为第三方的调解员的主持下，以国家法律规范、政策以及社会公德为依据，对纠纷双方进行斡旋、劝说，促使他们互相谅解，进行协商，自愿达成协议，消除纷争的活动。[②] 律师调解制度是律师与调解相结合的产物，即律师作为律师调解的主体，混合着律师本质的“代理人角色”与律师主持调解时的“调解员角色”。角色是围绕地位而产生的权利义务、行为规范和行为模式，是人们对处在一定地位上的人的行为期待。[③] 因而“代理人角色”与“调解员角色”的混合是否产生矛盾，可从角色的地位、理念、行为规范、行为模式等方面展开分析。

（一）角色的地位：单方立场 VS 中立立场

有学者认为，律师制度内在的特殊矛盾是律师与其当事人之间的矛盾，

① 参见夏征农主编：《大辞海》（法学卷），上海，上海辞书出版社 2003 年版，第 37 页。

② 参见范愉：《非诉纠纷解决机制研究》，北京，中国人民大学出版社 2000 年版，第 176 页。

③ 参见秦启文、周永康：《角色学导论》，北京，中国社会科学出版社 2011 年版，第 34 页。

该特殊矛盾所决定的律师制度的外在根本特征是维护当事人的合法权益。[①]同样，根据国外学者的研究，律师分为顾问律师与代理律师，法律顾问帮助他的客户对未来作出计划，诉讼律师即作为当事人的代表与其他人（法官、另外一方当事人、政府官员等）对话，律师角色的本质在这两种活动中基本一致，可被描述成被挑选出来保护其当事人利益的战士。[②] 因此，律师“代理人角色”的地位是单方立场，如在民事诉讼“等腰三角形”结构中，律师与其当事人一同处于与对方当事人及其代理人对立的地位。在调解中，中立性是基本原则，因而律师“调解员角色”的地位是中立立场。即在调解“直线型”的结构中，纠纷双方当事人处于直线的两端，调解员处于直线的中间地位。在律师“代理人角色”与“调解员角色”地位不同的基础上，将进一步产生理念、行为规范与行为模式的不同。

（二）角色的理念：诉讼理念与行为 VS 调解理念与行为

在我国民事诉讼由职权主义诉讼模式向混合主义诉讼模式转变的背景下[③]，律师一方面受当事人主义的影响使其地位不断提高；但另一方面也因未摆脱职权主义的影响，而主要围绕法官的审判思路开展工作。因此，律师“代理人角色”主要从“诉讼思维”出发，运用利益对抗体思维、静态利益观、切片式思维与向后看思维。在这种思维的指引下，律师将以当事人为中心，站在当事人和法院之间为其当事人最大程度地争取合法权益，而无须对纠纷中双方当事人的权利义务进行裁断。而在现代化的调解中，律师“调解员角色”应运用利益共同体思维、动态利益观、综合性思维与向前看思维。[④] 在这种思维的指引下，律师调解员需要独自面对争议双方、独立启动调解程序、在调解中综合运用“中介”“判断”和“强制”三种行

① 参见青锋：《中国律师制度论纲》，北京，中国法制出版社 1997 年版，第 67～68 页。

② 参见［美］安索尼·T. 克罗曼：《迷失的律师：法律职业理想的衰落》，田凤常译，北京，法律出版社 2010 年版，第 123～148 页。

③ 如田平安教授认为，“我国民事诉讼模式既不是极端的‘职权主义’也不是极端的‘当事人主义’模式，它融当事人主义与职权主义为一体，既体现和反映了审判者——法院的组织、指挥的职能，又体现了当事人诉讼主体的地位。”田平安：《我国民事诉讼模式构筑初探》，载《中外法学》，1994（5）。

④ 参见廖永安：《当代调解的新理念与新思维》，载《人民法院报》，2017－06－16，第 2 版。

动策略[①]，以促使纠纷双方当事人形成解纷合意。因此，律师“代理人角色”与“调解员角色”的理念与行为具有鲜明的对立性。

（三）角色的行为规范：与法院隔离性 VS 近法院性

行为规范是指角色在参与社会活动中所遵循的规则、准则，是社会认可和人们普遍接受的具有一般约束力的行为标准。律师行为规范中重要的部分是律师与法官的关系规范。律师与法官同属于“分享共同的知识、信念和意义”的法律职业共同体[②]，法官与律师的关系应包括相互的信任关系、良好的合作关系与持续的监督关系，但实践中律师与法官缺乏相互监督，结成利益共同体，不正当关系严重。[③] 因此，律师“代理人角色”的行为规范必须要求与法官保持一定的距离，“两者接近和接触的经常性和亲密性只能达到一定的程度，否则无以形成职业的威严”[④]。最高人民法院院长肖扬曾提出，要在审判人员与律师之间立起一条维护司法公正的“隔离带”[⑤]。然而，《试点意见》要求，在人民法院诉讼服务中心、诉调对接中心或具备条件的人民法庭设立律师调解工作室，配备必要的工作设施和工作场所。如此可使调解员更具有权威性，便于法官对调解工作进行指导与管理，实现调解与司法确认等程序的无缝对接等。因此，与律师“代理人角色”相反，律师“调解员角色”的行为规范要求其近法院性。

（四）角色的行为模式：市场主导型 VS 公益主导型

律师的性质决定了律师“代理人角色”的行为模式。2007 年《律师法》将律师的宏观服务对象由社会改为当事人，可以看作我国律师的性质发生了从“国家的法律工作者”到“社会法律工作者”再到“自由职业者”的转变。世界大多数发达国家已明确规定了律师为自由职业者，将律师服务视为个人劳动，律师向当事人提供服务，应得到报酬。因此，律师有其固

---

① “中介”体现在为当事人搭桥以方便他们对话；“判断”体现在对当事人的主张作出评价，并向当事人提示处理机关自身的判断，如提出纠纷解决的方案；“强制”体现在纠纷处理机关为形成合意而不断地动用自己直接或间接掌握的资源来迫使当事人接受解决方案的局面。参见［日］棚濑孝雄：《纠纷的解决与审判制度》，王亚新译，北京，中国政法大学出版社 1994 年版，第 54 页以降；章武生等：《司法现代化与民事诉讼制度的构建》，北京，法律出版社 2000 年版，第 317 页。

② 参见强世功：《法律共同体宣言》，载《中外法学》，2001（3），第 332 页。

③ 参见张善燚：《中国律师制度专题研究》，长沙，湖南人民出版社 2007 年版，第131～134 页。

④ 张文显、卢学英：《法律职业共同体引论》，载《法制与社会发展》，2002（6）。

⑤ 刘桂明：《我眼中的法官与律师的关系》，载《中国律师》，1999（9）。

有的利益追求，与法官、仲裁员或政府官员等公益维护者有根本差异，律师“代理人角色”的行为模式属于市场主导型。然而，根据《试点意见》中律师调解的四种工作模式，前三种模式不收取当事人调解费用，属于公益型调解；只有第四种模式属于市场型调解，但仍只能按低价的标准向当事人收取调解费用。由此看出，律师“调解员角色”的行为模式属于公益主导型。

综上所述，由于律师的“代理人角色”与“调解员角色”在地位、理念、行为规范、行为模式等方面存在不同与对立，律师调解制度将产生“代理人角色”与“调解员角色”混同这一内生矛盾。正如有学者提出的：“律师们对本方当事人利益的维护常常会成为调解过程中不和谐的声音，于是律师在调解程序中就往往会被边缘化。”[①]

四、我国律师调解制度内生矛盾的实践表现

（一）律师难以适应律师调解工作

律师“代理人角色”与“调解员角色”在立场、理念与行为等方面存在诸多不同，因而大部分律师要在短时间内适应调解员这一新角色，将存在一定困难，具体实践表现如下。

1. 律师对律师调解制度存在偏见

目前，律师群体对律师调解制度还未形成普遍认同感，认为调解似乎是“田间炕头”“和稀泥”的低端业务，而更愿意从事诉讼代理等高端业务。[②] 正如学者所言，律师群体会忧虑经济上的损失和对调解本质缺乏了解，相对于调解中他们所处的消极与咨询性的角色，他们可能会更喜欢诉讼中的积极表现。[③] 从实践中参与调解的律师人数较少也可佐证律师对律师调解制度存在偏见，如有实证调研显示，在向杭州市律师群体发放的 263 份调查问卷中，有近 150 人尚未参与过律师调解，占 50%以上。[④]

---

① 季卫东等：《中国的司法改革》，北京，法律出版社 2016 年版，第 319～320 页。

② 参见龙飞：《律师调解制度的探索创新与完善路径》，载《中国律师》，2018（5）。

③ 参见［澳］娜嘉・亚历山大：《全球调解趋势》，王福华等译，北京，中国法制出版社 2011 年版，第 306 页。

④ 参见杭州市余杭区人民法院课题组：《年轻律师为主体的市场化调解路径探析》，https：//mp. weixin. qq. com/s/ eL4 - QBGiJnplo-g1LBXuHQ，最后访问日期：2018 - 12 - 20。

2. 律师在调解中的中立地位易受影响

中立有狭义与广义之分，狭义的中立是无利害关系上的中立，指调解员与纠纷当事人任意一方不存在事实上或者法律上的利害关系；广义的中立原则还包括公平意义上的中立，即在调解程序中调解员必须公平、客观地对待双方当事人，不偏袒任何一方当事人。[①] 律师的“代理人角色”是为当事人最大限度地争取合法权益，与其当事人站在同一立场，而无法站在中立立场。在律师调解实践中，出现了以下案例值得深思：

> 任某是T律师事务所的一名律师，在F区法院调解工作室开展律师调解工作。2018年4月11日，11名劳动者追索涉及总金额40余万元的劳动报酬（A案件），经法官介绍，11人同意律师调解。4月25日，被告甲公司如约而来。考虑到当事人众多，任某等4名律师对该案进行调解。调解成功后双方共同申请F区法院司法确认。事实上，任某是甲公司的另一起劳动报酬案（B案件）的劳动者的代理人，该案经历了劳动仲裁程序与诉讼程序，目前，劳动者正处于申请法院执行的阶段。[②]

仔细分析该案，存在以下可担忧之处：任某在B案件中是劳动者的代理人，与甲公司是对立的立场，而在A案件中，任某作为律师调解员需站在中立的立场，中立公平地处理甲公司与劳动者的关系。这两种立场的矛盾将可能导致律师作为调解者角色时无法中立公平地调解纠纷，因为在公司资产缺乏的情况下，律师可能调解在A案件时使甲公司少支付劳动报酬，则B案件中的劳动者将更可能获得多的劳动报酬，以此获取更多的代理费。因此，在律师“代理人角色”与“调解员角色”混同的情况下，律师在调解中的中立地位易受影响。

3. 律师对调解所需的思维与方法不熟悉

实践中，部分律师在调解时常使用与诉讼相同的思维与方法，从而导致难以适应调解工作，调解成功率不高。如有律师在接受访谈中说：“我

---

① 参见沈志先主编：《诉讼调解》，北京，法律出版社2009年版，第62页。

② https：//m. thepaper. cn/newsDetail_forward_2409832？from＝groupmessage&isappinstalled＝0，最后访问日期：2018－12－06。

们会和当事人说这是调解庭，虽然与审判庭不一样，但是过程是一样的，如我们要求原告、被告带上所有证据原件。”① 也有法官反映执业多年的律师也难以适应调解工作：“有一位专门办理家事类案件的资深律师，他开始觉得参加调解工作，特别是调解离婚案件肯定手到擒来，结果参加了几次调解后，就向我反映说：‘我觉得无法胜任这份调解工作，我以为我代理过这么多离婚案件，在这肯定也能调解成，结果发现不是那么回事，我不来了。’所以不是有很丰富的律师代理经验，就能做好律师调解工作。”② 从调研数据看（如表 1 所示），在四个样本法院中，律师半年调解的平均数量为 0.9 件，调解成功率为 38%。可见，律师参与调解的数量较低，且调解成功率不高。③

表 1：2017 年 12 月—2018 年 6 月样本法院律师调解工作数据（单位：件）

法院	律师调解员人数	委托委派案件数	律师调解的平均数	调解成功数	调解成功率
绍兴市中院	34	5	0.15	3	60%
越城法院	46	28	0.6	7	25%
诸暨市法院	100	269	2.7	47	17%
上虞法院	43	2	0.05	1	50%
平均数	56	76	0.9	58	38%

（二）律师调解的近法院性产生道德风险

律师“代理人角色”的行为规范要求律师与法院保持隔离关系，而律师“调解员角色”的行为规范要求其具有近法院性，该矛盾将使律师调解制度在实践中产生道德风险，具体包括律师与法官关系失范的风险与成为律师扩展案源的风险。

---

① 访谈时间：2018 年 8 月 15 日，访谈地点：B 市 C 区法院，被访谈人：杜某，B 市 C 区法院调解律师。

② 访谈时间：2018 年 8 月 15 日，访谈地点：B 市 C 区法院，被访谈人：徐某，B 市 C 区法院法官。

③ 同样也有研究显示，自 2017 年 7 月，杭州市某律师事务所受邀成为杭州市余杭区法院特邀调解组织，截至 2018 年 6 月初，该组织 10 名调解律师调成案件共 27 件，平均每人每年调成 2.7 件，而专职人民调解员平均每月调解成功案件 30 件，每年调成案件 360 件。参见杭州市余杭区人民法院课题组：《年轻律师为主体的市场化调解路径探析》，https：//mp. weixin. qq. com/s/eL4-QBGi-Jnplo-g1LBXuHQ，最后访问日期：2018－12－20。

1. 律师与法官关系失范的风险

首先，有法官在访谈中表示，存在律师利用法院律师调解员身份向法官“攀关系”现象。

最早出现这类事情是在我们的S法庭。S法庭的一位律师调解员，也作为代理人在S法庭参与诉讼。有一次在他代理的案件开庭前，就跑到法官跟前说：“法官，我是咱们庭的调解员。”法官听到律师调解员的这番话后当时没说什么，但在法庭上说，“这位代理律师是本法庭的律师调解员，请你回避。”其实，按理说我们法院的律师调解员，全部都是律协从C区的律师中挑选出来的，如果他们不能在C区法院代理案件，这些律师就很难通过代理案件获得收入，他们也就不会来参加律师调解工作，因此，一般情况下不应该让参与调解的律师回避。但是为什么S法庭的法官会要这位律师回避呢？因为，法官在想律师特意在开庭之前强调自己是法庭的律师调解员这个话是什么意思？律师是什么样的心理？法官就合理怀疑律师是不是要来攀关系，是不是来进行其他的交易，这样会影响自己对这个案件的公正审理，因此要律师回避。[①]

其次，法官基于调动律师参与律师调解工作的积极性，可能向律师许以便利。这一风险的存在，可从笔者对法官的访谈中得到印证。

律师过来帮咱们做了这么多调解工作，将来他来代理案件，你总得给点方便吧，人都是有感情的。就像我们庭长说的，律师调解员只要到我们法院来立案，就给开绿色通道，就是不用排号就先立案。我觉得这是在法律允许的范围内给他们提供便利。但庭长还提到说：“只要是当事人想请律师的，咱们可以给登记下来，然后分派给来法院参与律师调解工作的律师。”这一点我不同意，我觉得风险太大了。其实，庭长就是想给参加调解的律师多提供些便利，好让他们多愿意给法院调解案件。这些提供便利的做法现在也没在法院实施。[②]

①② 访谈时间：2018年8月15日，访谈地点：B市C区法院，被访谈人：徐某，B市C区法院法官。

事实上，法院律师调解工作室多建立在立案庭、诉讼服务中心或诉调对接中心，律师与立案庭的法官和司法辅助人员接触较多，而与业务庭的审判法官接触较少。因此，通常而言，律师难以通过律师调解工作与审判法官接触，产生可能影响审判公正的风险。但也存在不容忽视的例外情况：一是部分法院在立案庭设置了速裁庭，立案庭的法官对进入速裁程序的案件享有审判权；二是在人民法庭设立律师调解工作室，律师可能直接与审判法官接触。

2. 成为律师扩展案源的风险

由于律师调解的近法院性，律师可能通过直接接触法院案件的机会拓展自己的代理案源。第一种可能是，律师代理其参与调解案件的当事人在撤诉后以另一法律关系起诉的案件。实践中出现该现象的原因是，《试点意见》虽然明确担任调解员的律师不得担任同一案件的代理人，但未对“同案”作出明确解释。

第二种可能是，律师将自己调解不成的案件介绍给其他律师代理。通常情况下，律师通过面对面调解、背对背调解等方式，可以掌握双方当事人的诉求、证据以及底线等。虽然《试点意见》以及各地区的实施规则中规定了主持或参与过争议事项调解的律师，甚至该律师所在律师事务所中的其他律师都不得再通过担任诉讼代理人等方式参与该争议事项及相关纠纷的后续解决程序。但律师的交际圈并不局限于本律师事务所，上述规则也无法避免律师将调解不成的案件介绍给自己的非本所好友，并告知其在调解中获得的“私密信息”。律师之间介绍案源会有利益分成，这些利益因素将会动摇律师调解员在主持调解时的公平公正。①

第三种可能的风险是律师通过律师调解，与纠纷当事人建立联系，取得当事人信任，为代理当事人的其他纠纷创造机会，这将与律师调解制度的初衷——倡导以调解方式解决纠纷相悖。这一风险的存在，可从以下访谈中发现端倪。

我们法院没有补贴给参与律师调解工作的律师，所以我在挑选案

① 参见陈团结：《律师调解：现实困境与应对之道——兼评〈关于开展律师调解试点工作的意见〉》，载《中国司法》，2018（8），第51～54页。

件委派给律师进行调解的时候会琢磨律师喜欢调解什么类型的案件。打架等一些鸡毛蒜皮的纠纷，律师们自己的事情也多，肯定不会愿意调解这些案件。但是一些商事案件就不一样了，商事案件通常涉及企业之间的买卖。我把这些商事案件的信息发到律师调解微信群中，请群里的律师进行调解，大家经常就像“抢单”一样，一分钟不到几个案件就抢完了，有的律师还和我私聊说要调解这些案件。[①]

从律师们“抢单”的积极性与经常性看，律师调解可以增加律师接触商事纠纷主体的机会，形成一种间接的扩展案源的途径。

第四种可能是，律师可能通过多种方式宣扬法院律师调解员身份，标榜自己与法院的良好关系，以此获得更多的案源。如有法官在访谈中表示了以下担忧。

法院公示参与调解工作的律师，一定程度上相当于法院在给这些律师“打广告”，将对律师开拓案源产生影响。[②]

（三）律师参与律师调解的动力不足

律师“代理人角色”的市场主导型行为模式与律师“调解员角色”的公益主导型行为模式之间的矛盾，在实践中将导致律师参与律师调解的动力不足，即律师在公益型调解与市场型调解中，一是因顾忌私人时间成本或利益损失等因素，出现敷衍、应付等消极行为倾向；二是难以持续、长期地参与律师调解工作。

1. 律师参与公益型律师调解的积极性较低

首先，根据调解补贴分析律师参与调解的积极性。根据笔者的调研，各地法院对律师在法院参与律师调解的补贴有不同标准：第一类是发放定额补贴，如杭州市中级人民法院对律师调解员每调解成功一件补贴 1 000 元；第二类是发放非定额补贴，如北京市朝阳区法院，根据案件复杂程度，将补贴分为四档，通常为 450 元，调解不成补贴减半；第三类是未发放补贴，如杭州市部分基层法院的律师调解员大多为提供免费劳动。显而易见

① 访谈时间：2018 年 8 月 9 日，访谈地点：Z 市人民法院，被访谈人：陈某，Z 市法院法官。

② 访谈时间：2018 年 8 月 14 日，访谈地点：B 市 F 区法院，被访谈人：王某，B 市 F 区法院法官。

的是，这些补贴数额，仅能充当律师参与调解的交通、食宿费用，通常无法以此获得经济收益，以至于出现部分律师因顾及代理工作，而影响调解工作的现象。如在调研中发现，有律师会在代理工作与调解工作的时间相冲突时，让自己的助理到法院参与律师调解工作。

其次，根据参与目的分析律师参与调解的积极性。通过访谈参与公益型律师调解的律师，可以总结出其参与律师调解的主要目的：一是实现自身社会价值，服务公益事业①；二是提升律师职业技能②；三是与法院（法官）建立良好关系。③ 然而，第一种原因主要属于有较强社会责任心的律师，而对于不具有较强社会责任心的律师，可能不愿意参与律师调解工作。正如有法官反映，即使被法院列入律师调解员名册的律师，也只有少部分律师实际参与了调解工作。④ 尽管《试点意见》第 18 条规定了探索建立律师参与公益性调解的考核表彰激励机制，但这种行政奖励，受益面仅限于热心从事公益事业的律师，无法全面激发广大律师踊跃投入律师调解工作。⑤ 第二种与第三种原因是出于律师的短期需求，当他们认为通过律师调解工作基本实现了目的后，便会降低参与律师调解的积极性，这一现象可从对法官的访谈中得到印证。

> 最早来法院参加律师调解的一些律师跟我们法官已经很熟了，他们就没有一开始的那种兴奋劲了，就慢慢地减少了自己参与调解的工

---

① 如有律师在访谈中说："调解成功后，收到双方当事人对你由衷的一个感谢的时候，参与律师调解的价值就出来了，这不是用金钱能衡量的。"访谈时间：2018 年 8 月 15 日，访谈地点：B 市 C 区法院，被访谈人：逄某，B 市 C 区法院律师调解员。

② 如有律师在访谈中说："在法院从事律师调解工作，可以学会站到法官的角度去看案件，对于律师处理案件的思维方式，以及与当事人、对方当事人、法官的交流方式上都有很大的帮助。"访谈时间：2018 年 8 月 15 日，访谈地点：B 市 C 区法院，被访谈人：吴某，B 市 C 区法院律师调解员。

③ 如有律师在访谈中说："我希望通过律师调解跟法官交很正常的朋友，不影响案件公正审理的这种朋友，或者说业务上交流的朋友，这是我愿意到法院来做调解的原因。"访谈时间：2018 年 8 月 15 日，访谈地点：B 市 C 区法院，被访谈人：吴某，B 市 C 区法院律师调解员。

④ 访谈时间：2018 年 8 月 15 日，访谈地点：B 市 C 区法院，被访谈人：徐某，B 市 C 区法院法官。

⑤ 参见陈团结：《律师调解：现实困境与应对之道——兼评〈关于开展律师调解试点工作的意见〉》，载《中国司法》，2018（8），第 51～54 页。

作量，也就是没有一开始那么积极了①

2. 市场型律师调解处于起步阶段

市场型律师调解是指律师事务所设立调解工作室，其实质属于商事调解。目前，市场型律师调解在我国仍属于起步阶段，只有少部分律师事务所设立了调解工作室。另外，还存在以律师为调解员主体的、具有民办非企业性质的调解机构，向当事人收取调解费用。我们以表2中的调解组织为分析样本。

表2：我国市场型律师调解的实践样本

机构简介	案件来源	收费规则
上海新闵调解事务所，2005年成立，属于上海新闵律师事务所	主要来源于信访办、人民调解组织、法院、社会组织、个人等各个方面。	主要来源于政府购买法律服务，并实行一案一收费。
上海经贸商事调解中心，2014年成立，该机构中大部分调解员由律师组成。	当事人自主申请与法院等组织委派调解，主要为法院委派调解的案件。	登记费为每方当事人人民币300元。调解费用共有两种计算方式：争议双方当事人可选择按标的金额的一定比例支付调解费用，也可选择根据调解时间按每小时费率支付调解费。②
“一带一路”国际商事调解中心，2017年成立，属于北京德恒律师事务所	当事人自主申请与法院等组织委派调解。截至2018年8月，还没有调解当事人自主申请的案件，仅存在四件法院委派的案件。	登记费为每一当事方人民币200元。调解费以争议标的金额为基础。③ 如调解未果，调解中心收取必要成本费，但成本费用不得超过实缴费额的20%，余额全部退回当事人。

① 访谈时间：2018年8月15日，访谈地点：B市C区法院，被访谈人：徐某，B市C区法院立案庭副庭长。

② 按照标的收费：50万元以下，争议金额的4%，最低不少于3 000元；50万元～100万元，争议金额的2.5%，最低不少于5 000元；100万元以上，争议金额的1.75%，最低不少于10 000元。按小时收费，50万元以下，3 000元/小时；50万元～100万元，4 000元/小时；100万元以上，5 000元/小时。

③ 50万元（含）以下，调解费8 750元；超过50万元至500万元（含）的部分，按照争议标的额的1%交纳；超过500万元至2 000万元（含）的部分；按照争议标的额的0.8%交纳；超过2 000万元至5亿元（含）的部分，按照争议标的额的0.5%交纳，超过5亿元的部分，按照争议标的额的0.2%交纳。

续前表

机构简介	案件来源	收费规则
北京市多元调解发展促进会，2015年成立，该机构中大部分调解员由律师组成。	法院等组织委派调解。	调解费为诉讼费的一半，调解不成功退回调解费。

由上表可见，市场型律师调解存在以下问题：一是律师调解工作室的大部分案件来源于法院的委派，当事人自主申请律师调解的比例较少，律师调解的市场化特征不明显。二是律师调解收费较低。一方面，律师调解收费标准较律师代理低，如北京市多元调解发展促进会中调解收费为诉讼费用的一半，远低于律师收取的代理费；即使是律师调解收费相对较高的“一带一路”国际商事调解中心，其50万元标的额的案件收费8 750元，而按照《律师服务收费管理办法》的规定，同样标的额的案件律师代理收费31 000元，是调解费用的3.5倍。另一方面，若未调解成功，调解费用需部分退回当事人，这就导致律师调解收费实效大大降低。《试点意见》将市场型律师调解定位在有偿和低价上，而律师作为市场主体具有天然的逐利性，若律师参与调解得不到心目中的“价位”，就无法充分调动其积极性。

五、我国律师调解制度内生矛盾的化解路径

（一）转变律师从事调解工作的理念与行为

使律师长久以来形成并基本固化的思维与行为方式适应律师调解制度，是当下亟须解决的重要问题。首先，转变律师对律师调解的认识。世界上许多国家律师从事调解员职业，必须经过严格的资格认定程序，因此，许多人以拥有调解员资格为荣。如苏格兰地区法律协会成立了“律师调解员综合认证中心”（CALM），律师在其主持的专门项目的训练后，在获得认可的情况下才有资格主持这类家庭调解程序。[①] 在瑞士，最初律师群体并不十分热心于调解，但现在律师的态度已经发生了巨大变化，他们正在游说当事人赞成调解，目的是确保他们在未来替代性纠纷解决市场中保

① 参见［澳］娜嘉·亚历山大：《全球调解趋势》，王福华等译，北京，中国法制出版社2011年版，第304页。

有应得份额。[①] 我国律师群体也应转变对调解的片面认识，将调解作为律师业务范围的拓展，以此为当事人提供更好的法律服务，发挥律师在推动社会建设中的积极作用。

其次，健全律师调解回避制度以解决律师立场混乱的问题。《试点意见》规定了“系一方当事人或者其代理人的近亲属的”“与纠纷有利害关系的”“与纠纷当事人、代理人有其他关系，可能影响公正调解的”三种回避情形。福建省、浙江省等地区的律师调解试点工作的实施意见在此基础上增加了“律师调解员所在的律师事务所已接受纠纷一方当事人委托代理的”作为回避情形。这一规定，将使律师调解回避的情形更具明确性。《试点意见》规定律师调解员回避包括律师主动回避与当人事申请回避两种情形。为监督与保证律师站在中立公正的立场，法院、公共法律服务中心、律师协会、律师事务所等主体可以对律师是否属于回避情形进行审核。

最后，设置科学的资质要求与培训体系。第一，对律师参与调解设置科学的资质要求。规则制定者需了解律师调解角色与律师代理角色的不同，在规定律师调解员的资质条件时设置担任调解角色方面的基本要求。目前，部分地区已进行了可供参考的初步探索，如福建省要求参与律师调解工作的律师资质条件具有一定的调解工作经验[②]；山东省规定了热爱调解工作、自愿接受人民法院委派或委托调解纠纷、能够为调解付出时间精力等条件。[③] 第二，对律师进行体系化的调解培训。培训可以分为岗前培训与岗位培训，岗前培训是在上岗前进行的业务培训，培训重点为调解的基本规范、调解实践技巧、调解的职业伦理等；岗位培训是阶段性的在岗培训，培训重点为提升调解技能、交流调解经验等。[④]

---

① 参见［澳］娜嘉·亚历山大：《全球调解趋势》，王福华等译，北京，中国法制出版社 2011 年版，第 358 页。

② http：//www.ptsf.gov.cn/xxgk/flfg/flfg_32822/201801/t20180103_934808.htm，最后访问日期：2018－12－05。

③ http：//www.0551law.cn/wapdisplay.asp?ID=15012，最后访问日期：2018－12－05。

④ 以奥地利对调解员培训为例，奥地利《民事案件调解员训练细则》规定了对来自不同学科背景的调解员申请人的不同要求，需要完成 220～365 课时的职业训练。训练通常分为两个部分，一是集中在调解理论基础（136～165 个课时），包括沟通理论、性格理论、团队心理学、冲突分析、法律、经济学和调解伦理；二是实践技巧训练、监督和同行业内辅导（84～165 个课时）。参见［澳］娜嘉·亚历山大：《全球调解趋势》，王福华等译，北京，中国法制出版社 2011 年版，第 102～107 页。

（二）健全律师调解执业纪律与相关配套机制

为防范律师调解近法院性产生的道德风险，首先，应在法律规范中增加对律师调解执业纪律的规定。目前，对法官与律师执业纪律的规定散见于众多法律、司法解释、行政法规与行业规范之中[①]，如规定了律师在其工作机构的纪律，律师在诉讼与仲裁活动中的纪律，律师与委托人、对方当事人关系的纪律，律师与同行之间关系的纪律，但少有直接涉及律师调解制度中的执业纪律，因此需要增加此类特殊规定。梳理现有法律规范，也可发现部分规定可为律师调解执业纪律提供借鉴。例如，《律师执业管理办法》第 28 条、《律师执业行为规范》第 50 条规定了律师执业利益冲突禁止规则，可以在此基础上明确，曾经担任律师调解员调解该案的，律师及其律师事务所不得与当事人建立委托关系。《关于规范法官和律师相互关系维护司法公正的若干规定》第 2 条第 2 款规定了律师的禁止性行为，可以在此基础上增加规定，律师不能在代理时向当事人宣称自己具有律师调解员身份，并不得利用这种关系干涉或者影响案件的审判。《律师执业行为规范》第 27 条对律师个人广告的内容进行了限定，可以在此基础上明确律师不能把在法院担任律师调解员作为个人广告的内容。

其次，建立健全配套机制。一是完善律师调解的利益冲突审查。明确主持或参与过争议事项调解的律师，其本人及其律师事务所的律师，均不得再通过担任诉讼代理人等方式参与该争议事项及相关纠纷的后续解决程序。目前，一些大规模的律师事务所设有利益冲突检索系统，能够防止隶属于同一律师事务所的律师案件的代理冲突。法院应加强该类事项的信息化建设，建立律师调解的利益冲突审查系统，有效防止律师调解制度产生的利益冲突。二是建立律师调解监督体制。监督的缺失将导致行为的恣意，在律师调解中，需对法官与律师的活动进行监督，逐步建立包括行业监督、司法行政监督与社会监督在内的监督体制。三是建立律师调解中的律师惩戒机制。《律师法》对律师惩戒的种类、事由、机构、程序等进行了规定，

---

① 主要包括：三大诉讼法及其司法解释、《法官法》、《律师法》、全国律师协会《律师职业道德与职业纪律规范》、司法部《律师执业管理办法》、全国律师协会《律师执业行为规范》、最高人民法院《法官职业道德基本准则》、最高人民法院、司法部《关于规范法官和律师相互关系维护司法公正的若干规定》、司法部《律师和律师事务所违法行为处罚办法》等。

可以把律师调解中律师特有的失范行为纳入律师惩戒中，但需注意按照行政处罚的原则和程序进行。

（三）完善律师调解公益型与市场型双向发展路径

为调动律师参与律师调解的积极性，实现律师调解制度长久、有效的发展，应坚持公益型和市场型双向发展路径，并以公益型发展路径为主。

其一，公益型律师调解的发展路径。目前，我国调解体系主要以公益型调解为主。人民调解、法院调解与行政调解等均具有公益性，由政府资金支持和保障，为当事人提供无偿调解服务。有学者提出："律师职业从其诞生之日起就带有比其他社会职业更为浓厚的公共性质。"[①] 律师作为法律职业共同体的重要组成部分，承担着相应的社会责任，应积极参与到公益型调解工作中去，发挥法律专业性优势，解决纠纷。这部分法律服务应由政府以购买社会服务的方式给予一定补贴。

在公益型律师调解发展的初期，首先，政府应加强对公益型律师调解的支持力度，加大对律师参与调解的补贴，弥补律师参与调解的正常支出。其次，还需建立考核激励机制，司法行政机关应就积极参与公益型调解的律师进行表彰，并对调解表现突出的律师及相关组织给予物质或荣誉奖励，以此提高律师参与公益型调解的积极性。最后，建立以年轻律师或实习律师为主的公益型律师调解队伍。年轻律师或实习律师存在案源少、资历浅、收入低等问题，但当其参与律师调解所获得的收入能达到甚至超过同期从事代理工作的收入水平时，他们便具备参与律师调解积极性高、时间充裕等优势。同时，还有助于年轻律师或实习律师熟悉基层纠纷状况，完成从书本知识到解纷实践的转变。但当前年轻律师或实习律师参与公益型律师调解需要克服两个困境：一是许多试点地区对律师参与律师调解工作设置了较为严格的资质条件，如福建省要求从事律师职业 5 年以上、北京市要求执业 8 年以上，因此，各地应适当放宽律师调解的资质条件，准许年轻律师与实习律师参与其中。二是应让年轻律师与实习律师调解适合其调解的案件。婚姻家事案件的调解需要调解员具备一定的社会经验，不适合年轻律师与实习律师调解。年轻律师与实习律师大多属于"学院派"，对实体规范与程序规

① 贺海仁：《法律援助：政府责任与律师义务》，载《环球法律评论》，2005 (6)。

定有较为清晰的了解，应让其调解需要厘清法律关系的商事纠纷等。

其二，市场型律师调解的发展路径。首先，通过宣传等途径鼓励纠纷当事人自主选择市场型律师调解。正如小岛武司所言："如果律师具有极强的促进和解的技能，让市民相信他能找到与事件相应的自主解决办法，那么市民就会以轻松的心情走进律师事务所。"① 其次，在律师事务所建立引导调解机制。对于向律师或到律师事务所进行法律咨询或寻求代理的当事人，若认为该案件属于适合调解的案件，律师或律师事务所可以积极引导当事人选择调解方式解决纠纷。再次，改变市场型律师调解低价有偿的规定，使律师在市场型调解中获得与其劳动对等的收入。通过平等竞争、市场选择、优胜劣汰，以利益驱动的方式推动律师调解的良性和可持续发展。② 最后，培育专门从事调解的律师事务所与律师，实现"律师调解"向"调解律师"转变，使市场型律师调解得到长效的发展。普通法国家于 20 世纪 70 时代末开始的替代性纠纷解决机制的主要创制之一便是，律师们调整自己的法律服务类型，提供中立的辅助性帮助。③ 目前在美国、德国、英国等已经存在从事专职调解的律师事务所，律师以提供中立第三方的专业调解作为法律服务的内容，也有着不亚于传统律师代理的收入。④ 然而，要真正较好地落实这一措施，在我国仍然面临着诸多困境：第一，我国律师行业的发展仍有待加强。就目前我国律师的数量无法满足传统的三大诉讼业务与非诉业务的情况下，难以分离出一部分律师与律师事务所专门从事调解业务。第二，我国商事调解仍处于萌芽状态。发展专门从事调解的律师事务所与律师，必须建立在商事调解取得较大发展的背景下，但目前我国商事调解仍面临诸多阻碍，包括在现有法律框架下企业法人型商事调解组织难以成立⑤、商事调解的市场还未培育等。因此，我国"律师调解"向"调解律师"的转变仍然任重道远。

① ［日］小岛武司：《诉讼制度的法理与实证》，陈刚等译，北京，法律出版社 2001 年版，第 20 页。

② 参见贾玉慧：《推进律师调解工作的几点看法》，载《人民法院报》，2017-11-22，第 8 版。

③ 参见［英］西蒙·罗伯茨、［英］彭文浩：《纠纷解决过程：ADR 与形成决定的主要形式》，刘哲伟等译，北京，北京大学出版社 2011 年版，第 87 页。

④ 参见黄鸣鹤：《理念更新与制度设计——新时代律师调解再出发》，https：//mp. weixin. qq. com/s/lBTZ_eBRBQ4t37oGHzMfrQ，最后访问日期：2018-12-20。

⑤ 我国目前的商事调解组织，如上海经贸商事调解中心、"一带一路"国际商事调解中心等的性质仍属于民办非企业单位。

第十三章“互联网＋调解”的发展、挑战与未来

一、我国“互联网＋调解”的发展概述

随着现代通信技术的全面普及，我国互联网不断向传统行业渗透并与之结合，形成了“互联网＋”①。在“互联网＋”如火如荼的发展中，“互联网＋调解”也在我国应运而生。具体来说，“互联网＋调解”是指，有权调解纠纷的主体（包括政府有关职能部门、法院、相关组织和个人）利用互联网设施（电脑、手机、互联网等）和通信技术及手段（如电子邮件、电子布告栏、语音视频聊天室、信息管理系统等），对当事人之间的纠纷进行调解，以达成调解协议的活动。② 近年来，我国已开展了“互联网＋调解”的初步尝试和实践，形成了具有中国特色的“互联网＋调解”的实践和创新，“互联网＋调解”越来越多地被运用到纠纷解决中，并得到了官方媒体

---

① 2015年3月，在第十二届全国人民代表大会第三次会议上，“互联网＋”一词首次出现在总理的政府工作报告中。据中国互联网信息中心（CNNIC）报告，2016年6月，我国网民规模达7.10亿，互联网普及率达到51.7%。同时，移动互联网塑造的社会生活形态进一步加强，“互联网＋”行动计划推动政企服务多元化、移动化发展。而截至2017年12月，我国网民规模达7.72亿，手机网民规模达7.53亿，在线政务服务用户规模达到4.85亿，占总体网民的62.9%。一年半的时间内，网民数量增加近10%。

② ADR与ODR都可能使用在线和线下两种技术工具来解决纠纷，因此有学者以“网络技术在纠纷解决中所起作用的大小——纠纷解决的主要程序是否利用网络信息技术”对二者进行了区分，参见郑世保：《ODR研究》，西南政法大学2010年博士学位论文。本章所指的“互联网＋调解”的概念比较宽泛，其中既包括ODR中的在线调解，也包括ADR中的利用网络通信技术进行的调解。我们认为，在调解的全部过程中，有一个阶段或者几个阶段是通过互联网进行的，就可以称为广义上的“互联网＋调解”。

的一致认可和广泛宣传。

（一）我国“互联网＋调解”兴起的背景及原因

习近平总书记指出：“以互联网为代表的信息技术日新月异，引领了社会生产新变革，创造了人类生活新空间，拓展了国家治理新领域，极大提高了人类认识世界、改造世界的能力。”[①] 在以互联网为显著时代特征的背景下，当今中国原有的社会结构、经济结构、地缘结构、文化结构已经发生改变，社会呈现出革命性、颠覆性的发展趋势。[②] “互联网＋调解”的兴起顺应了时代的潮流、社会发展的要求和人们的需要，是各种影响因子在互联网时代背景下综合作用的结果。

其一，互联网技术发展与全民普及是“互联网＋调解”兴起的基本前提。“手机就是当年的电灯泡，未来我们可以想象到的，就是几乎所有设备都会接入网络”，这是爱立信总裁兼 CEO 卫翰思（Hans Vestberg）对互联网发展的形象比喻。[③] 据中国互联网信息中心（CNNIC）报告，移动互联网塑造的社会生活形态进一步加强，“互联网＋”行动计划推动政企服务多元化、移动化发展。[④] 当前，“宽带中国”战略正在实施，互联网宽带将在我国进一步普及。“预计到 2020 年，中国宽带网络将基本覆盖所有行政村，打通网络基础设施‘最后一公里’。”[⑤] 作为生产力要素之一的生产工具，互联网技术直接影响着“互联网＋调解”生产力的发挥。加之生产力另一要素——人对互联网的普遍使用，两者合力奠定了”互联网＋调解”发展的

---

① 《习近平在互联网大会开幕式演讲（全文）》，http：//www.edu.cn/rd/zi_xun/201512/t20151216_1348529.shtml，最后访问日期：2016－04－05。

② 参见龙飞：《中国在线纠纷解决机制的发展趋势》，http：//finance.sina.com.cn/sf/news/2016－06－28/144335120.html，最后访问日期：2016－06－29。

③ 参见爱立信：《未来几乎所有的设备都会接入网》，http：//www.chniot.cn/news/YJDT/2010/529/105299392983.html，最后访问日期：2016－05－01。

④ 参见《第 38 次中国互联网络发展状况统计报告》，http：//www.cnnic.net.cn/hlwfzyj/hlwxzbg/hlwtjbg/201608/t20160 803_54392.htm，最后访问日期：2016－10－08。据中国互联网络信息中心（CNNIC）发布第 42 次《中国互联网络发展状况统计报告》：截至 2018 年 6 月，我国网民规模达 8.02 亿，互联网普及率为 57.7%；2018 年上半年新增网民 2 968 万人，较 2017 年年末增长 3.8%；我国手机网民规模达 7.88 亿，网民通过手机接入互联网的比例高达 98.3%。http：//www.fx678.com/C/20180820/201808201529052280.html，最后访问日期：2018－12－01。

⑤ 《习近平在互联网大会开幕式演讲（全文）》，http：//www.edu.cn/rd/zi_xun/201512/t20151216_1348529.shtml，最后访问日期：2016－04－05。

基本前程。

其二，公众观念转变与互联网意识增强是“互联网＋调解”兴起的内生动力。“民主”“开放”“参与”是互联网思维的关键词，它们在互联网中的直观体现就是共享与互动。随着互联网的普及，上网成为越来越多人的生活方式和离不开的生活习惯。人们在互联网营造的社区中交流互动，如在网上参政议政，对社会公共问题参与投票、发表评论，等等。在互联网“润物细无声”的影响下，人们的观念意识悄然转变，公众参与意识开始生长，公民意识越来越多地得到体现。在新浪的网络人民调解委员会，“网民自治”的理念得以贯彻实施。由网友组成的社区委员会来判定微博内的纠纷，在此基础上，创立了“左手是微博纠纷、右手是网络调解”的低成本、高效率的权利救济模式。①

其三，新型纠纷产生与增长为“互联网＋调解”的兴起提供了市场需求。随着互联网用户的增加，网络纠纷也呈现多样化增长趋势。新型纠纷的产生与增长不仅必然要求与之相匹配的新型纠纷解决方式，而且还为在线调解提供了作用场域。例如，在浙江兴起的网上法庭及网上调解是顺应互联网和电子商务发展需求的典型。② 在浙江省杭州市，几乎人人使用支付宝，当地人常言道“出门可以不用带钱包，但不可不带手机支付宝”。这里是阿里巴巴、支付宝、淘宝、天猫、网易等众多知名电商企业的聚集地，电子商务发达，涉及电子商务的纠纷多发频发。针对日益增长的网络新型纠纷，浙江省高级人民法院于 2016 年 4 月开通了电子商务网上法庭，将网上调解与网上审判等相连接，并在杭州市中级人民法院以及西湖区人民法院、滨江区人民法院、余杭区人民法院三家基层法院进行试点，以网络支付纠纷、著作权纠纷、网上交易纠纷和相关上诉作为网上审判的主要

① 新浪微博社区委员会的裁判机制类似普通法系陪审团制度，流程为：由公开招募的微博网友组成社区委员会——社区委员会成员投票决定具体行为是否违规——站方依照公约及管理规定，执行委员会研判结果。参见《左手是微博纠纷　右手是网络调解　探访首家网络人民调解委员会》，http：//www.legaldaily.com.cn/index_article/content/2014－12/06/content_5876664.htm，最后访问日期：2016－04－18。

② 在我们实地调研的杭州市西湖区人民法院，该院电子商务网上法庭的法官认为，电子商务网上法庭在浙江是“自生”的，是在浙江特有的环境中自然而然产生的。

业务。①

其四，政府职能转变与司法改革深入为“互联网＋调解”的兴起提供了政策支持。党的十八届三中全会提出了“创新社会治理体制”的改革新思路，治国理念实现了从“社会管理”到“社会治理”的转变。十八届五中全会提出了树立创新、协调、绿色、开放、共享的发展理念，并指出“加强和创新社会治理，推进社会治理精细化，构建全民共建共享的社会治理格局”。以“互联网＋调解”的主要模式——法院在线调解为例，法院在线调解融合了互联网和传统法院调解的理念，其跨界意识、创新意识、重构意识、人本意识、开放意识和连通意识与生俱来地与国家新的发展理念相契合。② 随着司法改革深入推进，最高人民法院“网络法院”“阳光法院”“智慧法院”工程在全国全面实施。2016 年 6 月，最高人民法院出台的《关于人民法院进一步深化多元化纠纷解决机制改革的意见》（下文简称《多元解纷改革意见》），在“创新在线纠纷解决方式”中明确要求“创新在线纠纷解决方式”，“推广现代信息技术在多元化纠纷解决机制中的运用”，“推动建立在线调解”。2017 年 2 月，最高人民法院在全国开展在线调解平台建设试点，进一步推进在线调解建设。③ 由此可见，“互联网＋调解”的发展已经并且将继续得到国家政策的支持。

（二）我国“互联网＋调解”的模式、理念与特征

1. 我国“互联网＋调解”的主要模式

根据我国“互联网＋调解”推动主体的不同类型，我国“互联网＋调解”的模式可分为政府主导模式、法院主导模式、民间组织主导模式。

（1）政府主导模式

《人民调解法》规定司法行政部门负责指导人民调解工作。部分省市的司法行政部门在其门户网站上建立了网上调解平台，如陕西省宝鸡市“网上人民调解委员会”就是在宝鸡市司法局门户网站——“宝鸡司法之窗”

---

① 参见《利用“审务云”平台深化“浙江法院互联网＋审判”：浙江法院电子商务网上法庭开庭》，载《人民法院报》，2015－05－31，第 1 版。

② 参见程琥：《以“互联网＋”推进我国矛盾纠纷多元化解机制的完善》，载《人民法治》，2015（12）。

③ 参见《最高法启动在线调解平台建设试点工作》，http：//www.chinacourt.org/article/detail/2017/02/id/2546606.shtml，最后访问日期：2017－02－20。

基础上升级搭建起来的（其调解流程参见图 1）。也有其他一些政府有关职能部门针对特定类型的纠纷设立了网上调解平台，如江苏省人力资源和社会保障厅的"劳动人事争议调解服务平台"。各地政府主导模式的"互联网＋调解"运行流程大同小异，可简要概括为：进入平台网——注册用户名——选择调解组织或调解员——与调解员沟通（电话或者在线）——线上或者线下调解——得到调解结果。①

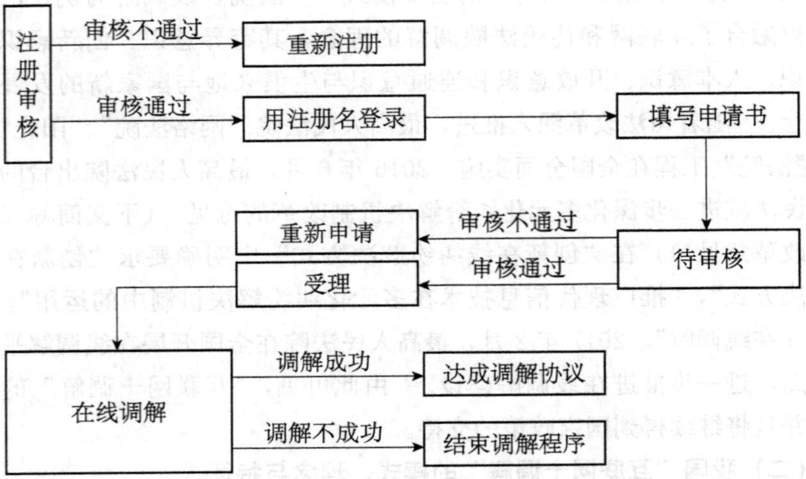

图 1　宝鸡市网上人民调解委员会网上调解流程图

（2）法院主导模式

法院调解是我国民事诉讼制度的重要组成部分，法院理所当然地成为"互联网＋调解"的主体。实践中，一些法院利用互联网搭建了调解平台，开展"互联网＋调解"。如北京二中院的劳动争议案件微信调解平台，其调解的一般流程是，双方当事人添加法官为微信好友——法官邀请双方当事人进入该平台微信聊天室——法官主持进行调解。"在聊天室中，法官主要就调解方案、调解书主文表述、正式签署调解书时间等问题与双方进行协商。双方达成共识后，法官将草拟的调解协议发至平台，由双方确认或提出修改建议。双方对调解协议共同确认后，法官通过平台通知双方到法院

① 参见《互联网＋劳动人事争议调解　创新矛盾纠纷化解新平台》，载《新华日报》，2015－11－09，第 4 版。

接受询问，签署谈话笔录、调解协议，并领取调解书、交接案款。”[①] 此外，杭州市西湖区人民法院陈辽敏网上工作室也颇有特色。该工作室是集诉前调解、网上立案、案件查询、网上预约（开庭或调解）、网上咨询、网络在线调解等职能为一体的网站式便民诉讼工作室。该工作室作为法院利用高科技信息技术、实现源头治理的工作平台，也是一项落实司法为民宗旨的新举措。

（3）民间组织主导模式

民间组织进行“互联网+调解”的主要包括淘宝、天猫的网上争议处理中心、新浪人民调解委员会、新浪在线纠纷解决平台、中国在线争议解决中心（ChinaODR）、中国消费者协会网上调解站（Online315）等。以新浪在线纠纷解决平台为例，该平台根据实践中各地法院的调解信息展现方式和业务过程差异较大，对调解服务进行抽象概括并形成标准化的信息和流程（见图 2）。在平台推广方面，其主要开展了三类措施：第一，法院诉讼服务大厅放置触控终端，部署互联网调解平台，以便在当事人立案时引导调解。第二，在社区等纠纷易发地、道路交通纠纷仲裁机构等，部署快捷接入终端即小型 PC，部署互联网调解平台。终端连接到显示器或电视，

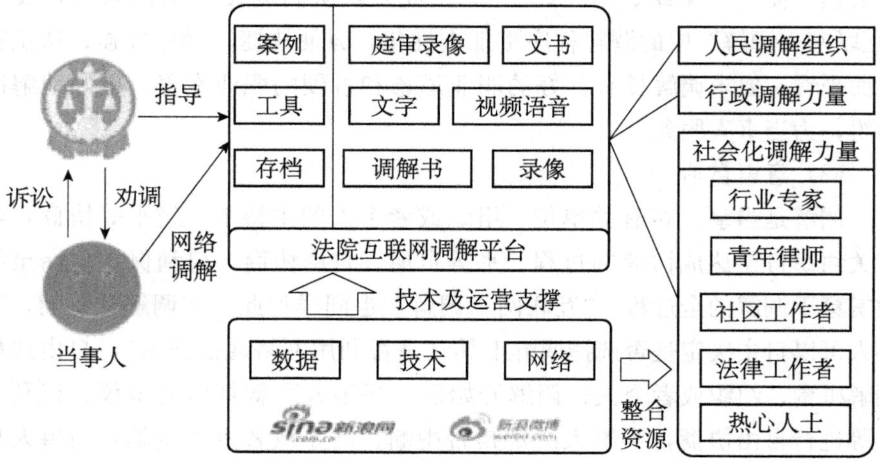

图 2 新浪在线纠纷解决平台的设计流程

① 《北京法院首创“微信聊天室”线上线下双调解》，http://report.qianlong.com/33378/2014/07/08/225@9724825.htm，最后访问日期：2016-01-18。

进行便捷操作。第三，通过法院官方微博引导当事人参与调解。同时，设计专用互联网调解平台使用卡，帮助当事人更方便、高效地使用互联网调解平台。①

2. 我国“互联网＋调解”的理念

“互联网＋调解”的理念即指导该类调解制度设计和实际运作的理论基础和主导价值观，它是基于不同的价值观（意识形态或文化传统）对该类调解的功能、性质和应然模式的系统思考。“互联网＋调解”，是传统调解与互联网高新技术相结合的产物，因此，它的理念也与生俱来地糅合着传统和现代的基因。“互联网＋调解”的理念是以人为本，其体现出对人的终极关怀，从人性规律出发，尊重人权，把人视为实质的主体②；具体包含便民利民、意思自治、共享共治三个方面。

（1）便民利民

“互联网＋调解”承载了人性的需求，满足了便民利民的要求。一方面，在价值取向上，通过利用网络信息技术，为当事人尽可能地提供便利，使调解充分尊重人、解放人、依靠人、为了人；另一方面，关注人心，重视调解参与者的心理感受，尤其是当事人的心理，使当事人的意愿得到充分表达，促使“案结、事了、人和”。此外，从制度设计层面来看，要求“互联网＋调解”中的调解程序更加人性化，方便快捷、操作性强；从执行层面来看，要求调解员有良好的职业道德和过硬的职业素养，更好地解决纠纷，为当事人服务。

（2）意思自治

调解是当事人在有关单位、组织或者个人的主持下，经平等协商，就有关纠纷自愿达成协议的过程。平等自愿、自由协商、权利保护自始至终地贯穿于调解的全过程。“互联网＋调解”也同样如此：在调解开始前，当事人可以自主决定是否选择调解工具（是否利用网络通信技术），自由选择调解机构、组织或者个人；调解开始后，当事人可就具体的争议、权利义务等进行自由协商，当事人决定是否中断、终止或者重新调解，当事人自

① 参见张长昊：《新浪互联网调解平台的探索与实践》，http：//finance.sina.com.cn/sf/news/2016-05-05/093629215.html，最后访问日期：2016-05-26。

② 参见廖永安、魏小凡：《以人为本与我国民事诉讼法的修订》，载《河北法学》，2006（11）。

主决定最后的调解结果；在调解结束后，如调解未成或当事人对已经达成的调解协议仍有争议，可继续选择仲裁、诉讼等其他纠纷解决方式以保障自身权益。

（3）共享共治

“如果说工业时代的奥秘是分工，那么互联网时代的奥秘则是融合，是信息互通、资源共享、社会合作。”① 共同构建开放和合作的网络空间、建设民主与透明的互联网治理体系是当代民众的共同呼唤。“互联网＋调解”，能使政府、法院等权力主体与当事人、当事人与当事人之间更及时、便捷、充分地沟通与合作，行政、司法等公共资源得到高效利用，进而使尊重个体权利和多元化、发展自由与保证秩序、独立自主与开放合作在互联互通中得到实现。

3. “互联网＋调解”的特点

“跨界融合、创新驱动、重塑结构、尊重人性、开放生态、连接一切”等是“互联网＋”时代的特征②，这也是“互联网＋调解”的基因。相比诉讼，“互联网＋调解”则吸收了网络通信技术和传统调解各自的优势，借助互联网，摆脱了时间、空间、成本等对调解主体的束缚；利用调解，卸下了诉讼繁杂程序的枷锁，解决诉讼中“程序多”“维权难”“成本高”“时间久”等问题，从而更加有效地化解社会矛盾。相比传统调解，“互联网＋调解”增添了线上、线上与线下相结合的纠纷解决途径，当事人有了更多的程序选择；同时，因打破时间、空间的限制，降低了调解成本，使得调解员和当事人可以更加灵活、便捷地处理纠纷。具体而言，“互联网＋调解”表现出以下特点。

（1）便捷性

便捷性是“互联网＋调解”的主要优势，也是“互联网＋调解”兴起的重要原因。随着越来越多的纠纷涌入法院，一方面，法院案多人少的矛盾日益突出；另一方面，当事人因复杂烦琐的诉讼程序而被不断拖累。因此，调解很多时候成为当事人和法官的首选。而对于法院调解，有法官认

---

① 孟建柱：《加强和创新社会治理 构建全民共建共享的社会治理格局》，载《人民日报》，2015－10－09，第2版。

② 参见马化腾等：《互联网＋：国家战略行动路线》，北京，中信出版集团2015年版。

为："面对面的庭审调解，由于时间仓促、当事人对立情绪较重等因素，容易导致调解效果不佳，而庭后与当事人反复单线沟通调解，沟通效率又不高，还易引发当事人对调解工作的误解与质疑。"① 相比诉讼和传统调解，"互联网＋调解"程序简单、形式灵活、快捷高效。如北京市第二中级人民法院法官利用微信平台，仅用五分钟就办完了一件劳动争议案（见图 3)。该院法官感叹："一个案子在微信中只用了不到 10 句话就调解完毕。如果要用传统方式调解，还不知要打多少次电话。"② 又如，江苏省劳动人事争议调解服务平台"半日受理、十日办结"制度，即调解专家在接到平台推送的案件信息后，争取在半小时内与申请人取得联系，在半日内受理申请，10 日内办结案件。

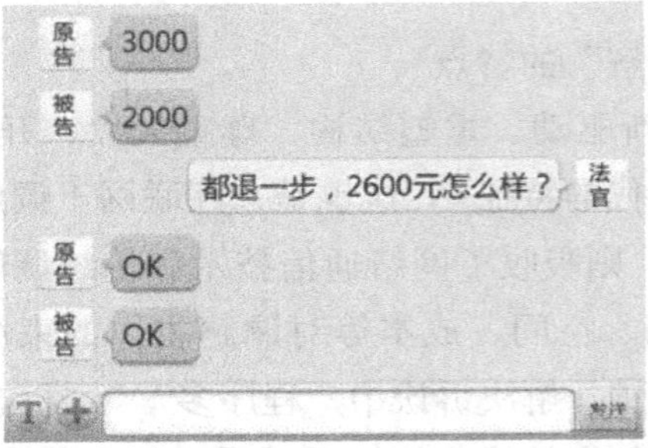

图 3　北京市二中院法官办理劳动争议案件微信模拟图

(2) 虚拟性

"互联网＋调解"是互联网构建的虚拟世界与传统调解实践相结合的产物，其与生俱来地遗传了互联网"虚拟性"的基因。"互联网＋调解"的虚拟性使得"互联网＋调解"打破了时间、空间对传统调解的束缚，免去了交通成本、时间成本、误工成本等，当事人之间、当事人与调解员之间更容易约时间进行调解。美国学者 Ethan Katsh 将网络信息技术工具所打造的 ODR 纠纷解决环境称为"第四方"。在 2003 年召开的联合国第二届 ODR 论坛上，学者们专门以"第四方"为主题展开讨论，他们认为："由网络信息技术工具打造的纠纷解决环境担当了纠纷解决者（第三方）外'第四方'的角色，其提供了一个多层级的交流和多元化的信息系统，该系统可以迅

①② 高志海：《巧用微信做调解》，载《光明日报》，2015－06－06，第 6 版。

速提高纠纷处理的效率和减少纠纷处理的费用。”[①]

当然，“互联网＋调解”的虚拟性也是一把双刃剑，它在降低成本、提供便捷的同时，也带来了用户体验度不足、调解主体信任不够等问题。有学者认为：“互联网＋调解”主要缺陷在于“当事人之间无法实现直接交流……通过在线调解去揣摩对方当事人的腔调或反应确实相当困难。同时也无法通过视觉线索引导当事人的行为”[②]。此外，因网上调解的交流障碍，调解主体之间的信任不足也是一个不可忽视的问题。[③]

（3）技术性

“互联网＋调解”的技术性主要体现在两个方面：一是“互联网＋调解”硬件的技术性，指的是搭建“互联网＋调解”平台所需要的互联网技术；二是“互联网＋调解”软件的技术性，指的是开展“互联网＋调解”实践中调解员、当事人所需要的技术（能力）。“互联网＋调解”硬件的技术性不言而喻，互联网通信技术、大数据、云计算等当代高科技构成了“互联网＋调解”兴起与发展的基本硬件。与传统调解相比，“互联网＋调解”需要调解员和当事人具备运用计算机、互联网等设备的基本能力。对于当事人，“互联网＋调解”不仅要求当事人能够使用计算机、互联网等设备，而且需要当事人能够在互联网环境下进行较顺畅的沟通和交流，在非视频、语音环境下，需要当事人具备较好的文本交流能力。对于调解员，“互联网＋调解”的要求更高，需要调解员具备相当程度的网上沟通能力、信息获取和表达能力、对调解程序的控制能力等。

“互联网＋调解”的技术性提高了“互联网＋调解”使用的门槛，同时也带来了一些问题，如互联网技术通常会留下的永久痕迹使得调解保密性不强；因对物质设备的依赖，当事人利用网上调解有限等。[④]

---

① 郑世保：《ODR研究》，西南政法大学2010年博士学位论文。

② ［澳］娜嘉·亚历山大：《全球调解趋势》，王福华等译，北京，中国法制出版社2011年版，第386页。

③④ 参见王伟：《美国网上调解的信任类型与制度构建》，载《法治研究》，2013（9），第83～92页。

二、我国“互联网＋调解”的实践经验

网络信息技术作为“第四方”在调解中形成了一个虚拟的“场域”，成为调解现代化转型中一股不容忽视并且日益重要的力量。根据社会心理学中的场域理论，在这个由互联网搭建起来的“场域”里，人的每一个行动都可能受其影响，而且影响的因素是多维的。受特有的场域影响，“互联网＋调解”在纠纷解决中发挥优势的同时也面临一些困境与矛盾。

（一）双刃剑：实践中的主要矛盾

1. 现实与虚拟的矛盾

“互联网＋调解”集现实与虚拟为一体，是在虚拟空间对现实纠纷的调解与处理。穿行于现实与虚拟，“互联网＋调解”面临的困境主要表现在单行与并行、保存与保密、信任与方便这三对矛盾关系之中。

(1) 单行 VS 并行

单行与并行两种不同的交流方式反映出传统调解与“互联网＋调解”的区别，也体现了“互联网＋调解”所面临的现实与虚拟之间的矛盾。传统调解的模式是单行的，参与者分身乏术，只能按照时间的先后次序，分别参加联席会议、单方会谈。而在“互联网＋调解”中，参与者可以“三头六臂”，同时并行参加联席会议和单方会谈。比如，如果线上交流是以电子邮件或者讨论室、对话框等模式进行文本交流，那么调解员与一方当事人、当事人双方之间、调解员和当事人双方都可以通过个别或者群邮件、联合或者单独的讨论室（或对话框）进行交流。联席会议、单方会谈可以同时进行也可以先后展开，可以交叉也可以错开，当事人和调解员可以根据实际需要更加灵活地进行选择。尤其对于调解员而言，对调解程序的控制可以更加自如，“他甚至可以与一方当事人召开单方会议，而此时另一个网站上正在进行联合会议。这样，调解员就可以同时与双方当事人进行私下对话，而各方当事人不必等待，更不存在怀疑正在进行的单方会议传递了什么秘密的困扰”①。

① 李建蕾：《非裁决性在线解决争议机制研究》，北京邮电大学 2015 年硕士学位论文。

不过，并行调解在带来便利的同时，也给调解员和当事人提出了新的考验。对调解员而言，“同时进行多个并发的讨论对调解员提出了挑战，他们需要有效管理不同的对话路线”；对当事人而言，需要有即时高效处理文本信息的能力（包括阅读能力、理解能力、打字能力等），这些明显比传统调解要求的要高。并行调解带来的这些“新的麻烦”，会让调解员和当事人在选择“互联网＋调解”时有更多的顾忌和疑虑。

（2）保存 VS 保密

在互联网的虚拟环境下，保存与保密有时候形成一种悖论：要保存则面临解密的风险，而最佳的保密方式就是不保存。由于“互联网＋调解”很多时候是基于文本的，因而，准确的交互记录就可以被存档，完整的通信过程可以保存下来。基于文本的通信可以缩小谈话者的表达差异，情绪也可以得到较好的控制。若当事人选择保存会议记录，他们可以在本地保存对话记录或者直接登录相关网站查询；若他们选择在会议后不保存其讨论，其交互记录也可以方便地被删除。然而，在便捷保存的同时，如何在调解员缺乏现场监督的情形下，履行调解保密义务则是一个问题。同时，网络更容易受到黑客的攻击，计算机病毒、网络攻击、垃圾邮件、系统漏洞、网络窃密等网络安全问题使得其保密性备受质疑。

（3）信任 VS 方便

如何在信任与方便这对关系中寻求最佳的平衡点是“互联网＋调解”解决现实与虚拟矛盾中的一个难题。美国 Ethan Katsh 等学者提出，任何一项纠纷解决机制要想生存，必须具备（解决纠纷的程序）专业价值优势、便宜和信任三要素，这三要素之间呈现三角形关系（见图 4）。专业价值优势、便宜和信任构成三角形的三个边，它们存在着此消彼长的关系：一边长短的变化势必会影响另一边的长短。如 SmartSettle 采用了一些信息通信工具，使其在纠纷解决方面的优势价值十分明显，用户信任度也较高，但是由于信息技术的使用，大量复杂软件引入，其方便性也大大减少（见图 5）。[①]

① 参见郑世保：《ODR 研究》，西南政法大学 2010 年博士学位论文。

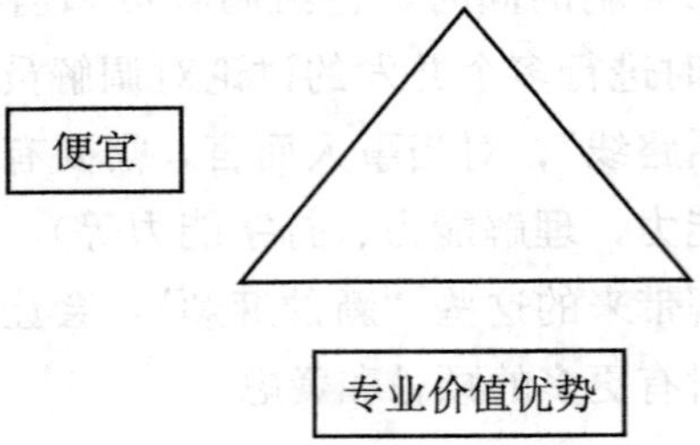

图 4

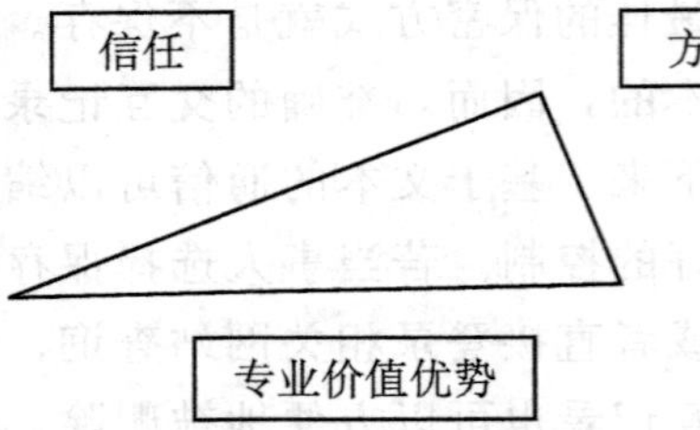

图 5

据我们调研了解，当事人在刚开始使用“互联网＋调解”时普遍存在疑虑和担心。例如杭州市西湖区人民法院的网上法庭的初始流程是，法院通过电子商务网上法庭的系统直接向当事人发送短信，告知案件受理情况等信息，并告知网上开庭的注册要求。因为是系统发送的信息，当事人刚开始收到短信时大多将其当作垃圾信息或者诈骗短信，不予理睬。实践中，办案的法官或者书记员都需专门打电话告知有关网上开庭情况，并需要结合纸质书面的文书一并送达当事人。一般刚开始法官或书记员都要电话说明半小时左右才能打消当事人的戒心，让其注册网上法庭账户，而电话沟通经常需要多次、反复。在带来某些方便的同时，建立信任难是“互联网＋调解”“互联网＋审判”遇到的普遍问题。

2. 推广与使用的矛盾

“互联网＋调解”在推广与使用之间的矛盾，主要表现在高技术与低使用、口头语言使用与文本语言使用、同步即时与异步交互这三对关系中。

(1) 高技术 VS 低使用

“互联网＋调解”在推广与使用之间的矛盾主要体现在高技术与低使用

上。在“互联网＋调解”中，技术和设备的要求因推动调解的主体等不同而差异很大。调解员可以使用QQ、微信等大众常用软件，也可以使用专门的系统，如浙江省高级人民法院的电子商务网上法庭。而对计算机等硬件设备要求较高明显制约着“互联网＋调解”的使用和推广，如西湖区人民法院网上法庭曾使用过微软公司研发的系统，虽然微软的系统具有清晰度高、传输快、质量高、稳定性强等优点，但因为该系统需要在Windows7以上的操作系统中运行，而当时该法院的电脑配置没有达到该要求（当时大众普遍使用Windows XP的操作系统），所以最终没能继续使用。在整体上，“互联网＋调解”的应用水平落后于实际需求，除了专门研发的系统外，绝大多数的“互联网＋调解”还停留在使用QQ、微信等大众即时通信工具的“互联网＋调解”1.0时代，有关信息技术的潜能尚未得到充分开发和挖掘，在部分领域和地区的应用效果不够明显。

（2）口头语言使用VS文本语言使用①

文本语言的使用有时会影响“互联网＋调解”的开展。传统调解是在面对面的口语交流中进行的，而在“互联网＋调解”中，文本语言被广泛使用。在电子邮件环境下，由于文本语言相对于口头语言、肢体语言更加正式，当事人通常会花更多的时间斟酌，比在面对面交流中更为冷静。但与此同时，文本语言因为其文字表达方式，丧失了口语、肢体语言生动、直观、感性的流露，意思表达趋于隐晦、简洁，很多时候还容易产生歧义、造成误解。因此，很多调解员出于谨慎和负责的态度，在使用文本语言后，往往还通过电话、视频等方式进行确认。更有一些调解员，本着“能够当面说清的最好当面说清”的经验认识，更偏向现场当面进行调解。

（3）同步即时VS异步交互

同步即时与异步交互的关系带来了“互联网＋调解”在推广和使用上的另一矛盾。在传统调解中，交流是即时发生的，当事人和调解员都需要立即对新情况或者新进展作出回应。而在“互联网＋调解”中，因为在线环境，借助异步工具，当事人交流可以是有时间间隔的，比如QQ的文本信息、微信的语音信息、电子邮件等。他们不需要即时回复其他程序参与者，

① 此处用文本语言而非书面语言，因为此处的文本语言与书面语言有区别，“互联网＋调解”使用的文本语言既可以是口语化的，也可以是书面化的。

可以在深思熟虑后再发言，因此，各方对新进展作出的情绪化回应会相对降低。而与此同时，异步交互增加了调解员控制程序的难度，调解员无法通过与当事人面对面，直观调解的进程和当事人所表现出的各种状态在第一时间内作出反应。

据一位资深的心理咨询师调解员所述，在调解婚姻家庭案件时，他不会选择线上调解，因为与传统面对面的调解相比，线上调解不能让他即时、迅速地把握当事人的表情、动作，也无法使他运用肢体语言对当事人产生影响。此外，异步交互会让他产生交流不畅和被生硬打断之感。比如在微信中，语音信息需要按一下后再听一下，不但所费时间比当面交流多一倍以上，而且无法对当事人的某些观点、情感在第一时间作出反应。

3. 形式与实质的矛盾

形式与实质的矛盾在“互联网＋调解”中的集中体现就是“互联网＋调解”的种种功能在实践中发挥不足。就逻辑而言，节约当事人交通、时间成本，特别是为不能到场的当事人提供便利，节约司法资源，缓解“案多人少”矛盾等是“互联网＋调解”明显的优点。而在目前部分试点的法院却存在形式上的便利和实质上的负担的矛盾。自形式上而言，确实存在种种便利；但事实上种种便利很多时候并没有体现，有时候还会带来额外的负担。空间沟通成本降低了，但时间沟通成本（起码在试验阶段）需要投入更多。例如，出于审慎和稳妥等考量，西湖区人民法院电子商务网上法庭目前所有的案件都实行线上和线下同时走，除了在网上开庭外，所有在网上的文书都需要做书面的材料归档。① 在现阶段，法官和书记员的工作量明显增加。对于“互联网＋调解”来说，实践中普遍存在“线上约，线下调”，调解除了在网上约时间外，都是在线下进行的，“互联网＋调解”流于形式，与传统调解几乎无异。

此外，“互联网＋调解”受理案件的类型有限，案件大多争议标的较

① 杭州市西湖区人民法院使用的是浙江高院开发的电子商务网上法庭系统，该系统设有网上调解专栏。系统设置为在庭审开始前15天，当事人可以进行网上调解，调解以文本方式进行，当事人双方分别与调解员交流（单方会谈），调解员根据交流内容分析双方当事人的主张并提出纠纷解决方案。此外，在网上法庭庭审过程中也可以进行调解，如果当事人达成调解，书记员会即时制作调解笔录并上传到系统请当事人点击确认，点击确认视为签字。办案法官告诉我们，在他所办理的案件中，还没有双方当事人在网上法庭庭审前先进行网上调解的。

小、权利义务相对明晰简单；而缺乏相关法律制约，网上调解的实施效果不佳。这些让“互联网＋调解”实质上的使用受到诸多限制，形式上的诸多优势也因为实际使用不足而大打折扣。

（二）具体实践——以法院主导模式为例

“互联网＋调解”中的法院主导模式（简称“法院在线调解”）在当前“互联网＋调解”主要模式中发展最快、运用最广。以下将以法院在线调解为例，介绍我国法院在线调解的具体实践。

1. 我国法院在线调解的实践特色

纵观我国法院在线调解十余年的发展历程，我们可以看到，法院在线调解建设，特别是在2016年之后取得了较大的进展。具体表现为：工作开展已从个别地区初创试验走向全面试点和深入推进，解纷主体从法院一家独大走向法院、政府职能部门、企事业单位、行业组织、社会团体等多元主体共建，解纷资源从单一的司法资源走向公共资源、社会资源、市场资源等多元化资源，解纷方式从单打独斗、各自为政走向平台共建、资源共享，解纷技术从单一的互联网远程通信技术走向互联网、云计算、大数据、人工智能等技术的综合运用。解纷力量从单一化走向专业化、职业化、国际化。

（1）法院在线调解的主要功能

首先，联通线上线下力量，高效化解矛盾纠纷。化解矛盾纠纷的效率是衡量一个国家治理体系和治理能力现代化水平的重要指标。在法院在线调解的建设中，互联网、云计算、大数据、人工智能等技术被运用于纠纷解决，通过这些技术，在线调解、在线立案、在线司法确认、在线审判等在线上的平台上相衔接，并与线下的立案、诉前委派调解、诉中委托调解、审判等相联通。法院可以实时掌握纠纷动态，合理调动线上线下的解纷力量和解纷资源，科学评估纠纷现状和解决方案，预测纠纷未来的发展趋势。矛盾纠纷可通过线上、线下以及线上和线下结合的多种途径灵活处理，解纷效率得到提高。

其次，整合法院内外资源，解决“案多人少”难题。在经济发展、社会转型和司法改革的合力下，一方面经济发展和社会转型产生了大量的矛盾纠纷；另一方面，司法改革使得法院受理案件的门槛降低，诉讼费用减少。于是，大量矛盾纠纷涌入法院，而国家对司法资源的投入落后于矛盾纠纷的增速，法院"案多人少"的负担加重。法院在线调解，在利用诉调对接有效分流诉讼案件的同时，发挥特邀调解的功能，通过互联网平台连接全国的公共资源、社会资源、市场资源等多元化解纷资源，"实现法律资源与非法律资源、官方资源与民间资源的合理配置和资源共享"①。

最后，满足案件实际需要，提供利民便民服务。电子商务的迅猛发展也催生了网络交易纠纷、网络域名纠纷、网络游戏纠纷、网络版权纠纷、虚拟财产纠纷等新型纠纷，而随着交通、电讯、全球化的发展以及跨国法律共识的达成，跨国、跨境商事纠纷也日益增加。这些纠纷的产生和增长成为在线调解发展的新需求。与诉讼和传统调解相比，在线调解主要的优势在于便捷高效、成本低廉、方式灵活。当事人可以灵活地选择调解组织和调解员、调解时间、地点和方式，在线上进行立案、调解以及其他程序，减少了烦琐的诉讼程序，节约了时间、交通、精力等成本。

(2) 法院在线调解的主要特点

第一，日益信息化、科技化。在《人民法院改革纲要》《多元解纷改革意见》等有关规定的指引下，随着全国"智慧法院"建设的推进，在各地在线调解实践中，互联网工具等现代科技手段日益被运用于纠纷调解，调解信息化、科技化的趋势越来越显著。例如，沈阳市皇姑区人民法院开通了"互联网＋答疑与调解"，由 6 名资深法官实行 24 小时全天候在线咨询和视频调解。杭州市西湖区人民法院成立了"陈辽敏网上工作室"，将网上立案、案件查询、在线调解、网上预约、留言咨询等功能集合于一体，向公众提供网站式便民诉讼服务。西湖区法院还通过与微软、阿里、新浪等互联网企业合作的方式，迭代更新在线调解系统。

第二，日趋平台化、集约化。近年来，法院在线调解运行方式日趋平台化，处理纠纷日趋集约化。法院通过自身搭建或合作搭建的互联网平台，统一调度调解组织、调解员等解纷力量，有效对接人民调解、行政调解、商事调解机制，充分利用社会资源，集约化处理纠纷。例如，安徽高院搭建了诉调对接、案件速裁、专业解纷、网络调解、信访化解、攻克执行难

① 龙飞：《中国在线纠纷解决机制的发展趋势》，http：//finance. sina. com. cn/sf/news/2016-06-28/144335120. html，最后访问日期：2017-02-28。

等六大平台。四川高院推出了升级版“四川法院网上诉讼服务中心”，将诉调衔接工作与互联网深度融合，搭建网上诉调对接和网上调解平台，实现矛盾纠纷网上流转，诉调对接工作网上运行。全国规模最大的在线法院调解平台是由法院与新浪网合作搭建的“在线法院调解平台”。该平台将在线调解、司法确认、在线立案、在线审判相连接，提供一站式多元解纷服务。从 2016 年 10 月开通试运行至今，全国已有 15 个省级行政单位的 421 家法院、637 个专业调解组织机构和 2 455 名调解员入驻该调解平台。[①] 据 2017 年的统计，该平台处理纠纷 1 697 件，调解成功 775 件，另有 10％的纠纷进入司法确认程序。[②] 最高人民法院日前已明确要求北京、河北、上海、浙江、安徽、四川 6 个试点高级法院要牵头建立省级统一的在线调解平台。[③]

第三，逐步规范化、制度化。“加强顶层设计，鼓励地方探索实践”[④]是当前法院深化改革的基本原则。近年来，中央和地方先后以政策性文件、指导性规则、地方性法规、内部工作规则等形式对“在线调解”作出了规定，指导法院在线调解实践，法院在线调解逐步向规范化、制度化发展。在国家层面，2015 年最高人民法院召开的眉山会议确定了多元化纠纷解决机制改革的新“三步走”战略——“国家制定发展战略，司法发挥保障作用，推动国家立法进程”。《人民法院改革纲要》在“完善诉讼服务中心制度”中提出“推动远程调解”。《多元解纷改革意见》在“创新在线纠纷解决方式”中要求“推动建立在线调解”。在地方层面，山东省、厦门市出台的多元化纠纷解决地方性法规中对“在线调解”作出了原则性规定。[⑤] 国内第一部有关在线调解的专门规定则是 2016 年 10 月安徽省高级人民法院制定发布的《安徽省法院在线调解工作规则（试行）》（下文简称《安徽在线调解规则》）。该规则对在线调解的基本概念和原则、权利义务、调解流程、

---

① 该组数据为在线法院调解平台实时统计数据，时间截至 2017 年 3 月 4 日。

②③ 参见《最高法启动在线调解平台建设试点工作》，http：//www.court.gov.cn/zixun-xiangqing-36282.html，最后访问日期：2017－03－01。

④ 《最高人民法院关于全面深化人民法院改革的意见——人民法院第四个五年改革纲要（2014—2018）》。

⑤ 《山东省多元化解纠纷促进条例》第 31 条规定：“鼓励利用互联网和其他新技术，通过在线咨询、在线协商、在线调解等方式，实现纠纷网上化解。”《厦门经济特区多元化纠纷解决机制促进条例》第 55 条规定：“依法成立的咨询、评估、鉴定、在线调解等机构，参与纠纷解决服务的，可以收取费用。”

监督管理等作出了较为具体的规定。

第四，面向多元化、多维化。随着经济发展、社会转型、改革深入和利益调整，各类矛盾纠纷日趋多发、频发，人民群众对纠纷解决的需求也更加迫切和多元化。在“互联网+”时代，互联网恰好给人们带来了更多选择的空间和自由。法院在线调解的多元化可以满足人民群众多元化的司法需求。法院在线调解多元化集中体现为三方面：其一，主体多元化。法院在线调解的主体不仅仅只是法院和法官，还有涉及各行各业的特邀调解组织和调解员。其二，资源多元化。互联网不仅连接了法院系统的内部资源，也联通了法院系统之外的政府职能部门、行业组织、社会团体等社会公共资源。其三，方式多元化。当事人可以根据自身的需要和实际情况，灵活选择调解方式，既可全程线上调解，也可线上和线下调解相结合。法院在线调解多维化主要表现为两方面：其一，多维度处理纠纷，其打破了时空的束缚，可在现实和虚拟空间、线上和线下多维处理纠纷。其二，受理多维度纠纷，既可受理在网络空间特有的线上纠纷，也可受理现实空间发生的线下纠纷，还可以受理线上和线下相互交叉的综合纠纷。

2. 我国法院在线调解的实践问题

(1) 区域发展不平衡，各地情况差异较大

全国各地区法院在线调解的发展，大致表现出东部沿海地区快于中西部内陆地区，经济发达地区快于经济欠发达地区的形态。例如，位于东部沿海地区的山东、厦门率先制定了多元化纠纷解决的地方性法规，电商、互联网经济的主要发源地的浙江首创电子商务网上法庭，杭州市西湖区人民法院率先开展法院在线调解。在全国法院深入推进多元化纠纷解决机制改革暨示范法院经验交流会上（后文简称“马鞍山会议”），5个基层示范法院分别来自上海浦东新区、浙江杭州、辽宁沈阳、云南昆明和重庆荣昌区，均属于全国或区域经济中心或重镇，经济、科技等方面优势明显。

造成地区差异的主要原因有三点：其一是经济条件，在线调解的发展与当地的经济发展密不可分。一般而言，经济发达地区财政收入较高，法院有更多的资金可投入信息化建设；互联网等基础设施建设较完善，上网便捷、低廉；民众素质较高，互联网使用成为生活常态；而互联网经济的日益发展也使网上纠纷日趋增多。这些因素构成了在线调解发展的前提和

基础。其二是思想意识，各地区对在线纠纷多元化解工作的重视程度对在线调解的发展至关重要。位于中部内陆地区的安徽能够率先出台专门的在线调解工作规则，显然是当地法院高度重视、积极推动的结果。但也有不少法院缺乏互联网思维，“对纠纷多元化解‘在线化’的必要性和紧迫性认识不足”，“虽然在小范围内‘触网’，却还没有大规模深度‘入网’”，“硬件设备已经完成了信息化改造，但多元纠纷化解工作却止步于线下”[①]。如果说经济发展水平决定了各地在线调解发展的起点和门槛，那么各地法院主观认识水平在某种程度上就确定了在线调解发展的潜力和后劲。法院思想意识的差异在加剧法院在线调解发展“马太效应”的同时，也创造了“弯道超车”的机遇。其三是动力来源，在线调解的长远发展需要法院内外的多重动力。当前，法院案多人少的压力倒逼法院发展多元化纠纷解决机制。法院在线调解看起来似乎是法院一家的事，而事实上，其涉及政府相关职能部门、企事业单位、行业组织、社会团体等法院以外的单位。推动法院在线调解仅仅只依靠法院本身的力量还远远不够。目前，在法院系统外部，法院在线调解与其他单位的协同不够，也没有在行政层级或业务主管方面更高一级的单位（如同一级的政府、政法委）总揽全局，进行统一协调与联动，在线三调联动功能发挥不足。在法院系统内部，很多法院并未将包括在线调解在内的在线纠纷解决工作纳入工作考核目标，在线调解缺乏激励和引导机制。

（2）实践操作不便捷，实际使用率较低

从理论上而言，法院在线调解能够打破时间、空间的束缚，当事人可通过互联网提交矛盾纠纷，自由选择调解员，预约调解的时间、方式，可灵活机动、随时随地参加调解，法官和调解员也可随时跟进调解案件，在线处理纠纷，从而节约各方时间、交通等成本，提高纠纷解决效率。然而，目前法院在线调解操作并没有想象地那么便捷，实际使用率也较低。很多纠纷即便是从网上受理的，但事实上还是“线上约时间，线下做调解”，在线调解流于形式，很多时候变成了“走过场”。

---

① 陈国猛：《大力推进在线纠纷解决机制建设——互联网时代“枫桥经验”的创新发展》，载《最高人民法院多元化纠纷解决机制改革意见和特邀调解规定的理解与适用》，北京，人民法院出版社2017年版，第509～514页。

在杭州市西湖区人民法院调研时我们发现[①]，该院诉调中心受理的在线调解案件并不多见，在调研期前后大概一个月都没有当事人申请在线调解。此外，在该院所在的浙江电子商务网上法庭中，在线审理前设有在线调解程序，基本上也没有当事人选择在线调解。影响在线调解使用的因素是多元、多维的，它们纵横交错、错综复杂。

A. 纠纷类型的限制。纠纷的具体类型很大程度上决定了适合解决纠纷的方式。目前，在线纠纷解决的受案类型比较有限，大多集中在一些案情较简单、事实较清楚、权利义务较明确的案件，另外，还有一些案件属于当事人出庭不便、电子商务纠纷等类型。

B. 参与主体的影响。法官、调解员、当事人等主体因素也影响着在线调解的运用。就法官而言，毋庸置疑，在以审判为核心的观念的影响下，部分法官存在对调解的偏见，不重视调解，更遑论在线调解。此外，正处于试验阶段的在线纠纷解决机制，法院出于审慎、稳妥的考虑，线上的案件在线下还要重走一遍流程，制作相应的卷宗文书。加上用于与当事人反复沟通、引导使用在线调解的时间、精力，法官、书记员的工作量不但没有减少，反而倍增。[②] 就调解员而言，很多调解员更倾向于面对面的调解，这样更容易进行调解的程序控制，通过环境氛围、言行举止等及时作出对调解案件有利的影响。就当事人而言，对互联网的信任缺失和对在线操作陌生等是影响在线调解的主要因子。如今电信、互联网诈骗多发频发，而互联网更容易受到黑客、病毒等攻击，稳定性和安全性受到质疑。[③] 在原本就信任缺失的年代，公众对互联网更是心存疑虑。值得一提的是，在新浪法院频道发布的在线法院调解平台免责声明中，对因网络安全问题困扰和因互联网技术的不稳定所造成的损失由用户承担责任。该声明无疑加重了

① 该院早在 2007 年就开展在线调解，属于全国法院系统中最早一批实践在线调解的单位。

② 一位办案的书记员告诉我们，由于现在电信诈骗频发，最初通知当事人注册在线调解时十有八九会被误认为是诈骗，给当事人打电话往往需要耐心地反复多次沟通。

③ 新浪法院频道发布的在线法院调解平台免责声明称：在线法院网站的服务同大多数因特网产品一样，易受到各种安全问题的困扰，包括但不限于：（1）透露详细个人资料，被不法分子利用，造成现实生活中的骚扰；（2）哄骗、破译密码；（3）下载安装的其他软件中含有“特洛伊木马”等病毒，威胁个人计算机上信息和数据的安全，继而威胁对本服务的使用。对于发生上述情况的，用户应当自行承担责任。http：//www. fayuan. com/statement，最后访问日期：2017 - 03 - 01。

当事人选择在线调解的隐忧和心理负担。

C. 系统操作设计的影响。在线调解系统在操作设计上是否操作简单、方便、快捷、人性化等影响在线调解的使用。此外，在线操作陌生也会影响在线调解的便捷和用户体验。例如，笔者首次试用在线法院调解平台时就出现了问题。笔者用电脑上网进入“在线法院调解平台”，根据网站的指引，选择用手机端下载当事人客户端软件。而笔者通过手机扫码进入软件下载页面后，十余次点击“下载”按键都没有反应，最终无法下载软件。同时，笔者发现该软件下载量只有 1 000 次（其中应该还包括工作人员为了测试而下载的次数）。而当笔者想拨打网站服务电话求助时，才发现服务热线时间是周一到周五（9：00—17：30），非全天候（当然，该时间与法院的一般工作时间大体一致，具有一定的合理性）；想通过在线留言咨询时，却发现该网站首页没有“在线咨询”的栏目。

（3）法律规则不完善，规范效力层级较低

目前，有关在线调解的规定只是零星地出现在最高人民法院出台的《人民法院改革纲要》和《多元解纷改革意见》中，这两个文件是司法文件，不能作为判案依据。在地方性法规层面，只有山东省、厦门市两个地区对“在线调解”作出了原则性规定。《安徽在线调解规则》是地方法院率先出台的对在线调解作出的专门规定，而它只是省级法院的内部工作规定，不具备规范效力。总体而言，法院在线调解规则不完善，规范效力层级低。

以《安徽在线调解规则》为例，其虽填补了与在线调解有关的概念、原则、适用范围、权利义务、调解流程、监督管理等方面规定的空白，但具体规定仍有待细化，有必要出台实施细则或解释以进一步明确和落实。例如，该规则在某些概念界定上留有争议。该规则将“在线调解”的主体界定为“特邀调解组织和特邀调解员”，而将实践中法院及法官主体进行的在线调解排除在外。[①] 而“在线调解平台”概念中并没有区分法院在自身网站上搭建的在线调解平台和法院在其他主体（如新浪法院频道）搭建的在

① 《安徽省法院在线调解工作规则（试行）》第 1 条规定：在线调解是指特邀调解组织、特邀调解员经人民法院选聘、在线调解平台认证注册，通过在线调解平台接受人民法院委派调解纠纷，结合线上线下调解工作，高效、灵活解决纠纷的一种调解方式。

线调解平台两种类型。[①] 再有，该规则某些规定的实践操作性不强。如规则的第 33 条原则上规定了在线调解平台所在网站的运营主体的责任，但在具体如何认定方面（如怎样处理因运营主体的管理不当、工作失职等人为因素导致调解案件保密信息泄露、当事人财产损失等）却缺乏指引性规定。[②]

（4）保障机制不健全，人财物等投入不足

法院在线调解保障机制不健全主要反映在人、财、物及配套制度上。人员配备方面，法院在线调解工作人员（包括法官、书记员、调解员、技术人员等）不足的状况普遍存在。例如，西湖区法院的陈辽敏网上工作室，最初运行时整个工作室常驻人员只有陈辽敏法官和她的书记员两人，由于还要承担法院的日常审判和其他工作，她们很多时候是利用午休、晚上或周末的休息时间来完成网上工作室的有关工作。经费保障方面，在线调解平台建设耗时耗资，前期启动资金动辄数百万，后期维护和管理的花费也不菲。很多地方党委政府对在线调解平台重视不够，平台建设立项难、审批周期长，经费不能及时、足额到位。硬件设置方面，在线调解对电脑的操作系统、互联网设备等有一定要求，早期由于法院的信息化建设滞后，很多地区的法院硬件设施无法达到在线调解的基本要求，随着信息化建设的进一步发展和科技进步，目前情况有了根本好转，但仍有少数位于老少边穷地区的法院的硬件设施尚未达到在线调解的要求。配套制度方面，在线调解的工作激励机制、考核评估机制、人才培养机制等尚未形成，很多机制还仅仅停留在理念或设想阶段。在线调解实践亟待一套系统、科学的长期配套机制。

三、我国“互联网＋调解”的路径选择

“随着交通、电讯、全球化的发展以及跨国法律共识的达成，调解全球

① 《安徽省法院在线调解工作规则（试行）》第 2 条规定：在线调解平台是指具有裁判规则引导、纠纷案例学习、调解资源整合、在线远程视频调解、在线司法确认、诉调对接等功能的在线纠纷解决平台。

② 《安徽省法院在线调解工作规则（试行）》第 33 条规定：在线调解平台所在网站的运营主体应当负责平台日常运维，确保平台按照本规则要求实现各项功能。出现技术故障应第一时间修复，确保在线调解平台稳定、持续运行。网站运营主体应当为在线调解平台上的数据传输、存储等提供安全保障，并采取为案件信息加密的形式为案件信息保密。

化的趋势日益明显；而互联网技术的普及让电子调解的作用日益重要。”[①]在“E时代”，调解的全球化、电子化等交织成了“互联网＋调解”发展的国际趋势，而“互联网＋”战略的全面实施、调解的现代化转型等具体国情构成了我国“互联网＋调解”发展的国内机遇。面对国际潮流与中国机遇，我国“互联网＋调解”如何顺应国际趋势，赶超发达国家，与国际接轨以应对复杂多变的国际形势？更进一步说，对于我国这样一个文明大国，仅仅顺应趋势是不够的，如何立足本土资源，发挥自身优势，平衡本土特色和国外借鉴，从而创造并引领国际趋势？这些将是我国“互联网＋调解”发展绕不开的课题。

（一）完善“互联网＋调解”的法规体系

在“互联网＋调解”发展中，科学的顶层设计将进一步发挥制度的效益，促进“互联网＋调解”生产力进一步提高。目前，在“互联网＋调解”主要类型中，最具备立法基础和条件的是法院在线调解。以法院在线调解为例，完善法院在线调解制度建设，应以“试点先行、总结经验、示范带动、全面推广的工作思路”[②]，鼓励各试点地区进行大胆实践，将已形成的成果经验在全国范围内推广，在条件允许和时机成熟的情况下，制定国家层面的政策规定。

一方面，省级法院或者有条件的设区的市级法院可自行制定有关规则。法院可联合政府相关职能部门（如公安部门、司法行政部门、工商管理部门、信访部门等）、社会团体（工会、妇联等）、企业组织（互联网企业、保险公司等）等单位和机构共同制定在线调解、在线诉调对接等工作规则，进一步形成纠纷解决合力，促进制度的规范化、精细化。法院须积极争取党委、政府、人大等支持积极参与并推动在线多元化纠纷解决机制改革的地方性立法。

另一方面，最高人民法院制定法院在线调解工作规定。在总结各地区经验的基础上，待条件成熟，由最高人民法院出台统一的工作规定。根据未来社会发展的需要，进而决定是否将多元纠纷解决机制上升为国家立法。

---

① ［澳］娜嘉·亚历山大：《全球调解趋势》，王福华等译，北京，中国法制出版社 2011 年版，第 6～7 页。

② 李少平：《示范带动创新发展　不断提升多元化纠纷解决机制改革法治化水平》，在“全国法院深入推进多元化纠纷解决机制改革暨示范法院经验交流会”上的讲话。

(二) 构建多元化的“互联网+调解”的调解主体

当前，政府、法院等国家公权力机关通过行政手段主导着“互联网+调解”的发展，企业、社会团体和组织等民间力量参与不够，市场这双“无形的手”在推动“互联网+调解”发展中动力不足。因此，国内方面，国家应开放纠纷解决市场，通过宏观调控引导和鼓励民间力量参与，改变公权力在“互联网+调解”中一家独大的局面，搭建多方主体参与共建的在线解纷平台，形成公共资源、社会资源、市场资源等共聚合力的多元化解纷资源。国际方面，通过扩展国际贸易和加强国际合作，吸收国际解纷力量，发展世界各国家和地区、国际组织共同参与的多元化解纷力量。

首先，培育民间“互联网+调解”组织机构。政府可利用其权威和影响，宣传其他“互联网+调解”的调解主体，提高其他主体的参与度和积极性；运用政策扶持、资金投入等方式鼓励、引导、扶持社会、民间力量参与纠纷解决，根据市场的需要，培育民间“互联网+调解”组织机构。例如，可以政府购买公共服务的方式，将“互联网+调解”处理的某些类型的矛盾纠纷委托给企业、民间组织、社会团体等。在打破调解政府垄断、单一提供局面的同时，引导民间主体、民间资本多方地参与，推动“互联网+调解”社会力量的发展，并促进商业调解市场的形成和拓展。

其次，建设一体化在线纠纷解决平台。[①] 在现有条件下，互联网企业、法院、综治组织应根据自身职能和业务需要，先行搭建和完善自身在线纠纷解决平台，在自身平台建成一定规模的基础上再综合考虑各类平台之间的协同。以法院系统搭建的在线纠纷解决平台建设为例：现有的主要问题是“这些已有平台的设计思路、要素模块、救济通道各自为政，并不统一。”“从可行性上讲，可以考虑先搭建系统集成全国统一平台，再分地区、分领域提供不同的接口和插件，对各地不同情况予以调整适应。”[②] 其一，在平台内部设置统一的诉调对接数据接口，将在线调解与在线立案、在线

---

① 我国现有的在线纠纷解决平台包括三类：互联网企业自身的在线纠纷解决平台、全国法院系统统一的在线纠纷解决平台、综治组织建立的矛盾纠纷预防化解平台。参见李少平主编：《最高人民法院多元化纠纷解决机制改革意见和特邀调解规定的理解与适用》，北京，人民法院出版社2017年版，第137页。

② 陈国猛：《大力推进在线纠纷解决机制建设》，载《人民法院报》，2016-12-28，第5版。

司法确认、在线审判、电子督促程序、电子送达等有效衔接，在法院系统内，实现立案、送达、调解、诉讼、执行各环节融合贯通，保障诉前调解、诉中调解、司法确认的顺利进行。其二，各级法院借助统一的平台，“连接各类特邀调解资源，聚合全国性的调解资源，通过互联网标准服务实现调解资源和调解需求在全国范围的匹配和对接”①。在最高人民法院在全国部分地区试点在线法院调解平台建设的基础上，根据各地的实际，分步分阶段将更多地方法院纳入在线法院平台的建设范围。② 其三，利用、运用大数据分析和数据挖掘技术，通过对平台获取的数据（如纠纷案例数据、用户反馈数据、用户行为数据、平台运行数据）的收集和分析，实时追踪各地纠纷状况、诉调对接数据、解纷工作成效、解纷典型案例等信息，评估调解员的工作量和工作成效，分析在线纠纷解决平台的功能热点、运行态势和用户需求，预测矛盾纠纷的整体情况和发展趋势。③

最后，吸收国际解纷力量化解国际贸易纠纷。贸易全球化和世界经济一体化，再加上“互联网+”的催化，使得在线纠纷解决机制（ODR）在世界各国方兴未艾，也让国与国之间互通、共享解纷服务成为可能和现实。吸收国际解纷力量，一方面，可在涉外商事纠纷中引入国际调解机构组织和人才；另一方面，通过建立国际商事调解交流与合作的长效机制，将全世界商事调解行业、解纷人才和经验连在一起。

（三）建立线上与线下互联互通的调解体系

“互联网+调解”建设各自为政，结构不合理，资源共享和信息沟通机制并不健全。而“长期以来，我国社会矛盾纠纷化解工作存在机制不全、力量分散、职能重叠、衔接不畅等缺陷，由此带来解纷效率低下、资源浪费严重等突出问题”也制约着“互联网+调解”的发展。④ 将实际调解组织

① 龙飞：《中国在线纠纷解决机制的发展现状及未来前景》，载《法律适用》，2016（10），第4～9页。

② 参见《最高法启动在线调解平台建设试点工作》，http：//www.court.gov.cn/zixun-xiangqing-36282.html，最后访问日期：2017-03-01。

③ 参见龙飞：《中国在线纠纷解决机制的发展现状及未来前景》，载《法律适用》，2016（10），第4～9页。

④ 参见廖永安、刘青：《构建全民共建共享的社会矛盾纠纷多元化解机制》，载《光明日报》，2016-04-13，第13版。

与网络虚拟空间有机结合，联通和对接线上与线下调解（On-line To Off-line），可以实现解纷资源的"共享"，提高解纷资源利用率和解纷效率。

其一，建立与行政区划相匹配的"互联网＋调解"组织机构。我国人民调解实体组织已经全部覆盖各级行政区划，因此可以借助人民调解相对完善的组织体系，有步骤、有计划地在省、市、县三级司法行政部门或者某些行政职能部门中设立"互联网＋调解"组织机构（如网上调解委员会、网上调解办公室等），并逐步覆盖各级行政区划和有关行业、企业。

其二，在法院系统内设置"互联网＋调解"机构。可以在高级人民法院、中级人民法院和基层人民法院中分别设置网上调解办公室，受理各自管辖范围内的案件；并且由高级人民法院网上调解办公室负责省级法院"互联网＋调解"的业务指导工作。此外，借助法院统一的互联网在线平台，延伸法院受理"互联网＋调解"纠纷的神经末梢，与"各调解组织的在线受理网站、保险公司纠纷受理网站"加强对接，"在各调解组织、社区中心等矛盾纠纷的聚集区域"和"电商网站、微博等线上的纠纷易发区域"设置纠纷受理网上绿色通道，以"实现纠纷信息的快速移送和在线处理"[①]。

其三，建立"网上三调联动"体系。由各级行政区划的综治委牵头负责，在综治组织建立的矛盾纠纷预防化解平台上，建立与线下三调联动相匹配的"网上三调联动"体系。各单位在"网上三调联动"体系中明确分工与责任，接受统一指挥和协调，以打破各单位纠纷解决工作"各自为政""信息孤岛"的现状，通过"互联网＋调解"实现人民调解、司法调解和行政调解的有机结合。

（四）推进调解职业化进程

在调解的全球化浪潮中，欧盟、美国、澳大利亚、苏格兰等国际组织、国家或地区纷纷出台了调解员规范，逐步走上调解员职业化之路。而随着我国社会全面转型，社会分工日趋精细化以及市场经济高速发展，社会矛盾纠纷日趋多元化、多样化、新型化、复杂化，对矛盾纠纷化解的要求也日益专业化、科技化、信息化。而调解员职业化建设不仅顺应了调解的全球发展趋势，而且满足了我国当前国情的现实需要。"互联网＋调解"作为

① 龙飞：《中国在线纠纷解决机制的发展现状及未来前景》，载《法律适用》，2016（10），第4～9页。

一种新兴调解模式，相较于传统调解，它对调解的职业化建设程度要求更高。当前，我国调解员职业化建设存在队伍结构和选人机制不合理、经费保障乏力、培训机制不健全、考核监督缺位、激励机制缺失等问题。[①] 推进调解职业化，打造一支高水平的“互联网＋调解”人才队伍，可从职业准入资格、职业保障制度、职业道德规范等方面着手。

1. 严格职业准入资格。在调解员的来源方面，吸收各行各业的优秀人才。通过进一步扩充网上调解员专家数据库，吸收人大代表、政协委员、律师、法律工作者以及各行业、各领域的专家参与技术性、专业性领域纠纷解决工作，实现调解人员从单一化走向多元化，从大众化转为职业化的结构转型，以提高纠纷化解的权威性与公信力。在调解员的选任条件方面，不仅应在年龄、学历、工作年限、专业技能等方面作出一定要求，而且应特别在计算机运用能力、网上沟通协调能力、文字信息处理能力等方面进行系统规定。在调解员的选任方式方面，可以参照公务员考试和国家法律职业考试，通过公开招录、统一考试、持证上岗的方式进行。

2. 完善职业保障制度。在经费保障方面，国家通过中央转移支付缓解各地调解经费的差异性，地方政府以专门预算的方式支持调解事业，如杭州市西湖区政府设立专项资金支持西湖区人民法院的网上调解工作室建设。在人才培养方面，高校、政府以及企业等民间团体和社会组织应开展协同创新，实现理论界和实务界调解师资、人才、技能、信息等资源的双向互动。如高校应开设调解专业或者调解方向班，与政府、企业等合作开发课程教材，培养调解本科生、硕士生、博士生。高校可设立调解理论研究中心，政府以及企业等民间团体和社会组织可设立调解实践基地和调解实务培训中心，各方互派人员进修学习。政府可参照国家法律职业考试标准，设置调解员资格考试以考评调解员。在考核评估方面，科学设置职业晋升和发展通道，实行调解员等级评定制度。通过综合考评调解员工作年限、案件受理量、调解成功率、当事人满意度、自动履行率等因素，对调解员进行评级，赋予不同等级调解员不同的权利义务和工资待遇，以提升调解

① 参见廖永安等：《民事诉讼制度专题实证研究》，北京，中国人民大学出版社 2016 年版，第 343～350 页。

员的职业认同，激发调解员工作的积极性。[①]

3. 培育职业道德和职业精神。职业道德和精神是一支职业化队伍永葆生机的重要前提。可参照律师职业规范，制定调解员职业规范，同时设立调解员协会，实行行业自治。此外，通过专业学习、实习考察、入职培训、在职培训、晋升考核等方式，培养调解员的职业精神。

（五）加强调解文化建设

“互联网+调解”的长期发展根植于相应的文化土壤。而“冰冻三尺非一日之寒”，文化土壤的培育需要时间的积累和酝酿。相对于根植于我国文化中的传统调解，“互联网+调解”还是新兴事物，广大民众的接受还需要一定的时间和过程。

1. 将“互联网+调解”理念融入学校教育。“教育要从娃娃抓起。”青少年一代对新生事物接受快、适应强。如果将“互联网+调解”的思维适当融入小学、中学、大学的教育中，通过学校课堂、课外生活等方式进入青少年一代的视野，那么通过长此以往的潜移默化，“互联网+调解”的观念将如蒲公英的种子在青少年群体中生根，并逐渐向其他年龄群体扩散。

2. 在全社会进行宣传推广。如同支付宝等电子支付方式近年来席卷我国各大城市[②]，“互联网+调解”被千家万户所认可离不开宣传和推广。从推广主体来看，现阶段，政府、法院等国家机关是宣传推广“互联网+调解”的主力军。同时，企事业单位、社会组织、公民个人等民间力量是必不可少的重要参与者。从推广对象来看，“互联网+调解”的受众主要包括当事人和调解主体。对于当事人而言，根据纠纷类型及其具体特点，在充分尊重当事人意思自治和保障当事人权益的前提下，引导、鼓励当事人使用“互联网+调解”。针对调解主体，应逐步培养调解员的“互联网+”思维和技能，在调解员中推广“互联网+调解”的运用，明确“互联网+调解”解纷的具体类型、步骤流程、方法手段，出台具体可行的宣传制度，建立宣传推广“互联网+调解”的长效机制。

---

① 参见廖永安等：《民事诉讼制度专题实证研究》，北京，中国人民大学出版社2016年版，第359～360页。

② 支付宝广泛普及的一个重要原因是其拥有一支数量庞大、工作高效的营销队伍。

（六）加快产品技术研发与革新

造成我国“互联网＋调解”整体水平低、应用和服务领域窄的一个重要原因就是“互联网＋调解”信息技术开发利用滞后，共享程度低。如果将“互联网＋调解”的发展类比手机的普及，那么高新科技是否可靠、是否廉价、是否便捷、是否实用、是否好用就决定了“互联网＋调解”是否能够走入千家万户。“互联网＋调解”离不开互联网技术的支持，在制约“互联网＋调解”推广普及的诸多因素中，用户使用的友好便捷程度、使用费用的高低尤为重要。用户友好的体验度包括界面是否易操作，配置和使用是否简单，使用风险是否较低，用户是否需要花太多的精力和时间去掌握等要素。目前，我国“互联网＋调解”普遍使用QQ、微信、电子邮件等互联网大众通信工具，使用的方式基本上是文字、语音与视频。互联网“屏对屏”交流的技术缺陷相对明显，其与传统“面对面”交流相比依然存在较大差距。对于更加贴近现实生活、更具现场感和现实感的“互联网＋调解”，用户的需求将会越来越强烈。而研发与革新产品技术，更新换代硬件设施，升级互联网装备和技术，降低准入门槛，可以解决“互联网＋调解”现实需求与技术供给之间的矛盾。诚然，技术研发及推广使用是一项复杂而系统的工程，需要一套从投入到产出的完整有效机制以及相应配套政策。随着科技日新月异的发展，可以预见的是，更具现实感、甚至与“面对面”调解无异的超级强化版“互联网＋调解”指日可待。

此外，设立信用标识系统是普及“互联网＋调解”的有效举措。因此，可以在权威机关或者公信力较高的公众平台上，对调解主体注明信用标识，增强当事人对民间调解主体的信任。同时，“互联网＋调解”需要规范监督，简化程序，提高效率，确保网上调解的方便安全、公平公正。

第十四章　调解前置程序的运行现状与路径选择

改革开放以来，中国社会正经历着一场急剧而深刻的转型，展现出社会优化与社会弊病并生、社会进步与社会代价共存、社会协调与社会失衡同在、充满希望与饱含痛苦相伴的极端复杂场景。[①] 经济体制深刻变革，利益格局不断被搅动引发社会关系与价值观念的变化，进而导致人们对生活方式的选择从一元走向多元，随之而来的人与人之间的矛盾冲突也呈现爆炸式增长，为避免矛盾超出社会承受限度引发不良事件，社会控制机制也随之不断加强。从长远来看，基于诱发冲突的个性根源与社会根源，矛盾数量仍会趋向快速增加，矛盾程度仍会趋向激烈[②]，但社会控制机制的强度不可能无限制地加强，社会资源也不可能无限度地向社会控制机制倾斜，因此，我们必须对现有的社会控制资源，尤其是其中的解纷资源进行合理配置，并予以高效利用，在此种背景下，调解的解纷价值重新被挖掘，最高人民法院于 2016 年 6 月 28 日颁布《关于人民法院进一步深化多元化纠纷解决机制改革的意见》（以下简称《多元化纠纷解决机制改革意见》）正式提出探索建立调解前置程序，并在全国范围内确定一批试点法院进行多元化纠纷解决机制改革的探索。从国家层面看，构建调解前置程序是对解纷资源的再分配，是推进国家治理体系和治理能力现代化的重要举措；从司法层面看，构建调解前置程序是法院引入社会资源解决纠纷，缓解“案多人少”矛盾的重要尝试；从个人层面看，构建调解前置程序是降低解纷成

---

① 参见郑杭生：《改革开放 30 年：快速转型中的中国社会——从社会学视角看中国社会的几个显著特点》，载《社会科学研究》，2008（4），第 2 页。

② 参见顾培东：《社会冲突与诉讼机制》，北京，法律出版社 2016 年版，第 7～14 页。

本，“接近正义”的重要途径。

然而时至今日，由于立法粗疏，理论多元，实践多样，加之我国司法改革中特有的“自下而上+自上而下”双向推进的发展范式[①]，调解前置程序的构建与运行还存在一系列问题：一是内涵不明确，外延不清楚，究竟该如何定义调解前置程序，其与调解优先、强制调解、先行调解等概念之间又有何联系与区别尚需进一步探讨；二是理论基础尚薄弱，适用范围不周详，众所周知，《多元化纠纷解决机制改革意见》第27条对调解前置程序的适用范围作了初步规定，但是处在法律法规留白之处的纠纷类型是否也可适用调解前置程序，判断标准又该是什么，这些问题也无定论；三是程序不统一，机制不健全，调解前置程序该如何启动，启动之后该如何调解，调解成功或不成功之后又该如何处理，目前各试点法院从自身特色出发，各有各的做法，这虽有利于为细化立法提供多方面借鉴，却也有损害程序统一性之虞，且各个试点法院对调解前置程序的配套措施的注意不足，导致相应机制并不健全。为从根本上解决上述问题，我们将以民事程序的基本原理和制度构建的一般规律为坐标，以司法实践中的创新做法与规律总结为借鉴，寻求建立健全调解前置程序的路径。毕竟理论研究的重要任务之一便是为实践提供理性指导，而针对调解制度而言，默默无闻做事的“技术工人”可能比眼高手低的“设计师”更加“靠谱”[②]，或许从个案分析上升到类型化研究，再到抽象出一套普遍性规则，不失为解决探索构建调解前置程序的一剂良药。

一、调解前置程序的基本理论

（一）调解前置程序的内涵

关于调解前置程序的内涵仍无定论，站在历史与现实、理论与实践的交叉点上，我们将其定义为在合意诱导机制和强制性启动的二重作用下，法院将尚未立案的特定类型纠纷委派给相应特邀调解员或特邀调解组织进

---

① 参见吴英姿：《“调解优先”：改革范式与法律解读——以O市法院改革为样本》，载《中外法学》，2013（3），第538页。

② ［澳］娜嘉·亚历山大：《全球调解趋势》，王福华等译，北京，中国法制出版社2011年版，译者序：调解发展的国际潮流与中国机遇。

行调解的制度。具体而言，是指当事人将民事纠纷向基层人民法院提交以后，法官发现该纠纷属于适合调解解决的纠纷类型，便首先通过合意诱导机制劝导当事人通过调解解决纠纷，在当事人无正当理由拒绝的情况下，才会通过强制方式启动调解，将纠纷委派给相应特邀调解员或特邀调解组织进行调解，若调解成功，当事人可申请撤诉或进行司法确认，亦可请求人民法院立案后，出具调解书；若调解不成，则当事人可请求法院直接将纠纷转入立案程序，从而通过诉讼解决问题。之所以如此定义，主要基于以下原因。

1. 历史因素

概括来看，现代型调解的发展大体沿袭了“重获重视—先行调解—调解前置”的路径。2004 年最高人民法院颁布相关司法解释，提出“能调则调，当判则判，调判结合”的口号[①]，并通过建立司法确认制度，积极引导诉调对接。[②] 这一时期，调解重获重视，人民调解员及人民调解组织快速发展，并开始探索与司法之间的良性互动之路。2009 年，最高人民法院颁布《关于建立健全诉讼与非诉讼相衔接的矛盾纠纷解决机制的若干意见》，为立案前的委派调解提供了法律依据。2012 年《民事诉讼法》进行修改时，为缓解法院办案压力，也为给诉前调解制度提供法律上的依据，在总结实践经验的基础上正式确立了先行调解制度。[③] 然而之后由于立案登记制的确立和委派调解、委托调解、特邀调解等新型调解制度的出现[④]，原有的先行调解已无法充分适应司法实践的需要，探索建立调解前置程序成为必要。由此可见，先行调解源自对先前诉前经验的总结，调解前置程序则是对先行调解制度的承继与发展，因此，调解前置程序与先行调解制度在内涵等方面存在相似之处，都应属于立案之前的非诉讼调解，且只针对特定类型的案件。

---

① 参见最高人民法院印发的《关于进一步加强人民法院基层建设的决定》第 3 部分。

② 参见《最高人民法院关于人民法院民事调解工作若干问题的规定》第 17 条。

③ 参见《中华人民共和国民事诉讼法》第 122 条。

④ 参见《最高人民法院关于人民法院特邀调解的规定》和《关于人民法院进一步深化多元化纠纷解决机制改革的意见》。

2. 现实因素

不同的调解主体可能会对经调解前置程序达成的调解协议的性质产生影响[①]，调解前置程序虽与司法有密切联系，但实质上仍属于非诉讼调解，处于立案之前的民事纠纷尚不属于法院的系属之内，本着司法被动性的原则，对于该纠纷的处理不宜由法官、法官助理等司法人员主动介入，并且伴随立案登记制的实施和法官员额制改革，案多人少的矛盾更加突出，法院已不堪重负。而伴随社会不断发展，人民调解组织、行政调解组织、行业调解组织和商事调解组织等日益专业化、规范化，对于处理各自领域范围内的纠纷都发挥着不可替代的作用，尤其是经人民法院选拔、培训后，常驻法院、接受法院委派、参与特邀调解，并被列入特邀调解员或特邀调解组织名册的调解员或组织更是积累了大量专业经验，并拥有相当高的业务水平。而且适用调解前置程序的民事纠纷本身通常具有纠纷较简单、标的额较小等特点，特邀调解员或特邀调解组织完全具备处理这类事务的能力。

3. 成本因素

一方面，由于法院受案量激增，法官在“员额制”改革的影响下，在短期之内存在数量减少、人员外流的现象，致使诉讼延迟现象大大增加，以至于当事人所渴盼的正义常常是“迟来的正义”。另一方面，由于众多普通群众对现代型调解的认识尚且停留在浅层次，认为调解就是“和稀泥”，就是让有权利的人吃亏，让该履行义务的人得利[②]，不愿意主动参与调解，各类型调解组织和司法机关也因对调解自愿原则认识的不够深刻，囿于“自愿”的字面意思“限制”，使调解员常常把精力消耗在劝导当事人同意调解而非实质的调解过程上，出现“劝调一小时，调解五分钟”的怪异现象。与此同时，相关研究表明，强制启动调解后的调解成功率并不低于依当事人自愿选择启动调解的成功率[③]，但民事领域的强制性制度若非出于保护当事人利益的考虑或基于当事人的偏好选择，则很可能只是一种在没有

① 参见许少波：《论先行调解协议的效力》，载《江苏社会科学》，2014（6），第83～84页。

② 参见龙飞：《走出“调解”的认识误区》，载《人民法院报》，2013-07-12。

③ 参见［澳］娜嘉·亚历山大：《全球调解趋势》，王福华等译，北京，中国法制出版社2011年版，第24页。

其他更好的激励机制下，维持某种制度运行的基本策略[①]，因此在强制启动调解程序之前，必须优先通过建立和完善合意诱导机制促进当事人自愿选择通过调解解决纠纷，如此方能既降低法院的人力成本，又能降低当事人的时间与经济成本，还能使纠纷得到妥善解决，合意得到积极履行。

4. 权利保障

当事人的裁判请求权作为一项基本人权，不可剥夺，但可因正当及必要的事由予以合理的限制。基于程序相称原理，程序的设计应当与所处理的案件的性质、争议的金额、争议事项的重要性、复杂程度等因素相适应[②]，尤其是在司法资源有限的条件下，不应忽略程序的效益问题[③]，通过建立健全调解前置程序可以在降低成本的同时，为当事人提供并不亚于通过诉讼才能得到的收益。甚至针对特定纠纷类型能在绝大多数情况下，还能为当事人提供优于通过诉讼才能得到的收益。需要强调的是，这种收益中所必然包含的“正义”亦非“次级正义”，而是与诉讼一样，是在中立第三方的主持下实现当事人权益的维护以及纠纷的化解。并且当调解不成时，调解前置程序也不妨碍当事人正当行使诉讼权利，不排斥对当事人诉权的保障，反而通过调解员或调解组织与法院之间的衔接机制即可完成立案，便利了当事人诉讼权利的行使。

（二）调解前置程序与相关概念辨析

调解前置程序与先行调解、强制调解、诉前调解等概念存在千丝万缕的联系，并且对于调解前置程序的研究常常建立在对先行调解、强制调解等调解方式的考察上，以至于作为新近概念的调解前置程序常常与其他概念相混淆，导致立法、理论和实践层面的混乱，但上述概念之间实则存在本质不同，有必要进行仔细辨析，以昭明法理、指引实践。

1. 调解前置程序与先行调解

前已述及，调解前置程序是对先行调解的承继与发展，两者都是在纠纷进入诉讼系属之前发挥作用，但在调解主体与启动方式方面两者还是存

① 参见唐力：《诉讼调解合意诱导机制研究》，载《法商研究》，2016（4），第121～130页。

② 参见刘敏：《原理与制度：民事诉讼法修订研究》，北京，法律出版社2009年版，第29页。

③ 参见肖建国：《民事诉讼程序价值论》，北京，中国人民大学出版社2000年版，第212～213页。

在明显不同。就调解主体而言，关于先行调解的主体在理论及实践中其实存在争论[①]，但主流观点或做法认为先行调解的主体既包括法官或司法辅助人员又包括人民调解员，而调解前置程序的主体则为特邀调解员或特邀调解组织，根据《最高人民法院关于人民法院特邀调解的规定》第1条规定，特邀调解员或特邀调解组织应从从事人民调解、行政调解、商事调解、行业调解的调解组织或个人中选拔，可见，调解前置程序的主体为社会组织或个人，而不包括司法机关或司法人员。就启动方式而言，先行调解的启动以当事人合意选择为基础，而调解前置程序的启动方式具有二元性，一是通过陈明利弊、减少费用的方式诱导当事人选择调解前置程序，二是针对特定类型纠纷，即使当事人没有合意选择，在符合一定条件的情况下，仍可强制启动调解程序。

2. 调解前置程序与强制调解

调解前置程序在启动方式上改变了原先没有当事人自愿就无法启动调解的局面，故而有观点认为，调解前置程序就是民事强制调解的表现之一。[②] 其实民事强制调解因时间的不同，分为诉讼前的强制调解和诉讼中的强制调解，诉讼前的强制调解目前我国法律尚未有相关规定，诉讼中的强制调解的典型代表则有《最高人民法院关于适用简易程序审理民事案件的若干规定》第14条之规定，针对适用简易程序的特定类型纠纷，人民法院在开庭审理时应当先行调解。反观调解前置程序的适用时间在立案之前，属于诉讼前调解的范畴。此外一方面，调解前置程序的启动方式具体包括当事人自愿选择、当事人在诱导机制的指引下选择和强制启动三种方式，而强制调解所特指的强制启动在调解前置程序中只是启动方式之一，并且

---

① 关于先行调解主体的讨论，主要有社会主体论、司法主体论和混合主体论。持社会主体论者认为先行调解的主体应是包括人民调解组织在内的各种民间调解组织，而法院作为委托方，主要起到统筹、监督的作用；持司法主体论者认为先行调解的主体应当限于人民法院，但不排除相关单位和个人的“协助”；持混合主体论者认为应当在法院中设置专门的调解部门，由司法人员和人民调解员共同主持调解工作。可参见范愉：《委托调解比较研究——兼论先行调解》，载《清华法学》，2013（3），第74页；赵钢：《关于“先行调解”的几个问题》，载《法学评论》，2013（3），第35页；谢绍静：《论我国民事诉前调解程序之构建——以〈民诉法修正案（草案）〉增加“先行调解”为切入点》，载《华北电力大学学报》（社会科学版），2012（3），第57页。

② 参见范愉：《诉讼与非诉讼程序衔接的若干问题——以〈民事诉讼法〉的修改为切入点》，载《法律适用》，2011（9），第30～34页。

还不是启动调解前置程序的最优选择。另一方面，两者的调解主体也不同，如上所述，强制调解包括诉讼前和诉讼中的强制调解，相应的，其调解主体既有人民调解员或人民调解组织等个人或社会组织，也有司法人员或司法机关，而调解前置程序的调解主体只能是特邀调解员或特邀调解组织。

3. 调解前置程序与诉讼外调解

诉讼外调解是一个较为宽泛的概念，在我国主要包括人民调解、行政调解和仲裁调解[①]，调解前置程序在某种程度上，也属于广义上的诉讼外调解的范畴。显而易见两者在主体、调解协议效力等方面存在诸多共同点，但更重要的是调解前置程序相较于诉讼外调解而言，与司法机关存在更紧密的联系。首先，调解前置程序所处理的纠纷有相当一部分来自法院的委派，而诉讼外调解所处理的纠纷几乎全部源于当事人的自愿选择；其次，在调解前置程序中，主持调解的特邀调解员或组织一般都由法院登记造册，进行管理和培训，而诉讼外调解中的调解员通常由各个调解组织选聘，接受本部门或司法行政机关的管理；最后，当事人通过调解前置程序进行调解却没有达成调解协议时，可通过程序衔接，直接由法院立案后，继续通过诉讼途径解决纠纷，而当事人通过诉讼外调解解纷不成时，通常只能由自己转而向法院提起诉讼。

（三）调解前置程序的属性

作为一种新型解纷程序，调解前置程序相对独立于诉讼程序，但又与传统意义上的人民调解存在本质不同，其定位在于建立司法引导和管控社会资源进入解纷领域的长效机制，是目前在民间调解大发展的背景下，法院主动发挥引导作用，实现法院对其他解纷方式的有效监管和牵制的重要表现。通过对其内涵的分析，以及与相关概念的辨析，我们可以发现调解前置程序之所以具有独特定位和价值，就在于其具备主体特定性、启动二元性、范围有限性和司法关联性等特殊属性。

1. 主体特定性

根据《多元化纠纷解决机制改革意见》第 27 条的规定，调解前置程序应以特邀调解组织或特邀调解员为主体，结合《最高人民法院关于人民法

① 参见闫庆霞：《中日诉讼外调解制度比较》，载《暨南学报》（哲学社会科学版），2006（4），第 87 页。

院特邀调解的规定》第1条规定，特邀调解组织或特邀调解员是由人民法院吸收符合条件的人民调解、行政调解、商事调解、行业调解等调解组织或者个人而形成的，具体而言，依法成立的人民调解、行政调解、商事调解、行业调解及其他具有调解职能的组织，可以向法院申请加入特邀调解组织名册，人民法院也可以主动邀请符合条件的调解组织加入特邀调解组织名册，邀请人大代表、政协委员、人民陪审员、专家学者、律师、仲裁员、退休法律工作者等符合条件的个人加入特邀调解员名册。表面上看，特邀调解组织或特邀调解员来源比较复杂，但实际上其正逐步形成职业共同体，一是因为在成为特邀调解组织或特邀调解员之前，相关组织或个人还必须经过人民法院的选拔和培训；二是成为特邀调解组织或成为特邀调解员后，都要纳入名册，由法院统一管理，并供当事人选择；三是不论特邀调解组织或特邀调解员是否常驻法院，其进行调解工作的地点，通常都是在法院内部设立的调解室。同样的选拔培训流程，同样的工作环境，让特邀调解组织或特邀调解员逐渐具备与其他解纷主体不同的特点：与普通的民间调解组织或调解员不同，其业务能力更强，解纷水平更高，且在某些领域具备更加突出的专业知识，与法官或司法辅助人员也不同，其本质属性不属于司法人员，而是民间解纷力量的有机组成部分。因此，当我们谈到调解前置程序的调解主体时，就是特指这些已经列入法院名册的特邀调解组织或特邀调解员，而非其他。

2. 启动二元性

通常认为，调解最重要的基本原则之一便是自愿原则，即在程序意义上，运用调解解决纠纷需要当事人事先约定或达成合意，在实体意义上，最终是否达成调解协议，达成什么样的调解协议，在不违反法律法规强制性规定的前提下，都要尊重当事人的选择，体现当事人的意愿。而调解前置程序作为具体的调解程序，在实体意义上毫无疑问仍需遵循自愿原则，但是在程序意义上，尤其是在启动方式上，却有自愿启动和强制启动两种方式，并且所谓自愿启动，也不再单纯依靠当事人事先约定或达成合意，而是可以通过建立合意诱导机制，以解纷成本的杠杆作用或列明正面清单和负面清单等方式，对当事人的选择施加合理的引导。这与诉讼的启动机制也明显不同，在民事诉讼中，当一方当事人向法院提起诉讼时，无论另一方当事人同意与否，都将“被迫”卷入解纷的程序之中，即使妄想以不出庭的方式予以抵制，法院还有“缺席审判”作为杀手锏。综上所述，调解前置程序以自愿启动为首要方式，以强制启动为补充方式，与其他民间调解组织所主持的调解和民事诉讼启动机制都不相同，在兼顾当事人程序选择权的同时又保证了调解的效率，呈现出独特的样态。

3. 范围有限性

正如司法制度的供给能力要受到司法体制及其使命、纠纷性质与结构、纠纷复杂程度等诸多因素的限制①，作为调解制度的一种，调解前置程序也受到上述这些因素的限制，也有其作用的界限，这种界限具体到微观领域，就是指调解前置程序的适用范围问题。研究这一问题需与司法制度的供给能力结合来看，近些年，伴随着司法改革的推进，司法制度的供给能力稳步提升，法院在起诉与受理规则上，基本上实现了保证每个诉求都能进入法院大门，并建立起识别与分流机制，确保可裁判的纠纷由法院解决，不适宜裁判的纠纷由其他渠道解决，但是与此同时，人们通过司法追求正义的需求更加急迫，司法制度供给不足的现象凸显，因此在将不适宜裁判的纠纷交由其他渠道解决的基础上，把适宜裁判但更适宜其他纠纷方式处理的纠纷也分流出来，就成为法院的一种郑重考量，因此，调解前置程序的适用范围应主要在那些用调解解决比用诉讼解决更适宜的案件上，并且由于调解前置程序启动的二元性以及相较于诉讼程序的非正式性，其适用范围的确定必须更为谨慎，具体而言应符合以下条件：一是双方当事人是特定的、具体的；二是纠纷是实质的、低烈度的；三是诉讼标的价值及专业性相对较低；四是当事人具有寻求非正式途径解决争议的需求。

4. 司法关联性

在谈论调解前置程序的司法关联性之前，首先要明确调解前置程序的非司法性质，但是与其他民间调解相比，调解前置程序与司法程序之间又有更为密切的关联性。从主体来看，特邀调解组织或特邀调解员，不论是主动申请还是由法院邀请，最终都要经过法院的选拔与培训，并且被登记在册之后，日常工作还要接受法院的管理与监督，这与其他民间调解组织

① 参见吴英姿：《司法的限度：在司法能动与司法克制之间》，载《法学研究》，2009（5），第111～130页。

或个人主要以自我管理、自我监督的形式大有不同；从纠纷来源看，调解前置程序所处理的案件，通常由当事人将纠纷提交法院后，法院基于该纠纷更适宜调解解决等原因，将纠纷委派过来，这与其他民间调解组织或个人的纠纷来源主要是当事人自愿选择相比，对法院的依赖更高；从启动方式来看，调解前置程序之所以除自愿启动之外，在某些情形下，还可以通过强制的方式启动，除了自身专业技能较强等方面的原因，还是因为在某种程度上混合了司法的权威的结果；从衔接程序上看，调解不成时，特邀调解组织或特邀调解员可以通过内部途径，让纠纷返回立案庭，重回诉讼的轨道，而无须当事人再行提起诉讼，调解成功时，根据当事人需求，则有更便捷的通道进行司法确认或申请调解书，而这也离不开调解前置程序与司法的密切联系。综上所述，司法在塑造调解前置程序的方方面面都扮演着角色，调解前置程序与司法之间具有密切的关联性。

二、调解前置程序的运行机制

（一）调解前置程序的主体

调解前置程序是对先行调解的承继与发展，虽然最高院已经正式提出探索建立调解前置程序，并通过司法解释对调解前置程序的主体作出规定，但是各试点法院基于司法运行的惯性，在某种程度上还继续遵循先行调解时的一些做法，比如通过改良先行调解的主体理论观点——司法主体说[①]、民间主体说[②]与混合主体说[③]，形成了现在的调解前置程序的三种主体模式。

第一种可称之为司法人员调解模式。采用司法人员调解模式的法院通过优化组织结构，改变内部分工，将部分民事庭法官、立案庭法官和司法辅助人员整合到诉讼服务中心或诉调对接中心，专门负责处理当事人起诉到法院，但是尚未立案且更适宜调解解决的纠纷。这些法院通常办案压力不是特别大，仍有余力分流部分法官和司法辅助人员专门负责调解工作，相应的这些法院也没有建立起特邀调解组织或特邀调解员的名册，在多元

① 参见范愉：《委托调解比较研究——兼论先行调解》，载《清华法学》，2013（3），第74页。

② 参见赵钢：《关于“先行调解”的几个问题》，载《法学评论》，2013（3），第35页。

③ 参见谢绍静：《论我国民事诉前调解程序之构建——以〈民诉法修正案（草案）〉增加“先行调解”为切入点》，载《华北电力大学学报》（社会科学版），2012（3），第57页。

化纠纷解决机制改革的过程中，处在相对滞后的位置。[①] 同时，必须指出的是，上述情况之所以放在调解前置程序中讨论，是因为其符合进行调解先于法院立案这一时间点上的限定，但从调解主体层面深究，其实质上应归入法院调解的范畴。

第二种可称之为民间调解员调解模式，通常采用这一模式的法院处在我国经济发达的东部或南部沿海地区，每年收案量巨大，人员编制又有限制，以深圳市福田区法院为例，2016 年收案量为 66 150 件，但只有 108 名员额法官，平均每人每年需要处理 487.6 件纠纷[②]，在一年通常只有 250 个左右工作日的情况下，相当于每人每天要处理将近 2 个纠纷，这是远远不可能做到的。恰好，身处这些地区的法院也有得天独厚的优势，伴随着市民社会的壮大和社会解纷组织的发展，人们对于解纷的理解也更加深刻，民间解纷组织也有能力面向全社会提供解纷资源，因此，这些法院借势引入民间解纷力量，将当事人起诉到法院的纠纷通过委派的方式交由特邀调解组织和特邀调解员进行调解就成了水到渠成的事情。具体而言，就是在立案庭下设诉讼服务中心或诉调对接中心，由该中心建立特邀调解组织和特邀调解员名册供当事人选择，待当事人选定后，再由该中心人员与被选中的特邀调解组织或特邀调解员联系，确定调解时间、地点。但是实际情况却与这种制度设定有所出入，因为很多当事人并不愿意因为选择特邀调解组织或特邀调解员的事情而专门跑到法院，也怠于对特邀调解组织或特邀调解员的背景和专业知识做深入了解，因此大有以“法院指定”代替“当事人选择”的风险，并且还存在部分主持调解的调解员并没有被列入名册，而列入名册的大多数特邀调解组织或特邀调解员每年通常只象征性地处理 2 至 5 件案件的情况。

第三种可称之为混合模式，采用这一模式的法院目前占多数，主要是从各民间调解组织选拔一批人民调解员与司法人员共同进驻设立在法院的调解室，负责调解立案庭或诉讼服务中心转交而来的民事纠纷。这些法院

① 参见韩宝：《基层法院“司法过程”实证研究：法院调解之困境——以我国西北地区为例》，载《民事程序法研究》，2012 (5)，第 138～143 页。

② https：//mp. weixin. qq. com/s/ggR6hV96h8jOTgVkPaO86g，最后访问日期：2017 - 12 - 26。

之所以采用这一方式，一方面是因为面临人手不足的问题，另一方面则可能是出于对人民调解员的业务水平的不完全信任，因此选择折中方案，由司法人员协同人民调解员共同处理民事纠纷。其典型代表就有在全国范围内最早开展多元化纠纷解决机制改革试点的东莞市第二中级人民法院，通过实地调研，我们发现该院在立案庭内部设立诉调中心，其中调解员既有司法局派驻到法院的人民调解员，也有具有法院编制的法官助理，就呈现混合主体的式样。此外，伴随多元化纠纷解决机制改革的继续推进，这些法院也相继建立起特邀调解组织和特邀调解员的名册，只是目前主要发挥调解职能的人员，仍是原先的驻法院人民调解员和部分司法人员，但遗憾的是，这些发挥中坚力量的调解人员却没有被列入名册之中。

（二）调解前置程序的启动

在探索构建多元化纠纷解决机制早期，各试点法院对于调解前置程序的启动基本上严格遵循当事人自愿原则，但是调解皆由当事人合意方能启动的情况无疑增加了调解启动的难度，推高了法院及当事人解决纠纷的成本。为此各试点法院在解决调解启动难的问题上展开了进一步探索，呈现出三个不同发展阶段却同时并存于当前司法实践之中的场景。

第一阶段是指仍固守传统的当事人自愿原则。采用这一原则的法院在除法律规定应当先行调解的纠纷类型外，只有当双方当事人事先约定或达成合意选择通过调解解决纠纷时，才启动调解前置程序，如果当事人没有事先约定或达成合意，则予以立案，根据案件情况再通过速裁程序、简易程序、特殊程序或普通程序予以解决。之所以采取这一做法，相关法院认为自愿是调解不可违背的基础性原则，通过自愿调解的方式所达成的调解协议也更容易得到当事人履行。

第二阶段是指在坚守当事人自愿原则的同时引入合意诱导机制。这种做法放弃了严格的当事人自愿原则，但是却提高了当事人选择调解解决纠纷的概率和效率。从《厦门经济特区多元化纠纷解决机制促进条例》、《山东省多元化解纠纷促进条例》到《最高人民法院关于人民法院进一步深化多元化纠纷解决机制改革的意见》，再到《四川省多元化解纠纷促进条例（草案）》和《黑龙江省社会矛盾纠纷多元化解条例》都对调解组织或调解人员应当通过说服、疏导等方法，促使当事人自愿达成调解协议，化解纠纷提出了要求，目前比较成熟的做法是相关法院通过提供“调解告知书”的方式，向当事人列明正面清单及负面清单，正面清单的内容主要包括调解周期短、费用低等优势，以及调解不成并不影响诉讼等特点，负面清单主要包括当事人无正当理由拒绝调解，当诉讼结果可能比调解结果更不利时，会被加收诉讼费用等惩戒性措施。通过相互对比，让当事人对通过调解解决纠纷的方式和优势有了更直观的了解，调研过程中，东莞市第二中级人民法院立案庭的江和平庭长也坦言，采取这种方式后，当事人选择调解解决纠纷的概率大大提升，并且调解成功率也并没有因此下降，反而呈现出稳中有升的态势。

第三阶段是指运用强制手段启动调解成为趋势。基于现实需要和“接近正义”第三次浪潮[①]的来袭，理论界和实务界都加强了对强制调解的研究，其含义早已不再与“强迫调解”“以判压调”等说法相挂钩，正当性已经逐渐获得各界认可。针对司法实践中特别适合调解解决，但当事人却无正当理由拒绝调解的纠纷，法院也开始尝试强制启动调解，尤其是在家事纠纷、邻里纠纷等领域，但目前采取这一做法的法院尚只是星星之火，在立法没有规定的情况下，相关法院只能通过内部文件的方式，将一些类型的纠纷纳入强制调解的范围，当相应类型的案件进入法院时，经过立案庭法官的初步判断后，如果不是特别不适宜调解，就会由立案庭直接移送到诉讼服务中心或诉调对接中心，要求中心先委派人员展开调解，如果调解成功，则已实现“案结事了”的目的，无须立案，如果调解不成，才会由立案庭立案后，移交给相应的民事审判庭继续处理。

（三）调解前置程序的保障

程序的健康运行离不开相关制度的保障，调解前置程序也不例外，在面对调解员与一方当事人存在利益联系、应当回避的情形时，在面对一方当事人故意毁坏证据、转移财产的情形时，在面对双方恶意串通、进行虚假调解时，都需要有相应的制度予以保障，才能让调解前置程序不至于被

---

①“接近正义”的第三次浪潮的基本理念主要有二：一是通过简化程序，提供便利条件，增加民众利用司法的机会；二是不再将正义与司法等同，重新理解和定义正义的内涵，主张通过司法的社会化，使公民有机会接近具体而符合实际的正义，即解决纠纷的权利。参见［意］莫诺·卡佩莱蒂：《福利国家与接近正义》，刘俊祥译，北京，法律出版社 2000 年版，第 125～160 页。

别有用心之人恶意利用。然而关于调解前置程序是否应建立回避制度、保全制度和惩戒制度，《多元化纠纷解决机制改革意见》却没有作出相应规定，但是迫于现实需要，许多法院已经开始探索适合自己的道路。

在回避制度方面，各个法院的做法大同小异，在申请方式上，既可以书面申请也可以口头申请，在申请事由上，基本上参照《民事诉讼法》第44条规定和《民诉法解释》第43、44条的规定设定调解员的回避事由，比如与一方当事人或代理人存在近亲属或利害关系的，可能影响调解公正等原因都是当事人申请回避的事由；在申请后果上，当一方当事人提出回避申请时，调解员暂停对该纠纷的调解工作，待由法官进行审查后再做处理，异议成立的则更换调解员，异议不成立的则由原调解员继续主持调解工作。总体而言，相较于诉讼中的回避制度，调解前置程序中的回避申请和审查都更为便捷、高效，这与调解员的供给相对充足有关，也与调解的非正式性相符。

在保全制度方面，无论是证据保全还是财产保全，在调解前置程序中都没有相关机制。实践中，一方当事人将纠纷起诉至法院，并遵从法院安排，优先通过调解前置程序解决纠纷，却引起另一方当事人的警觉，致使另一方当事人"以调解换时间"，加速转移财产或毁灭证据的情况时有发生。面对这种状况，司法实践中也逐步探索出两种解决方案：一是让把纠纷起诉至法院的一方当事人先将有关财产和证据进行公证，通过公证机关先固定财产和证据；二是让把纠纷起诉至法院的一方当事人提供担保，并向法院提起诉前保全，在法院进行保全之后，才通知另一方当事人参加调解。

在惩戒机制方面，调解前置程序也显得较为无力，因为在调解前置程序中主持调解的人员都是特邀调解组织或特邀调解员，并没有对当事人采取训诫、罚款或拘留等惩罚措施的权力，并且由于调解更着眼于化解纠纷，修复社会关系，不像审判那样严格遵循"证据—事实"的认证逻辑，对事实的查明通常基于当事人的意思表示和主动提交的相关证据①，这使其在查清案件客观事实方面存在天然局限性，往往更容易被谋取不正当利益，损

① 参见郎立慧：《司法改革对民事案件事实认定的影响》，载《河北法学》，2017（12），第190～200页。

害第三方或公共利益的被调解人恶意利用，目前在司法实践中大多只能依靠调解员和法官的智慧与经验对虚假调解的行为进行识别，其中，调解员在调解的全过程都会注意考察纠纷的基本情况，综合进行判断，法官则在当事人要求法院出具调解书，并对调解协议进行审查时才发挥作用，但这些纠纷即使被判定为虚假调解，通常也只能终止调解，而不会有其他惩罚，于是在这种情况下，抱有侥幸者增多，虚假调解也呈现高发的趋势。

（四）调解前置程序的范围

从先行调解到调解前置程序，有关适用范围的立法规定和司法实践都是最丰富、最多元，也是争议最大的部分。几乎所有有关调解制度的重要司法解释都会涉及关于调解适用范围的规定，其中有合理之处，也有不合理之处，而且司法解释之间也难免会产生冲突，殊值仔细辨析。并且在这样的立法背景之下，司法实践中对调解前置程序适用范围的确定，也明显表现出地方性和扩张性特点，需要注意适用统一的问题。

从立法层面来看，我国主要是采取反向排除与正面列举相结合的方法，比如《最高人民法院关于人民法院民事调解工作若干问题的规定》第 2 条采用反向排除的方法规定“适用特别程序、督促程序、公示催告程序、破产还债程序的案件，婚姻关系、身份关系确认案件以及其他依案件性质不能进行调解的民事案件，人民法院不予调解”。《多元化纠纷解决机制改革意见》第 27 则采用正面列举的方法，认为家事纠纷、相邻关系、小额债务、消费者权益保护、交通事故、医疗纠纷和物业管理等纠纷是适宜先行调解的纠纷。另外，还存在司法解释所规定应适用调解的纠纷类型实际上可能并不适合通过调解解决的情况，比如《最高人民法院关于进一步贯彻“调解优先、调判结合”工作原则的若干意见》第 4 条第 2 款所规定的“事关民生和群体利益、需要政府和相关部门配合的案件，可能影响社会和谐稳定的群体性案件、集团诉讼案件、破产案件；民间债务、婚姻家庭继承等民事纠纷案件；案情复杂、难以形成证据优势的案件；当事人之间情绪严重对立的案件；相关法律法规没有规定或者规定不明确、适用法律有一定困难的案件；判决后难以执行的案件；社会普遍关注的敏感性案件；当事人情绪激烈、矛盾激化的再审案件、信访案件”不见得就适宜通过调解解决，毕竟这些类型的纠纷事关社会和谐，需要多个部门联动协调，作为公正权威代表的政府和司法部门尚且难以处置，又怎能寄希望于尚处于发展之中的调解呢？好在近些年，人们对调解的作用有了更深刻的认识，这种现象已经不复存在于新颁布的司法解释中。

从实践层面来看，由于"反向排除＋正面列举"的立法形式和兜底性条款的存在，立法仍给司法实践留出了较大的自主性空间，各试点法院在不违背法律和司法解释规定的前提下，逐步摸索出一些独创性做法，比如深圳福田区法院从当地经济发达，维权意识强，知识产权纠纷多发，且绝大部分知识产权纠纷由知识产权保护组织提起，案情较为简单等实际情况出发，决定将简单的知识产权案件纳入调解前置程序的适用范围；沈阳市皇姑区则从当地老城区改造，棚户区升级，面临较多的拆迁补偿纠纷出发，将房屋拆迁、土地征收纠纷纳入调解前置程序的适用范围；杭州市西湖区法院则从当地互联网企业众多，网络小额纠纷频发的现实情况出发，将部分网络纠纷也纳入调解前置程序的适用范围，并为此组建了专门的团队。总体来看，由于立法空白较多，且鼓励有条件的基层人民法院开展调解前置程序的探索，各试点法院都会根据自身情况确定适用调解前置程序的纠纷类型，这些做法是否合理尚待进一步讨论，但毫无疑问的是，调解前置程序范围的扩张趋势对法的统一适用有损害之虞。

（五）调解前置程序的衔接

在内部衔接方面，对于当事人经调解前置程序调解不成时，可以向法院提起诉讼，不论是理论界还是实务界对此几乎没有异议，但是当调解成功时，应该如何进行衔接，理论界和实务界却有不同观点和做法。有学者认为，可以借鉴日本与我国台湾地区的做法，赋予经调解前置程序所达成的调解协议与判决具有同等效力①，还有学者认为除非当事人不同意，法院应主动对经先行调解所达成的调解协议进行司法确认，这也正是其司法性在非司法性基础上的表现。② 但目前司法实践中的做法与理论上的建议皆不相同，而是从现有的法律架构出发，形成了三种典型做法：一种是在当事人达成调解协议后，告知当事人如有必要可以共同向法院申请司法确认；

---

① 参见杨小利：《我国法院调解制度若干问题研究——以日本法上的当事人合意解决纠纷机制为借鉴》，载《法律适用》，2010（10），第36～38页。

② 参见许少波：《论先行调解协议的效力》，载《江苏社会科学》，2014（6），第83～84页。

另一种是告知当事人可以在立案庭立案并交纳一定费用后，申请法院出具调解书；还有一种是针对当事人在达成调解协议后，既不向法院申请司法确认，也不向法院申请出具调解书的情况，此时法院一般都是待双方当事人对调解协议的内容或履行产生争议向法院提起诉讼时，通过审查调解协议的内容和效力，再对双方当事人的实体权利义务关系作出判断，在调解协议的效力未被推翻之前，不受理原纠纷，并且驳回超出原协议内容的事项。

在外部衔接方面，行政机关、社会组织、企事业单位以及其他各方面的力量难以在调解前置程序中发挥太多的作用，其实早在 2009 年的时候，最高人民法院就曾出台《关于建立健全诉讼与非诉讼相衔接的矛盾纠纷解决机制的若干意见》，要求以法院为纽带发挥好各方解纷力量，实现好各种解纷方式的衔接与协调，后又出台《多元化纠纷解决机制改革意见》再次强调这一问题，并且各省相继出台地方性法规，比如《厦门经济特区多元化纠纷解决机制促进条例》《山东省多元化解纠纷促进条例》《黑龙江省社会矛盾纠纷多元化解条例》等也都提到这一问题，面对司法实践与立法规定之间仍然存在的巨大鸿沟，我们需要在加深研究的基础上从更高的层面进行统筹安排。

三、调解前置程序的现存问题

（一）调解前置程序主体方面的问题

1. 主体模式混乱导致调解协议效力不明

理论层面的司法主体说、民间主体说与混合主体说，直接或间接地导致在司法实践中调解前置程序的主体呈现出司法主体模式、民间主体模式和混合主体模式三种样态，虽然这种状况的出现有历史因素，也有各个试点法院结合自身特殊情况的因素，但是无论如何，实践中主体模式混乱的问题，已经对经由调解前置程序达成的调解协议的性质和法律效力的判断产生了重要的不良影响。因为根据民事诉讼基本原理，纠纷在立案之后才进入诉讼系属之内，才能由司法人员予以处理，并且如果是由司法人员进行调解，除《民事诉讼法》第 98 条规定的调解和好的离婚案件、调解维持收养关系的案件、能够即时履行的案件等例外情形外，当事人在达成调解协议后，司法人员应根据调解协议内容制作民事调解书，而调解书所具有的强制执行力与只具有民事合同效力的调解协议存在根本不同。按照上述原理推断，目前仍采取司法人员调解模式的法院，如果在立案之前就由司法人员主持调解，于理不符，如果在立案之后，由司法人员主持调解却只出具调解协议书则于法不容，更与调解前置程序的诉前调解定位相悖。采混合调解模式的法院除了会存在上述采取司法人员调解模式的法院所遇到的相同问题外，从学理的角度看，还极有可能出现当事人通过同一个调解前置程序达成的调解合意，却在法律层面上效力不同的混乱，而这一切皆是由不同调解主体主持调解所引发的后果。

2. 虚置特邀调解员或特邀调解组织

其实，伴随最高人民法院《多元化纠纷解决机制改革意见》的出台，无论采取哪种主体模式的试点法院都纷纷建立起本院的特邀调解组织和特邀调解员名册，充分吸收商会调解组织、行会调解组织以及金融、医生、律师等行业的专业人员作为本院的特邀调解组织和特邀调解员，但看似如火如荼推进调解主体转变的背后，还暗藏着虚置特邀调解员或特邀调解组织的风险。因为实际上载入名册的特邀调解员和特邀调解组织每年只象征性地处理几宗民事纠纷，远远达不到负责起调解前置程序的要求，而在调解前置程序中发挥中坚力量的驻法院调解室的调解员却往往不会被列入名册之中，以至于其所处理的纠纷大多源自法院直接委派或内部分工，而不是当事人的选择。信息的不透明、不对称使当事人与驻法院调解室的调解员之间一开始就存在隔阂，无法快速建立信任关系，也与立法中所规定的“提供名册供当事人选择”的要求不符。实际上，这都是相关法院对各大调解组织驻法院调解员，以及对一些有奉献精神有爱心且积极投身于调解事业的离退休人员定位不清所导致的，由于各大调解组织驻法院调解员和离退休人员的编制都不隶属于法院，薪水也不由法院负责，因而许多法院抱着“调动一切可利用资源”的心态，只管把调解的任务交给他们，却忽略了对这些人员的管理，其实根据《最高人民法院关于人民法院特邀调解的规定》中的相关内容，这些人员的属性也应当是特邀调解员，也应该被纳入名册之中。

（二）调解前置程序启动方面的问题

1. 当事人自愿启动调解意愿不高

万事开头难，而调解前置程序的开头正是调解的启动，关于调解启动难的问题，许多试点法院都有切身体会，尤其是那些固守传统的当事人自愿原则的试点法院，调解的启动更难，单纯依靠当事人事先约定或达成调解合意，是刻板遵循调解自愿原则的结果，不仅大大降低了当事人选择调解解决纠纷的可能性，还使调解的作用范围呈现出萎缩的状态，无法充分发挥调解前置程序的解纷作用，殊不知调解自愿原则最核心的意义在于当事人对达成某种调解内容或结果的自愿，而不在于调解启动的自愿，当事人不愿选择调解的原因既有可能是出于展现强硬姿态的需要，也有可能是基于我国诉讼程序的相对高效与便宜的考虑，一味顾虑当事人的想法，而不考虑程序相称原理，也不考虑采取措施引导当事人选择适当的解纷方式，不见得就是负责任的做法。

2. 合意诱导机制面临诸多质疑

目前尚有诸多学者对合意诱导机制提出质疑，认为采用合意诱导机制将会损害司法中立性，让当事人对司法人员的中立性产生质疑，因为采用合意诱导机制劝导当事人进行调解，虽然提高了当事人选择调解解决纠纷的概率和效率，但法院在劝导当事人进行调解时，所主要采用的策略——情理法并用、软硬兼施、分而治之、寻求合力等，却是监管型体制压力、法官高风险的生存状态、基层法院不出事的逻辑、当事人机会主义行为几个因素共同作用的结果，在这种合意诱导机制之下，法官遵循“风险规避”的原则，当事人则遵循“损失规避”的原则，表面上看似化解了矛盾，实现了法律效果和社会效果的统一，实则可能更容易产生后患，导致一波未平、一波又起，产生后续的新矛盾，并且法官以劝导当事人通过调解平息事端为结果导向将使自己被迫卷入纠纷之中，丧失中立地位。① 其实这种担心大可不必，因为该学者所提到的那些疑难复杂、难以审理的案件类型，其本身就不应该被纳入调解前置程序的范围之内。

3. 强制启动调解尚存立法障碍

关于强制调解的讨论已经很多，基于诉权的人权属性②，当事人在权利

① 参见汪永涛、陈鹏：《诱导型调解：法院调解的一个解释框架》，载《法制与社会发展》，2017（5），第45～46页。

② 参见吴英姿：《论诉权的人权属性——以历史演进为视角》，载《中国社会科学》，2015（6），第112～130页。

受到侵害或与他人发生纠纷时，有请求司法机关公正审判的权利，但可因正当且必要的事由予以合理限制，《民事诉讼法》中关于受案范围、小额诉讼的规定无一不体现了这点，并且裁判请求权的内涵不仅包括当事人应获得公正的裁决，还包括当事人应及时得到救济的含义。强制启动调解前置程序在诉讼爆炸的条件下为当事人提供了另一种“接近正义”的选择，并且通过调解前置程序达致的“正义”非“次级正义”，而是与诉讼一样，是在中立第三方的主持下实现当事人权益的维护以及纠纷的化解。此外，程序的设计应当与所处理的案件的性质、争议的金额、争议事项的重要性、复杂程度等因素相适应[①]，尤其是在司法资源有限的条件下，不应忽略程序的效益问题。有研究表明，强制启动调解后的调解成功率也并不低于依当事人自愿选择启动调解的成功率[②]，既然理论误区已经破解，且司法实践中亦有需求，那么破除强制调解的立法障碍势在必行。

（三）调解前置程序保障方面的问题

1. 回避制度付之阙如

调解前置程序中，当事人申请回避的方式和申请回避的事由基本上参照《民事诉讼法》中关于回避制度的规定，但是申请回避的时间，以及除调解员自行回避以外，如果遇到应该回避的情形时，该由谁决定的问题在实践中却有不同做法。

具体而言，当事人申请回避的时间一般有两个，一是在选定调解员之后，正式调解程序开始之前，二是在调解进行的过程中。有的法院不管是在第一个时间段还是在第二个时间段，只要当事人提出回避申请，都会予以同意，并期待以此增强当事人对最终调解结果的可接受性。与此同时，另一些法院在当事人于第一个时间段提出回避申请时，通常都会予以同意，而当当事人于第二个时间段提出回避申请时，如果调解员没有受贿、徇私舞弊等严重影响公正的行为时，为保持调解过程的连贯性，防止一方当事人假借调解拖延时间，法院一般予以驳回。这两种样态的出现，其实源自不同法院对公平与效率关系的不同理解，究竟如何处理尚待进一步明确。

---

① 参见刘敏：《原理与制度：民事诉讼法修订研究》，北京，法律出版社 2009 年版，第 29 页。

② 参见［澳］娜嘉·亚历山大：《全球调解趋势》，王福华等译，北京，中国法制出版社 2011 年版，第 24 页。

在存在应当回避的情形，调解员却没有自行回避时，应当由谁同意回避申请并作出回避决定的问题，目前各地法院也做法不一，有的是由主任调解员决定，有的是由诉调中心主任决定，有的是由立案庭庭长决定，有的是由民事庭庭长决定，还有的是以上几种情况的混合与叠加，这从侧面凸显调解前置程序中主体的混乱导致管理的混乱，以及在当前新一轮司法改革中，对于调解主体应该处于怎样的位置，实践中还有很多分歧。调解前置程序中回避制度的进一步完善必须把握好与上述两者的关系，并尽快达成统一的适用规则。

2. 保全机制适用不便

当前对于在调解前置程序中如何对财产和证据进行保全，法律法规并没有相应规定，司法实践中探索出的两种做法也在一定程度上存在问题。第一种通过公证固定财产和证据的方式，背离了公证的本来目的，公证制度主要着眼于预防双方当事人之间未来可能产生的争议，而不在于解决双方当事人之间已经发生的纠纷[①]，并且一方当事人想对己方已掌握的证据和财产等情况进行公证时可能比较顺利，而如果想将对方掌握的证据和财产等情况进行公证，则需要对方的配合，这在已经产生争议的双方之间将很难取得一致。第二种通过法院诉前保全的方式对财产和证据进行保全，目前来说是最为普遍、也是最为可行的方法，但是申请诉前保全涉及法院管辖权的问题，还需要当事人提供担保，程序复杂、成本较高，并且根据《民事诉讼法》第 101 条规定，申请人如果不在人民法院采取保全措施后 30 日内依法提起诉讼或者申请仲裁的话，诉前保全就会被解除，这对此类纠纷的调解时间也施加了严格限制。

3. 惩戒方式过于单一

根据《民事诉讼法》第 111 条规定，针对当事人妨碍诉讼的行为，人民法院有权根据情节予以罚款、拘留，构成犯罪的，还会依法追究刑事责任，但是对当事人妨碍调解的行为如何处理，法律上并无相关规定。此外，《民事诉讼法》第 112 条也只对当事人如果进行虚假诉讼或调解，人民法院亦可根据情节轻重予以罚款、拘留，或依法追究刑事责任进行了规定，但是该

① 参见刘坤轮：《人民调解制度的理念与价值》，载《财经法学》，2015 (6)，第 97～108 页。

法条中的“调解”是指法院调解，对于当事人在属于诉讼外调解的调解前置程序中进行虚假调解时，应如何处罚并没有法律依据，毕竟调解前置程序的调解主体是特邀调解员或特邀调解组织而不是法官，它们并不具备对当事人进行处罚的权力。根据经济分析的原理，一个违法行为的成本通常由工具成本、机会成本和犯罪后果三个部分构成，对于一个理性行为人来说，只有提高获取违法工具的难度，降低违法成功的机会或加大对违法行为的惩罚力度，才能让其认识到进行违法行为得不偿失，从而有效阻却违法行为的发生。针对进行虚假调解这一行为而言，当事人无须准备特殊的违法工具，也有许多的违法机会，因此，若要减少当事人虚假调解的行为，适当提高虚假调解的违法成本便成为遏制这一行为的关键所在，显然，目前针对通过调解前置程序进行虚假调解行为，只是“一经发现，终止调解”的惩戒力度是远远不够的。

（四）调解前置程序范围方面的问题

1. 在理论探讨上无成熟方案

前面已述及，我国在立法层面上，对于调解前置程序适用范围的规定，采取的是“反向排除＋正面列举”的立法形式，但是这种方法不可能穷尽所有的纠纷类型，为弥补立法规定不周延的问题，学界相继提出“三分法”与“个案判断法”两种学说。其中主张“三分法”观点的有李浩教授和赵蕾教授，李浩教授将先行调解的适用范围分为适合先行调解的纠纷、不适合先行调解的纠纷和可以先行调解的纠纷[①]，赵蕾教授则在此基础上，将先行调解的适用范围分为应当先行调解的案件、法官根据情况可以先行调解的案件和当事人自愿协商选择的案件。[②] 但是第一种分类在逻辑上不能自洽，因为“适合”与“不适合”已经是对纠纷的完全分类，逻辑上不该有其他分类的空间；后者对前者进行了一定修正，并尝试在先行调解的身上打上“强制”的烙印，但正如该作者自己所言，这个方案尚不成熟，有些具体案件类型应归属哪一类还需进一步研究讨论。持“个案判断法”观点的学者主要是李恩德教授，他认为对起诉到法院的纠纷采取个案判断的方

① 参见李浩：《先行调解制度研究》，载《江海学刊》，2013（3），第141～144页。

② 参见赵蕾：《先行调解案件的类型化研究》，载《法律适用》，2016（10），第10～14页。

法才能不遗漏“适宜调解”的纠纷。[①] 但此种方法在司法实践中并不可行，在增加司法成本的同时，可能还会损害司法的权威，毕竟个案判断极易导致调解主持者过多地揉进个人经验，且难以对此过程进行管理和监督。因此，目前理论上的探讨仍无助于解决立法不周延的问题。实践中，法官对一个纠纷是否应交由调解解决产生疑惑时，仍无适当的参照标准。

2. 在司法实践中范围过度扩张

由于立法空白较多，且鼓励有条件的基层人民法院开展调解前置程序的探索，各试点法院都会根据自身情况确定适用调解前置程序的纠纷类型，但是在这一过程中，也有法院为缓解“案多人少”的压力，而不断将更多类型的纠纷纳入调解前置程序的适用范围之内。以上海的法院系统为例，2017 年上半年传统意义上认为可以适用调解前置程序的家事纠纷、交通事故纠纷、民间借贷纠纷以及基于服务合同而引起的简单民事纠纷，只占上海法院诉调对接中心收案量的 59.4%，还有 40.6%的纠纷属于其他类型[②]，这可能是社会纠纷日益复杂的表现之一，但从另一个侧面也显示出了法院将更多类型的纠纷纳入调解前置程序适用范围的事实。但是调解也有其效用边界，其机能的发挥有赖于一定的条件，当事人的基本状况、纠纷的烈度和复杂程度、标的额的大小都会影响调解的解纷能力，若放任其适用范围不断扩张，直至超越一定的界限时，反而会妨碍当事人快速高效地解决纠纷，尤其是在调解可以强制启动的背景下，任由调解前置程序的适用范围不断扩张的做法更不可取。

（五）调解前置程序衔接方面的问题

1. 调解不成时获取的信息无法充分利用

根据民事诉讼法规定，当事人经过调解前置程序而没有达成调解协议时，不妨碍当事人通过诉讼的方式维护自己的权益，并且调解员可以在征得双方当事人同意后，还可以书面的形式记载调解过程中双方没有争议的事实，并由当事人签字确认。但是目前应该注意的是，在民事纠纷调解不

---

① 参见李恩德：《先行调解制度重述：时间限定与适用扩张》，载《法学论坛》，2015（2），第 49 页。

② 笔者注，数据源于 2017 年 7 月最高人民法院“探索调解前置程序改革试点座谈会”会议材料第 3～4 页。

成，通过法院的内部程序由诉调中心将纠纷退回立案庭之后，再由立案庭法官分给相应的民事庭法官的情况下，是否应当将无争议事实记载记录以及调解笔录一并提交给审判法官，以及具体应该提交无争议事实记载记录以及调解笔录中哪些内容的问题。当前司法实践中，有的法院在调解不成后，并不向民事庭转交任何材料，而是任由当事人根据需要向法庭提供材料；有的法院只向民庭转交无争议事实记载记录，而不转交调解笔录；有的法院既不向民事庭转交无争议事实记载记录也不提交调解笔录，而是提供记载一份当事人基本信息（尤其是送达信息）和反映当事人情绪且不涉及纠纷实质内容的说明书。通过调研得知，不同法院采取不同做法，主要是因为对无争议事实记载记录的效力还捉摸不透，且在诉调分离的背景下，害怕提交给法官过多的信息而影响了法官的自由心证，然而这也实质上导致了无法充分利用调解员在调解过程获取的信息，有徒增当事人讼累的嫌疑。

2. 调解成功时法院存在主动介入倾向

有学者提到可以借鉴日本与我国台湾地区的经验，赋予经调解前置程序所达成的调解协议与判决具有同等效力的做法，但由于我国《民事诉讼法》目前尚未将诉讼和解作为一种独立的结案方式，短时间内恐难以落地生根。然而基于调解前置程序与司法紧密相连的特性，有学者认为除非当事人明确表示不同意，否则法院应主动对经先行调解所达成的调解协议进行司法确认的做法，却在司法实践中引起较大的波澜，受此影响，之前在司法实践中奉行被动审查的法院也开始探索主动对调解协议进行司法确认的模式，毕竟对当事人而言，进行司法确认并不会增加太多成本，对法院而言主动进行司法确认也可巩固调解成果，防止纠纷复燃。但是这种做法实则具有侵犯了当事人选择权、增加当事人成本之嫌，并且给当事人造成调解协议只有经司法确认才有法律效力的错觉，长远来看并不利于当事人积极主动履行调解协议。

四、调解前置程序的路径选择

（一）完善以特邀调解员为主体的名册制度

我们应着力培育特邀调解员职业共同体，并以特邀调解员或特邀调解组织为重要支撑构建调解前置程序的主体模式。其实，为缓解“案多人少”的矛盾，调解前置程序的主体实际上正在经历“司法主体——混合主体——民间主体”的转变过程，如今之所以还有许多法院甘愿分流出部分司法人员参与到调解中，采取“司法主体”或“混合主体”的做法，无非是出于对特邀调解员和特邀调解组织调解能力的不信任。然而伴随社会经济快速发展，各种民间调解组织也已经获得极大发展，已经具备向法院输送一批兼具调解经验和调解能力的特邀调解员的能力，并且在法院的统一管理、统一培训下，特邀调解员已经逐步形成职业共同体，下一步人民法院应进一步按照立法规定，在指导、管理、服务、培训和业绩评估等几方面加强对特邀调解员的引导，促进来自各大调解组织的调解员与法院选聘的社会人士的融合，完善职业共同体建设。

针对法院而言，完善名册制度，坚持围绕特邀调解员建设调解前置程序也有以下优点：一是缓解自身人员紧张的问题，将司法人员从调解前置程序中解放出来，让其投入更需要人手的诉讼工作中；二是便于法院进行监督和管理，及时对特邀调解员的不规范行为作出指正；三是改善当前在册特邀调解员及特邀调解组织无力承载调解前置程序的现状。为此法院的工作还需在以下方面加以完善：首先要明确常驻法院调解员的性质也是特邀调解员，并进一步改善其在法院的工作环境；其次要完善名册制度，将常驻法院调解员列入特邀调解员名册，供当事人选择，只有当事人无法达成合意时，才由法院指定；最后仍采取“司法主体”或“混合主体”做法的法院应将司法人员与特邀调解员分离，由特邀调解员主持调解，司法辅助人员从中沟通与协调，法官负责对调解进行监督与指导。如此，方能理顺各主体之间的权利义务分工，实现人力资源的最优配置，并从根源上解决调解协议性质难以断定的问题。

(二) 实行“二元模式”的启动方式

为解决实践中“劝调一小时，调解五分钟”的窘境，并解决目前理论探讨与实践需求相脱节的问题，将强制调解限定在一定的范围内，构建调解前置程序启动的“二元模式”成为必需。具体而言，就是将合意诱导机制与强制启动相结合，并且两者在使用顺位上并不平等，对于适宜通过调解前置程序解决的纠纷，一般情况下应该尽可能充分发挥诱导机制的作用对当事人进行劝导，只有当事人无正当理由拒绝时，才以强制方式启动调解前置程序。采取这种方式一方面可以兼顾当事人的选择权，让真正适宜调解的纠纷通过调解前置程序解决，让不宜调解解决的纠纷及时进入诉讼程序，增加当事人对调解前置程序的认同度；另一方面可以彻底解决目前司法实践中固守当事人自愿原则所导致的调解启动难的问题，让调解员将更多的精力放到运用调解解决纠纷的过程中，而不是放在劝导当事人运用调解解决问题上。

此外面对相关学者对合意诱导机制的担忧和质疑，在采取启动的“二元模式”时，我们还应做好以下两方面的配套工作：一是明确判断纠纷是否适宜调解的标准，目前无论是法律规定、理论探讨还是司法实践，对适宜调解的纠纷类型多采用列举的方式，导致“同案不同处理”的情况颇为严重，急需通过明确判断标准解决法律适用的统一性问题；二是进一步完善合意诱导机制，目前采取合意诱导机制的试点法院，其方式仍较为单一，也不够规范，在推行“清单”制度，运用诉讼费用的杠杆作用调节当事人行为的同时，还应加强当事人心理预期制度的建设，通过提供类似案例的审判或调解结果修正当事人的心理预期，充分发挥审判的指引功能，促使当事人作出更理性的选择。

（三）完善与现有诉讼保障机制的连结

基于调解相对于诉讼所具有的高效性和非正式性，在调解前置程序中寻求建立独立的回避、保全和惩戒制度既不现实，也无必要，而加强与既有诉讼制度之间的连结不失为一种有效的方法。

对于当事人申请调解员回避的时间问题，也应当像当事人申请回避的方式和事由一样参照《民事诉讼法》和《民事诉讼法司法解释》中的规定，既要允许当事人在选定调解员后、调解程序正式开始前申请回避，也要允许当事人在调解进行的过程中申请回避。毕竟当公平与效率发生冲突时，公平的位阶高于效率，公平应优先于效率，况且调解前置程序与审判程序相比，本身就具有效率性，因而在不使调解前置程序变得臃肿的前提下，尽量在细节之处保障公平，促进当事人对调解结果的接受更为重要。对于调解员应当回避却没有自行回避时，由谁来决定回避的问题，笔者认为由诉调中心主任决定较为适宜，前已述及，调解前置程序中的调解属于诉讼外调解，立案庭和民事庭庭长对此进行过多干预不符合基本法理，而由主任调解员决定则存在较大随意性，也不便于法院发挥监督作用。长远来看，各大法院将逐步设立诉调中心促进调解与审判的对接，由诉调中心主任对调解员的回避作出决定，既符合其职责定位，又是法院发挥监督功能的重要途径，是较为稳妥和恰当的做法。

针对目前实践中通过公证制度与诉前保全制度保障当事人权利的做法，首先应予以肯定，但是两者都还存在许多改进空间，由于公证的目的在于为当事人提供保障，防止未来可能出现的纠纷，所以当纠纷已经出现时，除证据存在损毁或灭失的风险，或当事人存在提升证据证明力的需求之外，一般不应再引导当事人进行公证，而是应指引当事人通过诉前保全的方式防止对方毁灭证据、转移财产等行为，以免自身的损失进一步扩大。因为相对于公证制度而言，诉前保全包括诉前证据保全和诉前财产保全，其体系更加完备，对于不在自己掌控之内的证据和财产更能起到保护作用，并且根据《民事诉讼法》第 101 条规定，人民法院接受申请后，必须在 48 小时内作出裁定，裁定采取保全措施的，应当立即开始执行，其效率也更高，力度也更强，并且诉前证据保全其实还有一定的证据开示作用①，有利于调解员根据诉前证据保全的情况，进一步了解和判断纠纷情况，防范虚假调解行为的发生。只是目前法律规定对诉前保全还施加了一定限制——申请人需在人民法院采取保全措施后 30 日内，提起诉讼或仲裁才能让诉前保全继续有效，否则人民法院应及时解除保全，而当事人如果通过调解前置程序进行调解，则没有使诉前保全继续有效的作用，因此就当下可采取的措施而言，应该对进行了诉前保全的纠纷，在调解时注意把控调解期限，严格控制在 30 日以内，调解不成的应及时转到相应的民事审判庭，防止诉前保全失效的情形出现，长远来看，则最好是通过修改立法，将当事人通过调解前置程序解决纠纷的情形，也纳入可使诉前保全继续有效的情形之中。

面对调解前置程序的惩戒机制过于单一无力的局面，下一步应该在针对虚假调解“一经发现，终止调解”的基础上，建立和完善覆盖调解全流程的惩戒机制，并且惩戒对象不仅仅是虚假调解行为，还应该包含当事人

---

① 参见熊跃敏：《大陆法系民事诉讼中的证据收集制度论析——以德国民事诉讼为中心》，载《甘肃政法学院学报》，2004 (4)，第 1～6 页。

无正当理由拒绝调解的情形。具体而言，针对虚假调解的行为，事前可引入当事人具结制度，让当事人在正式调解程序开始之前签署保证书，并告知当事人作虚假陈述的不利后果；事中如果发现一方当事人虚假调解的行为，则应及时通告另一方当事人采取相应措施，如果发现双方当事人恶意串通进行虚假调解，则应该及时终止调解；并且在调解终止后，当事人又向法院提起诉讼时，法院可以判决参与虚假调解的当事人多承担诉讼费用，充分发挥诉讼费用的杠杆作用。针对当事人无正当理由拒绝调解的情形，不存在“终止调解”适用的空间，目前比较可靠的做法是向当事人宣传调解的种种优势，在积极引导当事人之余，充分发挥诉讼费用的调节作用。

（四）以要素法作为指引确定适用范围

调解前置程序的适用范围问题是“牵一发而动全身”的问题，因为无论是调解前置程序中的主体所具备的解纷能力，还是调解前置程序的二元启动模式，都对调解前置程序适用范围的界定提出了较高的要求，如果适用范围过于宽泛，则会导致适用调解前置程序的纠纷可能并不适宜调解，更不用说通过强制的方式予以启动，如果适用范围过于狭窄，则会导致部分纠纷无法通过调解解决，既无法让当事人及时“接近正义”，也无法缓解法院案多人少的矛盾，背离了设置调解前置程序的初衷。

除了法律和司法解释明确规定适用和不适用调解的纠纷类型之外，在法律的留白之处或许我们可以用类型化的思维去填补，以提高法律适用的效率和效果。通过梳理可以发现，适宜调解的纠纷通常都存在以下要素：一是双方当事人通常具有熟人关系；二是双方当事人之间的关系在未来一段时间内仍将存续；三是双方当事人之间的力量较为平衡；四是纠纷所涉及的标的额相对较小；五是双方权利义务关系较为明确。第一种要素使调解员或调解组织可以及时确认和联系双方当事人，为调解的开展提供最基本的前提，因为无论如何“缺席调解”是不可能的；第二种要素使纠纷双方出于维护双方关系的需要，而具有选择非正式渠道解纷的需求；第三种要素可以让调解员在当事人对抗的过程中逐步了解纠纷基本情况，无须调解员像法官一般在必要的时候依职权调取证据，这既符合提高效率的要求，也与调解员不具备调查取证权的制度设计相匹配；第四种要素从司法机关的角度看符合程序相称原理，从当事人的角度看也符合一个理性经济人的选择，因为一般情况下标的额越高、案情越复杂的案件，人们更愿意选择更专业、更正式的解纷方式；第五种要素则顾及了调解员的解纷能力和调解的非正式性特点，使调解员可以聚焦纠纷症结，快速解决纠纷。当负责案件分流的人员对某个纠纷是否应适用调解前置程序产生疑惑时，都可以以上述五种要素作为指引，甚至还可以此作为衡量法律规定是否合理的重要参考。

（五）坚持调审相对分离和被动审查方式

纵使调解与审判至少在12个方面具有不同的面相[①]，但是让“调解归调解，审判归审判”，实现调审绝对分离也只能是理论上的理想，与当前中国司法实践的发展阶段与发展要求存在偏差。当前我国司法制度已经较为完善，通过长期的努力，司法也逐步树立起自身的权威，成为人们最信任的解纷途径。与此同时，我国调解事业虽然也迎来大发展，但是其专业性、规范性和权威性还没得到广泛的认可，不仅不具备独立自主发展的条件，反而还需要司法机关的合理引导，调审绝对分离的思路建立在职权主义的理念上，却没有注意到这么做可能还会引发法官内部的分化，推升司法成本[②]，因此，构建调审适度分离的制度才是该有的选择，而所谓“适度”的表现在于：调解程序和审判程序都有相对独立的空间，但两者之间又存在联系，这种联系的界限在于调解程序所呈递的信息不能影响审判的公正，审判职能的发挥不能随意干涉调解程序的推进。因此，在调解前置程序中所获取的当事人信息和纠纷基本状况在不影响审判公正的前提下，可以将其中的部分内容，尤其是关于送达信息、当事人特殊状况、当事人情绪、纠纷烈度等情况的说明提交给法院，以充分利用调解过程中搜集到的信息。

此外，个别试点法院想通过主动介入的方式对调解协议进行审查，一方面是因为司法中心主义的思想在作祟，对法院在多元化纠纷解决机制改革中的地位和作用还没有形成清晰认识，另一方面是因为法院急于固定调解成果，防止为调解所付出的努力付诸东流。其实，建立司法确认程序的

① 参见李浩：《调解归调解，审判归审判：民事审判中的调审分离》，载《中国法学》，2013(3)，第5～18页。

② 参见胡道才：《调审适度分离：“调解归调解，审判归审判”的另一路径——以南京两级法院改革试点工作为研究对象》，载《当代法学》，2014(2)，第76～86页。

目的在于作为当前调解员素质参差和权威不够的补充手段，让其处在“备而不用”的状态才是最好的选择。[①] 做好监督与培训工作，将更多的注意力集中于提高调解程序的规范性和调解员的专业性，让调解协议的内容成为当事人真正意愿的体现才是法院的当务之急，无须以“主动介入”代替“被动审查”，徒增司法人员的负担。

五、调解前置程序的未来展望

调解，亘古延绵，流淌于中国人的血液，根植于中国的社会习惯、社会心理和生活方式之中，被誉为东方解纷经验中的一朵奇葩，但是伴随改革开放后西方话语体系的冲击以及实现我国审判专业化的需要，传统型调解深受司法政策影响，几经起伏，并在总体上呈现出衰落之势。直至21世纪初，由于民事审判权的作用范围逐步明晰，司法从过去主动渗透到社会的各个角落回归到谦抑、被动的本性，不再将各种案件都纳入司法审判的监管之下，同时，“熟人社会”不断裂变和分化，致使原本可以由单位或团体内部解决的纠纷释放出来，需要新的社会组织代替原本的单位或团体发挥解决纠纷的职能，由此开启了在传统型调解的基础上，如何进一步取经于西方调解理念，探索调解本土资源的现代型调解转型之路，这一过程直到今天仍方兴未艾。

衡量一个社会法治水平或社会秩序的状况，基本依据并不在于该社会中社会冲突发生的频度和烈度，而在于解纷机制对于现实社会冲突的排解能力和效果。[②] 在民事诉讼社会化的背景之下[③]，解纷权力不断向社会组织扩散，越来越多的社会组织也逐步具备了专业、高效的解纷能力，面对法官员额制改革，法院“案多人少”的矛盾，调解前置程序的建立健全为众多简单的民事纠纷提供了新的解纷途径，有利于缓解诉讼迟延的现象，有利于保障当事人权利，合理分配解纷资源，实现国家治理体系和治理能力的现代化。虽然目前由于立法粗疏、理论多样、实践多样，加之我国司法

① 参见潘剑锋：《民诉法修订背景下对“诉调对接”机制的思考》，载《当代法学》，2013（3），第107～111页。

② 参见顾培东：《社会冲突与诉讼机制》，北京，法律出版社2016年版，第19页。

③ 参见王福华：《民事诉讼的社会化》，载《中国法学》，2018（1），第28～52页。

改革过程中特有的“自上而下＋自下而上”的发展范式，致使调解前置程序的构建缺乏统一的标准，但是我们万万不可因噎废食，应该既要清楚地看到调解前置程序在解决纠纷和权利保障方面的重要作用，也要明白调解前置程序是立足于中国国情，从“调解优先”到“先行调解”再到“调解前置程序”一步一步发展而来，是符合发展趋势并具有强大生命力的。当前，我们应将注意力集中在完善调解前置程序最重要的五个维度——主体、启动、保障、范围、衔接上，并推动调解前置程序在立法层面和司法层面的发展，力求在供给侧上为不同烈度的社会矛盾提供适当的排解机制，不断优化国家治理体系，提升国家治理能力，努力让每一个公民在每一个司法案件中感受到公平正义。

第十五章 “调解法”制定中的几个问题

一、问题的提出

自改革开放以来，我国经历了前所未有的剧烈社会转型，几乎用三十年的时间基本完成了西方国家三百年才完成的社会现代化转型。在如此短促而剧烈的过程中，我国各种社会矛盾纠纷大量涌现，并呈爆炸趋势涌向法院，这使得我国和西方法治发达国家一样，从“无讼社会”步入“诉讼社会”①。为克服国家司法资源的有限性，缓解“案多人少”的矛盾，使社会公众更加便捷、高效、经济地“接近正义”，调解作为诉讼外社会矛盾纠纷化解的主要方式，已经成为全球趋势。本书前面章节，我们已经充分阐明，调解在中国社会纠纷解决中有深厚的文化土壤，并分析了传统中国调解在新时期面临的新问题，当代中国调解应该重塑的新理念。在社会主要矛盾发生新变化的基本国情之下，调解的新理念和新思维应该如何融入现代法治体系中，前面章节已经检视了人民调解、法院调解、行政调解、商业调解、行业调解、律师调解等中国调解实践的过去、现在与未来，总结了其成就与不足。本章将在此基础上，立足中国调解的实践经验，探讨调解立法规制问题，促进调解与法治的融合。

党的十八届四中全会通过的《关于全面推进依法治国若干重大问题的决定》明确提出：“建设中国特色社会主义法治体系，必须坚持立法先行，发挥立法的引领和推动作用，抓住提高立法质量这个关键。”而新时期依法

---

① “诉讼社会”概念在国内首先由张文显教授提出，一般认为，如果一个社会每年约有10%的人口涉诉，则该社会即可被认为是“诉讼社会”。参见张文显：《现代性与后现代性之间的中国司法——诉讼社会的中国法院》，载《现代法学》，2014 (1)。

治国的“新十六字方针”首先是“科学立法”。在全面依法治国的整体方略中，完备良善的法律规范体系是社会主义法治体系建设的重要基石。随之而来的问题是，需不需要为调解专门立法？如果调解具有专门立法必要性，又该如何为调解立法？

与诉讼不同的是，调解具有灵活性、地方性、多元性，在人类社会秩序的分类学框架中，更多属于“自生自发的秩序”“人之行动而非人之设计的结果”，即哈耶克所言的“内生秩序”，而诉讼则属于“人造的秩序”，即哈耶克所言的“外生秩序”。奉自由主义为理论圭臬的哈耶克反对理性建构，主张应该“避免用扼杀个人互动的自生自发秩序去摧毁我们的文明”[①]。虽然这种自由主义理论过于理想化，脱离社会实际，但它却从相反视角促使我们慎重地为调解立法、科学地为调解立法。基于此，本章以调解立法为主题，立足我国相关立法的实践经验，深入挖掘立法资源，为制定“调解法”提供些许参考思路。

二、制定“调解法”的必要性

法的制定，是把一定的阶级（阶层或阶层联盟）的主张上升为国家意志，成为规范性法律文件，最终成为全社会成员共同遵守的行为准则。[②] 从宏观战略层面来讲，作为构建法治中国建设的重要一环，不失时机地制定“调解法”对于促进社会治理体系和治理能力现代化、应对当前社会主要矛盾及纠纷解决需求、顺应包容性调解的全球趋势均具有极为重大的理论价值和实践意义。因此，学界多年前就有制定“调解法”的呼声。[③] 从我国调解实践情况来看，制定统一的或者综合性的“调解法”具有现实必要性。

（一）克服《人民调解法》的不足

要制定统一的“调解法”，首先必须回答，如何定位现行有效的《人民调解法》？为什么在已经制定了《人民调解法》的情况下，仍然要制定“调

---

① ［英］哈耶克：《法律、立法与自由》（第一卷），邓正来、张守东、李静冰译，北京，中国大百科全书出版社 2000 年版，第 5～7 页。

② 参见沈宗灵主编：《法理学》，北京，高等教育出版社 1994 年版，第 273 页。

③ 参见范愉：《有关调解法制定的若干问题（上）》，载《中国司法》，2005（10）；汤唯建：《关于制定社会调解法的思考》，载《法商研究》，2007（1）。

解法”。2006年11月，时任中共中央政治局常委的罗干同志在全国政法工作会议上首次提出“大调解工作体系”的概念，“注重发挥调解手段化解社会矛盾纠纷的作用，着力构建在党委领导下，以人民调解为基础，加强行政调解和司法调解，三种调解手段互相衔接配合的大调解工作体系”①。此后，在我国的官方文件表达中，调解体系一直被表达为人民调解、行政调解、司法调解三大类。2010年通过的《人民调解法》延续了这种“一分为三”的调解框架体系，试图将各类非司法性、非行政性的社会调解都纳入《人民调解法》的规制范围。随着2010年《人民调解法》的出台，中国的调解立法选择了“分进”的道路。人民调解已然逐步渗透到其他类型的调解之中，造成了人民调解的概念泛化。

然而，我国的调解类型十分丰富，既有官方机构主持的行政调解、司法调解等类型，也有非官方主持的社会调解，例如个人调解、人民调解、行业调解、商事调解、律师调解、仲裁调解、公证调解等类型。《人民调解法》没有针对不同类型纠纷的特点而建立起多元化的社会调解体系，而是突破传统人民调解地域性、自治性的原有制度定位，试图以一元化的人民调解统合各类民间社会性调解。这种一元化的统合模式导致其后的相关政策文件表达皆以“人民的名义”把实践中所涌现的各种新型调解类型都戴上“人民调解”的帽子或装进人民调解的“百纳袋”中，这种概念泛化掩盖了商事调解、行业调解、专业调解等多元社会调解方式的制度特色，造成了这些非官方调解的法律定位不清，使得调解立法滞后于新型调解实践，并严重制约了多元调解形式的协调发展，不利于纠纷解决的国际交流与合作。因此，有必要超越《人民调解法》，制定统一的“调解法”。

（二）提升非诉调解的法律地位

改革开放以来，我国逐渐形成了以诉讼为中心的纠纷解决格局，调解因为被视为法治的对立面而被边缘化。在“为权利而斗争”“上法院讨个说法”“一元钱官司”所标榜的权利话语泛滥的现实背景下，法院成为社会矛盾纠纷化解的主要防线。自1978年以来，我国法院受理的各类案件从61.3万件剧增至2 260万件，案件数量足足增加了近37倍，而法官数量从1981

① 罗干：《政法机关在构建和谐社会中担负重大历史使命和政治责任》，载《求是》，2007(3)，第7页。

年的6万多人增长至12万多人，人民法院“案多人少”的矛盾十分突出。司法资源的稀缺性和对抗式诉讼的局限性，也注定了诉讼不可能成为“包打天下”“包治百病”的唯一方式或者主要方式。当前我国正处于社会转型期、矛盾凸显期、利益调整期，社会矛盾纠纷充满现实性与非现实性，很多深层矛盾纠纷难以通过比分对错的诉讼方式予以解决。与司法审判相比，调解具有自愿性、和解性、协商性、开放性、灵活性、保密性等八个方面的比较优势①，调解在维护社会和谐稳定方面发挥着不可替代的作用。因此，应该打破诉讼中心主义的解纷观念，提倡或者引导人民群众通过调解、和解方式解决纠纷。

值得注意的是，我国《民事诉讼法》第122条确立了先行调解制度，最高人民法院在《关于进一步深化多元化纠纷解决机制改革的意见》第27条提出要探索建立调解前置程序。《民事诉讼法》所确立的先行调解以及未来的调解前置程序应该面向所有诉讼外社会调解，即当事人对需要调解前置的纠纷的调解申请，既可以向人民调解组织，也可以向其他类型的调解组织提出调解申请，通过国家认证的各种类型的调解组织都可以承接部分纠纷的前置调解工作。实质上，各类社会调解在本职上都遵循当事人自愿与自治原则，在调解协议的性质上并没有本质区别，因此，对这些诉讼外调解协议都应该予以司法确认，而不是只局限于人民调解协议。然而，除《人民调解法》已有规定的之外，实践中大量新型的社会调解处于无法可依、无章可循的境地，极大削弱了先行调解制度的运作实效。通过制定“调解法”，提高非诉调解的法律地位，充分发挥其相对于诉讼的比较优势，降低当事人纠纷解决的时间成本和经济成本，使其成为社会矛盾纠纷化解的第一道防线，对于满足人民群众多元化解决纠纷需求具有重要意义。制定“调解法”，明确各类调解的法律地位和作用，有助于支持当事人通过调解解决纠纷，赋予调解解决纠纷的正当性与合法性，提高其利用效率。

(三) 促进现代调解的规范化

尽管传统调解更多属于“自发自生的秩序”，但现代法治社会的调解必然要接受法律的规训，大部分调解都是在“法律的阴影”下形成。尤其是

---

① 参见李浩：《调解的比较优势与法院调解制度的改革》，载《南京师范大学学报》(社会科学版)，2002 (4)。

在现代商业社会，商事主体对于调解服务的需求已有别于过往纯粹意义上的调和矛盾，其对调解的程序保障、调解的质量有更高的要求。而目前我国除了人民调解组织和人民调解员队伍有专门的《人民调解法》予以规范外，对于商事调解、行业调解、律师调解等新型调解缺乏规范的调解组织认证体系和调解员资格认证标志规则，调解职业化发展尚未形成科学的顶层设计与整体部署，调解类型的多样化优势并没有发挥出来，各种调解类型各自为政、自成体系，没有统一的行为规范、准入标准，调解员的社会地位、专业权威及其职业规范等均未形成合理建构。① 与调解程序适用相关的衔接机制亦未形成，这导致调解质量难以得到切实保障。

有学者提出，在现代化转型视野下，中国的调解制度理应走回应型调解之路，回应型调解与回应型立法相对应，回应型调解具有政策塑造功能，对缓和法的严苛性和促进新型法律的生成具有能动作用。② 如果调解自身无法进行规范化运转，调解的现代化功能则根本无从谈起。“调解法”的作用在于，明确各类调解组织的资质条件，确定各级地方政府对不同类型的调解组织应当承担的支持、保障、监督、管理的职责和权限范围，确立调解的基本原则、程序规范，提高调解的正当性、合法性、合理性，减少调解的弊端和错误几率，为当事人提供必要的救济机制。③ 因此，制定“调解法”，即为回应当前调解的运行乱象，协调现有法律条文之间的冲突与矛盾，规范不同调解类型在社会矛盾纠纷化解过程中的秩序，亦是从整体意义上综合把握各种类型调解的优劣态势，扬长避短，构建现代化的调解体系。唯有如此，方能提升调解质量，推进调解的职业化建设。

（四）顺应全球调解发展趋势

在全球民事司法改革浪潮中，ADR 机制受到了普遍关注，调解即为其中的典型代表。从世界各国与地区的立法及司法实践看，调解是发展最为迅速的 ADR 机制。甚至有学者提出，完善的立法为世界各国调解的发展提

---

① 参见廖永安、刘青：《论我国调解职业化发展的困境与出路》，载《湘潭大学学报》（哲学社会科学版），2016（6），第 49 页。

② 参见汤维建：《现代化转型视野中的中国调解制度》，载《朝阳法律评论》，2010（2），第 165～166 页。

③ 参见范愉：《有关调解法制定的若干问题（上）》，载《中国司法》，2005（10）。

供了坚实的法治基础，调解的法制化也以显著的成效回应了现实需求。[①] 可见，制定“调解法”是适时顺应全球调解发展趋势的必然选择。众所周知，我国正大力推进“一带一路”发展建设，在“一带一路”相关国家的纠纷解决中，诉讼机制囿于各国司法主权的地方保护主义而难以在涉外纠纷中有所作为。特别是那些法治极速现代化发展的国家或者地区，从他国大量借鉴实体法与程序法，法律移植往往伴随水土不服的问题，这些法律规则难免与旧有的社会规则产生各种冲突，因此，在其纠纷解决中充当主角的往往是长期以来更为各国认可的调解、仲裁等 ADR 机制。

“纠纷处理制度不仅仅在于解决纠纷，它们向社会传达了一种纠纷是如何被理解和尊重的信息，它们推动并反映纠纷文化，在法律改革的讨论中集中于两大法系相互融合的趋势之际，调解象征着一种非正式的消费者主导下的新形式正义的诞生，这维系着法律程序的一般性而非典型性。”[②] 就我国而言，调解是比仲裁更为成熟的纠纷解决方式。制定“调解法”，从长远意义上讲是维系法律程序的普遍性与顺应调解的包容性，从近期意义上讲是顺应全球调解发展趋势的必然选择。2018 年 6 月 27 日，联合国国际贸易法委员会（UNCITRAL）第五十一届会议通过了《联合国关于调解达成的国际和解协议公约》（又称《新加坡调解公约》），这是世界第一个以调解方式解决商业纠纷的多边条约，被视为国际争议调解领域的一大里程碑。这也使得我国制定“调解法”显得更为紧迫。要促使当事人信赖并选择我国调解组织调解达成的和解协议，提高我国调解组织和调解程序的规范化，尤其是在“一带一路”战略建设过程中，诸多商事矛盾的产生及其解决方案需要获得各方认可，中国作为负责任的大国，领跑者的角色担当必须配备普遍性的纠纷解决机制。人类命运共同体概念的提出，使得中国人民的梦想同世界各国人民的梦想息息相关，包容互惠的发展思维必须得到贯彻落实。在西方发达国家，越来越注重调解制度、规则的专业化建设及调解

---

① 参见齐树洁主编：《外国 ADR 制度新发展》，厦门，厦门大学出版社 2017 年版，第 22～24 页。

② ［澳］娜嘉·亚历山大：《全球调解趋势》，王福华等译，北京，中国法制出版社 2011 年版，第 33 页。

员的职业化发展。[①] 为顺应时代潮流，我国在积极打造国际商事纠纷解决中心的同时，有必要对我国调解制度进行现代化改造，积极制定包括商事调解在内的统一的“调解法”，建立健全科学规范的调解规则体系。[②]

三、制定“调解法”的指导思想

本书前面章节指出，调解的理性包括程序、经济与道德等方面，调解的理念即是从指导思想方面进行转型，在调解多元化发展的当下，应注重不同调解方式的合理运用，避免将某一种调解方式无限泛化。多元的调解格局旨在满足不同群体不同层次的调解需求。

在西方追求权利、崇尚对抗的价值取向下，审判始终居于核心地位，在中国追求妥协、崇尚和谐的社会理念下，调解始终占有重要地位。尤其是在社会发展不平衡、不充分的当下，多元化的调解方式的最优状态就在于实现各种调解适用的协调与平衡。因此，制定“调解法”必须理顺不同调解方式之间的关系，树立新的指导理念，这直接决定了调解体系的构建。

（一）社会主义核心价值观

社会主义核心价值观是社会主义法治建设的灵魂。2013 年 12 月，中共中央办公厅印发的《关于培育和践行社会主义核心价值观的意见》指出，要把社会主义核心价值观落实到立法、执法、司法、普法和依法治理各个方面。我国《民法总则》就将社会主义核心价值观写入立法。我国“调解法”的理念与社会主义核心价值观具有天然的契合性，社会主义核心价值观在国家层面倡导文明、民主、和谐，在社会层面倡导自由、平等、公正、法治，在公民层面倡导诚信、友善，这些价值目标、价值取向、价值追求都与调解的运作理念相一致。调解与我国“无讼”“和为贵”等传统文化价值相一致。广大百姓在“君子喻于义，小人喻于利”的传统儒家思想的熏陶下，不习惯竞技性的诉讼对抗，熟人社会中发生纠纷往往找寻更为缓和的解决途径。传统社会的调解无不贯彻“和乡党以息争讼”“明礼让以厚风

① 参见齐树洁主编：《外国 ADR 制度新发展》，厦门，厦门大学出版社 2017 年版，第 22～30 页。

② 参见徐光明：《一带一路背景下商事纠纷的多元化解决》，载《人民法院报》，2017－09－15，第 005 版。

俗”的精神，调解所秉持的和谐理念能唤起广大人民群众内心潜藏的认同感。[①] 调解在案结事了方面追求人际关系的文明和谐，在纠纷解决过程方面凸显当事人的主体地位，尊重当事人意思自治，体现社会交往的自由民主，在纠纷解决结果方面强调当事人应该诚信友善，遵守法律与合约，体现平等、公正与法治。因此，在众多纠纷解决机制中，调解无疑是最能彰显社会主义核心价值观的纠纷解决机制，这从侧面证成，制定“调解法”必须以社会主义核心价值观为指导。

以社会主义核心价值观为指导制定“调解法”，符合近年来党和国家的立法政策指引。2016 年 12 月，中共中央办公厅、国务院办公厅印发《关于进一步把社会主义核心价值观融入法治建设的指导意见》，要求各地区各部门结合实际认真贯彻落实社会主义核心价值观。作为社会主义法治建设的重要指引，把社会主义核心价值观融入法治建设，是坚持依法治国和以德治国相结合的必然要求，是推进社会主义核心价值观建设的重要途径。2017 年 10 月，习近平总书记在党的十九大报告中重申，要“把社会主义核心价值观融入社会发展各方面”，建设属于中国的社会主义法治文化。2018 年 5 月，中共中央印发的《社会主义核心价值观融入法治建设立法修法规划》中强调，推动社会主义核心价值观入法入规，必须坚持问题导向。“调解法”的制定，是鼓励调解在社会矛盾纠纷化解中的运用，结合情、理、法等元素以满足当事人不同层次的纠纷解决需求，推动社会主义核心价值观融入立法的一次良性实践。[②]

（二）新发展理念

新发展理念最初是在党的共十八届五中全会上提出的概念，《中共中央关于制定国民经济和社会发展第十三个五年规划的建议》中明确提出：“实现‘十三五’时期发展目标，破解发展难题，厚植发展优势，必须牢固树立创新、协调、绿色、开放、共享的发展理念。”[③] 习近平总书记在党的十九大报

---

① 参见孙赟峰编：《如何做好调解工作　调解实务技巧与案例》，北京，中国法制出版社 2013 年版，第 12～13 页。

② 参见李锦：《社会主义核心价值观融入科学立法的路径选择》，载《新疆师范大学学报》（哲学社会科学版），2019（1），第 29～30 页。

③ 《中共中央关于制定国民经济和社会发展第十三个五年规划的建议》，载《人民日报》，2015-11-04，第 001 版。

告中再次重申“必须坚定不移贯彻创新、协调、绿色、开放、共享的发展理念”。为合理构建社会矛盾纠纷调解体系，充分发挥各种类型调解在不同纠纷解决中的优势地位，应当坚持新发展理念并以此指导“调解法”的制定。

“新发展理念与法治中国的关系，实际上就是政治话语体系与法治话语体系的关系。”① 在此强调以政治话语体系的新发展理念指导法治语境下的“调解法”之制定，原因在于，二者在最终目标上具有一致性。具体而言，新发展理念是中国共产党为推进社会经济发展而提出的政策指引，中国共产党作为执政党，其在治国理政推进过程中必将把新发展理念贯彻落实到市场经济发展中。市场经济实质上属于法治经济，制定“调解法”，目的是更好地规范市场经济发展中矛盾纠纷调解的秩序，使得相关行为内容更加于法有据。虽然并非所有的政策都会转化为法律，但实现政策价值最好的办法即利用法治，将政策的内容和精神融于立法和法律实施当中。就某种程度而言，调解与新发展理念具有天然契合性。以绿色理念为例，绿色理念在某种程度上可理解为可持续发展的理念。1987 年世界环境与发展委员会出版的《我们共同的未来》报告中，将可持续发展定义为，既能满足当代人需要，又不对后代人满足其需要的能力构成危害的发展。② 在社会矛盾纠纷化解领域，各种纠纷解决机制有其不同的特点，诉讼是公正、法治的典型，但在一定程度上将造成双方当事人“老死不相往来”，相比较而言，调解相对“温和”，较为注重双方当事人心理及社会关系的修复与维系，这与可持续发展的理念不谋而合。调解的启动、过程及调解协议的达成与履行，皆提倡遵从当事人的自主意愿，在相对平和的环境下进行纠纷调处，实为绿色理念在纠纷解决中的典型。“文明社会法治发展的历程表明，每一场法治革命的生成与演进，都凝结着特定的社会与法治发展理念，反映了社会与法治发展理念的深刻变动，体现出鲜明而独特的社会与法治发展理念取向。”③ 制定“调解法”，即可视为调解领域的一次深刻变革，但它并非

① 周佑勇：《逻辑与进路——新发展理念如何引领法治中国建设》，载《法制与社会发展》，2018 (3)，第 35 页。

② 参见刘金国、蒋金山主编：《新编法理学》，北京，中国政法大学出版社 2006 年版，第 3 页。

③ 公丕祥：《新发展理念：中国法治现代化的战略引领》，载《法治现代化研究》，2017 (1)，第 23 页。

将我国调解体系推倒重建，而是在现有传统规范基础上进行合理的扬弃。唯有如此，才能更好地规范调解实践的乱象。

（三）非讼理念

前面章节，我们已经阐明了现代调解的新理念和新思维，从某种程度来看，调解现代化的过程即是调解法律体系与时俱进的过程。为实现“调解法”的与时俱进，必须以调解的新理念、新思维为指引。作为纠纷解决制度，“调解法”的制度设计应该不同于民事诉讼法的制度设计。具体而言，“调解法”作为非讼程序法应该坚持以下基本理念。

首先，应坚持打造利益共同体的理念。民事诉讼的基本结构是“对抗与判定”，当事人双方系利益对抗体，为了赢得有利诉讼结果极尽攻击防御之能事，因此，诉讼长期被镌刻着高时间成本、高经济成本的标签，诉讼延迟也与市场经济交易所追求的效益性相悖。在司法实践中，调解员多以纠纷双方之间的共同利益为调解轴心，以互利共赢、合意共建的思维进行纠纷调解。相较于诉讼的对抗属性，制定“调解法”，以调解新理念、新思维为指导，意在努力挖掘当事人之间追求以最小代价实现纠纷解决的思维，追求纠纷当事人之间的共同利益，努力在共赢的区域中探索调解之道，这是契合当前市场经济之鼓励交易精神的。

其次，应坚持树立动态利益观。在众多纠纷解决方式中，以诉讼标的为基础展开的诉讼机制代表的是一种单一的静态利益观念，调解则因自身的灵活、开放、包容属性而倡导多元化的动态利益观。不言自明，代表单一静态利益观的诉讼机制愈发无法适应转型期当事人纠纷利益诉求多元化的需要，而调解则是兼顾眼前利益与长远利益，物质利益与非物质利益、诉争内利益与诉争外利益的纠纷解决方式，它的灵活性、开放性、包容性等系其优势所在。伴随社会主要矛盾的转变，当事人对于纠纷化解的方式、目标、过程及结果等都提出了更高的要求，相较于静态利益之价值理念，兼顾诉争外的、间接的、长远的利益更为当事人所青睐。因此，动态利益的理念与思维应为“调解法”所吸收。

再次，应坚持树立综合性思维。诉讼机制囿于诉讼标的理论影响而在纠纷解决时呈现切片式思维，刚性裁断的作出是强行将当事人之间的权利义务关系从双方之间的社会关系中抽离而来，强制性裁判的背后往往不能恰到好处地迎合各方当事人之间的内心真意。相比较而言，调解以当事人之间的合意为前提，是一种综合性的纠纷解决思维，不仅关注当事人之间的权利义务关系，更兼顾作为自然人或者法人组织，甚至第三方的感情关系或者商贸来往的延续性，多维度视域下综合考究纠纷起因、争点及其化解。民事诉讼以“切片式”思维为指引，法官只能就争议的法律关系作出裁决，否则即违背诉讼之法理。如本书第二章所述，现代调解以“合意主义”为指引，运用综合性思维将若干关联争议的法律关系合并起来加以权衡。质言之，调解在化解纠纷中洋溢着诉讼不具有的人文情怀，此为其独特的魅力所在。

最后，应引导当事人树立向前看思维。在诉讼中，法官借助证据材料对已然发生的矛盾纠纷的案件事实进行探索，这是一个对历史事实的回溯过程。不管是职权主义模式，或者是当事人主义模式，其目的是通过证据去发现法律真实，然后根据发现的案件事实作出法律权利义务的判断，具有明显的向后看思维。调解则不同，调解的文化倡导“和”的理念，当事人之间的纠纷争执不应对双方的关系造成无法调和的裂痕，合意适用调解即表明双方决然不是追求“老死不相往来”的纠纷解决结果。在全球化发展的潮流带动下，人与人之间、组织与组织之间、国家与国家之间的交往愈发频繁，世界日益成为一个紧密联系的整体。在商事交往中，互动交流过程伴随着利益的争执与对抗，无可避免地发生摩擦争执，但商业活动有其必须遵循的客观规律，利益最大化绝非较一时之长短，长远利益、可持续的利益才是终极目标。在调解领域，不论是人民调解、行政调解、行业调解还是商业调解，自然人之间纠纷的化解并不拘泥于既定纠纷争端的范围，尤其是商业发展的持续性、不间断性，其追求利益的本质属性决定商业纠纷的解决往往不那么在乎一时得失，而往往会兼顾眼前利益与长远利益的取舍。事实上，利益的最大化往往不是在对抗机制下产生，而是在互利共赢的合作中产生，而且是一种可持续的利益。“商事调解的向前看思维要求，纠纷化解不应止步于眼前纠纷的化解和当前利益的恢复，而应着眼于未来，采取‘做大蛋糕’而非‘切分蛋糕’的方式寻找纠纷双方新的利益增长点，促成新的合作方案，使纠纷消弭于互利共赢的长期合作之中。”[①]

① 廖永安：《当代调解的新理念与新思维》，载《人民法院报》，2017-06-16，第002版。

人们借助诉讼追求正义往往是无奈之举，但选择调解进行纠纷化解则或多或少不以追求纠纷解决为唯一目的，调解所追求的纠纷解决效果的最优化包含动态利益、综合利益、长远利益、共同利益的价值理念，这是一种顺应时代需求的纠纷解决理念。无论是社会主义核心价值观、新发展理念还是当代调解的新理念、新思维，它们都是顺应世界调解发展潮流的、经过实践检验的科学指导思想，制定"调解法"必须以它们为思想指引，才能最终实现科学立法。

四、"调解法"的基本原则

根据布莱克法律词典的观点，法律原则是指法律的基础性原理或者真理，为其他规则提供基础性或本源性的综合规范，是体现法律行为的决定性价值观念的规则。[①] 制定一部综合意义上的"调解法"，法律原则是必不可少的。中国现行的调解类型丰富多样，不同类型的调解有其自身必须遵循的特殊原则，在此暂不详述，调解的一般性原则乃此处之重点。调解的基本原则包括但不限于自愿原则、保密原则、合法原则、诚实信用原则[②]，在此主要就该四项原则展开具体阐释。

（一）自愿原则

调解自愿原则是指对当事人的争议进行调解必须取得双方同意，不得强迫。自愿原则是调解工作开展的首要原则，任何违背当事人自主意愿而强行就纠纷展开调解的做法，都与调解的行为本身及其目的相悖。只有坚持自愿原则，调解的活动才具有意义，调解行为及调解结果才能为当事人所认可，最终实现消除当事人隔阂及解决纠纷的目标。调解自愿原则的内涵应当从程序自愿和实体自愿两个维度进行理解，主要包括：第一，选择调解方式解决争议必须出于双方当事人的自愿；第二，在调解过程中，双方当事人自愿配合调解员的调解，不受他人强迫；第三，调解协议的达成及履行必须出于双方当事人的自愿。在司法实践中，调解的自愿属性或多或少存在程序"软化"现象。沃尔夫勋爵认为，适当的强制性调解是合理

---

① 参见郭道晖：《法理学精义》，长沙，湖南人民出版社 2005 年版，第 235 页。

② 有学者提出"调解不是诉讼的必经程序的原则"。参见常怡主编：《中国调解制度》，北京，法律出版社 2013 年版，第 59～61 页。

的，尤其是当法院系统案件压力巨大时，调解可以成为案件分流的重要辅助；意大利为应对司法延迟的局面，对扩大调解的适用范围在第5492号议案里进行了规定；2000年德国联邦政府颁布的《民事诉讼法》(EGZPO)第15条a款亦为强制调解的具体规范。①

当前人们对于调解自愿原则尚存在一定的理解误区。譬如，人们对调解自愿原则与先行调解之间的关系或有误解。② 这事实上是两个不同层面的概念，先行调解仅仅是针对调解程序的启动而言的，在纠纷解决的实体层面，它理所应当地遵从调解自愿原则的支配。先行调解作为一种程序适用环节的指引规范，仅适用于法院调解中。《关于适用简易程序审理民事案件的若干规定》(法释〔2003〕15号)第14条的兜底性条款，“根据案件的性质和当事人的实际情况不能调解或者显然没有调解必要的除外”，即有此含义。又如，调解自愿原则与人民调解委员会积极主动调解争议或存歧义。③我们认为，争议发生后双方当事人主动找人民调解委员主持调解，此为常规意义上的人民调解，人民调解委员主动找上门来调解，若当事人表示不反对，或者起初反对，而后经人民调解员的宣传而选择调解等情况，这仍然属于调解自愿原则的范畴。自愿原则并不要求自始至终当事人不能有反对意见或者意思表示，自主意愿的表达理应充分考量当事人内心真意的变化。如前所述，德国、日本以及我国台湾地区针对特定类型的纠纷都建立了诉前调解强制程序。我国目前虽未建立实质意义上的强制调解制度④，但司法实践部门对建立该制度的呼声强烈。然而，理论界很多学者对此仍然持保守观点，学界对诉前调解前置的最大担忧是，强制当事人选择先行调解，有侵害当事人诉权之虞。这实际上是对调解前置程序的误解，把特定类型纠纷的先行调解作为当事人起诉的前置条件，只是对当事人先行利用调解程序的强制，对于是否愿意达成调解、调解协议的具体内容，仍然遵循自愿、合法的原则，完全由当事人决定。因此，在经过长期司法实践检验的适宜调解的婚姻家庭、相邻关系、小额债务、消费者维权、机动车事

① 参见李德恩、刘士国：《基于调解本质回归的调解原则之建构》，载《中南民族大学学报》(人文社会科学版)，2010(2)，第135页。

②③ 参见常怡主编：《中国调解制度》，北京，法律出版社2013年版，第55页。

④ 参见王阁：《强制调解模式研究》，载《政法论丛》，2014(6)，第104页。

故、医疗、物业等常见纠纷类型设置调解前置程序，引导当事人利用调解程序将纠纷化解在诉前，特定类型纠纷将调解作为进入诉讼的必经程序具有正当性和合理性，其并未剥夺当事人的裁判请求权，而是对当事人利用诉讼程序进行适度的程序限制，充分发挥诉讼外纠纷解决资源的效用，减轻当事人讼累，纯化法院的司法审判功能，实现司法资源的合理优化配置。①

尚需言明的是，实体意义上的自愿即对调解结果的接受，对此必须进行严格解释。② 调解协议作为当事人就调解达成的纠纷解决合意，包含了双方之间实体权利的处分，若调解协议的达成有违自愿原则，这实质上是对双方当事人实体权利的直接侵犯，将直接导致调解协议的履行不能。通常而言，调解协议具有民事合同的性质，自由、合意、无欺诈胁迫或重大过失等合同法的基本精神理所应当在调解协议中得到贯彻。调解自愿原则的背后还体现了当事人对实体权利的处分自由。民事纠纷属私权纠纷，调解协议的达成受私权自治原则的约束。这与纠纷所适用的调解类型无关，无论人民调解、社会调解或是行政调解等，调解自愿原则都具有无可争辩的正当性。否则，调解行为便违背了其机制运行的初衷，甚至会进一步造成双方矛盾冲突的升级。

（二）保密原则

结合《民事诉讼法》第 134 条可知，公开审理是我国民事诉讼的一项基本原则。相对而言，我国调解奉行保密原则。调解保密原则被视为维护调解当事人意愿自由的重要手段。在调解领域，保密原则的含义应当包括三方面内容：第一，调解过程不向社会公众公开，调解程序仅允许当事人、当事人的代理人、证人等与案件有关、必须参与调解的人参加，与案件无关的人不得参与或者旁听，新闻媒体人员不得对外报道等③；第二，双方当事人不得在随后的仲裁程序抑或诉讼程序中将调解过程中制作的笔录、调解协议、调解员或者当事人发表的任何意见或建议作为证据使用；第三，

① 参见李少平主编：《最高人民法院多元化纠纷解决机制改革意见和特邀调解规定的理解与适用》，北京，人民法院出版社 2017 年版，第 249 页。

② 参见李德恩：《民事调解理论系统化研究：基于当事人自治原则》，北京，中国法制出版社 2012 年版，第 96 页。

③ 参见邱星美、王秋兰：《调解法学》，厦门，厦门大学出版社 2008 年版，第 81 页。

调解人负有为当事人保守秘密的义务，不得作为证人或者其他司法辅助人员参与双方纠纷的处理。

保密原则也有例外情形，双方当事人合意对外公开调解的相关信息或者法律有明确规定的，不受调解保密原则的约束。譬如，《最高人民法院关于人民法院进一步深化多元化纠纷解决机制改革的意见》（法发〔2016〕14号）第23条规定的无争议事实记载机制：“调解程序终结时，当事人未达成调解协议的，调解员在征得各方当事人同意后，可以用书面形式记载调解过程中双方没有争议的事实，并由当事人签字确认。在诉讼程序中，除涉及国家利益、社会公共利益和他人合法权益的外，当事人无需对调解过程中已确认的无争议事实举证。”“调解程序的保密性是调解得到当事人青睐的重要原因之一，如何确保调解的保密性对于调解的成功推广至关重要。”① 毋庸置疑，无争议事实记载机制是有限度地尝试突破调解保密原则的束缚，作为我国自主创新的纠纷解决机制，它是我国在司法改革中对调解保密原则的灵活性适用，并提醒立法者在未来的调解立法中应对保密原则及其例外情形加以厘定。

作为ADR机制的一项根本准则，保密原则的意义不仅仅在于维护调解程序的安定性，而且在于保证司法程序的公正性。② 与诉讼不同，调解的进行及成败与否直接取决于当事人的自主意愿，如何更好地保护当事人的自主意愿是调解的核心问题，公开调解会在一定程度上损害当事人意愿的自由表达。有学者从调和调解程序安定性与诉讼程序稳定性之间的矛盾出发，提出对调解信息进行分级保密。③ 依其所言，无争议事实记载机制中的无争议事实即为“初级保密信息”的范畴，但对于“高级保密信息”的范畴目前尚无明确的界定。我们非常认同有限度地突破调解保密原则的观点。保密是相对公开而言，公开原则属于民事审判的范畴。为实现“让公民在每一个案件中都感受到司法的公平与正义”的愿景，审判公开原则必须在民事审判中得到贯彻。相对应而言，一般意义上的调解系双方当事人的自主

① 赵云：《香港司法改革中的调解立法问题》，载《东南司法评论》，2011年卷，第31页。

② 参见郭玉军、梅秋玲：《仲裁的保密性问题研究》，载《法学评论》，2004（2），第26页；汪祖兴：《与ADR相关的保密制度探讨》，载《现代法学》，2005（3），第56页。

③ 参见周建华：《司法调解的保密原则》，载《时代法学》，2008（5），第76页。

意思行为表达，没有如司法公开一般接受社会公众监督的必要，即便是法院调解，也仅仅是法官作为居中调解员进行纠纷的调处，并非法官行使审判权的司法行为。在我国司法实践中，对于诸如婚姻家庭纠纷等涉及个人隐私等纠纷，即便诉诸法院，也会建议当事人先行去双方户籍所在地或经常居住地的居民委员会（或者村民委员会）进行调解。在商事调解中亦是如此，非公开性作为最基本的程序权益，是调解广泛且成功运用于商事争议解决的根本原因。[①]

（三）合法原则

合法原则是指调解活动不得违背法律、法规和国家政策的强制性规定，不得违背公序良俗。随着依法治国战略的全面推进，法治观念确然地逐步深入人心。作为调解的基本原则之一，人们对合法原则的理解也逐步深入。调解合法原则的内涵有二：第一，调解的程序运行必须合法；第二，调解所达成的协议内容应当合法。[②] 事实上，调解的程序与实体内涵十分丰富，如调解的适用范围、调解员的选任、调解的适用规范、调解协议的内容等皆必须合理合法。在此仅对调解的适用规范展开论述。

调解的适用规范除了常规意义上的成文法规范，还包括一般意义上的习惯[③]及乡规民约等。这里必须着重强调乡规民约，众所周知，我国人民调解的适用有很大一部分在农村，广大农村地区人民调解的职能为村民委员会所兼任。党的十九大报告提出："实施乡村振兴战略。……健全自治、法治、德治相结合的乡村治理体系。"带有乡村自治色彩的乡村调解作为乡村治理体系的重要组成部分，必须在新一轮乡村振兴发展中被重视。有学者提出，习惯法不允许"直诉官府"，应遵循"乡村治理优先原则"，乡村组织的优先调解执法权亦为国家所认可，他们倡导"禁止径行诉到官府"的风气。[④] 也有学者提出，广大农村地区一般相对封闭，尽管带有浓厚血缘色彩的农村社区在国家整体布局中的地位逐渐边

---

① 参见尹力：《商事案件调解保密规范解析》，载《东方法学》，2008（6），第72页。

② 参见常怡主编：《中国调解制度》，北京，法律出版社2013年版，第56页。

③ 《中华人民共和国民法总则》第10条规定："处理民事纠纷，应当依照法律；法律没有规定的，可以适用习惯，但是不得违背公序良俗。"可见，在民法体系中，习惯已经成为法律位阶之下的、正当意义上的裁判依据。

④ 参见高其才：《中国习惯法论》，长沙，湖南出版社1995年版，第77～79页。

缘化，但这些乡规民约在一定程度上被视为村民生活的自然需求与国家对乡土社会的治理规则的结合体，它们不仅是村民智慧的结晶，也是地方政府重建乡村秩序的重要内容，且仍在乡村治理中发挥不可替代的作用。[①]尽管众多学者都在强调乡规民约对乡村治理的重要意义，但我们必须意识到乡规民约与国家法律之间的冲突与协调问题。乡规民约中的调解规范仅占调解整体规范的一部分，其辐射范围毕竟有限，乡规民约中的“违法”之处或许可视为二元分支结构下的例外情形。毕竟，不论国家法律或者乡规民约，在进行社会纠纷调处问题上，二者具有共同的价值目标。况且，我们不应该对调解合法原则进行一成不变的固化解释。正如有学者所言，乡规民约规定的解纷方式主要包括村民自行协商、村委会调解、行政机关调解等，“调解”是最主要的纠纷解决方式，乡规民约作为自治性规范，在解决纠纷时并没有国家强制力为后盾，大多时候所依赖的是村庄内部的舆论压力或社区的强制力，依靠的是习惯法的力量，这些依靠乡规民约开展的纠纷调解在当前的乡村治理中甚至能获得比国家法律更为有效的纠纷解决效果。[②]

合法原则是所有调解活动开展都必须遵循的基本准则，调解所达成的调解协议本质上作为双方当事人达成的一种书面契约或者合同约定理应遵循现行《合同法》第 7 条的规定。虽然法律规范并非调解的唯一依据，诸如在乡村纠纷调解中，情理、习惯、道德规范等往往成为调解人主持调解的谈判筹码。笔者主张的合法原则，应当理解为：调解作为私法意义上的行为，法与理之间不可调和的矛盾并不必然适用其中，只要当事人所为调解不违反法律的禁止性规定，不损害国家、集体或者第三人的合法权益，即可视为合法。

（四）诚实信用原则

查阅文献可发现，最早将“诚信”这一道德范畴的概念引入法律规范当中的是古代罗马法。在现代社会生活中，诚实信用原则具有限制不当契

① 参见张明新：《从乡规民约到村民自治章程——乡规民约的嬗变》，载《江苏社会科学》，2006 (4)，第 174 页。

② 参见陈寒非、高其才：《乡规民约在乡村治理中的积极作用实证研究》，载《清华法学》，2018 (1)，第 75 页。

约自由、维护公序良俗、限制滥用权力、促进诚信履行债务之良好习惯形成等独特功能，它的本质是道德性的，是道德准则在法律上的形式化。[①] 在“调解法”中确立诚实信用原则，与调解的道德理性不无关联。这在本书第一章“调解理念的现代性重塑”中已有具体论述，在此不再展开。辩证而言，在当事人之间确立诚信原则，不仅有利于调解的进行，还有利于调解协议的达成和履行，从而避免当事人时间和金钱的进一步浪费与促进社会信用体制的建立，并通过规范调解人的行为限制其调解的任意性和过大的自由裁量权，这对于缓解调解存在的信任危机尤为重要。[②] 这也是笔者主张将诚实信用原则作为“调解法”之基本原则的初衷。

随着《国务院关于印发社会信用体系建设规划纲要（2014—2020年）的通知》（国发〔2014〕21号）的发布，诚实信用以国家大政方针政策的形式作为社会信用体系建设纲要的重要内容跃入公众视野，诚实信用原则在当代社会发展中被置于一个新的高度。从本质上讲，作为双方当事人之间契约合意的调解协议是双方就纠纷解决而规划的具体履行内容。伴随社会征信体系的逐步建立，参与调解及履行调解协议的行为应当然地被纳入社会征信体系的适用范围，这为把诚实信用原则吸收为“调解法”的基本原则奠定了强力的政策基调。《民法总则》第7条规定：“民事主体从事民事活动，应当遵循诚信原则，秉持诚实，恪守承诺。”《民事诉讼法》第13条规定：“民事诉讼应当遵循诚实信用原则。”诚实信用原则在这两部民事领域最重要的成文法中皆为新增条款，尤其是后者，在立法层面确立诚实信用原则，皆因近年来民事诉讼中滥用诉讼权利，侵害国家、集体和他人合法权益的情况层出不穷且屡禁不止。表面上，当事人受到法律框架的约束而进行民事诉讼活动，但事实上，仍大量出现有违诚信的诉讼行为。调解作为受法律拘束力更弱的民事活动，面对当前“调解随意性大、调解协

① 参见张国炎、林喆：《诚实信用原则与现代社会法治目标》，载《政治与法律》，2000（5），第23～25页。持类似观点的还有梁慧星教授，参见梁慧星：《诚实信用原则与漏洞补充》，载《法学研究》，1994（2），第23～24页。

② 参见马爱萍、刘芳芳：《诚实信用原则与ADR的完善》，载《山西大学学报》（哲学社会科学版），2006（4），第129～130页。

议履行率低下”的社会现实[①]，无疑更应遵循诚实信用原则。

五、“调解法”的内容框架

“调解法”作为一部调解领域的综合性立法，是一项复杂的系统工程。制定“调解法”应当坚持问题导向、突出重点，针对各种调解之间及调解与其他纠纷解决机制之间衔接不畅等问题，充分考量在现行相关调解规则基础上合理进行立法框架的设定。“立法架构勾勒法案内容到何种细密程度，并无固定不变的模式，但有一点要注意，过多的深入细节可能造成基本架构的模糊，并使逻辑关联性更差。”[②]

纵观古今中外发达的大陆法系的成文法国家，在立法方面多采用总分形式展开，法国、德国、意大利、日本等概莫能外。以法国为例，其引以为傲的《民法典》从开始制定至今已超过200年，它为世界许多国家民事立法提供了样板与参照体系，在世界范围内产生了重大影响。[③] 我国现有相对成熟的成文法体例，如《刑法》及正在编纂中的民法典，皆采用总则、分则形式展开。当前唯一对具体调解类型予以规范的《人民调解法》，一共6章35条，具体分为总则、人民调解委员会、人民调解员、调解程序、调解协议、附则。在没有过往经验参照的情况下，宜借鉴现有相对成熟的立法体例编制为之。“调解法”的框架应以《宪法》为指导，《人民调解法》、中央两办调解改革文件[④]、中央综治委改革文件[⑤]、法院系统相关改革文件[⑥]、

---

① 参见马爱萍、刘芳芳：《诚实信用原则与ADR的完善》，载《山西大学学报》（哲学社会科学版），2006（4），第129～130页。

② 曹叠云：《立法技术》，北京，中国民主法制出版社1993年版，第157页。

③ 参见罗结珍译：《法国民法典》，北京，中国法制出版社1999年版，第1～2页。

④ 如《关于完善矛盾纠纷多元化解机制的意见》。

⑤ 如《关于深入推进矛盾纠纷大调解工作的指导意见》。

⑥ 如最高人民法院《关于人民法院民事调解工作若干问题的规定》《关于进一步贯彻“调解优先、调判结合”原则的若干意见》《关于人民调解协议司法确认程序的若干规定》《关于扩大诉讼与非诉讼相衔接的矛盾纠纷解决机制改革试点总体方案》《关于人民法院进一步深化多元化纠纷解决机制改革的意见》《关于建立健全诉讼与非诉讼相衔接的矛盾纠纷解决机制的若干意见》《吉林省高级人民法院关于推进多元解决纠纷机制建设的指导意见》《广东省高级人民法院关于进一步加强诉调对接工作的规定》等。

各省份多元化纠纷解决机制促进条例①、各级政府购买调解服务的办法、相关组织的调解规则②，以及域外的立法例③等为主要规范性参照。“调解法”的内容必须包括：调解原则、调解适用范围、调解组织、调解人员、调解程序、调解规则、调解协议、救济程序、调解费用等。需要注意的是，类型多样的调解方式在适用过程中必须考量我国经济社会发展的差异性，断然不能简单地照搬《人民调解法》或是其他法律法规，而应当在确立整体框架的前提下，把握立法适用的原则性与灵活性，遵循地方实践的差异性需求，构建一种“二元性规制框架”④。

（一）四大调解类型

纠纷调解体系关涉“调解法”的框架内容。事实上，在《人民调解法》出台以前，学术界悄然开展了关于应当制定一部什么样的调解法的争论。有观点认为，应构建包括人民调解、法院调解等所有类型在内的“调解法”⑤。也有观点认为，“调解法”应包含诉讼调解之外的所有调解类型，“调解法”的适用必须注重各种调解之间的协调与整合，对于《民事诉讼法》《行政诉讼法》《刑事诉讼法》等已对相应调解作出具体规定的，“调解法”仅作宏观性指引。⑥另有观点认为，人民调解法调整现行人民调解组织及其纠纷解决活动，其他民间社会性调解或纠纷解决，或者以综合性调解法加以宏观规范，或者分门别类地依附于不同的实体法或程序法中。⑦又有观点认为，“调解法”适用的调解类型不应当包括诉讼调解、仲裁调解、行

---

① 如《厦门经济特区多元化纠纷解决机制促进条例》《山东省多元化解纠纷促进条例》《黑龙江省社会矛盾纠纷多元化解条例》《福建省多元化解纠纷条例》《安徽省多元化解纠纷促进条例》。

② 《联合国国际贸易法委员会调解规则》《联合国国际贸易法委员会国际商事调解示范法》《中国国际经济贸易仲裁委员会华南分会调解中心调解规则》《中国国际贸易促进委员会中国国际商会调解中心调解规则》《北京仲裁委员会调解中心调解规则》等。

③ 日本《民事调停法》、韩国《民事调解法》、美国《统一调解法》、澳大利亚《民事纠纷解决法》等。

④ 有学者提出，“二元性规制框架”是一种调和性的解决方案，调解的规制应进入一个简化的立法框架，将质量和灵活加以有机平衡；在立法上肯定统一中央立法和地方区域实践并存的价值，在规制内容上明确予以分割。参见熊浩：《论中国调解法律规制模式的转型》，载《法商研究》，2018（3），第119页。

⑤ 宋朝武等：《调解立法研究》，北京，中国政法大学出版社2008年版，第246页。

⑥ 参见杨荣馨：《构建和谐社会呼唤调解法》，载《法制日报》，2005-03-03。

⑦ 参见范愉：《有关调解法制定的若干问题（下）》，载《中国司法》，2005（11），第69页。

政调解。[①] 还有观点认为，“调解法”约束之调解不应当涉及行政、劳动等方面的调解，对仲裁和诉讼程序中的调解也不宜合并在一起，应维持现行《民事诉讼法》《仲裁法》及有关法律塑造的调解格局。[②] 笔者认为，现行的纠纷调解种类名目繁多，但并非任意调解类型皆适宜在“调解法”中予以规范。譬如，公证协会作为行业协会的一种，可参照行业调解的规定予以适用；在线调解本身是借助网络平台展开，其调解的形式与内容与现场调解并无实质性差别，故宜置于调解场所之条款中予以规范。为使框架设定更加符合逻辑严密、内外周延的标准，“调解法”规范的调解类型应具有一定的界分。综合考量之下，我们认为，“调解法”的体系框架应对人民调解、行政调解、行业调解、商业调解这四大调解类型进行设置，同时兼顾不断涌现出来的新型调解方式，明确各种调解的法律地位。[③]

第一，修改完善人民调解规范。人民调解组织建立在基层自治基础上，具有基层政权组织形式的特殊属性。中国是人民民主专政的社会主义国家，故人民调解的性质定位应为群众性、自治性、公益性。人民调解除了解决民间纠纷的基本功能外，还具有社会治理、传承文化、道德教化及辅助司法的功能。目前我国仅有的关于调解方面的成文法即2010年8月28日第十一届全国人民代表大会常务委员会第十六次会议通过的《人民调解法》，足见人民调解在我国大调解格局中的重要意义及其立法的成熟性。但是，长期以来我们所强调的人民调解的重要性，实际上是一种误会，人民调解的标签化使其承载了诸多本不该由其承载的东西。[④] 因此，制定“调解法”时必须对人民调解持有理性认识，使人民调解回归纯真面貌，“调解法”中的

---

① 参见曲坤山：《统一〈调解法〉立法之我见》，载中国国际商会调解中心网站，最后访问日期：2014-03-19，转引自王秋兰等：《我国调解的立法、理论与实践问题研究》，北京，中国政法大学出版社2014年版，第53页。

② 参见王秋兰等：《我国调解的立法、理论与实践问题研究》，北京，中国政法大学出版社2014年版，第53页。

③ 写作过程中主要形成三种代表性的调解体系分类：一是分总则、人民调解、行政调解、行业调解、商业调解、律师调解、附则七个部分；二是分总则、人民调解、行政调解、社会调解、附则五个部分，社会调解中囊括律师调解、行业调解、商业调解；三是分总则、人民调解、行政调解、行业调解、商业调解、附则六个部分。

④ 参见吴俊：《〈人民调解法〉的不足与统一“调解法”的必要》，载《司法改革评论》，第十五辑，第196页。

“人民调解”部分的主体架构及条文宜参照现行《人民调解法》的规定。

第二，整合行政调解规范。过去乃至当下的行政调解在很大程度上与“人治”紧密相连，我国行政机关特殊的职能设定决定了行政调解具有行政指导的性质。尽管行政调解为人诟病之处不少，但行政调解的效率性、成本低廉性、开放性、权威性等优势非其他调解方式可比拟。行政调解是在民主协商与当事人自愿的前提下产生，在我国政府职能转型及行政模式转换的特殊时期，行政调解不仅具有纠纷解决的功能，还能辅助完成政策制定，故行政调解独立成编无疑具有必要性。考虑到行政调解庞大的制定法规范，将其以立法形式整合并形成体系化乃当务之急。

第三，理性挖掘行业调解的潜力。行业调解应当是兼具商业性质与政府购买社会调解服务性质的调解方式。随着我国社会主义市场经济不断发展壮大，行业调解在解决行业领域争端的作用愈发凸显，尤其是在行业内部成员之间的认可与服从方面，行业调解往往被视为一种集体意识指导下的纠纷解决捷径。不同行业纠纷之间的专业问题对于一般意义上的调解员而言调解难度极大，行业内部自我修复、自我矫正机制的存在也是行业调解化解纠纷的优势所在。我们在“行业调解”规范制定时尤其应注重行业协会自治与国家权力干预的关系处理，尤其应对行业调解的概念、性质、适用范围等予以明确界定，从而确立行业调解区别于其他调解的独特性。

第四，积极拓展商业调解的优势。随着我国对外开放的基本国策及“一带一路”建设的推进，商事调解拥有了广阔舞台。尽管仲裁仍然是国际上更为认可且更主要的纠纷解决方式，但商业调解应会随着我国社会主义市场经济的发展而不断成长成熟。目前国内商业调解机构的发展如雨后春笋般成长，商业调解应当坚持市场化机制运作，提供的调解服务属于专业化、高端性的有偿服务。事实上，最高人民法院单独设立国际商事法庭，正是考虑到现有涉外法律服务水平与我国经济社会的开放与发展速度不匹配，我国亟须公平、公正、合理的国际商事纠纷解决机制为我国市场经济发展保驾护航，而较商事审判更为高效、便捷、低廉的商业调解便成为纠纷解决的合理方式之一。[①] 必须说明的是，“律师调解”宜被界定为商业调

① 参见《最高人民法院关于设立国际商事法庭若干问题的规定》法释〔2018〕11号文件。

解行为，具体参照商业调解的规范适用。尽管随着中办、国办印发《关于深化律师制度改革的意见》及《最高人民法院 司法部关于开展律师调解试点工作的意见》的发布，全国各地积极开展律师调解改革试点，但伴随律师调解试点中出现的许多问题，其商业性调解的本质显露无遗。加之对部分律师调解员进行实地访谈及参照美国等在律师调解方面的发展经验进行分析后，我们认为，律师调解的前进方向应当是市场化运作，目前试点阶段的政府购买服务形式等公益方式并非长久之计，其最终必将融于商业调解体系。

（二）程序衔接机制

纠纷调解需求的多元化实质上强调的是以一种综合性视角进行“调解法”的制定，在具体的纠纷调解中，应注重不同类型的调解之间、调解与其他纠纷解决方式之间的协调互动，实现各司其职、多方联动、形成合力的程序衔接机制。“调解法”应注重以下程序衔接机制。

第一，为改变调解方式单兵作战、各自为政格局，应在各种调解制度之间建构有效的衔接机制，即人民调解、行政调解、行业调解、商业调解之间的衔接。以人民调解与行政调解的衔接为例，受诸多因素困扰，当前的行政调解在很多情况下是借助人民调解的平台发挥其作用，而人民调解也反向依赖着行政调解的协调。因此，可将部分民事纠纷纳入行政调解的受案范畴。行政机关在调解民事纠纷时，应处理好依职权调解民事纠纷与民事纠纷超越其职权范围的关系，合理框定民事纠纷接受行政调解的范围。不禁止民事纠纷当事人申请行政调解解决纠纷，并非轻视人民调解解决民事纠纷的效用，而是从保障当事人程序选择权角度出发，不固化当事人选择各种类型调解化解纠纷的权利。事实上，这与我国特殊的国情背景紧密联系，譬如，在群体性矛盾纠纷调解中，人民调解的优势在于能及时掌握、报送预警信息，做好先期疏导维稳工作，为纠纷解决抢占先机。行政调解则优势与劣势都很明显，优势即依靠强大的行政权能控制维稳，劣势即诸如行政信访调解组织常年来备受压力。为扬长避短，应当将行政调解与人民调解的最大价值发挥出来，实现优势互补。此外，在“调解法”制定过程中，可考虑在总则部分对调解的适用范围进行禁止性限定，而对于正向适用的调解范围，在行政调解、行业调解中仅以“可以适用”进行适当的引导，“商业调解”因其完全坚持市场化发展，故而并未就具体的适用范围作出指引。不同类型调解的适用范围设定对于调解程序的内部衔接尤为重要，调解自愿作为调解工作开展的首要原则，调解程序的内部衔接应充分保障当事人选择调解方式的自主性及自愿性，而调解的适用范围规范可在最大程度上引导当事人选择恰当的方式展开纠纷调解。

第二，应积极探索无争议事实记载机制的衔接与无异议调解方案认可机制。为免除当事人的后顾之忧，保证调解顺利进行，对当事人为达成调解或者和解协议对案件事实的认可，法律一般禁止对方当事人或法官将其作为在后续诉讼中对当事人不利的证据。但在诉讼外纠纷解决中，为了避免纠纷解决的阶段性成果白白浪费，对虽未最终达成调解协议的纠纷，经当事人一致同意，调解组织可以对无争议事实作书面记载并由双方当事人签字确认，在诉讼中，当事人无须对调解过程中已确认的无争议事实举证，这实质上有效限缩了争议焦点，提高了纠纷解决效率。而当事人对主要争议事实没有重大分歧，仅对个别事项存有争议，调解员在征得各方当事人同意后，可以提出调解方案并书面送达双方当事人，当事人在规定期限内未提出异议的，视为自愿达成调解协议，提出异议的，视为调解协议不成立。这种无争议事实记载机制和无异议调解方案认可机制在实践中已经开始使用，并在最高人民法院的司法改革文件中有所体现。

第三，应扩大调解协议司法确认程序的适用范围。调解协议被视为双方合意达成的意思表示，具有合同属性。然而，该“合同”自签订至履行并没有看上去那么简单。调解协议并非儿戏，但目前部分当事人履行法定义务的自觉性阙如，加之我国诚信体系尚未建立，调解的自愿性、非强制性常常伴随着调解协议履行的不确定性。众所周知，《民事诉讼法》确立调解协议的司法确认机制，并将司法确认程序的适用范围限定为人民调解协议。事实上，立法过程中对调解协议的司法确认程序的适用范围曾有过不同的意见，有人结合《人民调解法》第33条的规定提出，只有人民调解协议才可以申请司法确认。也有人提出，实践中并非人民调解一家独大，行政机关的治安调解、交通事故赔偿调解、医疗纠纷调解、社会团体调解、商事调解等皆可申请司法确认。当时的立法者出于行政调解、商业调解等情况相对复杂，是否对其达成的调解协议规定司法确认暂时无法达成相对共识，及我国民间纠纷特点与人民调解工作实际情况的综合考虑下，对司法确认程序持谨慎态度。[①] 但在当前多样化的调解运行背景下，众多调解协议在达成后皆因效力问题而最终无法履行，调解协议的司法确认程序的设定，归根结底，是为调解协议“上锁”，巩固调解活动成果，促进司法与非诉调解之间的有效衔接，促进多元化纠纷解决机制的改进，这与制定“调解法”的趣旨相契合。因此，以调解的新理念与新思维为指导的“调解法”，应当结合现实需求，将司法确认范围扩张，使之及于行政调解、行业调解、商事调解等调解协议。

第四，应注重调解与诉讼、仲裁等解纷机制之间的合理衔接。业内周知，面对乱象丛生的社会矛盾纠纷，仅仅依靠调解方式已然无法满足纠纷解决的现实需求，纠纷的多元化解成为时下纠纷解决的主题。就调解与诉讼的衔接现实，全国各地已有不少实践经验：浙江省从各地实践探索中逐步建立了人民调解、行政调解与诉讼程序衔接的机制，代表性做法包括以联席会议为依托的工作协调机制[②]、以法院立案大厅为枢纽的案件分流机制[③]、以综治中心为平台的纠纷化解机制[④]、以司法确认为保障的人民调解权威形成机制、以人民法院为主导的人民调解员业务培训机制[⑤]等。河北廊坊法院系统近年来形成了诉前调解、特邀调解员、志愿调解、巡回调解、非诉调解协议司法确认等十大机制，推动诉讼调解的开展和与人民调解的衔接；河北兴隆

---

① 参见全国人大常委会法制工作委员会编：《中华人民共和国民事诉讼法释义：最新修正版》，北京，法律出版社 2012 年版，第 457～458 页。

② 以联席会议为依托的工作协调机制指建立以司法联席会议等形式的沟通协商制度，由法院、公安、司法行政和相关行政部门及工会、共青团、妇联等组织参加，制定调解工作规划，定期召开会议，互相通报社会矛盾纠纷的调处情况及现状，共同研究重大、疑难纠纷的处理方案，分析存在的问题和困难，明确相关部门的职责和分工。

③ 以法院立案大厅为枢纽的案件分流机制指法院建立集受理起诉，接受咨询，指导诉讼，收、结、退诉讼费等功能于一体的立案接待大厅，根据纠纷性质、请求目的及当事人情绪等因素，将案件分流到调解、速裁等不同的诉讼方式进行处理，对适合由人民调解等途径先行处理的，积极引导当事人选择人民调解。

④ 以综治中心为平台的纠纷化解机制指由党委或者综治委牵头，以法院、司法行政、公安、城建、劳动、民政等为成员单位的综治工作中心，建立社会矛盾纠纷大调解联席会议制度，加强相关部门的协调与配合。

⑤ 参见浙江省高级人民法院课题组：《关于人民调解、行政调解与诉讼程序衔接机制的调查和思考》，载《法治研究》，2008 (3)，第 4～6 页。

法院在行政调解与诉讼调解的衔接方面进行了大量探索和研究，试行行政协调联络员制度，通过建立“一网、三访、四协调”[①]机制搭建行政协调平台，促进司法与行政良性互动。[②]各地丰富的试点经验为构思调解与外部相关解纷机制的衔接提供了极有价值的参考，“调解法”的制定应当将其吸收进来。

（三）促进保障措施

发展动力不足和支撑力量薄弱是我国调解体系化建设亟待解决的问题，为此，国家必须采取一系列促进保障措施，调动各纠纷参与主体的积极性和主动性，这也是“调解法”的功能所在。

第一，为当事人提供纠纷调解路径指引。纠纷调解机制既要“形式多样”也要“合理有序”，避免盘根错节的适用混乱。面对“形式多样”的调解机制，我国社会公众在调解方式的选择意识层面还不够，在对纠纷整体态势掌握不足的情况下，或者选择诉讼，或者并未结合具体情况选择调解类型。我们不能期待当事人在信息不完整的情况下自动选择最佳的纠纷调解路径，而必须以务实的态度构建合适的纠纷调解引导机制。有学者从成文法和判例法的特点及发展趋势判定，将判例引入调解程序符合民事审判方式改革的发展要求。[③]有学者借助英国判例法对调解的规范和引导，提出我国在多元化的调解机制改革探索中，应合理把握调解自愿原则。[④]因此，调解机制的选择除了要遵循基本的属地管辖为主、属人及纠纷性质管辖为辅的一般规律外，还应当设立相应的综合性、一站式调解服务平台，明确各类参与主体的纠纷调解方式告知义务，并加强宣传教育，增加社会公众对调解机制的理解与认同，形成调解文化氛围。

第二，应加大党委、政府对调解工作的支持和监督考核。结合主体职

---

① “一网”指搭建行政协调联络员网络，使行政协调工作纵横交织，形成规模，法院协调政府法制办、乡镇政府、公安局、土地管理局等行政执法机关，确定协调联络员，明确相应职责及联络方式；“三访”指实行对行政执法机关“事前访问、案后回访、定期访谈”的协调沟通机制；“四协调”指立案审查协调、审理过程协调、判后协调、非诉执行案件审查协调，将行政协调工作贯穿始终。

② 参见梁平：《“大调解”衔接机制的理论建构与实证探究》，载《法律科学》，2011（5），第156～158页。

③ 参见王连昆：《发挥判例在调解中的引导和示范作用》，载《人民司法》，2002（10），第48页。

④ 参见张永红：《英国判例法对调解的规范和引导》，载《法律适用》，第Z1期，第189页。

责分工的情况，落实领导责任制，党政一把手亲自指导协调化解重大矛盾纠纷。[①] 加强人力、财力和物质保障，尽可能满足调解工作开展的需求。各级各部门要加强信息综合，及时通报本单位发现、受理的矛盾纠纷及调解工作情况，交流调解经验，加强矛盾纠纷大调解信息化建设，建立信息资料库，适时动态掌握矛盾纠纷的总体状况和个案进展情况，实现矛盾纠纷化解横向、纵向信息共享，以信息化带动规范化，提高大调解工作效率。加强相关调解信息的汇总、分析和通报。督促各部门各单位认真落实部门和单位责任制，把做好大调解工作作为社会治安综合治理考评的重要内容。组织有关部门和单位，对大调解衔接情况进行专项检查，及时解决工作中出现的问题。对矛盾纠纷调解得力的单位（组织）和个人，按照国家规定予以表彰奖励；对领导不重视、调解不力、发生危害社会治安和社会稳定重大矛盾纠纷的地方和单位，实行责任倒查，视情况予以通报批评、警示直至一票否决。[②]

第三，引入市场化机制提高纠纷调解的服务质量。我国现行的调解机制中多以公益性为主，当前诸如人民调解、行政调解，甚至是行业调解、律师调解等，政府购买服务的比例不在少数。对于商业调解、行业调解而言，市场化机制是促进相关调解服务走向成熟的捷径，既可以吸引具有专业性知识的高端人才加入调解队伍中，也可以通过市场化竞争机制实现优胜劣汰，提高纠纷调解质量，满足当事人不同层次的纠纷调解需求。“调解法”在坚持传统的人民调解、行政调解免费的同时，应当鼓励商业调解、行业调解等其他调解机制走市场化道路，实现公益性调解机制与市场化调解机制的双向发展模式。同时，地方政府应当根据当地情况，及时出台手续简化、税收减免等优惠扶持政策，通过积极向社会调解组织购买纠纷解决服务等方式鼓励社会力量参与纠纷解决。[③]

第四，加强调解员队伍职业化建设。21 世纪以来，调解制度备受青睐，

---

① 中办、国办发布的《党政主要负责人履行推进法治建设第一责任人职责规定》，明确了党政主要负责人履行推进法治建设第一责任人职责，制定“调解法”，推进调解工作有序开展是法治建设的重要内容，对法治国家、法治政府、法治社会建设具有重要意义。

② 参见《关于深入推进矛盾纠纷大调解工作的指导意见》第 19 条、第 20 条。

③ 参见廖永安、蒋凤鸣：《新时代发展社会调解的新思路》，载《中国社会科学报》，2018-01-18，第 1 版。

行业化、职业化发展趋势明显。调解员队伍职业化建设是社会纠纷复杂化的必然要求，也是调解技能成熟发展的重要标识。但是，当前不同类型的调解都面临着不同的职业化困境：人民调解缺乏完整的职业发展管理机制，没有专职的人民调解员群体，经费保障不足；行业调解利用率不高，行业调解员纠纷解决能力不足，没有明确规范的职业保障；商事调解立法滞后，商事调解机构设置缺乏规范性，民间公信力不足等。[①] 从域外发展经验来看，意大利民众对调解态度的转变源于立法者对调解程序的重视，而立法者的重视又根植于解决公司纠纷时对调解的应用以及对调解员进行的职业化培训。[②] 日本《诉讼外纠纷解决程序促进法》从立法目的到具体规定都把确立诉讼外纠纷解决从业者的资格认证作为重要内容予以规定。因此，我国政府及相关部门应当加强调解员队伍专业化、职业化建设，强化纠纷解决从业者的资格认证和管理，提高其职业保障。

六、结语

民国时期，立法院院长胡汉民在《民事调解法》的立法提案中提出了调解立法之必要："我国夙重礼让，以涉讼公庭为耻，牙角细故，辄就乡里耆老，评其曲直，片言解纷，流为美谈。今者遗风渐息，稍稍好讼，胜负所系，息争为难，斯宜远师古意，近采欧美良规，略予变通，以推事主持其事，正名为调解，并确定其效力，著之法令，推行全国。"[③] 这成为国家将民间调解法律化的开端。虽然该法于 1930 年颁行后又于 1935 年即被匆匆废止，但调解却由此正式植入国家的诉讼制度之中，成为我国民事法律实践中最具中国特色的一部分。

往事越千年。虽然传统中国早已历经"千年未有之大变局"，但与西方

---

① 参见廖永安、刘青：《论我国调解职业化发展的困境与出路》，载《湘潭大学学报》（哲学社会科学版），2016（6），第 48～49 页。

② 参见［意］朱赛佩·德·帕洛、维罗妮卡·阿尔维西：《意大利调解的职业化演变》，蒋丽萍译，载《人民法院报》，2011-06-17，第 006 版。

③ 虽然民国时期制定的《民事调解法》主要针对的是法院调解，但有学者经考证指出，"调解"被作为正式名称确立下来，正是始于该法，此前尽管民间盛行民事调解的实践历史，但并不存在一个统一的称谓。参见王春子：《中国近代民事调解制度的发展演变——以 1930 年〈民事调解法〉为重点》，载《盛京法律评论》，2016（2）。

国家诉讼中心主义的纠纷解决理念不同，以和为贵的中国儒家文化传统生生不息，延续至今，并与当代调解理念相契合。面对新时期社会主要矛盾之变化，调解仍然肩负“杜息争端，减少讼累”之使命。基于此，我国应该立足自身历史传统和现实国情，构建具有中国特色的“调解法”，为推动人类命运的共同治理贡献中国智慧和中国经验。未来，我国调解领域应当形成人民调解、行政调解、行业调解、商业调解、司法调解等和谐共存、共同繁荣的调解法律体系。我们期待中国未来能不断提升调解在纠纷解决中的功能与运用，重塑调解制度的辉煌，为所有人提供一种相对便捷、相对低廉的可接近的正义，调解应当与诉讼、仲裁等其他纠纷解决机制共同为多元化的纠纷解决法律体系贡献力量。制定“调解法”的真正意义即在于此。

第十六章　调解的中国话语体系

一、问题的提出：为什么强调调解的“中国话语体系”

自近代资本主义国家扩张以来，东方国家长期遭受帝国主义压迫，东方文明一直处于被西方扭曲的状态。西方资本主义在进行军事入侵、政治经济输出时，也不断进行文化输出，不断巩固西方主体意识，强化自己成为落后民族的代言人，成为诠释东方文化的合法权威。正如卡尔·马克思在《路易·波拿马的雾月十八日》中所言：“他们无法表述自己，他们必须被别人表述。”20 世纪 70 年代，萨义德提出“东方学”（Orientalism）的概念，在西方学术界引发地震。生于耶路撒冷、成长于美国的学者萨义德试图运用福柯的话语权力系统理论，挑战西方话语霸权，重塑东西方关系。在萨义德看来，“东方学”不仅仅是教授、书写、研究东方的学科，也是一种思维方式，更是一种话语，是“西方用以控制、重建和君临东方的一种方式”，西方文化“正是通过这样一种学科以政治的、社会学的、军事的、意识形态的、科学的以及想象的方式来处理——甚至创造——东方”①。

毫无疑问，法学也是处于这种“东方学”的话语系统中。中国社会自清末法律改革运动以来，一方面要面对传统与现代的激烈冲突，另一方面又要应对现代西方法治文明的冲击，在这种双重夹击之下，受到“师夷长技以自强”思潮影响，我国法治建设初期即从西方大规模移植法律制度，这些法律移植运动虽然在特定历史时期为加快我国法治建设进程作出了重

① ［美］爱德华·W. 萨义德：《东方学》，王宇根译，北京，三联书店 1999 年版，第 1～37 页。

要贡献，但西方法治话语在移植到中国之后也出现了水土不服的不良反应，很多学者过度迷恋西方法治模式的形式主义思维偏向，“忽视中国问题的特殊性，把中国的问题与外国的问题同质化，把用来解决外国问题的理论和制度作为理论根据和设计标准，提出解决中国问题的方案”[①]。由此导致教条主义地把西方法治的理想图景当作中国法治的理想图景，造成了“中国法律看不见中国”的现象，其结果是既没有取得“西化”的成功，又丧失了自身的“传统”，从而陷入“无根漂泊”的尴尬境遇。

在“西风东渐”的过程中，国家逐渐意识到了“法律的民族精神”[②]，从偏重于学习和借鉴西方法律制度的“追仿型法治进路”，转向立足于自我发展和自主创新的“自主型法治进路”[③]，中国学人开始以更为清醒和开放的心态来看待西方话语：“抛弃鬼话、认清童话、破除神话”[④]，有意识地建立中国法学的理想图景，“形成一种根据中国的中国观和世界观，并根据这种中国观以一种主动的姿态参与世界结构的重构进程”[⑤]。2017 年，习近平在考察中国政法大学时强调，中国法治实践不应完全照搬西方理论，“我们的国家治理有其他国家不可比拟的特殊性和复杂性，也有我们自己长期积累的经验和优势，在法学学科体系建设上要有底气、有自信”。这就要求我们要坚定道路自信、制度自信、理论自信、文化自信，立足中国国情，开展问题导向意识明确的法学研究，为构建中国特色社会主义法学话语体系提供理论支撑。

在整个法学知识体系中，调解是为数不多的本土性法律制度。但在“东方学”的时局图和大背景下，不难发现围绕调解的研究也曾步入受西方法理束缚的误区。很多学者在讨论中国调解时，隐含的前提是：西方对抗制文化和法律形式主义代表先进法治文化，而中国调解则是应当摒弃的轻

---

① 张广兴：《法学研究应强化中国问题意识》，载《中国社会科学报》，2016-12-09。

② 德国历史法学派法学家萨维尼主张，“民族的共同意识乃是法律的特定居所”，他当时极力反对德国照搬移植法国民法典。参见［德］弗里德里希·卡尔·冯·萨维尼：《论立法与法学的当代使命》，许章润译，北京，中国法制出版社 2001 年版。

③ 顾培东：《中国法治的自主型进路》，载《法学研究》，2010（1）。

④ 支振锋：《西方话语与中国法理——法学研究中的鬼话、童话与神话》，载《法律科学》，2013（6）。

⑤ 邓正来：《中国法学向何处去：建构“中国法律理想图景”时代的论纲》，北京，商务印书馆 2010 年版，序言。

视权利保护、违反法治原理的落后法治文化。[①] 因此，调解成为认识中国法律现代性，重构中国法学话语体系的重要切入口。

当代调解制度主要存在两种发展路径：一种是在西方现代法治基础上创建和发展起来的后发型制度；另一种是在对传统调解制度进行局部改良的基础上发展起来的原生型制度。前者发轫于在20世纪70年代末，其主要标志是以调解为核心的ADR运动在美国等其他西方国家兴起，历经数十年的迅速发展，调解在西方发达国家已呈现出体系化、精细化与职业化等特点。

后者主要存在于以中国为代表的受到儒家传统影响的东方国家。尽管我国原生型调解制度在发生学意义上远早于西方，并在社会治理中起到重要作用，但进入21世纪后，我国调解制度仍主要是沿着由政府主导的自上而下式发展进路，调解研究也大多围绕抽象的“形而上”问题展开，致使我国的调解在现代化转型中仍停留在经验型层面，缺乏系统性、规模化、制度化的研究体系，这种现象可称为“调解的中国话语权流失”[②]。学术话语权是话语体系（discourse system）建设的根本所在，也是衡量一个学科是否成熟的关键所在。[③] 调解的话语体系作为一种在纠纷解决实践中生成的理论范式，是调解学科得以确立的关键。尽管调解在中国有深厚的历史传统和文化基础，但调解作为一门新兴学科，与传统部门法学学科相较而言，却居于边缘位置，在法治中国建设进程中，仍难以与西方法学话语体系形成有效的对话。因而，如何构建调解的“中国话语体系”，重掌调解研究的话语权，成为当下中国调解研究无法回避的重大命题。著名社会学家郑杭生先生曾言，凡是在学术话语权上有所创造更新的，需要有正确路径、广阔视野、理论自觉，需要“开发传统，超于传统”“借鉴西方，跳出西方”

---

① 参见肖建国、杨兵：《对抗制与调解制度的冲突与融合——美国调解制度对我国的启示》，载《比较法研究》，2006（4）。

② 有学者将这种现象称为“调解的东方话语体系”。笔者认为，“调解的东方话语体系”容易和东方主义尤其是“本土东方主义”联系起来，从而被认为是西方中心主义的产物，因此，称之为“调解的中国话语体系”更为准确。关于“调解的东方话语体系”的表述，参见赵毅宇：《东方话语体系中的调解研究范式创新——评〈如何当好调解员〉系列丛书》，载《人民法院报》，2017-12-29，第6版。

③ 参见冯果：《关于构建经济法学话语体系的若干思考》，载《财经法学》，2017（6）。

"提炼现实，高于现实"[①]。本章试图通过对中国调解的再评判、再认识、再提炼，为构建调解的"中国话语体系"指明基本方向。

二、中国调解的文化自信：东西方不同的法律文化传统

在汉语语境中，"调解"本身内含和谐的意思。《说文·言部·调》解释，"调，和也"。循法史学界通说，我国的调解制度萌芽可追溯于尧舜时期。[②] 战国时期的《韩非子·难一》记载：

> 历山之农者侵畔，舜往耕焉，期年。甽亩正。河滨之渔者争坻，舜往渔焉，期年而让长。东夷之陶者器苦窳，舜往陶焉，期年而器牢。仲尼叹曰："耕、渔与陶，非舜官也，而舜往为之者，所以救败也。舜其信仁乎！乃躬藉处苦而民从之。故曰：'圣人之德化乎！'"。

这则典籍记载，历山农民田界不清，舜与农民一起耕作，一年后划分清楚了田界；雷泽渔民因捕鱼位置发生争执，舜与渔民一起打鱼，一年后渔民争相将好位置让给长者；东夷制作陶器工艺不好，舜与陶工一起制陶，一年后陶器牢固。汉代史学家司马迁《史记·五帝本纪》的记载也印证了这一事实：

> 舜耕历山，历山之人皆让畔；渔雷泽，雷泽上人皆让居；陶河滨，河滨器皆不苦窳。一年而所居成聚，二年成邑，三年成都。

这些事实说明，舜在这些地方带头劳作，以身作则，率先垂范，以崇高的道德感化当事人，凭靠"卡里斯玛型"的魅力型人格权威，促使当地人们都形成了相互礼让的风气。按照现代调解学的眼光来看，这种纠纷解决或社会治理方式显然是说服式或榜样式的"调解"。至西周时，据《周礼·地官·调人》记载，西周设"调人"，职掌为"司万民之难而谐和之"。春秋战国时期，极力推崇西周礼治的儒家先贤孔子，面对礼崩乐坏的社会，仍然推崇礼治，《孔子·颜渊》曰："听讼，吾犹人也，必也使无讼乎。"

与之相反，西方社会一直缺乏调解的法律传统。据学者考证，Media-

---

① 郑杭生：《把握学术话语权是学术话语体系建设的关键》，载《中国社会科学报》，2014-01-01，B0版。

② 参见曾宪义：《关于中国传统调解制度的若干问题研究》，载《中国法学》，2009（4）。

tion 这个词来自中古法语 Mediation/Mediacion。相近词有 Mediari（“介入”）和 Medius（“中间”）。该词在英语中大约出现于 14 世纪，意为调解的行为或过程，尤其指介入当事人的纠纷，以期促成和解、解决或妥协，但并不能成为西方 ADR 的文化渊源。① 自古希腊开始，西方思想家们就开始思索“法”“权利”“正义”等概念，拉丁文“jus”“justice”成为西方法律文化中最重要的词源之一。中国儒家法律文化传统的核心思想是和谐，西方法律文化传统中的核心思想是权利。正如张中秋先生所言：“传统中国的法律文化以秩序为重心，以至于无讼；西方法律文化传统上以权利为轴心，追求正义。”② 西方强调“为权利而斗争”，表现为“竞技型诉讼”；中国强调“和乡党以息争讼”，表现为和合型的“父母官式诉讼”。而西方现代社会的调解制度，只是在西方现代法律制度高度形式主义的背景下，司法制度僵化、诉讼费用昂贵、诉讼时间漫长，以致无法适应日益纷繁的纠纷解决要求，而迫不得已采取诉讼外的纠纷解决机制。③ 直至 20 世纪 70 年代前后，西方国家掀起了“接近正义”（Access to Justice）运动的第三波浪潮——替代性纠纷解决机制（ADR）。④ 正因为如此，我们应该有足够的文化自信去重塑中国的调解制度，而不是按照“外国是如此，我国当如此”的逻辑，比附西方 ADR 运动来论证中国调解制度的合理性。

三、中国调解的制度自信：立足基本国情的实践探索

我国古代固有法时期以调解为中心的纠纷解决制度，在民国时期的法律移植运动中，曾导入了以判决和强制执行为轴心的民事诉讼制度而发生

---

① 参见於兴中：《调解实践的理论化——从概念到哲学》，载徐昕主编：《司法》，第 5 辑，第 14 页。

② 张中秋：《无讼与正义：中西法律文化价值之分析》，载张中秋：《比较视野中的法律文化》，北京，法律出版社 2003 年版，第 225～271 页。

③ 1976 年在美国召开的“庞德会议”（pound conferences）被认为是现代 ADR 的开创性事件，标志着 ADR 运动正式在西方司法系统拉开帷幕，围绕如何克服诉讼危机和诉讼迟延的会议主题，哈佛大学法学院弗兰克·桑德尔（Frank Sander）教授在会上提出“多门法院”（multi-door courthouse）的构思，主张现代法院不应该只有一扇通向诉讼的门，而应该有通向各种程序的不同的门，以多种渠道分流各种不同性质、类型的纠纷。参见［美］迈克尔·利斯：《ADR：2020 年的全球发展趋势》，龙飞译，载《人民法院报》，2013－03－22，第 6 版。

④ 参见［意］莫诺·卡佩莱蒂：《福利国家与接近正义》，刘俊祥等译，北京，法律出版社 2000 年版，第 5 页。

变革，但这种变革因不符合当时我国的国情，而最终在革命时期被中国共产党所创造的调解制度所取代。面对当时国共两党政治斗争的需要、司法资源的匮乏、人民群众的需要等客观环境，一切从实际出发的中国共产党在革命根据地积极探索新型大众化司法制度，全民参与型人民调解制度由此诞生[①]，成为社会主义人民司法的主要传统。随着经济社会条件的变化，调解传统也在随之不断自我调整、自我革新、自我完善。

（一）马锡五审判方式与枫桥经验：两个中国基层法治实践故事

在陕甘宁边区政府探索新型司法制度的过程中，马锡五审判方式的出现，使中国共产党寻找到了革命时期解决司法问题的有效方法和理想方式。马锡五本是陕甘宁边区高等法庭陇东分庭庭长，中华人民共和国成立以后，马锡五被任命为最高人民法院副院长。马锡五在处理矛盾纠纷时，总是坚持携带案卷实地勘查，到现场召集乡亲地邻，摆事实、讲道理，从而创造了“密切联系群众、深入调查研究、审判与调解相结合”的巡回审判方式，收到了很好的效果。《解放日报》1943年2月3日第1版报道，毛泽东同志为马锡五的题字为：“马锡五同志：一刻也不离开群众”。1944年3月13日，《解放日报》头版头条发表社论，总结了马锡五审判方式的经验，并向整个边区司法系统加以推广，该社论把马锡五审判方式总结为三点：其一，深入调查；其二，在坚持原则、坚决执行政府政策法令、又照顾群众的生活习惯及维护其基本利益的前提下，合理调解，善于通过群众中有威信的人物进行解释说服工作，为群众又依靠群众；其三，诉讼手续简单轻便，审判方式是座谈式而不是坐堂式。[②] 马锡五由此成为新中国人民司法实践中一个家喻户晓的人物，马锡五审判方式由此成为新型司法制度的代名词，在社会主义集体化时期被广泛运用于人民法院的纠纷解决。“马锡五审判方式作为人民司法的创新制度实践，不仅是一种有效的解决纠纷方式，其在当时还被赋予了新的政治意涵：一方面，它是民主原则在司法场域中的运

---

① 参见侯欣一：《从司法为民到人民司法——陕甘宁边区大众化司法制度研究》，北京，中国政法大学出版社2007年版，第五章。

② 参见张希坡：《马锡五审判方式》，北京，法律出版社1983年版，第78～79页。

用。另一方面，它是共产党的群众路线在司法中的具体体现。”[①] 2009年，时任最高人民法院院长王胜俊在《最高法院工作报告》中首次提出了继承和发扬马锡五审判方式，各地法院在该段时间开展了回归马锡五审判方式的运动。学界将这种回归实践归纳为：简化起诉程序和方式；巡回审判，不坐堂问案；采用便利当事人的方式开庭审理；强调进行实地调查；着重调解；注意听取周围群众对纠纷解决的意见。[②] 虽然马锡五审判方式在当代的回归只能是有限度的，它不能改变市场经济条件下以裁判为中心的诉讼制度构建，但其仍然为我国构建多元化纠纷解决机制提供了本土经验。

20世纪60年代，在对“四类分子”（地主、富农、反革命分子、坏分子）的社会主义教育改造运动中，在时任公安部长谢富治的主导下，浙江诸暨县枫桥区成为社会主义教育运动对敌斗争试点，根据“一个不杀、大部不抓”的方针，组织群众反复批斗，没有逮捕一人，全部依靠群众就地对这“四类分子”监督改造。1963年，中央最高领导人毛泽东同志在看到呈报的枫桥经验材料后批示：“这就叫矛盾不上交，就地解决”，“要各地仿效，经过试点，推广去做”。“枫桥经验”由此成为我国政法实践中另一个脍炙人口的典型事例。2013年习近平总书记作出重要批示，要把“枫桥经验”坚持好、发展好，把党的群众路线坚持好、贯彻好。“枫桥经验”之所以能够先后得到两代党和国家领导人的批示，是因为它对新时代的社会治理仍然具有重要意义。“枫桥经验”在实践运行中随着社会经济形势的变化不断凝练出很多具有示范意义的标语和口号，最常见表达有：“小事不出村，大事不出镇，矛盾不上交”、“党政动手，依靠群众，立足预防，化解矛盾，维护稳定，促进发展”、“组织建设走在工作前，预测工作走在预防前，预防工作走在调解前，调解工作走在激化前”等等。从这些口号中，可以看到“枫桥经验”主要特色在于：一是坚持党委领导、注重协同化解；二是依靠群众、贴近民情；三是注重预防与化解相结合；四是建立从村组、片区、乡镇的网格化三级调解组织；五是调解中灵活运用各种政策、民意、

---

① 王聪：《主题与变奏：社会变迁中的司法传统——以人民司法传统的复苏为视角》，载《朝阳法律评论》，第8辑（总第1360期）。

② 在中国民事诉讼现代化的过程中，学术界对这一回归持批评态度。参见张卫平：《回归马锡五的思考》，载《现代法学》，2009（5）。

习惯、法律、村约等综合性资源。[①]

尽管在发生学意义上，延安时期的马锡五审判方式和社会主义教育改造运动中的“枫桥经验”不同，前者是为了有效解决人民内部矛盾纠纷的现实需要，后者是在解决敌我矛盾过程中摸索出的经验，但二者作为中国基层法治实践故事，都得到了党和国家最高领导人的先后批示，都极为重视群众路线这一共产党人取得革命胜利的“法宝”，共同构成了社会主义法律传统的重要组成部分。

（二）中国调解的制度体系：调解的多元化与差异化

半个世纪以前，“马锡五审判方式”与“枫桥经验”面对的是集体化时期的“社员”和“单位人”，是熟人社会的简单纠纷；半个世纪以后，面对市场经济浪潮中的“原子化”个人，面对陌生人社会的复杂利益纠葛，乡村“卡里斯玛型”权威随着国家现代化建设已经“祛魅”，村社干部权威随着国家权力后撤大大削弱，传统纠纷解决方式已经难有昨日辉煌。“马锡五审判方式”与“枫桥经验”在法治现代化过程中，要适应新时代社会主要矛盾的变化，就必须与时俱进、开拓创新。我国现行调解体系主要由人民调解、法院调解、行政调解、仲裁调解组成，此外，商事调解、行业调解、律师调解等新型调解类型在广义上也被纳入人民调解的范畴。这种调解体系与西方调解体系存在明显不同，并以其自身特色显现出制度优势。

首先，我国的人民调解制度不同于西方的社区调解制度。我国《宪法》第 111 条规定，城市和农村按居民居住地区设立的居民委员会或者村民委员会是基层群众性自治组织。居民委员会、村民委员会设人民调解、治安保卫、公共卫生等委员会，办理本居住地区的公共事务和公益事业，调解民间纠纷，协助维护社会治安，并且向人民政府反映群众的意见、要求和提出建议。由此可见，我国的人民调解委员会具有宪法上的法律地位。《人民调解法》第 7 条规定，人民调解委员会是依法设立的调解民间纠纷的群众性组织。同时，该法规定，人民调解委员会在县级以上人民政府司法行政机关和基层人民法院的双重指导下开展工作。这些规定都使得我国的人民调解制度具有强烈的政府推动色彩，并在社会矛盾化解中起着“第一道防线”

① 关于“枫桥经验”的一个杰出实践总结与理论洞见，参见谌洪果：《“枫桥经验”与中国特色的法治生成模式》，载《法律科学》，2009 (1)。

的作用。截止到 2018 年，全国共有人民调解组织近 76.6 万余个，其中村（社区）调委会 65.7 万个，乡镇（街道）调委会 4.2 万个，行业性、专业性人民调解组织 4.3 万个，派驻有关部门人民调解工作室 1.6 万个。全国共有人民调解员 366.9 万人，其中兼职人民调解员 317.2 万人，专职人民调解员 49.7 万人。这些人民调解组织的调解员每年调解各类纠纷达 900 万件左右，调解成功率 96%以上。[①] 到目前为止，在党和政府的强力推动之下，我国基本形成了多层次、宽领域、广覆盖的人民调解组织网络，这是一个以“村居两委”的社区调委会为主体，以企事业调委会、行业调委会、区域调委会为补充，以各种村（居）民调解小组和人民调解工作室（站）为神经末梢的“横到边、纵到底”的组织网络体系，这种深入基层社会神经末梢的组织网络，成为我国基层社会治理的鲜明特色，新时代的“枫桥经验”正是人民调解的成功样本。西方的社区调解则明显与人民调解不同，西方社区调解不是由社会和谐理念而来的制度，而是在正式诉讼制度成本越来越高的现实条件下的一种被迫调整，是 20 世纪 70 年代才兴起的产物，其目的是“拒绝整个过分对抗性和昂贵的正式正义体系的‘另类’制度”，且这种社区调解实际上只能发挥十分有限的作用。[②] 以美国的社区调解机制为例，其主要是来自于民间的、以社区为依托、由社区志愿者担任调解员，免费调解主要发生在社区邻里之间的人际纠纷的非司法纠纷解决机制，该社区调解机构具有独立的地位，不隶属于任何行政或司法机构，是完全的社会自治组织。[③] 在社区调解制度较为发达的弗吉尼亚州 2002 年的 128 万起民事案件中，调解案件仅占 0.7%。[④] 无论从调解制度的定位、性质、功能还是实际效果上，西方的社区调解显然都无法和人民调解相提并论。

其次，我国法院调解不同于西方法院调解制度。如果说“枫桥经验”是人民调解的典型样本，“马锡五审判方式”则是法院调解的成功样本。我

① 参见傅政华：《坚持发展“枫桥经验”，努力提高新时代人民调解工作水平——在全国人民调解工作会议上的讲话（2018 年 5 月 10 日）》，载《人民调解》，2018（6）。

② 参见［美］黄宗智：《中国古今的民、刑事正义体系——全球视野下的中华法系》，载《法学家》，2016（1）。

③ 参见吴晓燕、赵民兴：《美国社区调解制度的特点及启示》，载《人民论坛》，2012（11）。

④ 参见［美］黄宗智：《中国古今的民、刑事正义体系——全球视野下的中华法系》，载《法学家》，2016（1）。

国法院调解的最大特点是调审合一，主审法官可以在案件审理过程中，根据当事人的意愿，基于对案情的查明和当事人双方诉求的充分了解，促进双方当事人达成调解。这种调审合一的制度构造在西方正式司法制度中是不可能被接受的，西方法治发达国家所有的民事诉讼程序几乎都坚持调审分离的原则，调解被置于诉讼程序之外，主要采取法院附设调解的方式进行。2008 年，欧盟《关于民商事调解若干问题的指令》第 3 条明确规定：调解“这一概念可以包括由某一法官所主持的调解，前提是该法官并不对任何涉及本案纠纷的司法程序负责。这一概念排除了那些被指派处理本案纠纷的法院或法官在司法程序中所作的调解努力”。显然，该规定要求主持调解的法官应该与处理本案纠纷的裁判法官分离。我国调审合一的制度结构使得其在促进当事人和解方面存在显著优势，至 20 世纪 90 年代民事审判方式改革初期，全国法院处理的民事案件中 80%以上为调解结案，而判决结案率仅占 20%。尽管此后由于民事诉讼程序中植入对抗制和强化当事人举证责任的庭审方式改革，调解在诉讼程序中不再被置于优先地位，尤其是学界对能动司法理念下的“零判决”的批判，使得调解与判决的关系逐渐回归理性，但即便如此，根据 2013 年至 2018 年最高人民法院统计公报，全国人民法院的调解结案率一直保持在 30%左右，2017 年最高人民法院工作报告显示，全国地方各级法院受理案件 2 303 万件，其中以调解方式结案 532.1 万件，这在全世界法院的纠纷解决中都是绝无仅有的。尽管学界对“调审分离”的改革呼声很高，但在最新的改革动向中，最高人民法院也只是优先采取了调解和审判适度分离的谨慎立场。

再次，我国仲裁调解不同于西方仲裁调解制度。和法院调解相类似的是，在过去几十年间，仲裁调解在我国民商事仲裁案件中也广泛被采用，与诉讼过程中“调审合一”一样，我国仲裁程序采取的是“仲调合一”，《中国国际经济贸易仲裁委员会仲裁规则》第 47 条明确规定了“仲裁与调解相结合”，即“双方当事人有调解愿望的，或一方当事人有调解愿望并经仲裁庭征得另一方当事人同意的，仲裁庭可以在仲裁程序中对案件进行调解”。仲裁作为西方国家的传统纠纷解决方式之一，和诉讼程序一样，原本是不具备调解机能的。直到 20 世纪 80 年代，受到“接近正义”第三波 ADR 运动浪潮的波及，调解方式才在国际商事仲裁中得到迅速发展，但联合国国际贸易委员会于2002年通过的《商事调解示范法》仍明确了调解和仲裁泾渭分明的界限，规定“仲调分离”，严格遵循程序正义的戒律。将调解融入仲裁程序之内，是中国特色调解制度的独特创造，有学者因此认为，中国才是仲裁调解的真正发源地。[①] 根据国务院法制办的数据统计，从2014年到2016年，全国仲裁机构以调解和和解方式结案的仲裁案件高达41%～65%。根据2016年和2017年的《中国国际商事仲裁年度报告》的统计，以调解和和解方式结案的案件数为121 527件和69 450件，如此瞩目的成绩是西方仲裁制度所望尘莫及的。事实上，随着涉外商事仲裁在中国的增长，西方仲裁员也开始逐渐认可仲裁和调解相结合的“东方经验”。对于仲裁和调解相结合的反对声音已经逐渐减弱，反对派也开始认识到这一结合的种种好处。[②]

最后，我国的行政调解制度与西方行政调解制度也存在显著不同。行政调解是指行政机关在依法行使行政职能过程中主持的调解。行政机关介入民事纠纷解决领域，在中西方经历了不同的发展路径。受到“最小政府”“守夜人”的行政理念影响，西方国家的政府机构在20世纪以前对介入民间纠纷的解决一直保持消极克制态度。随着行政机关管理职权的不断扩张与深化，行政国家理念受到重视，直到20世纪中叶以来，西方国家才逐渐打破了近代社会建立的国家与社会之间的界限和“三权分立”的理念，在民事纠纷的解决问题上，逐渐由“行政不介入”转向“行政介入请求权”，私人有权要求行政机关介入民事纠纷，以期获得更加符合案件实际情况的纠纷解决方案。[③] 而我国则与之截然不同，计划经济时期，政府以一种全能主义姿态对国民生活领域“全面介入”，随着市场经济的发展以及行政体制改革，行政机关开始转变理念，从“全面介入”转向“有限介入”。在我国，大部分政府机关都拥有调解民间纠纷的职能，而且长期在“大政府、小社会”的影响下，我国行政机关具有较高的公信力和权威性，这种公权力使得行政机关在调解民事纠纷中具有天然的权威优势。根据社会学家2006年全国综合社会调查数据抽样（2006CGSS），居民遇到纠纷后选择的解决方式

---

① 参见赵旭东：《纠纷与纠纷解决原论》，北京，北京大学出版社2009年版，第140～141页。

② 参见樊堃：《仲裁与调解的结合：为何能在中国成功》，载《北京仲裁》，第67期。

③ 参见赵银翠：《行政过程中的民事纠纷解决机制研究》，载《法学家》，2009（3）。

中，43.41%的居民倾向于寻求当地政府机构解决，只有16.5%的人选择去法院解决纠纷。[①] 这明显不同于西方社会长期形成的诉讼中心主义的纠纷解决社会惯习。

四、中国调解的理论自信：立足本土资源的启发

从中西方调解制度的对比中，不难发现中西方调解制度的理念差异，也可以看出我国调解制度深厚的社会根基和显著的成效优势。这种差异的背后，实际上是中西方社会纠纷解决理念的不同，更大层面上是社会治理理念的差异。我们应该具备足够的理论自觉，从这种差异中挖掘出中国自身的独特经验和理论话语体系，与西方主流理论展开对话。

（一）实用道德主义与法律形式主义

在西方现代性的理论经纬中，在当今世界法学乃至其他社会科学中影响最大的是形式主义理论和思维方式。马克斯·韦伯无疑是西方现代形式主义传统的最佳代言人。韦伯把法律制度的发展分为四个不同的历史发展阶段与类型，并认为法律理性化发展道路是沿形式非理性——实质非理性——实质理性——形式理性的道路发展，“唯有形式理性（尤其是借助逻辑抽象的形式主义）才能实现现代意义上的那种特殊专门的、法学上的提升纯化，使得法律规则被整合成一个毫无内在矛盾的、抽象法命题的综合体”[②]。而法的理性化、体系化所带来的“交易安全”是资本主义经营最为重要的前提条件之一。在韦伯心目中，法律理性化的最高阶段就是西方资本主义社会所呈现的形式理性化，而中国传统司法则被认为是“卡迪审判”，韦伯认为“中国的法官……他绝对不会根据形式的律令和‘一视同仁’来进行审判。情况恰恰根本相反，他会根据被审者的实际身份以及实际的情况，或根据实际结果的公正与适当来判决”[③]。按照韦伯的观点，中国法院调解是一种形式非理性的纠纷解决制度。长期以来，我国学者也受

---

① 参见陆益龙：《转型中国的纠纷与秩序：法社会学的经验研究》，北京，中国人民大学出版社2015年版，第168页。

② ［德］马克斯·韦伯：《法律社会学》，康乐，简惠美译，桂林，广西师范大学出版社2011年版，第27～31页。

③ ［德］马克斯·韦伯：《儒教与道教》，洪天富译，南京，江苏人民出版社2003年版，第123页。

到这种理论的主宰，而将我国调解视为落后文化的产物，这是一种典型的西方中心主义或东方主义的立场。著名法律史学家黄宗智教授则从中国民事法律实践中提出了“实用道德主义”的概念，试图与西方法律形式主义主流理论展开对话。黄宗智先生认为，实用道德主义传统结合了道德性表达和实用性实践，它更加注重经验和实效，足以与现代西方形式主义话语霸权相抗衡。中国调解制度的和谐与妥协理念，可以按照自己的实用道德主义思维，从紧密连接事实情况出发，视不同情形进行调解，而避免像西方法律形式主义那样，坚持必分对错，把法律推向必争胜负的对抗性制度。①

按照实用道德主义思维来看，马锡五审判方式所塑造的人民司法传统，注重调解、常识化运作、强调社会效果，这种非形式主义的司法技术明显不同于西方现代法律的形式主义传统，后者强调“对抗与判定”、坚守法官消极被动的角色、注重法律效果，遵循程序本位主义、当事人主义、竞技主义的司法风格，二者形成鲜明的对比。正是因为现代西方形式主义法律传统更加重视程序正义，因而它无法接受调解与判决在同一诉讼程序内并存，而中国实用道德主义传统则重视实质效用，强调具体问题具体分析的权变灵活性，从而能够接受“调审合一”的制度安排。

（二）纠纷解决的“第三领域”与“国家与社会”的二元对立

为了与西方现代主义话语形成理论交锋，法律史学家黄宗智先生从扎实的史料出发，对明清以来民事法律实践进行研究的另一重要理论贡献是纠纷解决的“第三领域”，在正式司法审判与民间社会调解之间，国家总是首先鼓励当事人优先选择调解方式解决纠纷，只有在民间力量无法应对时，国家才开始介入。即便是当事人直接向国家寻求公力救济，国家也会通过一定方式将纠纷再交由其在基层社会的代言人或中间人去处理，从而在国家与社会之间形成半国家、半社会的中间领域，黄宗智先生将这一现象称为“第三领域”②。这种理论不同于西方理论中习惯把国家与社会、官府与

---

① 参见［美］黄宗智：《过去和现在：中国民事法律实践的探索》，北京，法律出版社2009年版，第262～263页。

② ［美］黄宗智：《清代的法律、社会与文化：民法的表达与实践》，北京，法律出版社2014年版，第91～111页。

民间二元对立，形成非此即彼的思维，而是在社会矛盾纠纷化解实践中经验地承认国家与社会、官府与民间之间存在良性互动。我国古代法时期通过乡保从中调解的“官批民调”，以及当前我国法院委托调解、委派调解、特邀调解等社会化调解实践及其司法确认制度，都可以归属于国家与社会之间良性互动的“第三领域”。在这个“第三领域”，国家坚持一种“简约主义的治理模式”，依靠半官半民的代言人连接国家与社会，用最少的国家支出来维持现存体系。[①] 这种模式对我国政府当前从管理型向服务型转型起到了重要作用，国家尽可能不介入“第三领域”，只有在纠纷无法在该空间得到解决时，国家才最终介入。这种理论为我们重新认识中国调解制度之所以如此发达提供了新视角，即调解在我国的广泛适用并不是一个重调解、轻判决的问题，而是对一个如此广袤的中国而言，判决是由国家垄断的稀缺资源问题，国家对调解的坚守和偏好来自“谨慎地节省和分配可获得的稀缺司法资源的意愿”，调解的盛行不能归因于传统儒家文化，而是因为简约主义治理模式力图将国家承担的审判成本转移到那些社会中去。[②] “枫桥经验”体现的也是这种“第三领域”的简约治理理念，“枫桥经验”尊重人民群众的首创性实验，通过自下而上的群众参与和自上而下的政府动员，有效调动本地资源，依靠社会调解机制，实现“小事不出村、大事不出镇、矛盾不上交”，畅通了“接近正义”的最后一公里，从而提供了大国“简约治理”的新模式。

五、中国调解的道路自信：社会综合治理新格局

“治理理论”近些年来在我国是一个时髦的学术热词，有关西方社会治理的各种理论应接不暇地被引入，其中影响最大的是“多中心治理”理论，“多中心治理”是“由不同层次和不同类型的组织组成的复杂联合体。这些组织来自公共、私人、市民抑或第三部门等，虽然在责任和功能上可能存在着重叠，在多中心治理系统中却各自发挥着关键和支持作用”。“多中心

① 参见［美］黄宗智：《过去和现在：中国民事法律实践的探索》，北京，法律出版社 2009 年版，第 62～87 页。

② 参见［美］马丁·夏皮罗：《法院：比较法上和政治学上的分析》，北京，中国政法大学出版社 2005 年版，第 268～271 页。

治理”起源于美国，其制度安排与美国联邦主义、民主政治、公共行政紧密相连，在“多中心治理”中，政府更多是以非主导者的地位存在来引导社会多主体参与，从而共同提供公共物品和解决公共问题。①

相比之下，我国的社会治理模式明显不同于西方的“多中心治理”。自20世纪60年代以来，中国共产党立足于基本国情，在基层治理实践中逐步摸索出“社会综合治理”模式。这种“社会综合治理”随着我国经济社会条件变迁而不断自我完善，但其根本思路一直得到了坚持。党的十九大报告运用这种“社会综合治理”模式加强社会治理制度建设，并明确了社会综合治理的基本内容是“党委领导、政府负责、社会协同、公众参与、法治保障”。从该表述中我们可以看出，在参与社会治理不同的力量之间，其地位是存在主次之分的，党委领导和政府负责无疑在其中起到主导的作用。这明显不同于西方“多中心治理”中的“多中心”，即许多形式上相互独立的决策中心存在竞争性关系。② 20世纪60年代的“枫桥经验”以及今天习近平总书记重新批示的“新枫桥经验”，正是中国特色社会综合治理模式的生动实践样本。“枫桥经验”是在党的领导下由基层人民群众创造和发展起来的地方治理经验，被认为是习近平新时代中国特色社会主义思想的重大成果，张文显教授将其总结为五个核心要素，即“党建统领、人民主体、自治法治德治‘三治’结合、共建共治共享、平安和谐”，其“集中体现了基层社会治理的中国智慧和中国方案，是中国人民奉献给世界的有关基层社会治理的一整套的智慧和方案”③。“枫桥经验”所代表的“社会综合治理”道路为国家治理体系和治理能力现代化提供了重要指引，并将在全球治理中提升我国的影响力和话语权。

首先，“枫桥经验”展现了“全民共建共治共享”的社会治理新格局。西方社会在新自由主义思潮影响下，奉行“最小政府”理念，提倡“没有政府的治理”，在公共政策执行和公共问题治理上难以形成合力，而最终完全依靠市场化竞争驱动。“枫桥经验”则旨在打造“全民共建共治共享”治理格局，“全民”意味着国家、社会、公民共同参与社会治理，“共建”意

①② 参见王丛虎、王晓鹏：《社会综合治理：中国治理的话语体系与经验理论——兼与“多中心治理”理论比较》，载《南京社会科学》，2018（6）。

③ 张文显：《新时代“枫桥经验”的理论命题》，载《法制与社会发展》，2018（6）。

味着国家、社会、公民之间在社会治理中的相互作用，“共治”意味着治理主体的多元性和治理力量的聚合性，“共享”意味着社会治理成果由社会共同体获得。将“全民共建共治共享”的政治话语转化为学术话语可以表达为“基层多元共治”。面对新时代社会矛盾纠纷的复杂化，单纯依靠国家或社会都无法有效应对，故“枫桥经验”坚持“党委领导、政府负责、社会协同、公众参与、法治保障”的原则，把党委、政府、司法机关、社会组织等多元力量整合起来，形成“党委抓总、部门协同、村镇联动”的工作机制，提供了国家治理体系和治理能力现代化的新模式。这里尤其需要强调的是，党的领导对于我国调解制度的发展和完善，乃至整个多元化纠纷解决机制改革具有关键性作用，只有发挥党委在领导决策、整合资源、组织协调等方面的作用，形成信息互通、优势互补、分层递进、协作配合的纠纷解决互动机制，才能最终实现各种解纷方式的有机衔接、协调互动。

其次，“枫桥经验”建构了“自治、法治、德治三治结合”的社会治理新体系。西方社会在资本主义市场经济驱动下，形成了用法律全方位处理社会问题的“法律/司法中心主义”雄心，崇尚对抗竞技文化带来的“诉讼爆炸”导致“法律对生活的殖民化”。即便是西方国家为克服过度“法化”的弊端而发起的替代性纠纷解决机制建设，也因缺乏德治、调解的传统导致其实际成效不佳。“枫桥经验”则坚持以自治为基础、法治为保障、德治为引领，强化社区调解维护和谐、尊重村规民约实现自治、注重道德教化讲信修睦、树立法治权威维护权利，既传承了古代中国“德主刑辅”的儒家传统，也延续了共产党革命时期注重群防群治、调解优先、说服教育的革命传统，更在当代中国“德法结合”的治理实践中实现了创造性转化，从而提供了中国特色社会主义法治道路的新方向。

“枫桥经验”在新时代不断调整，在传承的基础上创新，在积累的基础上深化，在解放思想、实事求是中得以保持持久生命力和活力。这一成功的“社会综合治理”实践经验表明，中国法治发展的道路，从根本上不是盲目追仿西方，不是以西方话语体系“武装”本土法律实践，而是不断直面和解决中国实际问题的发展路径。只有具备摆脱西方中心主义的理论自觉，我们才能认识到，“枫桥经验”是“内生性”本土资源，而不是“外来的和尚”；是开放的综合治理体系，而不是封闭僵化的政治教条；是具有普遍性内涵的现代法治经验，而不只是产自枫桥的"地方性知识"。

六、结语：在本土性与全球性之间

伴随着世界经济发展的一体化，调解也逐渐在世界范围内被普遍接受，因为"全球交往和国际贸易需要灵活的、超越国界的、带有普遍性标准的纠纷解决制度，在交往理性基础上进行商谈来解决争议，调解就是符合法律事务国际化要求的纠纷解决方式"①。尤其是在西方"接近正义"运动"第三波"浪潮的冲击下，为了克服司法资源匮乏、司法效率低下、司法成本高昂的顽瘴痼疾，西方国家在ADR运动中也大量地运用了调解等非诉方式解决纠纷。在这种背景下，如果我国调解制度故步自封、严防死守，坚守绝对本土化是不现实也是不科学的。在调解全球化的背景下，我们在构建调解的"中国话语体系"时，既不能有自卑心理，也不能有自负心理，既要避免彻头彻尾的洋腔洋调，更要避免墨守成规的自说自话。在当代世界调解潮流下，很多西方国家的调解制度发展迅速，它们在一些律师调解、商事调解等市场化调解制度创新和调解前置等立法方面已经后来居上。相比之下，"我国的基本制度尚不够健全，纠纷解决的理论研究、教育和培训也不够细致，对于社区调解的特点规律缺少科学的总结；在社会基础方面，民众的自治能力、协商能力以及公共解纷文化方面都较为薄弱，法学界对调解的认同和知识也远低于一些西方国家"，因此，"我们不能再沾沾自喜于所谓的东方经验，满足于曾经的辉煌，而需要与时俱进地创新和发展"②。这就要求我们处理好立足中国国情的调解本土性和借鉴域外经验的全球性之间的关系，放眼国际调解的大环境，把握国际调解新动向，吸收西方先进的调解知识与经验，通过理念创新、实践创新、制度创新，实现从传统调解向现代调解的华丽转身，才有可能使调解的中国话语掷地有声，才有可能在"人类命运共同体"的构建中，为世界贡献出中国特色的现代调解体系。

构建中国调解的理想图景和自主话语体系任重而道远。需要警醒的是，过去的经验表明，我们在立足本土资源和借鉴西方经验的过程中，往往容

---

① 王福华：《中国调解体制转型的若干维度》，载《法学论坛》，2010（6）。

② 范愉：《人民调解的中国道路》，载《上海政法学院学报》，2018（4）。

易偏执一端，尤其更容易偏向西方化一端，忽视中国自身的国情，将“中国特色”视为落后的代名词，将西方制度普遍化。然而，任何国家和地区的调解都是多元化和地方性的知识，绝没有普遍的模式，尤其是对于中国这样一个大国而言，社会学家费孝通先生的提醒振聋发聩：“任何对于中国问题的讨论总难免流于空泛和偏执。空泛，因为中国具有这样长的历史和这样广的幅员，一切归纳出来的结论都有例外，但需要加以限度；偏执，因为当前的中国正在变迁的中程，部分的和片面的观察都不易得到应有的分寸。”① 因此，在讨论中国调解的未来图景时，我们绝不能忽视中国的基本国情，将西方法治发达国家的市场化、职业化调解视为唯一的发展方向，将调解视为法律人的“专利”，将中国传统的人民调解视为过时的法治对立物，而是应该立足中国人民的自身需要和不同地方、区域的纠纷特点，采取实践主义的话语立场，去提炼属于中国当时、当地的调解话语体系，而不是做西方现代法律形式主义理论主导下调解理念的“掮客”。

最后，本书以孙中山先生在论述“世界主义”与“民族主义”时所讲述的一个意味深长的故事结束，用以提示我们在开放性的话语姿态中正确面对调解的本土与西方、传统与现代：香港从前有一个苦力，靠着一支竹杠和两条绳子谋生，天天在码头替旅客挑行李艰难度日。当时盛行买彩票，这位苦力也想碰运气，便将自己辛苦积攒的十多块钱买了一张彩票。由于他无家可归、居无定所，只好将彩票藏在竹杠之内，不能随时拿出来看，便把彩票号数熟记于心。到了开彩之日，他怀着极大希望到彩票店内去对号码，一看到公布的号码，就知道是自己中了头彩。他欣喜若狂，再也不用靠竹杠和绳子卖苦力了，可以当富翁了。于是他使出全力把手中的竹杠和绳子抛入大海。待心绪平静后准备兑奖时，他才发现藏在竹杠中的彩票被自己抛入大海无影无踪，现在不仅没有发财，连谋生的工具也失去了，眼前只剩下茫茫的大海。②

① 费孝通：《乡土中国与乡土重建》，台北，风云时代出版社 1993 年印行，第 105 页。

② 孙中山先生把彩票比喻为世界主义，可以发财；竹杠比喻为民族主义，可以谋生。苦力被世界主义所诱惑，便要丢去民族主义，但世界主义也是从民族主义发生而来的，我们要发达世界主义，先要民族主义。参见孙中山：《三民主义十六讲》，北京，团结出版社 1997 年版，第 95～103 页。

图书在版编目(CIP)数据

中国调解的理念创新与机制重塑/廖永安等著. —北京：中国人民大学出版社，2019.7

（新时代调解研究文丛/廖永安总主编．理论系列）

ISBN 978-7-300-27088-3

Ⅰ.①中… Ⅱ.①廖… Ⅲ.①调解（诉讼法）-司法制度-研究-中国 Ⅳ.①D925.114.4

中国版本图书馆 CIP 数据核字（2019）第 138375 号

新时代调解研究文丛

（理论系列）

总主编 廖永安

中国调解的理念创新与机制重塑

廖永安 等 著

Zhongguo Tiaojie de Linian Chuangxin yu Jizhi Chongsu

出版发行	中国人民大学出版社		
社　　址	北京中关村大街 31 号	邮政编码	100080
电　　话	010－62511242（总编室）		010－62511770（质管部）
	010－82501766（邮购部）		010－62514148（门市部）
	010－62515195（发行公司）		010－62515275（盗版举报）
网　　址	http://www.crup.com.cn		
经　　销	新华书店		
印　　刷	固安县铭成印刷有限公司		
开　　本	720 mm×1000 mm　1/16	版　　次	2019 年 7 月第 1 版
印　　张	23.75 插页 2	印　　次	2023 年 8 月第 3 次印刷
字　　数	359 000	定　　价	98.00 元